Code Électoral

ANNOTÉ

Édition 2023

Biram **SENE**
Adama **TRAORÉ**

Code Électoral

ANNOTÉ

Édition 2023

L'Harmattan Sénégal

Des mêmes auteurs

FAYE Malick, SENE Biram, TRAORE Adama, Code des Douanes du Sénégal annoté, 1ère édition 2022, Éditions MDS, 765 p.

SENE Biram, TRAORE Adama, Recueil de textes fonciers et domaniaux, 2émet édition 2019, Abis éditions, 970 p.

SENE Biram, TRAORE Adama, Recueil de textes fonciers et domaniaux, 1ère édition 2014, Dakar, CREDILA, 535 p.

SENE Biram, Le contentieux administratif : Essai de liste des actes susceptibles et des actes insusceptibles de recours pour excès de pouvoir, 1ère édition, Harmattan-Sénégal, 2023, 324 p.

10 VDN, Sicap Amitié 3, Lotissement Cité Police, DAKAR

Direction@senharmattan.com
librairie@senlibrairie.com

ISBN : 978-2-336-42941-0
EAN : 9782336429410

SOMMAIRE

LISTE DES ABREVIATIONS

LES CODES ELECTORAUX DE 1976 A 2021

LE CODE ELECTORAL

1°) Première partie : **Partie législative** : (issue de la loi n° 2021-35 du 23 juillet 2021, modifiée par les lois n° 2022-15 du 03 mai 2022 et n° 2023-16 du 18 août 2023).

2°) Seconde partie : **Partie règlementaire** : (issue du décret n° 2021-1196 du 20 septembre 2021 portant partie réglementaire du Code électoral, modifié par le décret n° 2023-1935 du 19 septembre 2023 modifiant les articles R.76 et R.80 du décret n° 2021-1196 du 20 septembre 2021 portant partie réglementaire du Code électoral).

ANNEXES

LES INSTRUMENTS INTERNATIONAUX RELATIFS AU DROIT ELECTORAL

1°) Déclaration universelle des Droits de l'Homme du 10 décembre 1948 (Extrait).

2°) Pacte international relatif aux droits civils et politiques du 16 décembre 1966 (Extrait).

3°) Charte africaine des Droits de l'Homme et des Peuples du 27 juin 1981 (Extrait).

4°) Protocole de la CEDEAO/A/SP1/12/01 sur la démocratie et la bonne gouvernance additionnel au Protocole de Lomé du 10 décembre 1999 relatif au mécanisme de prévention, de gestion, de règlement des conflits, de maintien de la paix et de la sécurité (Extrait).

5°) Charte Africaine de la Démocratie, des Élections et de la Gouvernance du 30 janvier 2007 (Extrait).

LES INSTRUMENTS INTERNES RELATIFS AU DROIT ELECTORAL

1°) Constitution (Extrait).

2°) Loi organique n° 2016-23 du 14 juillet 2016 relative au Conseil constitutionnel.

3°) Loi organique n° 2017-09 du 17 janvier 2017 abrogeant et remplaçant la loi organique n° 2008-35 du 08 août 2008 sur la Cour suprême, modifiée par la loi organique n° 2022-16 du 23 mai 2022 (Extrait).

4°) Loi n° 81-17 du 6 mai 1981 relative aux partis politiques, modifiée par la loi n° 89-36 du 12 octobre 1989.

5°) Loi n° 78-02 du 29 janvier 1978 relative aux réunions.

6°) Loi n° 2010-11 du 28 mai 2010 instituant la parité absolue Homme-Femme.

7°) Décret n° 2011-819 du 16 juin 2011 portant application de la loi n° 2010-11 du 28 mai 2010 instituant la parité absolue Homme-Femme.

8°) Loi n° 86-16 du 14 avril 1986 relative à la réalisation, à la publication et à la diffusion des sondages d'opinion.

9°) Décret n° 86-616 du 22 mai 1986 portant application de la loi n° 86-16 du 14 avril 1986 relative à la réalisation, à la publication et à la diffusion des sondages d'opinion.

10°) Loi n° 2016-09 du 14 mars 2016 instituant une carte d'identité biométrique CEDEAO.

11°) Décret n° 2016-1536 du 29 septembre 2016 portant application de la loi n° 2016-09 du 14 mars 2016 instituant une carte d'identité biométrique CEDEAO.

12°) Loi n° 2006-04 du 4 janvier 2006 portant création du Conseil national de la Régulation de l'Audiovisuel (CNRA).

INDEX ALPHABETIQUE

LISTE DES ABREVIATIONS

Al. : Alinéa

Art. : Article

c/ : Contre

Cass. crim. : Arrêt de la Chambre criminelle de la Cour de cassation française

C.C. : Conseil constitutionnel

C.E. : Conseil d'État

C. élect. : Code électoral

C.E.D.A : Commission électorale départementale autonome

CEDEAO : Communauté Économique des États de l'Afrique de l'Ouest

C.E.N.A : Commission électorale nationale autonome

D.E.C.E.N.A : Délégations Extérieures de la Commission électorale nationale autonome

JORS : Journal officiel de la République du Sénégal

L : Loi ordinaire

L.O : Loi organique

Obs. : Observations

Préc. : Précité

R : Réglementaire

Le Code électoral : de 1976 à 2021

NOTE : Le 23 juin 1976 l'Assemblée nationale avait adopté à la majorité absolue des membres la composant, les lois organiques n°76-95 et 76-96 du 21 août 1976 portant Code électoral, entrée en vigueur le 1er mars 1977. Elles abrogent :

a°) le décret organique du 02 février 1852 pour l'élection des députés au corps législatif ;

b°) la loi du 7 juillet 1874 relative à l'électorat municipal ;

c°) la loi du 5 avril 1884 sur l'organisation municipale;

d°) la loi du 20 mars 1914 réglementant l'affiche électoral ;

e°) la loi du 31 mars 1914 réprimant les actes de corruption dans les opérations électorales ;

f°) la loi du 8 juin 1923 concernant distribution des bulletins de vote ;

h°) la loi n°46-1889 du 20 août 1946 relative au contrôle des inscriptions sur les listes électorales et à la procédure des inscriptions d'urgence ;

i°) la loi n°55-1489 du 18 novembre 1955 relative à la réorganisation municipale ;

j°) l'ordonnance n° 63-02 du 6 juin 1963 relative à l'élection des députés à l'Assemblée nationale.

Ce code était composé de trois (3) chapitres :

Chap. I : mode d'élection, composition de l'Assemblée nationale et la durée du mandat des députés

Chap. II : conditions d'éligibilité et d'inéligibilité

Chap. II : incompatibilités

Chap. IV : disposition finales

L'article 21 prévoyait que les dispositions de cette loi organique seront intégrées au Code électoral sous le TITRE II « *dispositions spéciales à l'élection des députés* ».

L'article 1er de cette loi deviendra l'article LO.87 du Code électoral. Les articles 2 à 20 deviendront respectivement les articles LO.89 à LO.107 du Code électoral.

Le Code de 1977 ne prenait pas en compte l'élection du Président de la République et celle des Conseillers municipaux et ruraux.

L'élection du Président de la République était régie par l'Ordonnance n°63-09 du 26 août 1963 portant loi organique relative à l'élection du Président de la République et le décret n°78-068 du 02 janvier 1978.

Quant aux élections des conseillers municipaux et ruraux, elles étaient régies par la loi n°64-01 du 19 janvier 1963 abrogeant la loi n°61-01 du 14 janvier 1961.

En 1982, le législateur avait jugé nécessaire d'intégrer au texte primitif les articles constituant la loi organique 81-80 du 28 décembre 1981 relative à l'élection du Président de la République et des députés à l'Assemblée nationale.

Pour toutes ces raisons, il a semblé de meilleure technique juridiques d'abroger et de remplacer entièrement le Code électoral de 1977 bien que nombres de ses dispositions subsistent.

Les articles de la loi organique n°81-86 du 28 décembre 1981 étaient intégrés au Code électoral comme il était prévu à son article 45.

Le Code électoral de 1982 était ainsi structuré :

Titre I : traite des dispositions communes à toutes les élections.

Titre II : élection du Président de la République

Le Titre III : relatif à l'élection des députés.

Le Titre IV : relatif à l'élection des Conseillers municipaux et ruraux.

Le titre V : concernait le contentieux des élections municipales et rurales.

Le Code électoral de 1982, a été abrogé et remplacé par le Code électoral consensuel de 1992.

Ce dernier qui a survécu pendant vingt (20), ans résulte des travaux de la Commission nationale de Réforme du Code électoral (CNRCE). Cette dernière avait levé trente-six (36) options qui ont fait l'objet d'accord entre les partis politiques et les membres de ladite commission. Plusieurs élections ont été organisées avec des fortunes diverses.

Le Code électoral de 1992 qui a subi l'usure du temps a été abrogée et remplacé par le Code électoral de 2012.

Il faut préciser que cet esprit de dialogue et de concertation qui a été à l'origine du Code consensuel de 1992 demeure et n'a cessé de se renforcé comme en témoignent les travaux de la Commission technique

Chargée de la Revue du Code électoral (CTCRCE) qui a donné naissance aux Codes électoraux respectivement de 2012 et de 2014. Il en sera ainsi en 2017 et en 2021.

La Commission politique du Dialogue nationale qui a été instituée en 2020 avait discuté sur 36 sujets et avait enregistré 27 points d'accord.

Les points d'accord ayant un impact sur le processus électoral ont été intégrés au Code électoral.

1°) **1976**

Loi organique n° 76-95 du 21 août 1976 portant Code électoral (entrée en vigueur le 1er mars 1977) abrogeant :

a°) le décret organique du 02 février 1852 pour l'élection des députés au corps législatif ;

b°) la loi du 7 juillet 1874 relative à l'électorat municipal ;

c°) la loi du 5 avril 1884 sur l'organisation municipale;

d°) la loi du 20 mars 1914 réglementant l'affiche électoral ;

e°) la loi du 31 mars 1914 réprimant les actes de corruption dans les opérations électorales ;

f°) la loi du 8 juin 1923 concernant distribution des bulletins de vote ;

h°) la loi n°46-1889 du 20 août 1946 relative au contrôle des inscriptions sur les listes électorales et à la procédure des inscriptions d'urgence ;

i°) la loi n°55-1489 du 18 novembre 1955 relative à la réorganisation municipale ;

j°) l'ordonnance n° 63-02 du 6 juin 1963 relative à l'élection des députés à l'Assemblée nationale.

2°) **1982**

Loi n° 82-10 du 30 juin 1982 abrogeant et remplaçant la loi n° 76-95 du 21 août 1976 portant Code électoral.

3°) **1992**

Loi n° 1992-16 du 7 février 1992 abrogeant et remplaçant la loi n° 82-10 du 30 juin 1982 portant Code électoral.

4°) **2012**

Loi n° 2012-01 du 03 janvier 2012 abrogeant et remplaçant la loi n° 1992-16 du 7 février 1992 portant Code électoral.

5°) **2014**

Loi n° 2014-18 du 15 avril 2014 portant Code électoral abrogeant et remplaçant la loi n° 2012-01 du 03 janvier 2012 portant Code électoral.

6°) **2017**

Loi n° 2017-12 du 18 janvier 2017 abrogeant et remplaçant la loi n° 2014-18 du 15 avril 2014 portant Code électoral.

7°) **2021**

Loi n° 2021-35 du 23 juillet 2021 abrogeant et remplaçant la loi n° 2017-12 du 18 janvier 2017 portant Code électoral.

Première partie

PARTIE LEGISLATIVE DU CODE ELECTORAL

Loi n° 2021-35 du 23 juillet 2021 (*JORS n° 7442 du 24 juillet 2021, p. 991 et suiv.*), modifiée par les lois n° 2022-15 du 03 mai 2022 (*JORS n° 7522 du 3 mai 2022, pp. 433 à 434*) et n° 2023-16 du 18 août 2023 (*JORS n° 7652 du 18 août 2023, pp. 1013 à 1016*)

TITRE PREMIER

DISPOSITIONS COMMUNES A L'ELECTION DU PRESIDENT DE LA REPUBLIQUE, AUX ELECTIONS DES DEPUTES, DES HAUTS CONSEILLERS, DES CONSEILLERS DEPARTEMENTAUX ET MUNICIPAUX

Chapitre préliminaire : De la gestion et du contrôle du processus électoral

Section premier : L'Administration électorale

Article L. premier. -

Le Ministère chargé des Élections est, dans les conditions et modalités déterminées par le présent code, compétent pour la préparation et l'organisation des opérations électorales et référendaires.

À l'Étranger, cette compétence est exercée, en rapport avec le Ministère chargé des Affaires Étrangères, dans les conditions et modalités déterminées par le présent code.

Le Ministère chargé des Sénégalais de l'Extérieur participe à l'information et à la sensibilisation des Sénégalais résidant à l'étranger.

NOTE : L'organisation des Élections au Sénégal a toujours été du ressort de l'Administration, à travers les services du Ministère de l'Intérieur.

Jadis, dévolue à la Direction de l'Administration générale et de l'équipement (DAGE) comme maitre d'œuvre, l'organisation des élections se faisait par le biais d'un comité ad hoc créé à cet effet.

Cette dynamique de perfectionnement de l'Administration électorale a justifié à la veille des élections législatives de 1998, la création de la Direction générale des Élections (DGE).

La Direction générale des Élections (D.G.E) est structurée en services et directions.

Elle comprend :

- les services rattachés ;
- la Direction des Opérations électorales (D.O.E) ;
- la Direction de la Formation et de la Communication (D.F.C) ;
- la Direction des Ressources humaines et des Finances (DRHF).

La Direction des Opérations électorales est chargée, dans les conditions définies par le Code électoral, et en relation avec la Direction de l'Automatisation des Fichiers, les autorités territoriales, les missions diplomatiques du Sénégal et autres ministères compétents, des activités suivantes :

- la tenue du fichier général des électeurs comprenant le fichier des électeurs établis sur le territoire national composé des civils, des militaires et paramilitaires, du fichier spécial des sénégalais de l'extérieur ;
- l'élaboration de la carte électorale ;
- l'élaboration du calendrier général des opérations électorales et des études sur toutes les questions liées au processus électoral ;
- la planification, la programmation, l'évaluation et de la gestion du matériel électoral ;
- l'organisation matérielle et le suivi du processus électoral relevant du Ministère de l'Intérieur, en relation avec les autres services compétents de l'État et les missions diplomatiques et consulaires.

La Direction de Opérations électorales comprend outre un Secrétariat particulier trois divisions :

- la Division de la Logistique et de la Planification ;
- la Division suivi des Opérations et des Missions ;
- la Division de la Carte électorale et des Fichiers électoraux.

La Direction de la Formation et de la Communication est chargée:

- de l'élaboration et de l'exécution du plan de formation en matière électorale, notamment des autorités administratives déconcentrées, des chefs de missions diplomatiques et consulaires, des élus et des agents ; elle peut assurer la formation des membres des bureaux de vote et des membres des commissions administratives de révision des listes électorales. En tant que de besoin, elle participe à la formation des autorités judiciaires chargées des élections ;
- des études et propositions toutes mesures législatives, règlementaires et administratives permettant de garantir la qualité des scrutins ;
- de la diffusion de toute information relative aux élections. Elle organise des campagnes de sensibilisation des électeurs sur les étapes du processus électoral ainsi que sur les techniques de vote, sur les droits et devoirs des électeurs.

Elle comporte, outre un Secrétariat particulier, trois divisions :

- la Division de la Formation permanente ;
- la Division de la Communication et des Relations publiques ;
- la Division des Études, de la Législation, de la Documentation

et des Archives.

Il est important de noter que le Ministère chargé des Sénégalais de l'Extérieur participe à l'information et à la sensibilisation des Sénégalais résidant à l'étranger.

La Direction des Ressources humaines et des Finances assure la gestion des affaires administratives et financières. A ce titre, elle est chargée de :

- la gestion des crédits de fonctionnement ;
- la gestion des crédits affectés aux opérations de révision des listes électorales et à l'organisation des élections et référendums ;
- la gestion des ressources humaines ;
- la gestion du matériel de fonctionnement de la DGE.
- Elle comporte, outre un Secrétariat particulier, deux divisions :
- la Division de la Gestion administrative et du Personnel ;
- la Division de la Gestion financière, des Marchés, du Matériel et des Matières.

Ainsi, depuis sa création en 1998, la DGE s'est chargée de l'organisation matérielle des élections sur l'ensemble du territoire national.

À l'Étranger, cette compétence du Ministère chargé des Élections est exercée en rapport avec le Ministère chargé des Affaires Étrangères.

De 1960 à nos jours, le Sénégal a totalisé plus d'une quarantaine de consultations électorales, dont douze (12) élections présidentielles, treize (13) élections législatives, quatre (4) référendums, deux (2) élections sénatoriales, deux (2) élection des Hauts Conseillers des Collectivités territoriales (HCCT), en sus des élections locales (régionales, municipales et rurales) devenues territoriales (départementales et municipales).

Par ailleurs, il est utile de préciser que la partie législative du Code électoral est composée de lois ordinaires (L) et de lois organiques (L.O).

Les lois ordinaires

Les lois ordinaires déterminent les objectifs de l'action de l'État.

Le domaine d'intervention et les modalités d'adoption de la loi ordinaire sont définis à l'article 67 de la Constitution.

Parmi les lois ordinaires, on distingue notamment les lois relatives :

- aux droits civiques ;

- aux garanties fondamentales accordées aux citoyens pour l'exercice des libertés publiques ;

- aux sujétions imposées par la Défense nationale aux citoyens en leur personne et en leurs biens ;

- au statut de l'Opposition ;

- à la nationalité, à l'état et à la capacité des personnes, aux régimes matrimoniaux, aux successions et libéralités ;

- à la détermination des crimes et délits ainsi qu'aux peines qui leur sont applicables, à la procédure pénale, à l'amnistie, à la création de nouveaux ordres de juridiction ;

- à l'assiette, aux taux et aux modalités de recouvrement des impositions de toutes natures, au régime d'émission de la monnaie ;

- au régime électoral de l'Assemblée nationale et des assemblées locales ;

- au régime de la propriété, aux droits réels et des obligations civiles et commerciales, au droit du travail, du droit syndical et de la sécurité sociale etc.

Les lois ordinaires aux termes de l'article 71 de la Constitution sont adoptées par l'Assemblée nationale à la majorité absolue des suffrages exprimés avant d'être transmise sans délai au Président de la République pour promulgation.

Les lois organiques

Elles n'interviennent que dans les domaines et pour les objets limitativement énumérés par la Constitution.

L'objet d'une loi organique est généralement de préciser l'organisation et le fonctionnement des pouvoirs publics, en application d'articles de la Constitution. En France, ce type de lois était inconnu des textes de 1875 et 1946, mais figurait déjà dans la Constitution de 1848.

La Constitution sénégalaise du 22 janvier 2001 comprend 15 articles qui renvoient à des lois organiques afin de préciser certaines dispositions du texte.

Il s'agit des articles 32, 35, 54, 59, 60, 64, 66-1, 67, 68, 70, 81, 87-1, 89, 90 et 100.

Parmi ces dispositions seulement quatre (4) renvoient à la matière électorale (32, 35, 59 et 66-1) et c'est ce qui explique la présence de lois organiques dans le Code électoral.

Des conditions strictes doivent être réunies pour l'adoption des lois organiques. L'article 78 de la Constitution dispose que « *Les lois qualifiées organiques par la Constitution sont votées et modifiées à la majorité absolue des membres composant l'Assemblée nationale.*

Elles ne peuvent être promulguées si le Conseil constitutionnel, obligatoirement saisi par le Président de la République, ne les a déclarées conformes à la Constitution. »

Le Conseil constitutionnel a développé une jurisprudence qui vise notamment à ce que les lois organiques n'interviennent que dans les domaines et pour les objets limitativement énumérés par la Constitution.

Dans la hiérarchie des normes, les lois organiques, qui sont une catégorie particulière de lois, se situent au-dessus des lois ordinaires mais sous les lois constitutionnelles.

Article L.2.-

Le Ministère chargé des élections assure la gestion des listes électorales et du fichier général des électeurs.

NOTE : Les dispositions de l'article L.2 du Code électoral confient au Ministère chargé des élections, en l'occurrence le Ministère de l'Intérieur, la gestion des listes électorales et la gestion du fichier général des électeurs.

De plus, conformément aux articles L.3, R. premier et R.2 du Code électoral les services centraux du Ministère assurent l'établissement, la révision des listes électorales et la tenue des fichiers électoraux.

Ainsi, il apparait donc clairement que la gestion et la tenue du fichier électoral sont une attribution du Ministère chargé des élections.

Le fichier électoral constitue la clé de voute de tout processus électoral en ce sens qu'il détermine :

- la carte électorale ;
- les conditions et l'organisation des révisions des listes électorales ;
- le budget général pour l'organisation du scrutin ;
- l'édition et la distribution des cartes d'électeur ;

– la quantité nécessaire en matériel électoral et son dispatching sur le territoire national et à l'étranger pour le vote des sénégalais de l'extérieur.

Ainsi, le fichier électoral est composé du fichier général des électeurs, du répertoire des lieux et bureaux de vote mais également du répertoire des adresses électorales constitué de quartiers et sous-quartiers de résidence des électeurs.

Le fichier électoral sénégalais est spécifique du fait que la carte d'électeur est couplée à la carte d'identité biométrique CEDEAO celle-ci fait office de carte d'électeur (article L.53).

En effet, l'enrôlement dans le fichier électoral est effectué sur la base d'une pièce unique la carte d'identité biométrique.

Cependant, il est important de signaler que dans un souci de transparence du processus électoral, le législateur a aménagé un mécanisme à l'interne qui permet l'exercice d'un droit de regard et de contrôle au profit de la CENA et des parties politiques légalement constituées comme cela résulte de l'alinéa 2 de l'article L.49 du Code électoral.

Il y a lieu de rappeler que la CENA est obligatoirement présente à tous les niveaux de conception, d'organisation, de prise de décision et d'exécution depuis l'inscription sur les listes électorales jusqu'à la proclamation provisoire des résultats.

Mieux, la CENA a un pouvoir de rectification, de dessaisissement, de substitution d'action dans le cadre des opérations électorales et référendaires, nonobstant son pouvoir de saisine des juridictions compétentes.

Article L.3.-

Sous l'autorité du Ministre chargé des élections, les services centraux, en relation avec les autorités administratives, assurent la mise en œuvre des prérogatives indiquées dans les articles premier et 2, du présent code.

À l'étranger, le Ministère chargé des élections met en œuvre les compétences définies à l'article premier alinéa 2 du présent code, en relation avec les services centraux du Ministère chargé des Affaires Étrangères, les Ambassades et les Consulats.

Section 2 : La Commission électorale nationale autonome *(C.E.NA)*

Article L.4.-

Il est créé une Commission électorale nationale autonome, en abrégé C.E.N.A. Elle a son siège à Dakar.

La C.E.N.A est une structure permanente, dotée de la personnalité juridique et de l'autonomie financière.

Article L.5.-

La C.E.N.A contrôle et supervise l'ensemble des opérations électorales et référendaires. Elle veille, en particulier, à leur bonne organisation matérielle et apporte les correctifs nécessaires à tout dysfonctionnement constaté.

La C.E.N.A fait respecter la loi électorale de manière à assurer la régularité, la transparence, la sincérité des scrutins en garantissant aux électeurs, ainsi qu'aux candidats en présence, le libre exercice de leurs droits.

Article L.6.-

La C.E.N.A est obligatoirement présente à tous les niveaux de conception, d'organisation, de prise de décision et d'exécution depuis l'inscription sur les listes électorales jusqu'à la proclamation provisoire des résultats.

En cas de non-respect des dispositions législatives et règlementaires relatives aux élections ou référendums par une autorité administrative, la C.E.N.A, après une mise en demeure, peut prendre des décisions immédiatement exécutoires d'injonction, de rectification, de dessaisissement, de substitution d'action dans le cadre des opérations électorales et référendaires, nonobstant son pouvoir de saisine des juridictions compétentes.

Article L.7.-

La C.E.N.A comprend douze (12) membres nommés par décret. Ils sont choisis parmi les personnalités indépendantes exclusivement de nationalité sénégalaise, connues pour leur intégrité morale, leur honnêteté intellectuelle, leur neutralité et leur impartialité, après consultation d'institutions, d'associations et d'organismes tels que ceux qui regroupent Avocats, Universitaires, Défenseurs des Droits de l'Homme, Professionnels de la communication ou toute autre structure.

La C.E.N.A est dirigée par un Président, assisté d'un Vice-président et d'un Secrétaire général nommés par décret.

Les membres de la C.E.N.A sont nommés pour un mandat de six (06) ans renouvelables par tiers tous les trois (03) ans.

Dans l'exercice de leurs fonctions, les membres de la C.E.N.A ne doivent solliciter ni recevoir d'instructions ou d'ordre d'aucune autorité publique ou privée.

Dans l'accomplissement de sa mission, la C.E.N.A peut, en cas de besoin, recourir aux services d'experts indépendants.

Article L.8.-

La C.E.N.A met en place dans les départements et les ambassades ou consulats, des structures correspondantes dont la composition et le fonctionnement sont déterminés par décret sur proposition de la C.E.N.A.

Article L.9.-

Il ne peut être mis fin, avant l'expiration de son mandat, aux fonctions d'un membre de la C.E.N.A que sur sa demande ou pour incapacité physique ou mentale, dûment constatée par un médecin désigné par le Conseil de l'Ordre, après avis conforme de la C.E.N.A.

L'empêchement temporaire d'un membre est constaté par la C.E.N.A. Si cet empêchement se prolonge au-delà de cinq (05) réunions statuaires consécutives, il est mis fin aux fonctions de l'intéressé dans les conditions prévues au premier alinéa.

En cas d'empêchement définitif ou de démission d'un membre, il est pourvu à son remplacement par décret et par une personne appartenant à l'institution, l'association ou l'organisme dont il est issu.

Le membre nommé pour remplacer un membre de la C.E.N.A, achève le mandat de celui-ci.

Article L.10.-

Ne peuvent être membres de la C.E.N.A :

- les membres du Gouvernement ; les magistrats en activité ;
- les membres d'un Cabinet ministériel ;
- les personnes exerçant un mandat électif ;
- les gouverneurs, les préfets, les sous-préfets ainsi que leurs adjoints en activité ou à la retraite depuis moins de cinq (05) ans ;
- les personnes inéligibles en vertu de l'article LO.160 du Code électoral ;
- les candidats aux élections contrôlées par la C.E.N.A ;
- les parents jusqu'au deuxième degré des candidats à la Présidence de la République ;
- les membres d'un groupe de soutien à un parti, à une liste de candidats ou à un candidat ;
- toute autre personne régie par un statut spécial l'empêchant d'exercer d'autres fonctions.

Article L.11.-

Les attributions de la C.E.N.A sont les suivantes :

- superviser et contrôler tout le processus d'établissement et de gestion du fichier électoral, avec un droit d'accès à la documentation relative aux analyses, à la configuration physique du matériel et des équipements informatiques, à la programmation et aux procédures de saisie, de mise à jour, de traitement et de restitution des données ;

- chaque année, la C.E.N.A rend compte de l'exécution de cette attribution ;

- superviser et contrôler l'établissement et la révision des listes électorales par la nomination d'un contrôleur auprès de toute commission ou toute structure chargée de l'inscription sur les listes électorales, ainsi que leur révision ou refonte ; ce contrôleur garde un feuillet de l'attestation d'inscription ou de modification de l'inscription de chaque électeur, appose son visa sur le récépissé d'inscription remis à l'électeur et sur la souche qui sert à la saisie informatique ;

- contrôler et superviser toute mise à jour de la carte électorale ;

- superviser et contrôler l'impression, la distribution et la conservation des cartes d'électeur ; la C.E.N.A. est informée de tout le processus d'appel à concurrence et de commande des cartes d'électeur ; un contrôleur, nommé par elle, est présent de droit dans toute commission ou structure chargée de fabriquer, de ventiler et de distribuer des cartes d'électeur ;

- superviser et contrôler le dépôt des dossiers de candidature aux élections législatives, départementales et municipales en vue d'apposer son visa sur le récépissé pour attester du dépôt dans les formes et délais légaux. Les listes de candidats sont déposées en doubles exemplaires. Un exemplaire est remis à la C.E.N.A ;

- veiller à ce que, la liste des électeurs par bureau de vote, soit remise quinze (15) jours au moins avant la date du scrutin :

  * aux candidats et aux listes de candidats, sur support électronique et en version papier ;

  * et à la C.E.N.A dans les mêmes formes.

- superviser et contrôler la commande et l'impression des bulletins de vote ;

- veiller à ce que la publication de la liste des bureaux de vote soit faite au plus tard trente (30) jours avant le scrutin, ainsi que sa notification aux candidats et lis tes de candidats ;

- valider la nomination des membres des commissions de révision, des membres des commissions de distribution, ainsi que des membres des bureaux de vote, désignés par l'Administration ;

- superviser et contrôler avec les partis politiques, la mise en place du matériel et des documents électoraux. Cette mise en place doit être effective la veille du jour du scrutin ;

- contrôler et superviser la publication des listes électorales, et faire procéder aux rectifications nécessaires ;

- contrôler le caractère permanent de la distribution en procédant au décompte des cartes d'électeur non retirées lors des séquences de passation d'activité entre l'autorité administrative et la commission administrative, faire l'inventaire des cartes d'électeur et dresser un rapport circonstancié ;

- désigner ses contrôleurs dans tous les bureaux de vote ;

- participer au choix des observateurs nationaux et internationaux ;

- cosigner les cartes des plénipotentiaires auprès des autorités administratives compétentes et des mandataires dans les lieux de vote des candidats ou listes de candidats. Cette formalité est accomplie par les démembrements de la CENA ;

- superviser le ramassage et la transmission des procès-verbaux des bureaux de vote aux lieux de recensement et la centralisation des résultats ; à cet effet, le représentant de la CENA fait obligatoirement partie du convoi ;

- participer aux travaux des commissions départementales et nationales de recensement des votes ;

- garder, par devers elle, copie de tous les documents électoraux ;

- contribuer à l'éducation civique des citoyens en matière d'expression du suffrage ;

- faire toutes propositions relatives à l'amélioration du Code électoral.

Article L.12.-

Pour les besoins de la supervision et du contrôle de la gestion du fichier électoral par la C.E.N.A, l'Administration est tenue d'assurer le processus de la révision de tous les enregistrements du fichier électoral.

L'organisation du traitement du fichier doit garantir toutes les possibilités de contrôle visant la reconstitution de tout enregistrement vers son origine et vice-versa. L'Administration est tenue, pour ce faire, d'assurer la conservation séquentielle et chronologique par lieu, date et numéro d'ordre de tous les documents électoraux, en particulier des carnets d'inscription, de modification et de radiation sur les listes électorales des registres de distribution des cartes d'électeur.

Toute inscription sur le fichier électoral doit porter date et lieu de présentation de l'électeur devant la commission d'inscription ou de révision, ainsi que les références de la commission.

Article L.13.-

La C.E.N.A veille à ce que la loi électorale soit appliquée aussi bien par les autorités administratives que par les partis politiques, les candidats et les électeurs.

En cas de non-respect des dispositions législatives et règlementaires relatives aux élections ou référendums par une autorité administrative, la C.E.N.A lui enjoint de prendre les mesures de correction appropriées. Si l'autorité administrative ne s'exécute pas, la C.E.N.A dispose du pouvoir de dessaisissement et de substitution d'action dans le cadre des opérations électorales et référendaires à l'égard de l'agent responsable, nonobstant son pouvoir de saisine des juridictions compétentes.

Elle propose, en outre, des sanctions administratives contre l'agent responsable et s'assure de leur exécution.

Les manquements commis par les partis politiques, les candidats ou les électeurs, sont portés par la C.E.N.A devant les autorités judiciaires qui statuent dans les soixante-douze (72) heures à compter de la saisine.

Le procureur de la République ou son délégué, saisi d'une plainte par la C.E.N.A à l'occasion des opérations électorales, garde l'initiative des poursuites. Toutefois dans la mise en œuvre de cette action, la C.E.N.A est jointe à toutes étapes de la procédure.

En cas de besoin, la C.E.N.A peut saisir la juridiction compétente par citation directe du mis en cause.

La saisine des juridictions se fait sans frais.

Jurisp : COUR SUPREME, ARRET N°06 DU 16 MARS 2009, COMMISSION ELECTORALE NATIONALE AUTONOME C/MINISTRE CHARGE DE L'INTERIEUR

La Commission Électorale Nationale Autonome, prise en la personne de son Président, ayant son Siège social à l'Immeuble Fonds de Garantie Automobile, Avenue Malick SY x Impasse COSEC à Dakar, faisant élection de domicile aux Études de Maître El Hadji GUISSE, Avocat à la Cour, 22, rue Félix Faure à Dakar ;

Maître Cheikh Ahmadou NDIAYE, Avocat à la Cour ,15 Avenue Jean Jaurès à Dakar ;

Et Maître Assane Dioma NDIAYE, Avocat à la Cour, Avenue Malick SY à Diourbel ;

D'UNE PART ;

ET :

Le Ministre Chargé de l'intérieur, représenté par Monsieur Macoumba COUME, Directeur de la Formation et de la Communication, Place Washington, Dakar ;

D'AUTRE PART ;

Vu la requête reçue au Greffe de la Cour suprême le 20 février 2009, par laquelle la Commission Électorale Nationale Autonome dite *C.E.N.A*, élisant domicile en l'Étude de Maître El-Hadji GUISSE et Maître Assane Dioma NDIAYE, Avocats à la Cour, a déclaré interjeter appel de l'arrêt rendu par la Cour d'appel de Dakar le 05 février 2009, lequel a rejeté sa demande tendant à l'invalidation des listes de candidatures de la coalition Sopi 2009 au niveau des arrondissements de Ndoulo et de Ndindy ;

LA COUR SUPREME,

Après en avoir délibéré conformément à la loi ;

SUR LA RECEVABILITE DES MEMOIRES COMPLEMENTAIRES ET PIECES VERSES AU DOSSIER :

Considérant que la C.E.N.A, après avoir déposé un recours le 20 février 2009, a par le canal de deux autres conseils à savoir Maître Cheikh Ahmadou NDIAYE et Maître Assane Dioma NDIAYE, déposé les 04, 06 et 11 mars 2009 des mémoires complémentaires non communiqués à la partie adverse à savoir le Ministre chargé de l'intérieur et accompagnés de pièces qui n'ont pas été produites devant la Cour d'appel ;

Considérant que l'article 76 de la Loi organique sur la Cour suprême détermine la procédure à suivre pour se pourvoir contre les décisions de la Cour d'appel statuant sur le contentieux des élections régionales, municipales et rurales et dispose en ses 1° et 2° que le pourvoi est formé par simple requête enregistrée au greffe de la Cour suprême et est notifié dans les deux jours qui suivent, par le greffier, à la partie adverse qui a d'un délai de 15 jours pour produire sa défense ;

Considérant qu'en l'espèce le recours de la C.E.N.A a été notifié au Ministre chargé de l'intérieur, lequel a déposé un mémoire en défense le 26 février 2009 ;

Considérant que depuis cette date, l'affaire est en état d'être jugée conformément à la volonté du législateur qui a prescrit des délais très brefs en matière électorale en instituant une procédure d'urgence et sommaire dont l'aboutissement rapide ne doit pas être différé par la procédure de mise en état ordinaire ;

Qu'il échet, ceci étant, d'écarter des débats les mémoires complémentaires et pièces déposés par les conseils de la C.E.N.A ;

SUR LA RECEVABILITE DU RECOURS :

Considérant que le Ministre chargé de l'intérieur conclut à titre principal à l'irrecevabilité de la requête de la C.E.N.A au motif que celle-ci, en formant appel contre l'arrêt de la Cour d'appel, a méconnu la nature et l'objet de la saisine de la Cour suprême qui se fait par un pourvoi en cassation ;

Considérant que la qualification donnée par une partie à son recours est sans effet sur la recevabilité de celui-ci ; que le recours de la C.E.N.A introduit dans les formes et délais légaux doit être déclaré recevable ;

SUR LE BIEN FONDE DU RECOURS :

Considérant que la C.E.N.A qui déclare exercer son recours sur le fondement de l'article L.10 du Code électoral, entend faire invalider les listes de candidature déposées par la coalition Sopi 2009 auprès des autorités administratives de Ndoulo et de Ndindy en faisant observer qu'elle a régulièrement mis en demeure lesdites autorités pour qu'elles prennent des mesures correctives suite à la parution des arrêtés portant publication des listes de candidats aux élections locales du 22 mars 2009 malgré les preuves irréfutables et unanimement constatés de la forclusion desdites listes ;

Considérant qu'elle entend établir la forclusion alléguée par le fait qu'il ne résulterait ni des récépissés de dépôt de candidature dûment signés par les Sous-préfets et visés par les contrôleurs de la Commission Électorale Départementale Autonome (C.E.D.A), ni des constatations de ses superviseurs dépêchés dans lesdites préfectures que la coalition Sopi 2009 ait déposé ses listes dans les délais légaux;

Considérant que le Ministre chargé de l'intérieur a, quant à lui, conclu au rejet du recours de la C.E.N.A en faisant valoir que celle-ci, sans articuler de griefs de violation de la loi ou de manque de base légale demande à la Cour de juger en fait et non de vérifier si la loi électorale a été correctement appliquée ;

Considérant que la C.E.N.A précise qu'elle entend, après avoir constaté des violations à la loi électorale par les Sous-préfets de Ndindy et de Ndoulo, et après leur avoir adressé des mises en demeure restées infructueuses, exercer les pouvoirs de dessaisissement et de substitution d'action que lui confère la loi ;

Considérant que l'article L.10 du Code électoral dispose que : *« En cas de non-respect des dispositions législatives et réglementaires relatives aux élections ou référendums par une autorité administrative, la C.E.N.A lui enjoint de prendre les mesures de correction appropriées. Si l'autorité administrative ne s'exécute pas, la C.E.N.A dispose du pouvoir de dessaisissement et de substitution d'action dans le cadre des opérations électorales à l'égard de l'agent responsable, nonobstant son pouvoir de saisine des juridictions compétentes » ;*

Considérant que par cette disposition, le législateur a entendu renforcer la compétence et les pouvoirs de la C.E.N.A, tout en faisant de la saisine des juridictions, une action subsidiaire ;

Qu'en effet, les pouvoirs de dessaisissement et de substitution d'action accordés à la C.E.N.A par la loi électorale doivent être exercés en dehors de toute action judiciaire ;

Considérant que la C.E.N.A s'est bornée à adresser aux autorités administratives de Ndindy et de Ndoulo des mises en demeure, sans réagir par la suite contre l'inaction de l'administration, en prenant, comme les articles L.3 et L.10 lui en donnent le pouvoir, des décisions immédiatement exécutoires, de rectification et de dessaisissement notamment ;

Considérant qu'en introduisant son recours devant les juridictions sans mettre en œuvre les pouvoirs que lui donne la loi, la C.E.N.A n'a pas satisfait aux exigences de la loi électorale ;

Considérant que, surabondamment, il échet de faire observer que le débat, élevé devant la Cour d'appel sur l'invalidation des listes de candidature déposées par la coalition Sopi 2009 auprès des autorités administratives de Ndoulo et de Ndindy, reposait sur la preuve du dépôt desdites listes dans les formes et délais légaux ;

Considérant que la Cour d'appel, pour rejeter le recours de la C.E.N.A, a énoncé d'une part, que dans le rapport de la C.E.D.A, il est fait état de récépissés de dépôt que ni l'administration, ni la C.E.N.A n'ont versés aux débats et d'autre part, que l'arrêté préfectoral présente une régularité formelle que n'ont pu combattre les déclarations non étayées par des éléments objectifs et probants versés aux dossiers ;

Qu'en statuant ainsi, la Cour d'appel a suffisamment apprécié les éléments de preuve produits ainsi que leur force probante ;

D'où il suit que le recours de la C.E.N.A est mal fondé ;

PAR CES MOTIFS :

Rejette le recours de la C.E.N.A comme mal fondé.

Article L.14.-

Sauf cas de flagrant délit, les membres de la C.E.N.A ne peuvent être poursuivis, recherchés, arrêtés, détenus ou jugés pour des opinions exprimées ou des actes commis dans l'exercice de leurs fonctions.

Article L.15.-

La C.E.N.A est dotée d'un secrétariat dirigé par un Secrétaire général nommé par décret sur proposition de son Président et chargé, sous l'autorité de celui-ci, de :

- l'administration de la C.E.N.A ;

- l'établissement des procès-verbaux des réunions de la C.E.N.A ;

- la réception, la gestion et la conservation de la documentation relative aux élections ;

- l'information du public.

Article L.16.-

La C.E.N.A établit son règlement intérieur.

La C.E.N.A exerce ses fonctions soit de sa propre initiative, soit sur saisine par les partis politiques en compétition, les candidats ou listes de candidats ou les électeurs.

Article L.17.-

La C.E.N.A est tenue informée du calendrier d'exécution des différentes tâches du processus électoral.

La C.E.N.A assiste aux rencontres entre les partis politiques et l'Administration. Elle reçoit ampliation des correspondances entre l'Administration et les partis politiques.

Elle reçoit copie de tous les comptes rendus et de tous les procès-verbaux des réunions tenues par l'Administration dans le cadre de l'organisation des élections.

Dans l'accomplissement de leur mission, les membres de la C.E.N.A et de ses démembrements ont accès à toutes les sources d'information et aux médias publics.

Les gouverneurs, les préfets, les sous-préfets et leurs adjoints, les agents de l'Administration territoriale, les maires, les présidents de Conseil départemental, les chefs de village, ainsi que les présidents de bureau de vote, des commissions administratives de révision et de distribution et de façon générale, toute autorité ou tout agent intervenant dans le processus électoral, sont tenus de leur fournir tous les renseignements et de leur communiquer, sans délai, tous les documents dont ils peuvent avoir besoin dans l'exercice de leurs fonctions.

Article L.18.-

La C.E.N.A s'adjoint, le jour du scrutin, des superviseurs désignés par son Président qui leur délivre des ordres de mission garantissant les droits attachés à leur qualité et définissant les fonctions qui leur ont été confiées. Leurs frais de mission sont inscrits au budget de la C.E.N.A Ces superviseurs procèdent à des contrôles, sur pièce et sur place.

Les dispositions de l'article L.14 relatives aux immunités sont applicables aux superviseurs de la C.E.N.A. le jour du scrutin, ainsi qu'aux contrôleurs de la C.E.N.A. pendant l'exercice de leur mission.

Les superviseurs de la C.E.N.A sont choisis parmi les fonctionnaires et agents publics en activité ou à la retraite, les agents du secteur privé ou tout sénégalais majeur jouissant de ses droits civiques et politiques, sans appartenance politique et sachant lire et écrire dans la langue officielle.

Article L.19.-

Les membres de la C.E.N.A prêtent serment devant le Conseil constitutionnel.

Les membres des commissions électorales départementales autonomes prêtent serment devant les juridictions de leur ressort.

Les membres des Délégations de la C.E.N.A auprès de chaque ambassade ou consulat du Sénégal dans les pays où les ressortissants sénégalais participent aux élections, prêtent serment devant le Chef de la Mission diplomatique.

Article L.20.-

La C.E.N.A informe régulièrement l'opinion publique de ses activités et de ses décisions par la presse ou par toute autre voie jugée opportune.

Des rencontres peuvent avoir lieu entre la C.E.N.A et les partis politiques légalement constitués, à l'initiative de la première ou à la demande des derniers.

Article L.21.-

La C.E.N.A élabore son budget en rapport avec les services techniques compétents de l'État et l'exécute conformément aux règles de la comptabilité publique.

Les crédits nécessaires au fonctionnement et à l'accomplissement des missions de la C.E.N.A et de ses démembrements, font l'objet d'une inscription autonome dans le budget général. Ils sont autorisés dans le cadre de la loi de finances. Les crédits correspondants sont à la disposition de la C.E.N.A dès le début de l'année financière.

La C.E.N.A est dotée d'un ordonnateur de crédit en la personne de son Président et d'un Comptable public nommé par le Ministre des Finances.

Article L.22.-

La C.E.N.A fait un rapport général après chaque élection ou référendum et l'adresse au Président de la République dans les trois (03) mois qui suivent le scrutin.

La C.E.N.A établit un rapport annuel d'activités qu'elle adresse au Président de la République, au plus tard un mois après la fin de l'année écoulée.

La C.E.N.A publie le rapport général et le rapport annuel d'activités, au plus tard dans les quinze (15) jours suivant leur transmission au Président de la République.

Article L.23.-

Des indemnités et frais de mission sont accordés aux membres de la C.E.N.A dans les conditions fixées par décret.

Section 3 : Des cours d'appel

Article LO.24.-

Les compétences dévolues en matière électorale à la Cour d'Appel dans le cadre du présent code sont exercées par la Cour d'Appel de Dakar. Toutefois, chaque Cour d'Appel est compétente pour les élections départementales et municipales au niveau des circonscriptions électorales de son ressort. Dans le cas où la Cour d'Appel concernée n'est pas installée, la Cour d'Appel de Dakar est compétente.

NOTE : Aux termes de l'article 32 de la Constitution, *« Les cours et tribunaux veillent à la régularité de la campagne électorale et à l'égalité des candidats pour l'attribution des moyens de propagande dans les conditions déterminées par une loi organique »*.

Le législateur organique tire de l'article 32 de la Constitution le pouvoir de déterminer les compétences des cours d'appel en matière électorale.

Le contentieux né des opérations électorales est dévolu à la cour d'appel du ressort comme en dispose l'article LO.24 du Code électoral ; ce dernier précise que les compétences dévolues en matière électorale à la cour d'appel sont exercées par la Cour d'appel de Dakar. Toutefois, chaque cour d'appel est compétente pour les élections départementales et municipales au niveau des circonscriptions électorales de son ressort et dans le cas où la cour d'appel concernée n'est pas installée, la Cour d'Appel de Dakar est compétente.

Il concerne l'annulation des opérations électorales.

Dans ce contentieux le pouvoir de saisine appartient :
- au Ministre chargé des élections ;
- au préfet ;
- à tout électeur ;
- à tout candidat.

Les cours d'appel connaissent en premier ressort du contentieux électoral selon les procédures particulières instituées par les lois et règlements (*voir les articles L.261 et L.299 du Code électoral* et *l'article 26 du Décret n° 2015-1145 du 03 août 2015 fixant la composition et la compétence des cours d'appel, des tribunaux de grande instance et des tribunaux d'instance, JORS n° 6869 du mardi 18 août 2015)*.

Les différentes cours d'appel sont Dakar, Saint-Louis, Kaolack, Ziguinchor, Thiès et Tambacounda.

Les sièges et les ressorts de ces cours d'appel sont les suivants :

- la Cour d'Appel de Dakar a son siège établi à Dakar. Son ressort s'étend aux tribunaux de grande instance de Dakar, Pikine-Guédiawaye et Rufisque ;
- la Cour d'Appel de Saint-Louis a son siège établi à Saint-Louis. Son ressort s'étend aux tribunaux de grande instance de Saint-Louis, Matam et Louga ;
- la Cour d'Appel de Kaolack a son siège établi à Kaolack. Son ressort s'étend aux tribunaux de grande instance de Kaolack, Fatick et Kaffrine ;
- la Cour d'Appel de Ziguinchor a son siège établi à Ziguinchor. Son ressort s'étend aux tribunaux de grande instance de Ziguinchor, Kolda et Sédhiou ;
- la Cour d'Appel de Thiès a son siège établi à Thiès. Son ressort

s'étend aux tribunaux de grande instance de Thiès, Diourbel, Mbour, Mbacké et Tivaouane, étant précisé qu'à la date d'édition du présent ouvrage, les tribunaux de grande instance de Mbacké et de Tivaouane ne sont pas encore installés ;

- la Cour d'Appel de Tambacounda a son siège établi à Tambacounda. Son ressort s'étend aux tribunaux de grande instance de Tambacounda et Kédougou.

(Pour plus de développement, voir l'article 24 du décret n° 2015-1145 du 03 août 2015 fixant la composition et la compétence des cours d'appel, des tribunaux de grande instance et des tribunaux d'instance-JORS n° 6869 du mardi 18 août 2015).

Dans le cas où la Cour d'Appel concernée n'est pas installée, la Cour d'Appel de Dakar est compétente.

C'était le cas de la Cour d'Appel de Tambacounda qui n'était pas installée lors des élections départementales et municipales du 23 janvier 2022.

Par conséquent, la Cour d'Appel de Dakar avait compétence pour trancher le litige.

Jurisp. : ASSEMBLEE GENERALE DE LA COUR D'APPEL DE KAOLACK, ARRET N° 6 DU 11 NOVEMBRE 2021, *Inédit*.

Considérant que par requête en date du 08 novembre 2021, S.G.B, mandataire de la grande coalition Wallu Sénégal pour les élections municipales de la commune de Tambacounda (...) a saisi la cour de céans aux fins de statuer sur le refus, par le préfet de Tambacounda, président de la commission de réception de prendre son dossier de candidature et de lui notifier par écrit le rejet ;

En la forme :

Considérant qu'aux termes de l'article LO.24 du Code électoral, les compétences dévolues en matière électorale à la cour d'appel dans le cadre du présent code sont exercées par la cour d'appel de Dakar. Toutefois, chaque cour d'appel est compétente pour les élections départementales et municipales au niveau des circonscriptions électorales de son ressort. Dans le cas où la cour d'appel concernée n'est pas installée, la cour d'appel de Dakar est compétente ;

Considérant que le requérant soumet à la cour de céans un contentieux électoral né dans le ressort de la cour d'appel de Tambacounda créée par décret n° 2015-1145 du 03 août 2015 et non encore installée ;

Qu'il échet en application de l'article LO.24 susvisé de se déclarer incompétente ;

Par ces motifs :

Statuant en assemblée générale, en matière électorale, en premier et dernier ressort ;

En la forme :

Se déclare incompétente.

Jurisp. : ASSEMBLEE GENERALE DE LA COUR D'APPEL DE KAOLACK, ARRET N° 8 DU 11 NOVEMBRE 2021, H.F.D C/ LE PREFET DE KEDOUGOU, *Inédit.*

DECISION

Elle porte sur le rejet de la déclaration de candidature de la Coalition Défar Sa Gokh aux élections municipales et départementales du 23 Janvier 2022 ;

Le motif évoqué au soutien du rejet porte sur la ressemblance du symbole et des couleurs de la Coalition Défar Sa Gokh avec celui de la Coalition Benno Bokk Yakkar ;

Au soutien de l'annulation d'une telle décision, il a été soutenu par la dame H.F.D qu'en application des dispositions des articles L.252 et L.287 du Code électoral, seul le ministre chargé des élections en cas de ressemblance de couleurs ou de symbole est compétent pour prendre une décision ;

SUR LA RECEVABILITE

Il résulte de l'article L.24 du Code électoral que les compétences dévolues en matière électorale à la Cour d'appel sont exercées par la Cour d'appel de Dakar.

Selon le même article chaque, Cour d'appel est compétente pour les élections départementales et municipales au niveau des circonscriptions électorales de son ressort ;

Dans le cas où la Cour d'appel concernée n'est pas installée, la Cour d'appel de Dakar est compétente ;

En l'espèce, le recours introduit par la dame H.F.D porte sur les élections municipales à Kédougou qui ne relèvent pas du ressort de la

Cour d'appel de Kaolack ;

Que dès lors, en application de l'article susvisé, il y a lieu de se déclarer incompétent ;

Sur quoi finalement la Cour d'appel de Kaolack a valablement décliné sa compétence.

Jurisp. : ASSEMBLEE GENERALE DE LA COUR D'APPEL DE KAOLACK, ARRET N° 11 DU 11 NOVEMBRE 2021, S.S. C/ LE SOUS-PREFET DE BEMBOU (DEPARTEMENT DE SARAYA), *Inédit.*

DECISION

Elle porte sur le rejet des listes et dossiers de candidats notifiées au sieur S., mandataire de la Coalition Défar Sa Gokh.

Le motif évoqué au soutien du rejet porte sur la ressemblance de l'emblème tiré du cheval et des couleurs marron et beige avec ceux de la coalition Benno Bokk Yakar ;

Pour soutenir l'annulation de la décision de rejet, le mandataire de ladite coalition a estimé qu'en application des dispositions des articles L.252 et L.287 du Code électoral, seul le ministre chargé des élections est compétent pour prendre une décision dans le cas de ressemblance de couleurs ou de symbole ;

SUR LA RECEVABILITE

Il ressort des dispositions de l'article L.24 du Code électoral que les compétences dévolues en matière électorale à la Cour d'appel sont exercées par la Cour d'appel de Dakar.

Selon le même article chaque Cour d'appel est compétente pour les élections départementales et municipales, au cerveau des circonscriptions électorales de son ressort ;

Dans le cas où la cour d'appel concernée n'est pas installée, la Cour d'appel de Dakar est compétente ;

En l'espèce, le recours introduit par S.S. portant sur les élections municipales à Saraya, ne relèvent pas du ressort de la Cour d'appel de Kaolack ;

Que dès lors, en application des dispositions de l'article susvisé, il y a lieu de se déclarer incompétent.

Jurisp. : ASSEMBLEE GENERALE DE LA COUR D'APPEL DE KAOLACK, ARRET N° 13 DU 11 NOVEMBRE 2021, *Inédit.*

T. C, mandataire de la coalition Defar Sa Gokh de la commune de Médina Baffé, sous-préfecture de Bembou, département de Saraya c/ le sous-Préfet de Bembou, en ses bureaux sis à la sous-préfecture de Bembou, département de Saraya ;

Considérant que par requête en date du 08 novembre 2021, T. C., mandataire de la Coalition Defar Sa Gokh pour les élections municipales de la commune de Medina Baffe/ département de Saraya a saisi la cour de céans aux fins d'annuler la décision du sous-préfet de Bembou rejetant sa déclaration de candidature pour les élections municipales du 23 janvier 2022 ;

En la forme :

Considérant qu'aux termes de l'article L. 24 du code électoral, « *Les compétences dévolues en matière électorale à la cour d'appel dans le cadre du présent code sont exercées par la cour d'appel de Dakar. Toutefois, chaque cour d'appel est compétente pour les élections départementales et municipales au niveau des circonscriptions électorales de son ressort. Dans le cas où la cour d'appel concernée n'est pas installée, la cour d'appel de Dakar est compétente.* » ;

Considérant que le requérant soumet à la cour de céans un contentieux électoral né dans le ressort de la cour d'appel de Tambacounda créée par décret n° 2015-1145 du 03 août 2015 et non encore installée ;

Qu'il échet en application de l'article L. 24 susvisé de se déclarer incompétente ;

Par ces motifs :

Statuant en assemblée générale, sur requête, en matière électorale, en premier et dernier ressort ;

En la forme :

Se déclare incompétente.

Section 4. - De l'Observation électorale

Article L.25.-

Toute organisation nationale ou internationale ou tout particulier dont la demande d'accréditation est acceptée par le gouvernement du Sénégal peut observer l'élection présidentielle, les élections législatives, l'élection des hauts conseillers, les élections départementales et municipales au Sénégal comme à l'étranger.

Les modalités ainsi que les conditions pour exercer les missions d'observation sont précisées par décret.

NOTE : La compétition électorale occupe une place importante dans la vie politique sénégalaise depuis le début des années 1990 avec le processus de la démocratisation. Ainsi, les multiples processus de démocratisation lancés dans de nombreuses régions du monde ont conduit à une demande croissante de missions d'observation électorale internationale.

En tant que mécanisme d'évaluation impartiale et indépendante des processus électoraux, l'observation électorale internationale a accompagné les nombreux processus de démocratisation lancés ces dernières années, devenant ainsi une expression claire de l'engagement de la communauté internationale sur la voie de la promotion des valeurs démocratiques et des droits de l'homme.

Elle n'épargne pas de façon générale les États d'Afrique et surtout ceux de la sous-région ouest africaine. C'est dans cette perspective que la Communauté économique des États de l'Afrique de l'ouest CEDEAO a adopté en 2001 un Protocole sur la Démocratie et la bonne gouvernance.

Aux termes de l'article 1(b) de ce texte, « *toute accession au pouvoir doit se faire à travers les élections libres, honnêtes et transparentes* ».

Pour le respect de ces principes dont la violation peut être source de violences politiques, les élections font de plus en plus l'objet d'une observation pour l'apaisement.

L'observation a pour but d'assurer un processus électoral équitable, conduit selon des standards internationaux, ce qui encourage la protection des droits civils et politiques. La légitimité d'une élection peut être affectée par les critiques des observateurs.

Les avantages potentiels découlant de la présence d'une mission d'observation électorale (MOE), agissant sous les prémisses de l'indépendance et de l'impartialité, sont nombreux : réduction des niveaux de fraude, atténuation des conflits, renforcement de la confiance de l'électorat dans le processus électoral, valeur de témoignage, renforcement institutionnel et amélioration des processus électoraux grâce à l'élaboration de recommandations.

La Division de l'assistance électorale des Nations unies est, de nos jours, l'organisation la plus connue du personnel permanent d'observateurs et d'experts en élections qui assiste à des élections dans le monde entier. D'autres organisations internationales comme l'Organisation pour la Sécurité et la Coopération en Europe (OSCE), l'Union européenne (UE), l'Union africaine, la CEDEAO, l'UEMOA ou encore l'Organisation internationale de la Francophonie (OIF) ont également une mission d'observation des élections.

En Afrique, le cadre juridique pertinent, de ces missions d'observation, est fondamentalement la Charte africaine de la démocratie, des élections et de la gouvernance de 2012, la Déclaration de l'OUA/UA sur les principes régissant les élections démocratiques en Afrique de 2002, les Directives de l'Union Africaine pour les missions d'observation et de suivi des élections de 2002, ainsi que les textes des États en matière d'élection.

Le Sénégal, qui n'est pas sous assistance électorale grâce à son expérience séculaire de gestion d'opérations électorales, n'a signé aucun engagement pour une observation obligatoire des scrutins qu'il organise.

En dehors du Secrétariat Exécutif de la CEDEAO qui peut décider de dépêcher une mission, toute autre structure, organisation, organisme ou particulier, pour observer les scrutins doit être invité par l'État du Sénégal ou accrédité sur demande.

L'État du Sénégal, fidèle à sa tradition démocratique et soucieux d'organiser des élections libres, transparentes et sincères a toujours accepté des missions d'observation.

Toutefois, conformément au Code de conduite, presque universellement admis, l'État ne peut accréditer des organisations qui ne sont pas neutres, ni accepter l'inobservation des lois et règlements internes encore moins une ingérence dans le déroulement du processus électoral.

D'ailleurs, l'État peut être amené à faire signer des protocoles d'accords dans ce sens.

Pour mettre en œuvre tout cela, le Ministère chargé des Élections qui, de par le Code électoral, est habilité à préparer et organiser les élections, a la charge de traiter les accréditations des observateurs en rapport avec la CENA tel que le prévoit l'article L.11 point 14 dudit Code électoral qui dispose : « *La CENA participe aux choix des observations nationaux et internationaux* », (*Voir aussi les articles R.16 à R.24 du Code électoral*).

Chapitre premier : Le Corps électoral

Article L.26.-

Sont électeurs :

- les sénégalais des deux sexes, âgés de dix-huit (18) ans accomplis, jouissant de leurs droits civils et politiques et n'étant dans aucun cas d'incapacité prévu par la loi ;

- les étrangers naturalisés sénégalais qui n'ont conservé aucune autre nationalité en application de l'article 16 bis du Code de la Nationalité sénégalaise

- les étrangers qui ont acquis la nationalité sénégalaise par mariage, sauf opposition du gouvernement par décret pendant un délai d'un an en application de l'article 7 du Code de la Nationalité sénégalaise.

Article L.27.-

Le droit de vote est reconnu à l'ensemble des membres des corps militaires et paramilitaires de tous grades ainsi qu'aux fonctionnaires qui en sont privés par leur statut particulier.

Les membres des corps militaires et paramilitaires ne votent pas aux élections territoriales. À cette occasion, ils sont retirés des listes d'émargement des bureaux de vote où ils sont régulièrement inscrits.

À l'enrôlement ou à l'occasion d'une révision, un signe particulier permet de distinguer le militaire ou paramilitaire de l'électeur civil.

Chapitre II : Les listes électorales

Section premier : Conditions d'inscription sur les listes électorales

Article L.28

(Modifié par la loi n°2023-16 du 18 août 2023 modifiant la loi n°2021-35 du 23 juillet 2021)

Nul ne peut refuser l'inscription sur les listes électorales :

1- à un citoyen sénégalais jouissant de ses droits civils et politiques et remplissant les conditions fixées par les articles L.34 à L.36 ;

2- à un citoyen sénégalais par naturalisation, après la date d'acquisition de la nationalité sénégalaise ou, pour l'un des conjoints ayant acquis la nationalité sénégalaise par le mariage, après la date d'expiration du délai d'incapacité prévu par l'article 7 du Code de la nationalité ;

3- aux personnes qui, frappées d'incapacité électorale à la suite d'une condamnation, bénéficient de la réhabilitation ou font l'objet d'une mesure d'amnistie ou de grâce.

Pour les personnes bénéficiant d'une mesure de grâce, l'inscription sur les listes électorales ne pourra intervenir qu'après l'expiration du délai correspondant à la durée de la peine prononcée par la juridiction de jugement, s'il s'agit d'une peine d'emprisonnement, ou d'une durée de trois (03) ans à compter de la date de la grâce, s'il s'agit d'une condamnation à une peine d'amende.

Les conditions dans lesquelles les sénégalais établis à l'étranger exercent leur droit de voter sont déterminées par une loi.

Article L.29

(Modifié par la loi n°2023-16 du 18 août 2023 modifiant la loi n°2021-35 du 23 juillet 2021)

Ne doivent pas être inscrits sur la liste électorale :

1- les individus condamnés pour crime ;

2- ceux condamnés à une peine d'emprisonnement sans sursis ou à une peine d'emprisonnement avec sursis d'une durée supérieure à un mois, assortie ou non d'une amende, pour l'un des délits suivants : vol, escroquerie, abus de confiance, trafic de stupéfiants, détournement et soustraction commis par les agents publics, corruption et trafic d'influence, contrefaçon et en général pour l'un des délits passibles d'une peine supérieure à cinq (05) ans d'emprisonnement ;

3- ceux condamnés à plus de trois (03) mois d'emprisonnement sans sursis ou à une peine d'emprisonnement d'une durée supérieure à six (6) mois avec sursis, pour un délit autre que ceux énumérés au deuxièmement ci-dessus sous réserve des dispositions de l'article L.28;

4- ceux qui sont en état de contumace ;

5- les faillis non réhabilités dont la faillite a été déclarée soit par les tribunaux sénégalais, soit par un jugement rendu à l'étranger et exécutoire au Sénégal ;

6- ceux contre qui l'interdiction du droit de voter a été prononcée par une juridiction pénale de droit commun ;

7- les incapables majeurs.

Cette interdiction d'inscription sur les listes électorales ne concerne que ceux qui sont condamnés pour crime, trafic de stupéfiants et pour les infractions portant sur les deniers publics à l'exception des cas prévus à l'article L.28-3 du Code électoral.

Pour les autres infractions, cette interdiction est de cinq (05) ans après l'expiration de la durée de la peine prononcée.

Article L.30.-

Ne doivent pas être inscrits sur la liste électorale pendant un délai de cinq (05) ans à compter de la date à laquelle la condamnation est devenue définitive, les condamnés soit pour un délit visé à l'article L.29, troisième tiret, à une peine d'emprisonnement sans sursis égale ou supérieure à un mois et inférieure ou égale à trois (3) mois ou à une peine d'emprisonnement avec sursis égale ou supérieure à trois (3) mois et inférieure ou égale à six (6) mois, soit pour un délit quelconque à une amende sans sursis supérieure à 200.000 FCFA, sous réserve des dispositions de l'article L.28. Toutefois, les tribunaux, en prononçant les condamnations visées au précédent alinéa, peuvent relever les condamnés de cette privation temporaire du droit de vote et d'élection.

Sans préjudice des dispositions de l'article L.29 et du premier alinéa du présent article, ne doivent pas être inscrits sur la liste électorale pendant un délai fixé par le jugement, ceux auxquels les tribunaux ont interdit le droit de vote et d'élection par application des lois qui autorisent cette interdiction.

Article L.31.-

N'empêchent pas l'inscription sur les listes électorales :

1) les condamnations pour délit d'imprudence, hors le cas de délit de fuite concomitant ;

2) les condamnations prononcées pour une infraction autre que celles prévues par l'Acte uniforme du 17 avril 1997 relatif au droit des sociétés commerciales et des groupements d'intérêt économique et de la loi du 29 juillet 1985 sur les sociétés qui sont qualifiées de délit mais dont la répression n'est pas subordonnée à la preuve de la mauvaise foi de leurs auteurs et qui ne sont passibles que d'une amende ;

3) les condamnations prononcées pour des infractions prévues aux articles 92 à 95 du Code pénal.

Article L.32.-

Nul ne peut être inscrit sur plusieurs listes électorales ni être inscrit plusieurs fois sur la même liste.

NOTE : Même s'il est vrai selon les dispositions du présent Code (article L.94), qu'est érigé en délit le fait pour tout citoyen de profiter d'une inscription multiple pour voter plus d'une fois, il reste cependant que si un citoyen est inscrit sur plusieurs listes électorales, mais qu'il n'a voté que dans une seule commune, son suffrage est regardé comme étant valablement exprimé. C'est la position du Conseil constitutionnel français qui valide un tel suffrage dans le considérant suivant :

« *Considérant (...) que, si un électeur se trouve inscrit à la fois sur la liste électorale de la commune de Bures-sur-Yvette et sur la liste de la commune des Ulis, cette circonstance a été sans incidence sur les résultats du scrutin, alors qu'il ressort de l'examen des listes d'émargement que cet électeur n'a voté que dans une seule commune* » (Conseil constitutionnel français, Décision 97-2238 AN - 29 janvier 1998 - A.N., Essonne (5ème circ.), publiée au JORF n°27 du 1er février 1998).

Article L.33.-

Il existe une liste électorale pour chaque commune, de même que dans chaque représentation diplomatique ou consulaire.

Article L.34.-

Les listes électorales des communes comprennent :

1) ceux qui y sont nés ;

2) ceux dont l'un des ascendants au premier degré y réside ;

3) tous les électeurs qui ont leur domicile réel dans la commune ou qui y résident depuis six (06) mois au moins ;

4) ceux qui figurent depuis trois (03) ans au moins sans interruption au rôle de la contribution foncière des propriétés bâties ou non bâties, de la contribution des patentes, de l'impôt général sur le revenu et, s'ils ne résident pas dans la commune, auront déclaré vouloir y exercer leurs droits électoraux : sont également inscrits, les membres des familles des mêmes électeurs compris dans la déclaration de l'impôt général sur le revenu ;

5) ceux qui sont assujettis à une résidence obligatoire en qualité de fonctionnaires ou agents de l'État, des collectivités territoriales et des établissements publics.

Article L.35.-

Sont également inscrites sur la liste électorale dans les communes, les personnes qui, ne remplissant pas les conditions d'âge et de résidence lors de la formation de la liste, les rempliront avant la clôture définitive.

Sont aussi inscrites sur la même liste électorale, lors des révisions exceptionnelles, les personnes qui remplissent la condition d'âge au plus tard le jour du scrutin.

Article L.36.-

Les citoyens sénégalais établis à l'étranger et immatriculés au Consulat du Sénégal, peuvent sur leur demande, être inscrits sur la liste électorale de l'une des communes suivantes :

1) commune de naissance ;

2) commune de leur dernier domicile ou de leur dernière résidence à condition que cette résidence ait été de six (06) mois au moins ;

3) commune où est inscrit l'un de leurs ascendants ou de leurs descendants au premier degré.

Cette demande est reçue à la Représentation diplomatique ou consulaire et transmise sur un imprimé spécial. Toutefois, s'il s'agit d'un électeur inscrit sur la liste électorale de la juridiction, sa carte d'électeur est retirée en vue de sa radiation de ladite liste.

Section 2 : Établissement et révision des listes électorales

Article L.37.-

Les listes électorales sont permanentes. Elles font l'objet d'une révision annuelle initiée par l'Administration. Sauf cas de force majeure, cette révision dite ordinaire se déroule dans les délais fixés par le présent Code.

La révision est exécutée par les commissions administratives composées d'un président et d'un suppléant désignés par le préfet ou le sous-préfet, du maire ou de son représentant et d'un représentant de chaque parti politique légalement constitué ou coalition de partis politiques légalement constitués, déclarée à cet effet auprès de l'autorité compétente.

Après validation de la liste des membres nommés par l'administration, la C.E.N.A est tenue de désigner un contrôleur auprès de chaque commission administrative pour supervision et contrôle.

Les commissions administratives des communes sont compétentes dans leur ressort pour procéder, sous la supervision et le contrôle de la C.E.N.A, aux opérations d'inscription, de modification, de changement de statut et de radiation dans les conditions fixées par décret.

Avant chaque élection générale, une révision exceptionnelle est décidée par un décret qui détermine la durée des opérations et le délai des contentieux. Dans ce cas, il n'y aura pas de révision ordinaire. Toutefois, la révision exceptionnelle peut être décidée dans la même forme en cas d'élection anticipée ou de référendum.

Si les délais d'organisation d'une élection anticipée ou d'un référendum ne permettent pas le déroulement normal d'une révision exceptionnelle, l'élection ou la consultation est faite sur la base de la liste électorale révisée dans l'année en cours.

Article L.38.-

La commission administrative doit faire figurer sur la liste électorale les renseignements demandés par l'Administration chargée de l'établissement des listes électorales et susceptibles d'identifier l'électeur, notamment les prénoms, nom, date et lieu de naissance, filiation, profession, domicile ou résidence de tous les électeurs. Elle doit signaler si l'électeur vit avec un handicap moteur.

Pour justifier son identité, l'électeur présente sa carte d'identité biométrique CEDEAO.

Pour toutes opérations au niveau de la commission administrative, si l'adresse domiciliaire qui figure sur la carte d'identité biométrique CEDEAO ne se trouve pas dans la circonscription électorale, l'électeur est tenu de prouver son rattachement à la circonscription par la production d'un certificat de résidence ou par la présentation de tout autre document de nature à prouver le lien avec la collectivité territoriale déterminée suivant les conditions posées par les articles L.34 et L.35du présent code.

Les pièces à produire ou à présenter sont énumérées par décret.

La personne est domiciliée au lieu de son principal établissement et pour son activité professionnelle au lieu où elle exerce celle-ci.

Au sens du présent code, la résidence s'entend comme le lieu d'habitation effective et durable dans la commune.

L'inscription des membres des corps militaires et paramilitaires, sur les listes électorales se fait sur la base de la carte d'identité biométrique CEDEAO et de la carte professionnelle ou d'une attestation en tenant lieu et délivrée par l'autorité compétente.

Lorsqu'un électeur formule plusieurs demandes d'inscription sur les listes électorales, seule la première demande d'inscription est maintenue.

Article L.39.-

La commission administrative délivre à chaque électeur un récépissé portant le numéro d'inscription sur la liste électorale, sa date de délivrance et le visa du contrôleur de la C.E.N.A.

Sous réserve d'une décision motivée et notifiée séance tenante à l'intéressé, la commission administrative peut refuser de donner suite à une demande. Les modalités de ce refus sont déterminées par décret.

Le recours contre les décisions de la commission administrative est porté devant le Président du Tribunal d'Instance. Il est formé sur simple déclaration au greffe du Tribunal d'Instance. Dans les dix (10) jours suivant ladite déclaration, le Président statue sans frais ni forme de procédure et sur simple avertissement donné trois (03) jours à l'avance à toutes les parties intéressées.

Article L.40.-

La radiation consiste à enlever un électeur régulièrement inscrit, de la liste électorale, dans les conditions définies par le présent code.

Un électeur inscrit sur la liste électorale ne peut être radié sans une décision motivée et dûment notifiée.

La commission administrative peut procéder à des radiations dans les cas suivants :

- le décès de l'électeur ;
- l'incapacité juridique de l'électeur ;
- la demande de l'électeur. Elle intervient sur demande exclusive de l'électeur concerné.

La procédure de la radiation d'office a principalement lieu lors de la période de consolidation du fichier, après la publication des listes provisoires issues de la révision. Elle est mise en œuvre par les autorités administratives compétentes et le service de gestion du fichier général des électeurs. Elle est initiée pour l'électeur :

- dont le décès est dûment prouvé par un certificat de décès ;
- dont la contestation de l'inscription est avérée ;

- qui a perdu son statut d'électeur inscrit suite à une décision de justice ;

- qui a renoncé à sa nationalité sénégalaise.

Toutefois, si la constatation de l'autorité compétente a lieu pendant la révision, la commission administrative peut enregistrer les résultats.

Les modalités pratiques de l'exécution de la radiation d'office sont déterminées par décret.

Article L.41.-

Dans les conditions fixées par décret, l'électeur qui a fait l'objet d'une radiation d'office, pour d'autres causes que le décès, conformément aux dispositions de l'article L.40 alinéa 4, reçoit de la part de l'autorité administrative compétente, notification écrite des motifs de la procédure intentée contre son inscription, à sa dernière résidence connue.

Il peut, dans les cinq (05) jours qui suivent, intenter un recours devant le Président du Tribunal d'Instance.

Article L.42.-

Si la demande portée devant le Président du Tribunal d'Instance implique la solution préjudicielle d'une question d'état, il renvoie préalablement les parties à se pourvoir devant le juge compétent et fixe un délai de cinq (5) jours dans lequel la partie qui a levé la question préjudicielle devra justifier ses diligences.

Article L.43.-

Les listes des communes sont déposées à la préfecture ou à la sous-préfecture et à la mairie. Elles sont communiquées et publiées dans les conditions fixées par décret.

Tout citoyen omis sur la liste électorale ou victime d'une erreur purement matérielle portant sur l'un de ses éléments d'identification et détenant son récépissé peut exercer un recours devant le Président du Tribunal d'Instance dans les vingt (20) jours qui suivent la publication de la liste électorale, soit directement, soit par l'intermédiaire de la C.E.N.A.

Tout électeur inscrit sur la liste électorale peut réclamer, dans les mêmes conditions, l'inscription d'un électeur omis ou la radiation d'un électeur indument inscrit. Le même droit appartient à l'autorité administrative compétente.

Le Président du Tribunal d'Instance, saisi dans les formes décrites à l'alinéa 2 du présent article, statue dans les délais fixés à l'alinéa 3 de l'article L.39 puis notifie sa décision dans les deux (2) jours à l'intéressé, au préfet ou au sous-préfet.

NOTE : L'ensemble du contentieux des inscriptions sur les listes électorales est dévolu au Président du Tribunal d'instance quel que soit le type d'élection. La décision du Président du Tribunal d'Instance est rendue en dernier ressort. Elle peut être déférée en cassation devant la Cour suprême.

Le délai pour former un recours devant la Cour suprême est, à peine d'irrecevabilité, de dix (10) jours à compter de la notification de la décision attaquée. (Voir les articles L. 44 et L.45 du Code électoral).

Rappelons que le Conseil constitutionnel n'est compétent que si les irrégularités commises lors de l'établissement des listes électorales constituaient des manœuvres susceptibles de porter atteinte, par leur nature et leur gravité, à la sincérité des opérations électorales.

Jurisp. : CONSEIL CONSTITUTIONNEL, DÉCISION N° 6/93 DU 13 MARS 1993 (N° D'ORDRE : 6 - AFFAIRES N° 7 À 12/E/93), *RECUEIL DES DECISIONS DU CONSEIL CONSTITUTIONNEL, JANVIER 1993 MARS 2019, EDITION 2020.*

LES IRREGULARITES DANS LES INSCRIPTIONS SUR LES LISTES ELECTORALES

9. Considérant que les requérants ont soutenu que des inscriptions ont été faites en dehors de la période de révision exceptionnelle en violation des dispositions des articles L.14, L.23, L.24, L.27 du Code électoral ; qu'il a été en outre procédé, selon eux à la rétention abusive de cartes d'identité et de cartes d'électeurs ;

10. Considérant que les articles L.20, L.21, L.24, L.25, L.27 et L.28 du Code électoral disposent que l'ensemble du contentieux de la liste électorale est

dévolu au Président du Tribunal départemental dont les décisions peuvent faire l'objet d'un recours en cassation, conformément aux dispositions de l'article 40 de la Loi organique sur le Conseil d'État ;

Qu'au surplus les recours formés contre la liste électorale soit en contestation, soit en réclamation, constituent un droit individuel que seul l'électeur peut exercer ;

11. Considérant que le Conseil constitutionnel n'est compétent que si les irrégularités commises lors de l'établissement des listes électorales constituaient des manœuvres susceptibles de porter atteinte, par leur nature et leur gravité, à la sincérité des opérations électorales.

Article L.44.-

La décision du Président du Tribunal d'Instance est rendue en dernier ressort. Elle peut être déférée en cassation devant la Cour suprême, conformément aux dispositions de la loi organique sur ladite Cour.

Article L.45.-

Dans les affaires relevant de la compétence du Tribunal d'Instance et relatives au contentieux des inscriptions sur les listes électorales, le délai pour former un recours devant la Cour suprême est, à peine d'irrecevabilité, de dix (10) jours à compter de la notification de la décision attaquée.

Article L.46.-

Le recours est formé par simple requête enregistrée au greffe du Tribunal d'instance qui a rendu la décision attaquée. Il est notifié, dans les deux (02) jours qui suivent, par le greffier à la partie adverse, par lettre recommandée avec avis de réception ou par tout moyen laissant trace écrite.

Le demandeur est dispensé du ministère d'avocat.

Article L.47.-

La partie adverse aura un délai de huit jours à compter de la notification pour produire sa défense au greffe du Tribunal d'Instance.

Passé ce délai, le greffier adresse sans frais la requête accompagnée de toutes les autres pièces fournies par les parties, au greffe de la Cour suprême qui la transcrit sur son registre.

La Cour suprême porte aussitôt l'affaire à l'audience et statue sans frais, le procureur général entendu.

En tout état de cause, compte tenu des délais en vigueur au niveau de certaines juridictions, les décisions de justice rendues et transmises à l'autorité compétente ou au service de gestion du fichier électoral, seront immédiatement prises en compte et traitées dans le sens prescrit, nonobstant la clôture de la période de révision et du traitement des mouvements.

Article L.48.-

Les listes électorales modifiées conformément aux dispositions des articles L.39 à L.47 sont conservées dans les archives de la sous-préfecture, de la préfecture ou de la gouvernance. Tout électeur peut en prendre communication et copie à ses frais.

Section 3 : Contrôle des inscriptions sur les listes électorales

Article L.49.-

Le fichier général comprend deux (02) fichiers spécifiques :

- le fichier des électeurs établis sur le territoire national composé des civils, et des militaires et paramilitaires ;

- le fichier spécial des Sénégalais de l'Extérieur.

Un électeur ne peut figurer qu'une seule fois dans le fichier général.

Le Ministère chargé des Élections fait tenir le fichier général des électeurs, en vue du contrôle des inscriptions sur les listes électorales. La C.E.N.A ainsi que les partis politiques légalement constitués ont un droit de regard et de contrôle sur la tenue du fichier.

Les modalités pratiques d'exercice de ce droit de regard et de contrôle de la C.E.N.A et des partis politiques légalement constitués sur le fichier ainsi que ses conditions d'organisation et de fonctionnement sont déterminées par décret.

Article L.50.-

La C.E.N.A, les gouverneurs, les préfets, les sous-préfets font, par toute voie de droit, procéder aux rectifications nécessaires sur les listes électorales.

En outre, s'ils ont relevé une infraction aux lois pénales, ils saisissent le parquet aux fins de poursuites judiciaires.

Les manquements visés à l'article L.13 alinéas 2 et 4 sont de la compétence de la Cour d'Appel de Dakar.

Article L.51.-

Les rectifications sur les listes électorales prévues par les articles L.38dernier alinéa et L.50 sont effectuées sans délai, nonobstant la clôture de la période de révision par le service de gestion du fichier.

Les décisions du service de gestion du fichier peuvent être contestées devant le Président du Tribunal d'Instance qui statue conformément aux dispositions des articles L.39 alinéa 3 et L.44.

Article L.52.-

Les radiations d'office ont lieu à l'initiative du gouverneur, du préfet, du sous-préfet, des Chefs de Représentation diplomatique ou consulaire qui en donnent avis au Ministre chargé des élections, ou à celle du service du fichier général des électeurs. Ces radiations sont effectuées sous le contrôle de la C.E.N.A.

La liste des radiés est transmise à la C.E.N.A ainsi qu'aux autorités concernées.

Section 4 : Cartes d'électeur

Article L.53.-

La carte d'électeur est couplée à la carte d'identité biométrique CEDEAO. Celle-ci fait office de carte d'électeur.

Les données électorales sont mentionnées au verso. Elles comprennent le numéro d'électeur, la région, le département, l'arrondissement, la commune, le lieu de vote, le bureau de vote et le numéro d'identification nationale.

L'Administration est chargée de l'impression et de l'établissement des cartes d'électeur aux frais de l'État.

La carte d'électeur a une durée de validité de dix (10) ans.

En cas de demande de duplicata pour cause d'altération ou de perte de la carte d'identité biométrique CEDEAO faisant office de carte d'électeur, devant un centre d'instruction ou une commission administrative, celle-ci est rééditée à l'identique avec le même délai de validité et porte la mention "duplicata".

Cependant, une demande de modification des données électorales ne peut se faire que devant une commission administrative et pendant la période de révision des listes électorales.

Si l'électeur fait la déclaration de perte de sa carte d'électeur auprès d'une commission administrative, celle-ci établit une attestation sur la base de laquelle il peut demander la délivrance d'un duplicata.

Le renouvellement de la carte d'électeur expirée est effectué l'année qui suit l'expiration, pendant la révision ordinaire.

En cas de révision exceptionnelle précédant une élection générale, le renouvellement est fait auprès des commissions administratives crées à cet effet.

Toutefois, la carte d'électeur qui expire entre une révision des listes électorales et une élection peut être utilisée à titre exceptionnel.

Lors du renouvellement, les données électorales peuvent faire l'objet de modifications.

NOTE : L'article L.53 prévoit le couplage de la carte d'identité biométrique CEDEAO et de la carte d'électeur, les données électorales mentionnées sur la carte d'électeur, sa durée de vie, la possibilité de se faire délivrer un duplicata pour cause d'altération ou de perte, le renouvellement de la carte d'électeur expirée, etc.

Le Président de la République, se fondant sur les dispositions de l'article 92 de la Constitution et celles de l'article 2, alinéa 3 de la loi organique n° 2016-23 du 14 juillet 2016 relative au Conseil constitutionnel avait sollicité l'avis de la Haute juridiction sur l'éventualité de « (...) *permettre aux citoyens inscrits sur les listes électorales mais n'ayant pu retirer leur carte d'électeur biométrique CEDEAO, de voter sur présentation de leur récépissé d'inscription et de tout autre document administratif permettant de les identifier* ».

Par lettre confidentielle n° 0372 en date du 24 juillet 2017, enregistrée au Greffe du Conseil constitutionnel, le même jour, sous le numéro 5/17, le Président de la République, a soumis au Conseil constitutionnel une demande d'avis sur l'éventualité de « (...) *permettre aux citoyens inscrits sur les listes électorales mais n'ayant pu retirer leur carte d'électeur biométrique CEDEAO, de voter sur présentation de leur récépissé d'inscription et de tout autre document administratif permettant de les identifier, à savoir :une carte d'identité nationale numérisée ,une carte d'électeur numérisée, un passeport, un permis de conduire, un document d'immatriculation pour les primo-inscrits non détenteurs d'un des quatre premiers documents administratifs* ».

Au soutien de la demande d'avis, le Président de la République invoque l'article 3, alinéa 4 de la Constitution aux termes duquel « *Tous les nationaux sénégalais des deux sexes, âgés de 18 ans accomplis, jouissant de leurs droits civils et politiques, sont électeurs dans les conditions déterminées par la loi* » ; qu'il fait remarquer que, relativement aux élections législatives du 30 juillet 2017, au regard des lenteurs notées dans le retrait des cartes d'électeur, il y a lieu d'éviter que des citoyens soient privés de leur droit de vote.

Le Conseil constitutionnel a considéré que le droit de vote est consacré par la Constitution qui renvoie à la loi pour en déterminer les conditions d'exercice. Le Code électoral dispose en son article L.78, alinéa 1 : « *A son entrée dans le bureau de vote, l'électeur doit présenter sa carte d'électeur.* » ; qu'il résulte des dispositions de l'alinéa 1 de l'article L.53 du Code électoral que « *La carte d'électeur est couplée à la carte d'identité biométrique CEDEAO. Celle-ci fait office de carte d'électeur* ».

Il a rappelé qu'en fixant ces règles, le législateur a entendu permettre aux membres du bureau de vote de s'assurer à la fois de l'identité de l'électeur et de son inscription sur les listes électorales.

Ainsi, en raison des circonstances exceptionnelles dans lesquelles se déroule le processus d'organisation des prochaines élections législatives prévues le 30 juillet 2017, caractérisées notamment par des inscriptions massives ainsi que par des lenteurs et dysfonctionnements dans la distribution des cartes d'électeurs non imputables aux citoyens eux-mêmes, de nombreux Sénégalais jouissant de leurs droits civils et politiques et inscrits sur les listes électorales risquent d'être privés de l'exercice du droit de vote garanti par la Constitution.

Le Conseil constitutionnel, au vu des circonstances sus-invoquées, à titre exceptionnel, a été d'avis que le détenteur d'un récépissé dont l'inscription effective sur les listes électorales est vérifiée, peut être autorisé à voter, si la carte nationale d'identité numérisée, la carte d'électeur numérisée, le passeport ou le document d'immatriculation présenté permet de l'identifier. (Voir sur ce point Conseil constitutionnel, avis n° 8/2017 du 26 juillet 2017, Lettre du Président de la République, soumis au Conseil constitutionnel pour avis).

Le lecteur trouvera ci-après, l'avis du Conseil constitutionnel.

Jurisp. : CONSEIL CONSTITUTIONNEL, AVIS N° 8/2017 DU 26 JUILLET 2017, *RECUEIL DES DECISIONS DU CONSEIL CONSTITUTIONNEL, JANVIER 1993 MARS 2019, EDITION 2020.*

1. Considérant que par lettre confidentielle n° 0372 en date du 24 juillet 2017, enregistrée au Greffe du Conseil constitutionnel le même jour sous le numéro 5/17, le Président de la République, se fondant sur les dispositions de l'article 92 de la Constitution aux termes desquelles «... *le Conseil constitutionnel peut être saisi pour avis par le Président de la République...* » et celles de l'article 2, alinéa 3 de la loi organique n° 2016-23 du 14 juillet 2016 relative au Conseil constitutionnel en vertu desquelles le Conseil constitutionnel « ... *se prononce sur les questions qui lui sont soumises par le Président de la République en application de l'article 92, alinéa 2 de la Constitution* », a soumis au Conseil constitutionnel une demande d'avis sur l'éventualité de «...*permettre aux citoyens inscrits sur les listes électorales mais n'ayant pu retirer leur carte d'électeur biométrique CEDEAO, de voter sur présentation de leur récépissé d'inscription et de tout autre document administratif permettant de les identifier, à savoir :*

- une carte d'identité nationale numérisée ;

- - une carte d'électeur numérisée ;

- un passeport ;

- un permis de conduire ;

- un document d'immatriculation pour les primo-inscrits non détenteurs d'un des quatre premiers documents administratifs. » ;

2. Considérant qu'au soutien de la demande d'avis, le Président de la République invoque l'article 3, alinéa 4 de la Constitution aux termes duquel « *Tous les nationaux sénégalais des deux sexes, âgés de 18 ans accomplis,*

jouissant de leurs droits civils et politiques, sont électeurs dans les conditions déterminées par la loi » ; qu'il fait remarquer que, relativement aux élections législatives du 30 juillet 2017, au regard des lenteurs notées dans le retrait des cartes d'électeur, il y a lieu d'éviter que des citoyens soient privés de leur droit de vote ;

3. Considérant que le droit de vote est consacré par la Constitution qui renvoie à la loi pour en déterminer les conditions d'exercice ;

4. Considérant que le Code électoral dispose en son article L.78, alinéa 1 : « A son entrée dans le bureau de vote, l'électeur doit présenter sa carte d'électeur. » ; qu'il résulte des dispositions de l'alinéa 1 de l'article L .53 du Code électoral que « *La carte d'électeur est couplée à la carte d'identité biométrique CEDEAO. Celle-ci fait office de carte d'électeur* » ;

5. Considérant qu'en fixant ces règles, le législateur a entendu permettre aux membres du bureau de vote de s'assurer à la fois de l'identité de l'électeur et de son inscription sur les listes électorales ;

6. Considérant qu'en raison des circonstances exceptionnelles dans lesquelles se déroule le processus d'organisation des prochaines élections législatives prévues le 30 juillet 2017, caractérisées notamment par des inscriptions massives ainsi que par des lenteurs et dysfonctionnements dans la distribution des cartes d'électeurs non imputables aux citoyens eux-mêmes, de nombreux Sénégalais jouissant de leurs droits civils et politiques et inscrits sur les listes électorales risquent d'être privés de l'exercice du droit de vote garanti par la Constitution ;

7. Considérant qu'au vu des circonstances sus-invoquées, à titre exceptionnel, le détenteur d'un récépissé dont l'inscription effective sur les listes électorales a été vérifiée, peut être autorisé à voter, si la carte nationale d'identité numérisée, la carte d'électeur numérisée, le passeport ou le document d'immatriculation présenté permet de l'identifier,

Est d'avis que :

Article premier. - À titre exceptionnel, pour les élections législatives prévues le 30 juillet 2017, l'électeur n'ayant pu retirer sa carte d'identité CEDEAO faisant office de carte d'électeur, mais dont l'inscription sur les listes électorales est vérifiée, peut voter sur présentation de son récépissé d'inscription accompagné de l'un des documents ci-après dès lors que celui-ci permet de s'assurer de son identité :

- une carte d'identité nationale numérisée ;
- une carte d'électeur numérisée ;
- un passeport ;
- un document d'immatriculation pour les primo-inscrits non détenteurs

d'un des trois premiers documents administratifs.

Article 2.- La présente décision sera publiée au Journal officiel de la République du Sénégal.

Article L.54.-

Il est créé dans chaque commune par arrêté du préfet ou du sous-préfet, des commissions chargées de la distribution des cartes d'électeur.

Ces commissions sont composées d'un président et d'un suppléant désignés par le préfet ou le sous-préfet, du maire ou de son représentant et d'un représentant de chaque parti politique légalement constitué ou coalition de partis déclarée à cet effet auprès de l'autorité compétente.

L'autorité administrative ne peut nommer des citoyens qui, dans les trois dernières années, se sont rendus coupables de violations de la loi électorale alors qu'ils assumaient des fonctions de président de commission administrative.

L'autorité administrative fera recours à des agents publics à la retraite pour les commissions administratives chaque fois que de besoin.

Ces commissions sont instituées quarante-cinq (45) jours avant le scrutin et en nombre suffisant pour que la distribution des cartes puisse être effectuée normalement et complètement.

Elles peuvent être itinérantes : dans ce cas, l'Administration doit obligatoirement transporter leurs membres et assurer leur restauration.

Elles continuent les opérations de distribution au niveau des sièges qui leur sont assignés et fonctionnent jusqu'à la veille du scrutin.

Après le scrutin, la distribution des cartes non retirées est assurée par l'autorité administrative selon des modalités fixées par décret. Le comité électoral, visé à l'article L.65, veille au bon déroulement des opérations de distribution. La C.E.N.A en est tenue informée.

Un décret fixe les rôles et les procédures de chaque entité.

Article L.55.-

Les commissions visées à l'article précédent, procèdent à la remise individuelle des cartes chaque électeur, contre décharge, sur présentation de sa carte d'identité biométrique CEDEAO et du récépissé d'inscription.

En cas de perte de la carte d'identité biométrique CEDEAO, l'électeur doit présenter un certificat de perte.

S'il s'agit de la perte du récépissé, l'électeur fait la déclaration sur l'honneur auprès de la commission.

Cette déclaration doit comporter les mentions de la Carte d'Identité biométrique CEDEAO de l'intéressé.

Article L.56.-

Les modalités de fonctionnement des commissions visées à l'article L.54 alinéa premier sont fixées par décret.

Chapitre III : Conditions d'éligibilité, d'inéligibilité et d'incompatibilité

Article L.57

(Modifié par la loi n°2023-16 du 18 août 2023 modifiant la loi n°2021-35 du 23 juillet 2021)

Tout sénégalais électeur peut faire acte de candidature et être élu, sous réserve des conditions d'âge et des cas d'incapacité ou d'inéligibilité prévus par la loi.

La candidature est portée soit par un parti politique légalement constitué, soit par une coalition de partis politiques légalement constitués, soit par une entité regroupant des personnes indépendantes.

Est candidat indépendant celui qui n'a jamais milité dans un parti politique ou qui a cessé toute activité militante depuis au moins un (1) an.

Toute candidature à une élection présidentielle et aux élections législatives, présentée par un parti politique légalement constitué, par une coalition de partis politiques légalement constitués ou une entité regroupant des personnes indépendantes est astreinte au parrainage. Les modalités d'organisation de la collecte de parrains sont déterminées par le présent code.

Cependant, en ce qui concerne les élections territoriales, les candidatures des entités regroupant des personnes indépendantes sont soutenues par une liste d'électeurs.

Dans une élection, un électeur ne peut parrainer qu'un (01) candidat ou une liste de candidats et qu'une seule fois.

Dans le cas d'une présence sur plus d'une liste, le parrainage sur la première liste contrôlée, selon l'ordre de dépôt, est validé et est invalidé sur les autres. Toutefois, si du fait de cette invalidation, une liste n'atteint pas le minimum requis des électeurs inscrits au fichier et ou le minimum requis par région et par commune, notification en est faite au mandataire concerné. Celui-ci peut procéder à la régularisation par le remplacement jusqu'à concurrence du nombre de parrainages invalidés pour ce fait dans les quarante-huit (48) heures.

Si le parrainage d'un électeur se trouve à la fois sur plusieurs listes, les peines prévues à l'article L.91 du Code électoral sont applicables au parrain fautif.

Quiconque aura organisé ou planifié des actes qualifiés de fraude ou de tentative de fraude sur le parrainage sera puni des mêmes peines.

Le candidat ou la liste de candidats désigne un coordinateur national, qui nomme des délégués régionaux et des collecteurs, ainsi que leurs suppléants.

En cas d'existence d'une seule liste et en fonction du type d'élection, des délégués et collecteurs sont nommés au niveau du département ou de la commune concernée. Les listes de parrainage sont dressées par ces collecteurs, elles portent sur chacune d'elles les prénoms, nom, numéro de carte d'électeur et signature du collecteur responsable.

La collecte de parrains est interdite dans les cantonnements militaires, paramilitaires, dans les services militaires, paramilitaires ainsi que dans les établissements de santé sous peine des sanctions prévues à l'article L.91 du Code électoral.

Les dispositions pratiques du contrôle de ces listes sont fixées par l'autorité ou la structure chargée de la réception des dossiers de déclaration de candidature. Un tirage au sort détermine l'ordre de dépôt des dossiers de candidature.

Le contrôle et les vérifications sur les listes de parrainage sont effectués après le dépôt, selon l'ordre chronologique issu du tirage au sort et dans les conditions fixées par la structure chargée de la réception des dossiers de déclaration de candidature. Cet ordre issu du tirage au sort est maintenu durant tout le processus électoral.

Fixé par arrêté du Ministre chargé des élections, le modèle de la fiche de collecte des parrainages, en format papier et électronique, est mis à la disposition des candidats à la candidature à compter de la date de signature de l'arrêté fixant le montant de la caution pour chaque élection.

Pour les besoins du contrôle, il est indiqué, pour chacun de ces électeurs, les éléments d'identification suivants : prénoms, nom, la circonscription électorale d'inscription, le numéro de la carte d'électeur et la signature. Ils peuvent être complétés par d'autres éléments d'identification fixés par arrêté du Ministre chargé des élections.

<u>NOTE</u> : L'article L.57 du Code électoral soulève plusieurs aspects du processus électoral et parmi ceux-ci nous pouvons retenir :

- la qualité de celui qui peut faire acte de candidature à toutes les élections (élection présidentielle, élections législatives, élections des hauts conseillers et élections départementales et municipales) ;
- les formations politiques qui peuvent porter une candidature ;
- la définition du candidat indépendant ;
- les modalités du parrainage.

Concernant la qualité de celui qui peut faire acte de candidature à toutes les élections, l'article L.57 du Code électoral prévoit que « *tout sénégalais électeur peut faire acte de candidature et être élu, sous réserve des conditions d'âge et des cas d'incapacité ou d'inéligibilité prévus par la loi* ». Il est clair donc que pour être candidat à une quelconque élection, il faut d'abord être électeur. Pour une application jurisprudentielle sur ce point, voir la décision du Conseil constitutionnel n° 2/E/2019 du 13 janvier 2019 arrêtant la liste des candidats à l'élection présidentielle du 24 février 2019, reproduite ci-après et publiée sur le site internet et le recueil de jurisprudence du Conseil constitutionnel sénégalais.

<u>Jurisp.</u> : CONSEIL CONSTITUTIONNEL, DECISION N° 2/E/2019 DU 13 JANVIER 2019, *RECUEIL DES DECISIONS DU CONSEIL CONSTITUTIONNEL, JANVIER 1993 MARS 2019, EDITION 2020.*

58. Considérant que la déclaration de candidature de Khalifa Ababacar SALL est accompagnée des pièces énumérées à l'article L.116 du Code électoral, dont une liste de 66 820 électeurs l'ayant parrainé, présentée sur fichier électronique et en support papier ;

59. Considérant qu'il résulte des vérifications auxquelles il a été procédé conformément aux dispositions de l'article L.120 du Code électoral, qu'il a obtenu le parrainage validé de 57 758 électeurs domiciliés, à raison de 2000 au moins par région, dans huit régions ;

60. Considérant qu'il résulte de l'article L.57, alinéa 1er du Code électoral que, pour faire acte de candidature, il faut être électeur ;

61. Considérant que la qualité d'électeur s'apprécie au regard de l'article L.27 du Code électoral et de son complément nécessaire, l'article L.31 du même code, l'électeur étant celui qui, remplissant les conditions requises pour s'inscrire sur les listes électorales ou y maintenir son inscription, peut se prévaloir du droit de figurer sur ces listes ; que lorsqu'un citoyen est condamné à une peine impliquant sa radiation des listes, il est frappé d'une incapacité électorale qui a pour effet de le priver de son droit de vote ; que tel est le cas de celui qui est condamné à une peine d'emprisonnement sans sursis pour un délit passible d'une peine supérieure à 5 ans d'emprisonnement ;

62. Considérant qu'il résulte de l'arrêt n° 454 rendu le 30 août 2018 par la Cour d'appel de Dakar et transmis au Conseil constitutionnel par le Procureur général près ladite cour, qui en assure l'exécution, que Khalifa Ababacar SALL est condamné, en application des articles 135 à 137 et 152 et suivants du Code pénal, pour faux et usage de faux en écriture de commerce, faux et usage de faux dans des documents administratifs et escroquerie portant sur des deniers publics, à une peine de cinq ans d'emprisonnement ferme et cinq millions de francs CFA d'amende ;

63. Considérant que le caractère suspensif du pourvoi en cassation en matière pénale a pour effet d'empêcher l'exécution de l'arrêt de la Cour d'appel avant l'expiration du délai d'exercice du pourvoi en cassation et, en cas d'exercice du pourvoi dans le délai, jusqu'à la décision de la Cour suprême s'il s'agit d'un arrêt de rejet et, au-delà, s'il s'agit d'un arrêt de cassation ;

64. Considérant qu'en l'espèce, il résulte de l'arrêt n° 001 rendu le 3 janvier 2019 par la Cour suprême et transmis au Conseil constitutionnel par le Procureur général près ladite cour que le pourvoi en cassation formé par Khalifa Ababacar SALL est rejeté ;

65. Considérant que l'arrêt de rejet a pour effet de rendre exécutoire l'arrêt de la Cour d'appel qui conserve ce caractère tant que la décision de la Cour suprême n'est pas rétractée ;

66. Considérant que Khalifa Ababacar SALL ne peut plus se prévaloir de la qualité d'électeur au sens des articles L.27 et L.31 du Code électoral ; que, par suite, ne remplissant pas la condition prévue par l'alinéa 1er de l'article L.57 du Code électoral, il ne peut faire acte de candidature à l'élection Présidentielle ;

67. Considérant qu'il y a lieu de déclarer la candidature de Khalifa Ababacar SALL irrecevable ;

68. (…)

69. Considérant que la déclaration de candidature de Karim Meïssa WADE est accompagnée des pièces énumérées à l'article L.116 du Code électoral, à l'exception de la photocopie légalisée de la carte d'identité biométrique CEDEAO faisant office de carte d'électeur ; qu'il a certes présenté une photocopie légalisée de la carte d'identité biométrique CEDEAO, mais que la carte dont la photocopie est produite comporte la mention « personne non inscrite sur le fichier électoral » et, de ce fait, ne peut tenir lieu de carte d'identité biométrique faisant office de carte d'électeur ;

70. Considérant que la liste de parrainages, présentée par Karim Meïssa Wade en fichier électronique et en support papier, comporte 66 818 électeurs l'ayant parrainé ; qu'il résulte des vérifications auxquelles il a été procédé conformément aux dispositions de l'article L.120 du Code électoral qu'il a obtenu le parrainage validé de 55 047 électeurs domiciliés, à raison de 2000 au moins par région, dans onze régions ;

71. Considérant qu'il résulte de l'article L.57, alinéa 1er du Code électoral que, pour faire acte de candidature, il faut être électeur ;

72. Considérant que la qualité d'électeur s'apprécie au regard de l'article

L.27 du Code électoral et de son complément nécessaire, l'article L.31 du même code, l'électeur étant celui qui, remplissant les conditions requises pour s'inscrire sur les listes électorales ou y maintenir son inscription, peut se prévaloir du droit de figurer sur ces listes ;

73. Considérant qu'il résulte de la combinaison de ces deux articles que ne peut être considéré comme électeur celui qui est condamné à une peine d'emprisonnement sans sursis pour un délit passible d'une peine supérieure à 5 ans d'emprisonnement ;

74. Considérant que l'extrait du casier judiciaire produit par Karim Meïssa Wade mentionne qu'il a été condamné le 23 mars 2015 à six (6) ans d'emprisonnement ferme pour enrichissement illicite par la Cour de répression de l'enrichissement illicite du Sénégal ; que, dès lors, Karim Meïssa WADE n'a pas la qualité d'électeur au sens des articles L.27 et L.31 précités et, pour cette raison, ne peut faire acte de candidature ;

75. Considérant, par ailleurs, que la déclaration de candidature de Karim Meïssa WADE ne comporte pas le numéro de la carte d'électeur, mention exigée par l'article L.115 du Code électoral ; qu'en l'absence dans le dossier de toute autre mention permettant de déterminer ce numéro, la déclaration de candidature n'est pas valable et l'acte déposé par le mandataire de la coalition « KARIM PRÉSIDENT 2019 » ne peut, par conséquent, produire les effets d'une déclaration de candidature ;

76. Considérant que la candidature de Karim Meïssa WADE doit être déclarée irrecevable.

Jurisp. : CONSEIL CONSTITUTIONNEL, DÉCISION N° 5/E/2022 DU 21 MAI 2022, MME SAGAR DIOUF, MANDATAIRE D'AND-JEF/JEFAL SENEGAL/NASRU C/ LE MINISTRE CHARGE DES ELECTIONS, *inédit.*

1. Considérant que par lettre du 18 mai 2022 enregistrée le même jour au greffe du Conseil constitutionnel sous le numéro 7/E/22, Mme Sagar DIOUF, mandataire d'AND-JEF/JEFAL SENEGAL/NASRU, a saisi le Conseil constitutionnel d'un recours tendant à faire annuler la décision n° 006082 du 17 mai 2022 du Ministre chargé des élections et à déclarer recevable le dossier de déclaration de candidatures d'AND-JEF/JEFAL SENEGAL/NASRU ;

2. Considérant que la requérante fait grief à la décision n° 006082 du 17 mai 2022 du Ministre chargé des élections d'avoir rejeté la liste d'AND-JEF/JEFAL SENEGAL/NASRU au motif qu'elle n'a pas atteint le minimum de parrainages requis qui est de 34 580 électeurs en chiffre absolu alors qu'il ressort clairement des mentions du procès-verbal sur le contrôle des parrainages que la liste AND-JEF/JEFAL SENEGAL/NASRU a obtenu le nombre minimum requis par la loi avec ses 45 368 parrains ;

3. Considérant qu'elle estime, en outre, que l'arrêté n° 006527 du 25 avril 2022 instituant comme système de contrôle le traitement automatisé des listes de parrainages, énumère d'autres éléments à contrôler en violation de l'article

L.149 du Code électoral qui ne prévoit que le contrôle de signature ; qu'ainsi, selon elle, en rejetant la majorité des parrainages pour « autres motifs », le Ministre chargé des élections ne laisse à sa liste aucune possibilité de régularisation sur la version électronique des parrainages ;

4. Considérant qu'il résulte des dispositions combinées des articles L.178 et L.149 du Code électoral, qu'est irrecevable la liste qui ne recueille pas la signature de 0,5% au minimum et 0,8% au maximum des électeurs inscrits au fichier général ; que l'arrêté n° 004071 du 3 mars 2022 du Ministre chargé des élections fixe le nombre d'électeurs représentant le minimum de 0,5% du fichier général des électeurs à 34 580 et celui des électeurs représentant le maximum de 0,8% du fichier général des électeurs à 55 327 ;

5. Considérant qu'il ressort du procès-verbal de contrôle des parrainages produit par la requérante qu'AND-JEF/JEFAL SENEGAL/NASRU a certes déposé 45 368 parrainages, mais n'a obtenu à l'issue de la vérification des listes de parrainage que 8 782 parrainages validés, nombre bien en deçà du minimum requis qui est de 34 580 ;

6. Considérant, par ailleurs, qu'il ressort de l'article L.149 du Code électoral que pour parrainer valablement une liste de candidats, il faut avoir la qualité d'électeur inscrit au fichier général ; que l'arrêté n° 006527 du 27 avril 2022 portant mise en place d'un dispositif de contrôle des listes de parrainages en vue des élections législatives du 31 juillet 2022, pris en application de l'article L.57 du Code électoral, détermine des critères qui tendent à l'identification de l'électeur ; que ces critères qui sont, notamment, les prénoms et nom, le numéro de carte d'électeur, le numéro d'identification nationale et la taille, tels qu'ils figurent sur la carte d'identité CEDEAO et le fichier général, sont pris en compte dans le procès-verbal de contrôle des parrainages sous la rubrique « autres motifs » ;

7. Considérant qu'il ressort des dispositions de l'article L.57, alinéa 7 du Code électoral que la régularisation n'est ouverte qu'à la liste qui peut, par le remplacement des parrains invalidés du fait de leur présence sur plus d'une liste, atteindre le minimum requis ; qu'ainsi, les parrainages invalidés sous la rubrique « autres motifs », ne correspondant pas au cas prévu par l'article L.57, alinéa 7 précité, sont, par suite, insusceptibles de régularisation ;

8. Considérant, en conséquence, que le recours dirigé contre la décision du Ministre chargé des élections, déclarant irrecevable la liste AND-JEF/JEFAL SENEGAL/NASRU, doit être rejeté,

DÉCIDE :

Article premier. – La requête D'AND-JEF/JEFAL SENEGAL/NASRU est rejetée.

Article 2.- La présente décision sera publiée au Journal officiel de la République du Sénégal.

Article L.58.-

Les membres des corps militaires, paramilitaires et autres fonctionnaires et agents de l'État régis par un statut particulier, ne sont pas éligibles lorsqu'ils sont en activité de service et durant les six (06) premiers mois qui suivent la cessation de leurs fonctions.

Chapitre IV : Propagande électorale

Article L.59.-

Par dérogation aux dispositions des articles 10 à 16 de la loi n° 78-02 du 28 janvier 1978 relative aux réunions et aux articles 96 et 100 du Code pénal, les réunions électorales qui se font pendant la campagne officielle électorale se tiennent librement sur l'ensemble du territoire national.

Déclaration écrite en sera faite au moins vingt-quatre (24) heures à l'avance à l'autorité compétente qui en prend acte et informe le déclarant de toute autre déclaration antérieure.

Jurisp. : CONSEIL D'ETAT, ARRET N° 0013 DU 24 JUIN 1998, ALLIANCE JEF JEL, LISTE DE L'UNION POUR LE RENOUVEAU DEMOCRATIQUE (URD) C/ ETAT DU SENEGAL, BACE, ANNEE 1993.

LE CONSEIL D'ETAT

Après en avoir délibéré conformément à la loi ;

CONSIDERANT que selon le requérant, en interdisant, dans le cadre de la campagne électorale pour les élections législatives, le meeting de l'Union pour le Renouveau Démocratique, programmé à Matam le 18 mai 1998 en se fondant sur l'antériorité de la demande du Parti Socialiste dont le meeting serait prévu le même jour et par ailleurs sur des raisons de sécurité, le Préfet de Matam a pris une décision dépourvue de base légale qui encourt annulation pour excès de pouvoir ;

CONSIDERANT que le requérant a pu tenir son meeting, il n'y a donc pas urgence et il y a lieu de joindre le sursis au fond pour y statuer par une seule décision ;

CONSIDERANT qu'il résulte des dispositions combinées des articles L.56, LO.177 et LO.119 que pendant la campagne officielle électorale, les partis politiques tiennent librement leur réunion après avoir informé vingt-quatre heures à l'avance l'autorité compétente qui en prend acte et informe le déclarant de toute déclaration antérieure ;

QUE la Cour d'Appel dont les arrêts ne peuvent faire l'objet d'aucun recours est chargée de veiller à l'égalité entre les candidats et à la régularité de la campagne électorale et elle peut en cas de besoin adresser des injonctions aux autorités concernées ;

QU'AINSI au regard des dispositions sus-rappelées, il échet de déclarer le Conseil d'État incompétent pour connaître du litige invoqué.

PAR CES MOTIFS,

DIT n'y avoir lieu à surseoir à statuer ;

DECLARE le Conseil d'État incompétent.

Article L.60.-

Dans chaque commune le maire désigne, par arrêté, les lieux exclusivement destinés à recevoir les affiches des lois et autres actes de l'autorité publique et des emplacements spéciaux réservés aux professions de foi, circulaires et affiches électorales.

Dans chacun des emplacements, une surface égale est attribuée à chaque candidat ou chaque liste de candidats.

Tout affichage relatif à l'élection est interdit en dehors de ces emplacements.

Article L.61.-

Durant les trente (30) jours précédant l'ouverture officielle de la campagne électorale, est interdite toute propagande déguisée ayant pour support les médias nationaux publics et privés.

Sont considérés au sens de la présente loi comme actes de propagande électorale déguisée, toute manifestation ou déclaration publique de soutien à un candidat ou à un parti politique ou coalition de partis politiques, faite directement ou indirectement par toute personne ou association ou groupement de personnes quelle qu'en soit la qualité, nature ou caractère. Sont assimilées à des propagandes ou campagnes déguisées, les visites et tournées à caractère économique, social ou autrement qualifiées, effectuées par toutes autorités de l'État sur le territoire national et qui donnent lieu à de telles manifestations ou déclarations.

L'organe chargé de la régulation des médias est chargée de veiller à l'application stricte de cette interdiction.

En cas de contravention à cette interdiction, l'organe chargé de la régulation des médias doit proposer des formes appropriées de réparations au bénéfice de tout candidat, de tout parti politique ou coalition de partis politiques lésés. Ces derniers peuvent saisir directement l'organe de régulation des médias d'une plainte en cas de contravention à cette interdiction.

Pendant la campagne électorale, sont interdites :

1) l'utilisation à des fins de propagande électorale de tout procédé de publicité commerciale par la voie de la presse, de l'audiovisuel ;

2) l'utilisation des biens ou moyens publics aux fins de cette campagne sous peine de sanctions pénales prévues par le présent code. En cas de rupture de l'égalité entre les candidats du fait de l'utilisation des moyens publics, la Cour d'Appel est tenue de délibérer dans les quarante-huit (48) heures suivant la saisine.

Cette interdiction ne fait pas obstacle à l'exercice normal des fonctions administratives, gouvernementales et parlementaires.

Les médias publics ou privés de l'audiovisuel, de la presse écrite ou utilisant tout autre support qui traitent de la campagne sont tenus au respect rigoureux des règles d'équité et d'équilibre dans le traitement des activités des candidats ou listes de candidats pendant la campagne électorale.

Jurisp. : CONSEIL CONSTITUTIONNEL, DÉCISION N° 6/93

DU 13 MARS 1993

(N° D'ORDRE : 6 - AFFAIRES N° 7 À 12/E/93), *RECUEIL DES DECISIONS DU CONSEIL CONSTITUTIONNEL, JANVIER 1993 MARS 2019, EDITION 2020.*

DES IRREGULARITES COMMISES PENDANT LA PRE-CAMPAGNE ELECTORALE

12. Considérant qu'à l'appui de leurs prétentions, les requérants ont excipé de la violation de l'article L.37 du Code électoral en ce que le candidat Abdou DIOUF a bénéficié d'une propagande déguisée à la Radiodiffusion et à la Télévision le 30 décembre 1992 ;

13. Considérant que ce moyen vise essentiellement la controverse soulevée à l'occasion de la détermination du point de départ de la campagne électorale et par conséquent, du terme du délai de 30 jours précédant l'ouverture de la

campagne électorale durant laquelle « est interdite toute propagande déguisée ayant pour support les médias dans le capital desquels l'État détient soit directement, soit indirectement, partie ou totalité des actions ou parts sociales »;

14. Considérant que ce litige a été définitivement tranché dans un avis du 18 janvier 1993 par le Haut Conseil de la Radio-Télévision, qui aux termes de l'article L.37 du Code électoral « est chargé de veiller à l'application stricte de cette interdiction » et de proposer les formes appropriées de réparations en tant que de besoin ;

15. Considérant qu'il n'est ni prouvé ni offert d'être prouvé que cette prétendue irrégularité ait eu pour effet d'altérer la sincérité des élections ;

DES IRREGULARITES COMMISES PENDANT LA CAMPAGNE ELECTORALE AYANT ENTRAINE LA RUPTURE DE L'EGALITE ENTRE LES CANDIDATS

- par l'utilisation des biens et moyens publics ;

- par le traitement déséquilibré de l'information par le Journal « Le Soleil », par le « montage trompeur » du reportage d'un meeting d'un candidat et par la diffusion d'une manifestation de soutien d'un chef religieux, à la télévision ;

16. Considérant que la question de l'utilisation des biens ou moyens publics aux fins de la campagne est réglée par les dispositions des articles L.76 et L.77 qui sanctionnent pénalement ceux qui ont contrevenu aux dispositions de l'article L.37 ; qu'ainsi les requérants auraient dû saisir le juge pénal compétent ;

Qu'au demeurant, ces faits qui seraient délictueux n'ont pas été prouvés devant le juge électoral ; qu'en admettant même que les faits dénoncés soient établis, il n'est nullement prouvé par les requérants qu'ils aient exercé une influence déterminante sur les électeurs pour modifier le résultat du scrutin ;

17. Considérant qu'en ce qui concerne le « montage trompeur » du reportage d'un meeting à la télévision, il y a lieu de faire observer, que la Cour d'appel de Dakar, saisie par un candidat par requête en date du 16 février 1993, a fait parvenir le 19 février 1993, une lettre au Directeur général de la Radio Télévision Sénégalaise dans laquelle elle lui a fait injonction de respecter les prescriptions légales relatives à la diffusion par la télévision des meetings des candidats ;

Que par lettre en date du 17 février 1993, elle a fait également une injonction au Président Directeur général du Journal « Le Soleil » pour que cet organe de presse respecte également le principe de l'égalité de traitement de l'information ;

Que ces actes ont été fort justement appréciés par la Cour d'appel compétente ;

18. Considérant qu'en ce qui concerne la diffusion des images d'une manifestation organisée par une autorité religieuse qui a eu lieu à Tivaouane le 19 février 1993, jour de clôture de la campagne électorale, ni le Haut Conseil de la Radiotélévision, ni la Cour d'appel, compétents en la matière, n'ont été saisis d'une quelconque réclamation alors que celle-ci était encore possible ;

19. Considérant que si les requérants ont fait valoir que cette manifestation constituait une pression morale sur les électeurs, il n'est pas évident qu'elle a eu une influence déterminante sur le scrutin ayant pu porter atteinte à la liberté de vote des électeurs qui ont regardé cette émission ; qu'il n'en reste pas moins que la diffusion de cette manifestation par la télévision, alors que la campagne électorale allait être clôturée est regrettable.

Jurisp. : CONSEIL CONSTITUTIONNEL, DÉCISION SUR LES AFFAIRES N° 4 À 11/E/2000 DU 10 MARS 2000

(N° D'ORDRE : 72 – AFF. N° 4 À 11/E/2000), *RECUEIL DES DECISIONS DU CONSEIL CONSTITUTIONNEL, JANVIER 1993 MARS 2019, EDITION 2020.*

L'IMPLICATION DE MEMBRES DU GOUVERNEMENT DANS LE DIRECTOIRE DE CAMPAGNE D'UN CANDIDAT ET DE L'UTILISATION DES BIENS OU MOYENS DE L'ETAT AUX FINS DE LA CAMPAGNE ÉLECTORALE

5. Considérant que par décision n° 3/E/1999 du 31 décembre 1999, le Conseil constitutionnel s'est déclaré incompétent pour juger de la composition du directoire de campagne avant le scrutin ; qu'en sa qualité de juge électoral, il ne peut prendre en considération le fait reproché que s'il estime que la composition du directoire de campagne a eu une influence déterminante sur la sincérité du scrutin ; que tel n'est pas le cas ; que cependant, il y a lieu de relever que l'intervention d'un directoire de campagne ainsi composé, dans le déroulement de la campagne électorale, est regrettable ;

6. Considérant que la question de l'utilisation des biens ou moyens publics aux fins de la campagne électorale est réglée par les dispositions des articles L.98 et L.99 du Code électoral qui sanctionnent pénalement ceux qui ont contrevenu aux dispositions de l'article L.58 du même Code ; qu'ainsi le requérant aurait dû saisir le juge pénal compétent ; qu'au demeurant ces faits qui seraient délictueux n'ont pas été prouvés devant le juge électoral ; qu'en admettant même qu'ils soient établis, le Conseil constitutionnel ne pourrait les retenir que s'ils ont exercé une influence déterminante sur les électeurs pour modifier le résultat du scrutin.

Article L.62.-

Il est interdit de distribuer ou de faire distribuer à des citoyens, le jour du scrutin, des bulletins de vote et autres documents de propagande électorale.

Toute infraction à la présente disposition sera punie des peines prévues aux articles L.95 alinéa 2 et L.111 du présent code.

Jurisp. : CONSEIL CONSTITUTIONNEL, DÉCISION N° 6/93

DU 13 MARS 1993

(N° D'ORDRE : 6 - AFFAIRES N° 7 À 12/E/93), *RECUEIL DES DECISIONS DU CONSEIL CONSTITUTIONNEL, JANVIER 1993 MARS 2019, EDITION 2020.*

LA DISTRIBUTION DE BULLETINS D'UN CANDIDAT AVANT ET PENDANT LE JOUR DU SCRUTIN

25. Considérant que l'article L.38 du Code électoral fait interdiction de distribuer ou de faire distribuer sous peine de confiscation le jour du scrutin des bulletins de vote et autres documents de propagande électorale ;

26. Considérant que ces faits simplement allégués n'ont pas été prouvés ; qu'il n'a pas été offert non plus de les prouver.

Chapitre V : Vote

Section 1 : Organisation du bureau et déroulement du vote

Article L.63.-

Un décret fixe la date du scrutin.

Le scrutin ne dure qu'un seul jour et a lieu un dimanche.

Article L.64.-

Sans préjudice des compétences dévolues à la Cour d'Appel, le scrutin a lieu sous la supervision et le contrôle de la C.E.N.A. Par sa présence effective, la C.E.N.A veille à la régularité de la composition des bureaux de vote ainsi que celle des opérations de vote, de dépouillement des bulletins et de dénombrement des suffrages, et garantit aux électeurs ainsi qu'aux candidats et listes de candidats en présence, le libre exercice de leurs droits.

Article L.65.-

Il est institué par arrêté du préfet ou du sous-préfet, au niveau de chaque circonscription administrative, un comité électoral chargé du suivi du processus électoral, notamment de l'élaboration de la carte électorale et de la distribution des cartes non retirées.

Le comité électoral, présidé par le préfet ou le sous-préfet, est composé des représentants de partis politiques dument mandatés, de la C.E.N.A, ainsi que des maires concernés. Il se réunit au moins une fois par semestre et chaque fois que de besoin sur convocation de son président.

Les réunions du comité électoral sont sanctionnées par un procès-verbal dont copie est remise à chaque entité.

Article L.66.-

Dans chaque commune, le nombre et la localisation des bureaux de vote sont proposés au Ministre chargé des élections par les préfets et les sous- préfets, compte tenu des circonstances locales et du nombre des électeurs, et après avoir recueilli l'avis consultatif du comité électoral.

Les demandes de suppression, de modification et de création de lieux de vote doivent être dûment motivées et recevoir le visa obligatoire de la C.E.N.A avant d'être transmises à l'organe en charge des élections accompagnée d'une copie du procès-verbal de la réunion du comité électoral.

Le comité électoral est tenu informé du sort réservé aux propositions de modification de la carte électorale.

Il ne peut y avoir plus de six-cents (600) électeurs par bureau de vote dans les communes. Cependant, si à la fin de la répartition des électeurs inscrits dans le lieu de vote, il reste un surplus d'électeurs inférieur ou égal à cinquante (50), l'effectif maximal du dernier bureau de vote est fixé à six-cent-cinquante (650) inscrits. Au-delà de cinquante (50) électeurs non encore affectés, un nouveau bureau de vote est obligatoirement ouvert.

La liste des bureaux de vote sur l'ensemble du territoire national est définitivement arrêtée et publiée trente (30) jours avant le scrutin par le Ministre chargé des élections sous la supervision et le contrôle de la C.E.N.A. Elle ne peut faire l'objet d'aucune modification.

Elle est transmise, par l'intermédiaire des autorités administratives, aux maires qui assurent la publication de la liste des bureaux de vote de leur ressort par voie d'affichage et leur notification aux candidats et listes de candidats.

NOTE : L'article L.66 du Code électoral prévoit les conditions dans lesquelles la proposition du nombre et la localisation des bureaux de vote sont faites au Ministre chargé des élections par les préfets et les sous- préfets, les demandes de suppression, de modification et de création de lieux de vote, le nombre d'électeurs par bureau de vote dans les communes et la publication de la liste des bureaux de vote sur l'ensemble du territoire national.

Sur le dernier point, le juge constitutionnel a décidé que le préfet n'a pas le pouvoir de déplacer un lieu de vote.

Voir décision ci-après.

Jurisp. : CONSEIL CONSTITUTIONNEL, DÉCISION SUR LES AFFAIRES N° 12 à 29/E/98 DU 8 JUIN 1998

(N° D'ORDRE : 42 – AFFAIRES N° 12 À 29/E/98), *RECUEIL DES DECISIONS DU CONSEIL CONSTITUTIONNEL, JANVIER 1993 MARS 2019, EDITION 2020.*

DELOCALISER DES BUREAUX DE VOTE

25. Considérant qu'il n'incombe pas au juge constitutionnel d'apprécier, en vue de son annulation, l'acte administratif que constitue l'arrêté du préfet de Bignona ayant délocalisé des bureaux de vote ; que cependant, il en va tout autrement, en ce qui concerne l'impact que cet acte peut avoir sur le déroulement normal ou la sincérité du vote tel qu'effectué dans les conditions fixées par l'arrêté préfectoral dénoncé ;

26. Considérant qu'à cet égard, le Conseil constitutionnel tient à souligner qu'il est particulièrement regrettable qu'ait été prise par le Préfet une décision qui relève de la compétence du Ministre de l'Intérieur, en violation de l'article L.62 alinéa 3 du Code électoral ; que le Conseil le déplore d'autant plus qu'il ne fait pas de doute que la décision mise en cause, en délocalisant dix-sept (17) bureaux de vote la veille du scrutin, a désorienté sinon l'ensemble des électeurs de ces bureaux, du moins un certain nombre d'entre eux, et les a ainsi empêchés de pouvoir exercer leur droit de vote ;

27. Considérant toutefois que rien ne permet de prétendre, comme le fait le requérant, que les « dix-sept (17) bureaux de vote concernés, représentant au total près de cinquante-neuf (59) villages dont (50) au moins constituaient des fiefs de AJ/PADS avec une masse électorale exacte de 4673 personnes » ; qu'il n'est pas prouvé que, sans la délocalisation, tous les inscrits des bureaux de vote délocalisés auraient participé au scrutin, ni que tous auraient porté leurs voix sur la liste de AJ/PADS ;

32. Considérant que dès lors doit être rejeté le recours de Cheikh Mouhamadou Bassirou SARR, mandataire de AJ/PADS tendant à voir le Conseil constitutionnel procéder à l'annulation du scrutin du 24 mai 1998, dans le département de Bignona.

Jurisp. : CONSEIL CONSTITUTIONNEL, DECISION N° 17/E/2012, *RECUEIL DES DECISIONS DU CONSEIL CONSTITUTIONNEL, JANVIER 1993 MARS 2019, EDITION 2020.*

RESULTATS DEFINITIFS DU 1ER TOUR DE L'ELECTION PRESIDENTIELLE 26 FEVRIER 2012

1. Considérant que, selon le requérant, il y a lieu de valider les votes effectués dans des sites délocalisés, avec l'accord de tous les candidats, par le préfet, pour des raisons de sécurité dans le département de Bignona ;

2. Considérant que l'article L.68 du Code électoral dispose que : « *la liste des bureaux de votes sur l'ensemble du territoire national est définitivement arrêtée et publiée trente jours avant le scrutin par le Ministre chargé des élections sous la supervision et le contrôle de la CENA. Elle ne peut faire l'objet d'aucune modification.* » ; qu'il ne résulte ni de ce texte, ni d'aucune autre disposition légale le pouvoir pour le préfet de déplacer un lieu de vote ; que la force majeure ou l'état de nécessité invoqués, faute d'éléments constitutifs, ne sauraient prospérer.

Article L.67.-

Chaque bureau de vote est composé :

- d'un président, d'un assesseur, d'un secrétaire désignés par le préfet ou le sous-préfet parmi les fonctionnaires de l'État de la hiérarchie A, B ou C ou assimilés, en activité ou admis la retraite et résidant dans la région, ou parmi les agents des collectivités publiques, des établissements publics ou parapublics, résidant dans la région d'un rang équivalent à celui des fonctionnaires de l'État ci-dessus nommés ;

- et d'un représentant inscrit sur une liste électorale du département par liste de candidats ou par candidat, en qualité de membre.

Si les agents relevant des catégories énumérées au premier alinéa ne sont pas en nombre suffisant pour permettre la constitution de tous les bureaux de vote d'une commune le préfet ou le sous-préfet peut réquisitionner des agents des entreprises privées ou des organisations non-gouvernementales, en activité ou admis à la retraite, résidant dans la région et d'un rang équivalent à celui des fonctionnaires et agents de l'État ci-dessus nommés. À défaut, il complète les bureaux en désignant des citoyens inscrits sur une liste électorale de la région.

Ces citoyens doivent savoir lire et écrire dans la langue officielle.

Article L.68.-

Le candidat ou la liste de candidats doit désigner un plénipotentiaire auprès de chaque autorité administrative compétente. Celui-ci a compétence dans tous les bureaux de vote de la circonscription concernée :

- pour l'élection présidentielle, la lettre de désignation est notifiée trente-trois (33) jours avant le scrutin ;

- en ce qui concerne les élections législatives, départementales et municipales, elle est notifiée cinquante (50) jours avant le scrutin ;

- pour l'élection des Hauts conseillers, celle-ci est notifiée dix-huit (18) jours avant le scrutin.

La correspondance par laquelle l'autorité administrative demande au plénipotentiaire la liste des représentants du candidat ou de la liste de candidats dans les bureaux de vote, doit être envoyée :

- pour l'élection présidentielle, les élections législatives, départementales et municipales au moins trente (30) jours avant le scrutin ;

- pour l'élection des Hauts conseillers, au moins quinze (15) jours avant le scrutin.

Les prénoms, nom, profession, ainsi que les numéros d'inscription sur une liste électorale ou le numéro de récépissé d'inscription des représentants de candidats ou listes de candidats, dans les bureaux de vote, doivent être notifiés, à la C.E.N.A et au chef de la circonscription administrative compétente :

- pour l'élection présidentielle, les élections législatives, départementales et municipales au plus tard vingt-cinq (25) jours avant le scrutin ;

- pour l'élection des Hauts conseillers, au plus tard dix (10) jours avant le scrutin.

Article L.69.-

Les membres des bureaux de vote régulièrement inscrits sur une liste électorale seront autorisés à voter dans les bureaux où ils siègent sur présentation de leur carte d'électeur.

Les délégués de la Cour d'Appel de Dakar sont autorisés à voter dans un seul des bureaux de vote qu'ils contrôlent dans les mêmes conditions que pour les superviseurs et les contrôleurs de la C.E.N.A et les membres des bureaux de vote.

Les journalistes en mission de reportage le jour du scrutin ainsi que les chauffeurs requis pour le transport du matériel électoral et des membres des bureaux de vote de même que les contrôleurs de la C.E.N.A, régulièrement inscrits sur une liste électorale, votent également dans les mêmes conditions.

Pour les journalistes et les chauffeurs, un ordre de mission spécial, délivré par le Ministère chargé des Élections dûment visé par le responsable de l'organe de presse ou du chef de service ainsi que par l'autorité administrative et le démembrement de la C.E.N.A du lieu de destination, est annexé, après le vote, au procès-verbal des opérations électorales et mention en est faite. L'ordre de mission doit comporter les références de la carte d'électeur ou être accompagnée d'une photocopie de celle-ci.

Les gouverneurs, préfets, sous-préfets ainsi que leurs adjoints qui étaient régulièrement inscrits sur une liste électorale hors de leur circonscription peuvent le jour du scrutin voter dans un des bureaux de vote de leur circonscription.

Les électeurs qui ont un handicap temporaire ou permanent ne leur permettant pas d'accéder à leur bureau de vote sont autorisés à voter dans le bureau le plus accessible pour eux dans le lieu de vote où ils sont régulièrement inscrits. Ils votent en priorité.

Les militaires et paramilitaires en opérations sur le territoire national et ceux préposés à la sécurisation du scrutin, régulièrement inscrits sur une liste électorale peuvent voter dans les mêmes conditions et selon les mêmes modalités que les journalistes en mission de reportage. Les militaires et paramilitaires votent en priorité, s'ils sont en tenue.

Les prénoms, nom, date et lieu de naissance des membres des bureaux de vote, des délégués de la Cour d'Appel de Dakar, des superviseurs et des contrôleurs de la C.E.N.A., des gouverneurs, préfets, sous-préfets ainsi que leurs adjoints, des journalistes et des chauffeurs, des militaires et paramilitaires en opérations sur le territoire national et de ceux préposés à la sécurisation du scrutin, ainsi que le numéro de leur carte d'électeur, l'indication du lieu et du bureau de vote où ils sont régulièrement inscrits doivent être mentionnés sur la liste d'émargement et sur le procès-verbal du bureau afin qu'ils soient retranchés de la liste électorale de leur circonscription pour le décompte des électeurs.

Pour les élections départementales, les membres des bureaux de vote, les délégués de la Cour d'Appel, les superviseurs et les contrôleurs de la C.E.N.A., les gouverneurs, préfets, sous-préfets ainsi que leurs adjoints, les journalistes et les chauffeurs, peuvent voter dans l'un des bureaux de vote du département s'ils sont inscrits sur une liste électorale d'une des communes dudit département.

Pour les élections municipales, les électeurs cités à l'alinéa précédent ne peuvent voter que s'ils sont inscrits sur la liste électorale de la commune où ils officient.

Les alinéas 1, 2, 3, 4,5 et 7 ne sont applicables aux élections législatives que si les intéressés sont inscrits sur la liste électorale d'une des communes constitutives du département où ils sont en mission.

NOTE : Pour l'élection présidentielle et pour les élections territoriales, le vote hors bureau originel était déjà réglementé ; ce qui n'était pas le cas pour les élections législatives.

Cependant, pour les élections législatives, les membres des bureaux de vote, les délégués de la cour d'appel, les superviseurs et les contrôleurs de la C.E.N.A., les gouverneurs, préfets, sous-préfets et leurs adjoints, de même que les journalistes, les chauffeurs, les militaires et paramilitaire munis de leur ordre de mission ne peuvent voter dans l'un des bureaux de vote du département que s'ils sont inscrits sur la liste électorale d'une des communes du département où ils sont en mission.

Article L.70.-

Les autorités compétentes (préfets et sous-préfets) sont tenues de dresser la liste des membres des bureaux de vote ainsi que les représentants des candidats ou listes de candidats et leurs suppléants.

La liste doit être validée par la C.E.N.A avant d'être publiée, par arrêté, et notifiée par leurs soins :

1) à la C.E.N.A pour contrôle ;

2) à tous les plénipotentiaires des candidats ou listes de candidats ;

3) aux détenteurs de la liste électorale où les membres du bureau de vote sont normalement inscrits pour que mention y soit portée. Le nombre des électeurs considérés comme étant inscrits sur cette liste est diminué d'autant pour le décompte des électeurs inscrits ;

4) aux détenteurs de la liste électorale de la circonscription électorale dont dépend le bureau de vote où les membres du bureau de vote siègent. Le nombre des électeurs considérés comme étant inscrits sur la liste est augmenté d'autant pour le décompte des inscrits.

La publication et la notification de l'arrêté doivent intervenir :

- vingt (20) jours au moins avant le jour du scrutin pour l'élection présidentielle, les élections législatives, départementales et municipales ;

- dix (10) jours au moins avant le jour du scrutin, pour l'élection des Hauts conseillers.

La liste des membres du bureau de vote doit être affichée devant le bureau de vote.

Jurisp. : CONSEIL CONSTITUTIONNEL, DÉCISION SUR LES AFFAIRES N° 12 à 29/E/98 DU 8 JUIN 1998

(N° D'ORDRE : 42 – AFFAIRES N° 12 À 29/E/98),

RECUEIL DES DECISIONS DU CONSEIL CONSTITUTIONNEL, JANVIER 1993 MARS 2019, EDITION 2020.

LA NOMINATION IRRÉGULIÈRE ET TARDIVE DES MEMBRES DES BUREAUX DE VOTE

33. Considérant que Amadou Bèye BALDÉ et Soumah BALDÉ, candidats députés du département de Vélingara sur la liste « SOPI AK PDS » demandent au Conseil d'annuler les procès-verbaux des bureaux de vote Kaoné 1 et Kaoné 2, communauté rurale de Ouassadou, département de Vélingara et de les déclarer élus ;

Que les requérants prétendent que ces 2 bureaux ont été dirigés par des personnes qui n'ont pas été désignées par le Préfet, mais « cooptées » par le député PS Sanghé MBALLO, le jour même du scrutin, en l'absence des membres des bureaux titulaires désignés par l'arrêté préfectoral n° 009/DV du 8 mai 1998 et ce en violation de l'article L.64 du Code électoral qui prescrit que le Gouverneur ou le Préfet sont tenus de dresser la liste des membres des bureaux de vote ainsi que leurs suppléants, de la publier et de la notifier notamment à tous les représentants des listes de candidats, 25 jours au moins avant le début du scrutin ;

34. Considérant que s'il est exact, comme le prétendent les demandeurs, que le bureau de vote de Kaoné 1, ouvert à 14 h 42 mn a été présidé par Mamadou Saliou DIAO avec l'assistance de Kandioura SAVANÉ comme assesseur et Daouda BALDÉ comme secrétaire, et que le bureau de vote de Kaoné 2, ouvert à 14 h 57 mn a fonctionné avec Souleymane BALDÉ en qualité de Président et Mouminy BALDÉ comme secrétaire ainsi que cela ressort des procès-verbaux des deux bureaux de vote concernés, il n'en demeure pas moins établi que les personnes dont la désignation est remise en cause, ont été régulièrement nommées, conformément à l'article L.64 du Code électoral, par arrêté n° 13/DV du 24 mai 1998 du Préfet de Vélingara ;

35. Considérant, au surplus, qu'il est de jurisprudence constante que si la composition d'un bureau de vote est incomplète ou si les membres sont absents, au jour du scrutin, le Préfet ou le Gouverneur forme ou complète le bureau en désignant des citoyens inscrits sur une liste électorale de la région, à la seule condition que ces citoyens sachent lire et écrire dans la langue officielle ;

36. Considérant qu'il y a donc lieu de déclarer Amadou Bèye BALDÉ et Soumah BALDÉ mal fondés en leur demande et de rejeter celle-ci comme non justifiée.

Article L.71.-

Chaque liste de candidats ou chaque candidat a le droit de contrôler l'ensemble des opérations électorales depuis l'ouverture des bureaux de vote jusqu'à la proclamation et l'affichage des résultats dans ces bureaux.

Le contrôle s'exerce par le plénipotentiaire évoqué à l'article L.68 et par les mandataires désignés à cet effet par chaque candidat ou liste de candidats, à raison d'un mandataire par lieu de vote. Ils sont munis de cartes spéciales délivrées par l'Administration selon la mission dévolue à chacun d'eux.

Le plénipotentiaire peut entrer librement dans les bureaux de vote de la circonscription administrative dans laquelle il a compétence. Toutefois, il fait mentionner ses observations et contestations éventuelles au procès-verbal par le mandataire de son candidat ou de sa liste de candidats dans le lieu de vote ou par son représentant dans le bureau de vote.

Les mandataires peuvent entrer librement dans les bureaux de vote dans lesquels ils ont compétence et exiger l'inscription au procès-verbal de toutes les observations et contestations.

Les mandataires ont compétence dans tous les bureaux de vote du lieu de vote où ils sont désignés. Ils doivent être inscrits sur la liste électorale de la commune dans laquelle ils sont compétents.

Leurs prénoms, nom, date et lieu de naissance, adresse et numéro d'inscription sur la liste électorale sont notifiés par le plénipotentiaire au moins dix (10) jours avant l'ouverture du scrutin. Cette notification est faite au préfet ou au sous-préfet, qui délivre récépissé de cette déclaration au moins huit (8) jours avant le scrutin. Le récépissé sert de titre et garantit les droits attachés à la qualité de mandataire.

Chaque candidat a libre accès à tous les bureaux de vote de la circonscription électorale dans laquelle il a fait acte de candidature. Il peut exiger l'inscription au procès-verbal de toutes ses observations et contestations.

Article L.72.-

Le président est responsable du bureau de vote notamment en ce qui concerne le stationnement dans la salle de vote. Il peut requérir les forces de l'ordre. Il ne peut procéder des expulsions sauf en cas de troubles et perturbations dûment constatés par lui et les autres membres du bureau de vote et après avis de ces derniers dûment mentionné sur le procès- verbal du bureau de vote.

Si un représentant d'un candidat ou d'une liste de candidats membre du bureau de vote est expulsé, il est immédiatement remplacé par un membre suppléant représentant le même candidat ou la même liste.

Deux membres du bureau de vote désignés par l'autorité administrative doivent être présents pendant tout le cours des opérations électorales. En cas d'empêchement, le président est remplacé par l'assesseur.

NOTE : Le président étant responsable du bureau de vote notamment en ce qui concerne le stationnement dans la salle de vote.

Ainsi, il doit veiller à la bonne disposition du matériel électoral au niveau du bureau de vote. Cela permet d'assurer une bonne circulation des électeurs et un contrôle efficace des opérations électorales.

Par exemples :

- la table de vote doit être au fond de la salle et non à la porte d'entrée du bureau de vote ;

- l'isoloir doit être disposé dans un coin de la salle et non au milieu. Il ne doit pas donner sur une fenêtre ;

- les bancs ou chaises destinés aux représentants des listes de candidats ne doivent pas être éloignés de la table de vote, pour permettre à ces derniers d'exercer leur contrôle sans retarder les opérations de vote ;

- les urnes doivent être placées sur la table de vote en face du Président ;

- la fente de chaque urne doit être perpendiculaire à la table pour permettre au Président de vérifier sans y toucher que chaque électeur n'introduit qu'une seule enveloppe dans l'urne ;

- l'encre indélébile liquide (ou spray) doit être éloignée des bulletins de vote pour éviter qu'en cas de déversement du flacon, ceux-ci ne soient tachetées ;

- le flacon doit être bien agité avant son ouverture ;

- pendant que l'électeur met son doigt dans l'encre indélébile, un membre du bureau doit coincer le flacon pour éviter une chute car la disponibilité de l'encre est indispensable à la poursuite des opérations de vote ;

- du début à la fin des opérations de vote, les listes d'émargements doivent rester constamment entre les mains du président du Bureau de vote.

Par ailleurs, le Président qui dispose, à cet effet, de la police du bureau de vote doit veiller en toutes circonstances à ce que les opérations de vote ne soient pas perturbées ou interrompues.

Ainsi, le président peut expulser un individu qui trouble ou perturbe le vote en signant une réquisition (pré-imprimée) qui sera exécutée par l'agent de sécurité.

Cependant, l'expulsion doit être l'exception et non la règle ; elle n'est nécessaire que si le vote est interrompu pour cause de trouble.

Le président doit éviter d'expulser :

- un représentant de la CENA ;

- les candidats ou leurs représentants ; ces derniers ne doivent pas être expulsés dans le seul but de les empêcher de faire leur travail de contrôle des opérations électorales.

Si un représentant de parti politique, de coalition de partis politiques ou d'une personne indépendante est expulsé, son suppléant, s'il en a, le remplace d'office.

Il en est de même du mandataire.

Même s'il est vrai que le président assure la police du bureau de vote il doit, toutefois, veiller à son bon fonctionnement en instaurant un climat de sérénité par la recherche constante du consensus entre tous les membres de droit du bureau.

De ce fait, il doit faire montre d'une attention toute particulière, d'une courtoisie constante à l'égard des candidats et de leurs mandataires, des délégués de la cour d'appel, des contrôleurs et superviseurs de la CENA ainsi que des observateurs nationaux et internationaux ainsi que des journalistes.

Le respect et l'application scrupuleux des dispositions du Code électoral par le président du bureau de vote ne sont en rien incompatibles avec une attitude empreinte d'humilité, de correction et de sollicitude à l'endroit d'autres responsables également investis de missions d'importance capitale à savoir notamment le contrôle de la régularité, de la transparence et de la sincérité des opérations.

Toute autre attitude de sa part pourrait entamer la crédibilité du scrutin.

Il faut préciser que le bureau de vote peut fonctionner à deux, mais jamais avec une seule personne. Si une seule personne est présente pour un bureau, l'autorité administrative, informée de la situation, pourra réaffecter une personne d'un bureau à trois du même lieu de vote, ou choisir quelqu'un du volant de sécurité qu'il avait constitué comme réserve pour compléter à deux au moins le bureau concerné.

Ces deux personnes doivent faire partie de celles nommées par l'autorité administrative.

Jurisp. : CONSEIL CONSTITUTIONNEL, DÉCISION SUR LES AFFAIRES N° 12 à 29/E/98 DU 8 JUIN 1998

(N° D'ORDRE : 42 – AFFAIRES N° 12 À 29/E/98), *RECUEIL DES DECISIONS DU CONSEIL CONSTITUTIONNEL, JANVIER 1993 MARS 2019, EDITION 2020.*

TROUBLES DANS LES BUREAUX DE VOTE

46. Considérant que le mandataire de l'Alliance « Jëf-Jël–USD » soutient qu'il a été constaté que le maire de Rufisque, Mbaye Jacques DIOP a fait irruption dans le centre de vote de Gouye Mouride, flanqué de « nervis » qui ont bourré les urnes après avoir expulsé les membres du bureau et le délégué de l'ONEL ; que le même requérant relève, en outre, que les Présidents des bureaux de vote de Seno Palel 1 et 2 et Lobali, département de Matam, ont procédé à l'expulsion des représentants des partis politiques adverses et de l'ODEL sans motif légitime ; que pour le mandataire de l'Alliance « Jëf-Jël–USD » il y a dans les deux cas, atteinte à la sincérité et à la transparence du scrutin de nature à entraîner l'annulation des résultats du vote dans les bureaux visés ;

47. Considérant que Ndiawar TOURÉ et Momar GUÈYE, candidats sur la liste « SOPI AK PDS » font valoir que « les bureaux de vote de l'école Ousmane MBENGUE et ceux de la commune d'arrondissement de Rufisque-Est ont été le théâtre de violences de la part d'individus armés commandités par le candidat PS, Mbaye Jacques DIOP, qui a dirigé personnellement les opérations, et qui ont expulsé les délégués des partis politiques et celui de l'ONEL » ; que selon les 2 requérants, ces violences sont de nature à entraîner l'annulation du scrutin dans ces bureaux de vote dans la mesure où elles ont empêché le vote de se dérouler normalement et les représentants des partis politiques d'exercer leurs droits de surveillance, conformément aux dispositions du Code électoral ;

48. Considérant que selon Oumar NIANG, mandataire de la liste du PIT, les violences et voies de fait exercées contre les représentants des partis politiques dans les bureaux de vote de Rufisque Est doivent entraîner l'annulation des élections législatives du 24 mai 1998 ;

49. Considérant qu'en ce qui concerne les bureaux de vote de Seno Palel 1 et 2, de Lobali et de l'école Ousmane MBENGUE, ni les procès-verbaux, ni les rapports de l'ODEL ne viennent étayer les allégations des requérants respectifs ; qu'elles ne sauraient donc être retenues ;

50. Considérant qu'en revanche, il ressort du rapport du 24 mai 1998 du délégué de l'ONEL, chargé du contrôle du scrutin dans le bureau de vote de l'École Gouye Mouride n° 6 à Rufisque-Est, que le maire Mbaye Jacques

DIOP s'est rendu dans ce bureau à 15 h 10, accompagné d'une « bande de nervis » -une trentaine- qui « ont fait écran devant l'urne et profité de l'occasion pour y introduire des enveloppes » ;

51. Considérant que si l'article L.65, alinéa 6 du Code électoral donne à chaque candidat le droit de libre accès a tous les bureaux de vote de la circonscription électorale où il a fait acte de candidature, il y a lieu de constater qu'en l'espèce, l'exercice de ce droit a entraîné une atteinte grave à la régularité et à la sincérité du scrutin dans le bureau de vote de Gouye Mouride n° 6 ; que par suite, les résultats du vote dans ce bureau doivent être déclarés nuls.

Article L.73.-

Le bureau de vote ne peut s'occuper d'autres objets que l'élection qui lui est attribuée.

Toute discussion, toute délibération en dehors de ce sujet lui sont interdites.

Le décret de convocation des électeurs précise l'heure d'ouverture et de fermeture du scrutin.

Le président doit constater, au commencement des opérations de vote, l'heure à laquelle le scrutin est ouvert. Il la porte au procès-verbal.

NOTE : Le décret portant convocation du corps électoral précise l'heure d'ouverture et de clôture du scrutin. L'ouverture est fixée à 08 heures et celle de fermeture à 18 heures avec possibilité de prolongation.

Cependant, les membres du bureau de vote gagneraient à se présenter au moins une heure avant l'heure de démarrage (à 7 heures).

Cette invite doit être fortement prise en considération dès lors qu'il est souvent noté que les retards de membres de bureaux de vote constituent les principales causes des dysfonctionnements relevés dans le déroulement des opérations électorales.

La nécessité de venir au moins une heure avant l'heure de démarrage permet d'écarter ainsi toute probabilité de retard qui serait nuisible à la suite des opérations.

Cette précaution se justifie pour plusieurs raisons car elle permettrait au moins avant l'heure d'ouverture de :

- prendre possession du matériel et des documents électoraux qui sont stockés 48 heures avant le scrutin au lieu de vote sous la surveillance des forces de sécurité. Ce matériel et ces documents sont remis contre décharge, le jour du vote, au président ou en cas d'absence, à l'assesseur ou au secrétaire ;

- vérifier que tout le matériel et les documents électoraux nécessaires au fonctionnement du bureau de vote sont bien en place et signaler à temps les carences au préfet ou au sous-préfet qui pourra ainsi compléter ou remplacer le matériel manquant sans empiéter sur le temps du vote qui débute à 8 heures.

En tout état de cause, le président du bureau de vote doit, au commencement des opérations, constater l'heure à laquelle le scrutin est ouvert. Mention en est d'ailleurs faite au procès-verbal.

En outre, la liste du matériel et des documents à vérifier varient légèrement d'une élection à une autre.

Généralement, le matériel recensé s'établit comme suit :

- une, deux ou trois tables de vote selon le type d'élection (exemple s'il s'agit d'une élection territoriale, il faut : une table pour les élections municipales (communes-villes) sur laquelle sont posés les lots de bulletins pour les élections municipales et une autre pour les élections départementales sur laquelle sont posés les bulletins pour les élections départementales et des chaises ou bancs pour les membres du bureau ; ces tables doivent être suffisamment grandes pour pouvoir contenir aisément tous les lots de bulletins ;

- la table de dépouillement éventuellement ;

- une urne ou des urnes munies d'un système de fermeture avec les bracelets de scellement (au moins 6 bracelets) ;

- un ou plusieurs isoloirs ;

- la liste d'émargement ;

- les enveloppes de vote ;

- les bulletins de vote pour chaque candidat ou liste de candidats en nombre égal devant correspondre au moins à celui des électeurs qui figurent sur la liste d'émargement ;

- la liste des partis, coalition de partis ou entités indépendantes en lice ;

- l'encre indélébile (liquide ou spray) ;

- un moyen d'éclairage (une lampe) ;

- des bâtons de cire pour sceller les enveloppes de transmission ;

- un dateur ;

- un cachet «A VOTE» ;

- un cachet «ORIGINAL» ;

- un cachet «COPIE» ;

- un cachet «COMMUNE, DEPARTEMENT DE… » pour les élections territoriales ;

- un encreur ;

- les grandes enveloppes : « Président Commission départementales de recensement des votes », « Archives Préfecture », « Commission électorale nationale autonome » ;

- les fiches (indiquant la nature et la date du scrutin) à coller sur l'urne ;

- les feuilles de dépouillement ;

- les formulaires de procès-verbaux ;

- les fiches de proclamation des résultats ;

- l'affiche indiquant le bureau de vote ;

- le code et un extrait du code électoral ;

- le décret portant convocation du corps électoral ;

- l'arrêté du préfet ou sous-préfet autorisant la prolongation de l'heure de clôture du scrutin ;

- des formulaires de réquisition ;

- l'affiche sur les techniques de vote.

Il est important de noter que dans le cas où plusieurs listes sont en compétition, il paraît évident que l'usage de grandes tables de vote sur lesquelles tous les lots de bulletins seront aisément disposés sera de mise.

Le président du bureau de vote s'oblige, en outre, à :

1. vérifier que ses deux autres collègues, l'assesseur et le secrétaire, sont présents avant 8 heures ainsi que le contrôleur de la CENA ; de même, il devra s'assurer de la présence des représentants des listes de candidats ;

2. afficher à la devanture du bureau de vote :

- l'affiche indiquant le bureau de vote ;

- les listes des partis politiques, des coalitions de partis politiques ou entités regroupant des personnes indépendantes en lice ;

- le décret convoquant le corps électoral ;

- l'extrait du Code électoral ;

- l'affiche sur les techniques de vote.

Article L.74.-

Dans chaque bureau de vote, le président fait disposer des bulletins de vote de chaque candidat ou de chaque liste de candidats un nombre au moins égal à celui des électeurs inscrits dans ce bureau.

Article L.75.-

Si lors d'une élection, une seule liste ou un seul candidat se présente aux suffrages des électeurs, il sera disposé des bulletins blancs dans chaque salle de vote en nombre au moins égal à celui des électeurs.

Article L.76.-

Le scrutin est secret. Le vote a lieu sous enveloppe. Avant l'ouverture du scrutin, le bureau doit constater que le nombre des enveloppes correspond à celui des inscrits.

Si par suite d'un cas de force majeure, ces enveloppes règlementaires font défaut, le président du bureau de vote est tenu de les remplacer par d'autres, d'un type uniforme, frappé du timbre de la circonscription électorale. Mention est faite de ce remplacement au procès-verbal et deux enveloppes dont il a été fait usage y sont annexées.

Dans chaque bureau de vote, il sera installé un ou plusieurs isoloirs. Les isoloirs doivent permettre d'assurer le secret du vote tout en permettant de ne pas dissimuler au public les opérations électorales.

Des flacons ou des vaporisateurs d'encre indélébile doivent être placés dans chaque bureau de vote ainsi que le timbre de la circonscription électorale du bureau.

NOTE : Le secret du vote est un principe constitutionnel. C'est pourquoi le défaut d'isoloir constitue un vice substantiel qui entache la régularité des élections, même en l'absence de toute intention de fraude.

L'article L.76 susvisé prévoit également que « *Des flacons ou des vaporisateurs d'encre indélébile doivent être placés dans chaque bureau de vote ainsi que le timbre de la circonscription électorale du bureau* ». L'introduction de ce contrôle dans le Code électoral a pour objectif principal d'éviter les votes multiples.

Jurisp. : CONSEIL CONSTITUTIONNEL, DÉCISION N° 6/93

DU 13 MARS 1993 (N° D'ORDRE : 6 - AFFAIRES N° 7 À 12/E/93), *RECUEIL DES DECISIONS DU CONSEIL CONSTITUTIONNEL, JANVIER 1993 MARS 2019, EDITION 2020.*

ABSENCE TOTALE D'ISOLOIR

22. Considérant que le secret du vote est un principe constitutionnel et que l'article LO.50 du Code électoral organise de façon minutieuse l'existence des isoloirs dans les salles de vote ;

23. Considérant en conséquence, que le défaut d'isoloir est un vice substantiel qui entache les élections d'irrégularités, même en l'absence de toute intention de fraude ;

24. Considérant cependant que ce vice n'a donné lieu à aucune réserve ou réclamation ayant abouti à des annulations par les Commissions départementales et nationale.

Jurisp. : CONSEIL CONSTITUTIONNEL, DÉCISION N° 6/93

DU 13 MARS 1993 (N° D'ORDRE : 6 - AFFAIRES N° 7 À 12/E/93), *RECUEIL DES DECISIONS DU CONSEIL CONSTITUTIONNEL, JANVIER 1993 MARS 2019, EDITION 2020.*

L'UTILISATION D'ENCRE NON INDELEBILE

28. Considérant qu'aux termes des articles L.50 et L.51 du Code électoral, des flacons d'encre indélébile doivent être placés dans chaque bureau de vote ; que l'électeur avant qu'il n'introduise son enveloppe dans l'urne, un membre du bureau de vote lui met l'encre indélébile sur l'un des doigts ;

29. Considérant que l'introduction de ce contrôle dans le Code électoral avait pour objectif d'éviter les votes multiples ; qu'il s'est avéré d'une part qu'aucune contestation n'a été relevée après que le Ministère de l'Intérieur ait publiquement donné le mode d'emploi de l'encre indélébile ; que par ailleurs, il n'est pas établi, ni même allégué que cette passagère méconnaissance de son utilisation ait permis des fraudes de nature à altérer la sincérité du scrutin.

Article L. 77.-

L'entrée dans le bureau de vote est interdite à toute personne porteuse d'une arme, sauf en cas de réquisition de la force publique par le président.

Article L.78.-

À son entrée dans le bureau de vote, l'électeur doit présenter sa carte d'électeur.

Cette formalité ayant été satisfaite, l'électeur prend lui-même une enveloppe et l'ensemble des bulletins de vote mis à sa disposition.

Toutefois, l'électeur peut choisir cinq (5) bulletins au moins si le nombre de candidats ou de listes en compétition est supérieur ou égal à cinq (5).

Il passe obligatoirement à l'isoloir. Il introduit dans l'enveloppe le bulletin du candidat ou de la liste de candidats de son choix. Il fait ensuite constater au président qu'il n'est porteur que d'une seule enveloppe. Le président le constate sans toucher à l'enveloppe que l'électeur introduit lui-même dans l'urne.

Avant qu'il n'introduise son enveloppe dans l'urne, un membre du bureau s'assure qu'il trempe l'un de ses doigts dans l'encre indélébile jusqu'à imbiber la totalité de la première phalange (au cas où ce n'est pas le vaporisateur qui est utilisé).

Il est rigoureusement interdit toute exhibition publique en dehors du bureau de vote, avant et pendant le jour du scrutin, d'enveloppes et de bulletins de vote règlementaires identiques aux modèles déposés en faveur de candidats. Cette interdiction ne concerne pas les documents électoraux servant à la formation qui doivent porter la mention « spécimen ». Les contrevenants sont passibles des peines prévues à l'article L.115.

Jurisp. : CONSEIL CONSTITUTIONNEL, DECISION N° 7/C/2017 DU 18 JUILLET 2017, *RECUEIL DES DECISIONS DU CONSEIL CONSTITUTIONNEL, JANVIER 1993 MARS 2019, EDITION 2020.*

SUR LA SAISINE DU CONSEIL CONSTITUTIONNEL :

1. Considérant que, par acte du 10 juillet 2017, déposé au greffe du Conseil

constitutionnel et enregistré le même jour sous le numéro 4/C/17, Maître Mouhamadou Moustapha DIENG, avocat à la Cour, agissant au nom et pour le compte de Mesdames et Messieurs Mamadou Lamine THIAM, Barthélémy DIAS, Thierno BOCOUM, Idrissa DIALLO, Mamadou FAYE, Samba C. D. BATHILY, El Hadj Moustapha DIOUF, Woraye SARR, Élène Marie Ndione TINE, Aminata DIALLO, El Hadj Mansour SY, Cheikh Omar SY, Mamadou Lamine DIALLO, Oumar SARR n°1, Mamadou DIOP, Seynabou WADE, Aïssatou MBODJ, Mame Mbayame Guèye DIONE, Ndèye Maguette DIÈYE et Maguette MBODJI, députés, a saisi le Conseil constitutionnel d'un « *recours en annulation de la loi organique n° 22/2017 portant modification de l'article L .78 du Code électoral adoptée le 6 juillet 2017 par l'Assemblée nationale* » ;

(...)

SUR LE MOYEN TIRÉ DE LA VIOLATION DE LA CONSTITUTION :

Sur le grief tiré de la discrimination instaurée « de facto » par la loi attaquée :

11. Considérant que les requérants soutiennent que « ...l'adoption de la loi organique n° 22/2017 du 06 juillet 2017 portant modification de l'article L.78 du Code électoral porte incontestablement atteinte à la Constitution » ; que, selon eux, dans le Préambule de la Constitution, « le peuple sénégalais proclame :

- Le respect et la consolidation de l'État de droit dans lequel l'État et les citoyens sont soumis aux mêmes normes juridiques sous le contrôle d'une justice indépendante et impartiale ;
- L'accès de tous les citoyens sans discrimination à l'exercice du pouvoir à tous les niveaux ;
- La volonté du Sénégal d'être un État moderne qui fonctionne selon le jeu loyal et équitable entre la majorité qui gouverne et une Opposition démocratique, et un État qui reconnaît cette Opposition comme un pilier fondamental de la démocratie et un rouage indispensable au bon fonctionnement du mécanisme démocratique » ;

12. Considérant qu'ils en déduisent que la Constitution rejette toute forme d'injustice, d'inégalité et de discrimination entre les candidats et qu'en « ... *permettant aux électeurs de choisir 5 listes de candidats parmi les 47 officiellement validées* », l'adoption de la loi dont le Conseil constitutionnel est saisi a pour effet d'instaurer « ... *de facto une discrimination* » constitutive d'une « ... *violation grave et manifeste de la Constitution* » ;

13. Considérant qu'en matière électorale il ne saurait y avoir de discrimination entre des candidats ou des listes de candidats, que lorsque ceux-ci, participant aux mêmes élections et étant de ce fait placés dans la même situation, sont traités de manière différente ;

14. Considérant qu'en l'espèce, la loi déférée devant le Conseil constitutionnel a pour objet d'accélérer le déroulement des opérations de vote et de permettre une plus grande participation des citoyens au scrutin ; qu'elle ne peut avoir pour effet de faire naître une situation dans laquelle les listes en

compétition seraient soumises à un traitement différent ;

SUR LE GRIEF TIRE DE LA VIOLATION DU SECRET DU SCRUTIN

15. Considérant que les requérants soutiennent que le nouvel article L.78 viole le principe de transparence et de secret du scrutin exigé par la Constitution de la République du Sénégal ;

16. Considérant que le secret du scrutin est consacré par l'alinéa 3 de l'article 3 de la Constitution aux termes duquel « *Le suffrage peut être direct ou indirect. Il est toujours universel, égal et secret.* » ;

17. Considérant qu'en consacrant le principe selon lequel le scrutin est secret, le Constituant a entendu protéger l'électeur contre toute forme d'influence extérieure et lui garantir le droit d'exprimer, par son vote, son choix en toute liberté ;

18. Considérant qu'aux termes de l'article L.78 nouveau

«*... l'électeur prend lui-même une enveloppe et l'ensemble des bulletins de vote mis à sa disposition.*

Toutefois, l'électeur peut choisir cinq (5) bulletins au moins si le nombre de candidats ou de listes en compétition est supérieur ou égal à cinq (5) » ;

19. Considérant qu'en introduisant une dérogation à la règle selon laquelle « *... l'électeur prend (...) l'ensemble des bulletins mis à sa disposition* », l'article L.78, dans sa nouvelle rédaction, offre à celui-ci un choix entre prendre l'ensemble des bulletins et, si le nombre de candidats ou de listes est supérieur ou égal à cinq (5), prendre au moins cinq bulletins ; qu'en imposant, dans ce dernier cas, à l'électeur de prendre au moins cinq (5) bulletins, l'article L.78 précité écarte toute possibilité de déterminer à l'avance son choix et préserve ainsi le secret du vote ;

20. Considérant que le moyen doit être rejeté,

DÉCIDE :

Article premier.- Le recours introduit par Maître Mouhamadou Moustapha DIENG, au nom et pour le compte de Monsieur Mamadou Lamine THIAM et 19 autres députés, est rejeté.

Article L.79.-

L'urne n'a qu'une seule ouverture destinée à laisser passer l'enveloppe contenant le bulletin de vote. Avant le commencement du scrutin, le président du bureau de vote constate devant les électeurs présents et les membres du bureau de vote qu'elle est vide. Cette constatation faite, l'urne doit être fermée par des bracelets de scellement.

Article L.80.-

Tout électeur handicapé ne pouvant pas accéder facilement à son bureau de vote peut bénéficier, si les circonstances le permettent, de l'aide et de l'assistance des membres des forces de défense et de sécurité ou de toute autre personne de son choix.

S'il souffre d'un handicap rendant difficile l'accès à son bureau de vote, il peut choisir n'importe lequel des bureaux du lieu de vote pour s'acquitter de son droit de vote. Il accède en priorité au vote dans le bureau. La procédure prévue à l'article L.69 lui est applicable.

L'électeur qui, du fait de son handicap, se trouve dans l'impossibilité de choisir un bulletin de vote, de l'introduire dans l'enveloppe ou de glisser celle-ci dans l'urne est, sur sa demande, autorisé à se faire assister par un électeur de son choix ou par un membre du bureau de vote.

NOTE : Dans ce nouveau Code électoral, une attention toute particulière a été accordée aux groupes vulnérables notamment les personnes handicapées dont les conditions de participation ont été améliorées.

Il est utile de rappeler que les anciennes dispositions de l'article L.80 du Code électoral - unique article traitant de la question -, ne prévoit que l'assistance qui doit être portée à la personne handicapée au moment de la phase active du vote, à savoir le choix du bulletin de vote et l'introduction de l'enveloppe dans l'urne.

La réécriture de l'article L.80 a pris en compte de façon chronologique, les difficultés depuis l'inscription sur les listes électorales au niveau des commissions administratives qui doivent signaler si le demandeur est un handicapé moteur (en vue de son affectation dans les bureaux de vote) (*voir l'article L.38*) jusqu'au moment du vote.

Tout électeur handicapé ne pouvant accéder facilement à son bureau de vote peut bénéficier, si les circonstances le permettent, de l'aide et de l'assistance des membres des forces de défense et de sécurité ou de toute autre personne de son choix.

Il est aussi autorisé à voter dans le bureau le plus accessible pour lui dans le lieu de vote où il est régulièrement inscrit. Il a une priorité d'accès à l'instar des électeurs militaires ou paramilitaires qui votent en tenue. (voir l'article L.69).

Article L.81.-

Le bureau de vote règle provisoirement les difficultés relatives aux opérations électorales.

Ses décisions sont motivées.

Toutes les réclamations et décisions sont inscrites au procès-verbal. Les pièces et bulletins qui s'y rapportent y sont annexés après avoir été paraphés par le bureau.

Pendant toute la durée des opérations, une copie de la liste des électeurs reste déposée entre les mains du président du bureau de vote.

Le vote de l'électeur est constaté par sa signature ou, s'il ne sait pas signer, par l'apposition de l'empreinte digitale de l'un de ses doigts préalablement roulés sur un encreur à tampon, sur la liste électorale en marge de son nom.

La liste d'émargement détenue par le président du bureau de vote fait foi au même titre que celui détenu par le contrôleur de la C.E.N.A. Le vote de l'électeur est constaté par sa signature ou, s'il ne sait pas signer, par l'apposition de son doigt trempé dans l'encre indélébile, sur la liste électorale en marge de son nom.

Jurisp. : CONSEIL CONSTITUTIONNEL, DÉCISION SUR LES AFFAIRES N° 4 À 11/E/2000 DU 10 MARS 2000 (N° D'ORDRE : 72 – AFF. N° 4 A 11/E/2000), *RECUEIL DES DECISIONS DU CONSEIL CONSTITUTIONNEL, JANVIER 1993 MARS 2019, EDITION 2020.*

ANNULATION DE PROCES-VERBAUX

18. Considérant que dans le bureau de vote n° 1 de Sanghaye, arrondissement de Fissel, communauté rurale de Ndiaganiao, l'irrégularité signalée par le requérant de l'absence au début des opérations électorales de la liste d'émargement, est confirmée, sans être contredite dans les observations inscrites dans le procès-verbal concerné ; qu'ainsi, il y a eu violation des prescriptions de l'article L.75 du Code électoral, mettant en doute la sincérité du scrutin ; qu'en conséquence, il échet d'annuler les suffrages dans le bureau en cause ;

19. Considérant que la composition du bureau de vote n° 3 de Ndiandiaye communauté rurale de Ndiaganiao, est contestée, par le requérant qui affirme que le nom du Président du bureau de vote a été surchargé dans l'arrêté du

Préfet pour être remplacé par celui du responsable des jeunesses socialistes de Ndiaganiao ;

20. Considérant que les observations faites par le représentant de la CA 2000 en ce sens et cosignées par celui de l'AFP ne sont pas contredites par celles du président du bureau de vote et du représentant de l'ONEL ; qu'il s'ensuit que l'article L.64 du Code électoral prévoyant la publication et la notification de l'arrêté de nomination des membres des bureaux de vote par les autorités administratives quinze (15) jours au moins avant le début du scrutin, a été violé ; qu'il convient en conséquence, d'annuler les résultats du bureau de vote incriminé ;

21. Considérant que la composition du bureau de vote n° 3 de Ndiandiaye communauté rurale de Ndiaganiao, est contestée, par le requérant qui affirme que le nom du Président du bureau de vote a été surchargé dans l'arrêté du Préfet pour être remplacé par celui du responsable des jeunesses socialistes de Ndiaganiao ;

22. Considérant que les observations faites par le représentant de la CA 2000 en ce sens et cosignées par celui de l'AFP ne sont pas contredites par celles du Président du bureau de vote et du représentant de l'ONEL ; qu'il s'ensuit que l'article L.64 du Code électoral prévoyant la publication et la notification de l'arrêté de nomination des membres des bureaux de vote par les autorités administratives quinze (15) jours au moins avant le début du scrutin, a été violé ; qu'il convient en conséquence, d'annuler les résultats du bureau de vote incriminé.

Jurisp. : **Cour suprême, arrêt n° 48 du 27 octobre 2022, Ousseynou Ka**, Mandataire et tête de liste majoritaire de la **coalition AND LIGGEEY SUNU GOKH** dans la commune de Gassane **c/ Ministère chargé des élections** pris en la personne de Monsieur l'Agent judiciaire de l'État, en ses bureaux sis au Ministère de l'Économie, des Finances et du Plan, building Peytavin, Avenue de la République x Carde à Dakar ;

La Cour,

Vu la requête reçue le 19 juillet 2022 au greffe central par laquelle Ousseynou Ka, mandataire de la coalition « And Liggey Sunu Gokh », dans la Commune de Gassane, élisant domicile en l'étude de Maître Daouda Ka, avocat à la cour, a formé appel de l'arrêt n°11 du 29 mars 2022 de la Cour d'Appel de Saint-Louis rejetant sa requête en annulation des procès-verbaux de proclamation des résultats des bureaux de vote numéros 1 et 2 de Sangué, aux élections municipales du 23 janvier 2022, dans ladite commune ;

Après en avoir délibéré conformément à la loi

Considérant qu'il ressort des énonciations de l'arrêt attaqué que Ousseynou Ka, mandataire de la coalition « And Liggey Sunu Gokh », dans la Commune de Gassane, a saisi la Cour d'Appel de Saint-Louis d'un recours en annulation des procès-verbaux de proclamation des résultats des bureaux de vote numéros 1 et 2 de Sangué, aux élections municipales du 23 janvier 2022, dans ladite commune ;

Que par arrêt l'arrêt attaqué, ladite cour a rejeté sa requête comme mal fondée ;

Que Ousseynou Ka a formé appel contre ledit arrêt en articulant deux moyens ;

Sur le premier moyen tiré de la violation des articles L.85 alinéa 2 et R72 du Code électoral en ce que l'arrêt attaqué a rejeté son recours au motif que pour entrainer l'annulation des opérations électorales, les griefs invoqués doivent être prouvés, alors que la preuve de certaines allégations comme les manquements notés lors de son passage au bureau n°1 de Sangué, notamment l'interdiction faite au représentant de sa coalition d'accéder au bureau de vote, des incidents perturbant le déroulement des opérations de vote, le bourrage de l'urne faute de couvercle, l'inadéquation entre le nombre de votants (190) et celui de signatures au registre d'émargement (192), le fait pour le représentant de la coalition de Benno Bokk Yakaar d'avoir exhibé le bulletin de sa coalition pour le montrer aux électeurs et pour le président du bureau de vote de n'avoir pas mentionné ces manquements au procès-verbal qui entachent la sincérité du vote, ne peut être rapportée que par un complément d'information auprès de l'autorité administrative (le Sous-préfet) qui détient les documents administratifs à savoir la décharge établie lors de la réception du matériel électoral, dans laquelle le président du bureau de vote reconnait avoir mentionné l'absence de couvercle de l'urne, encore qu'aucun huissier de justice ne peut être requis un dimanche pour constater les manquements ;

Considérant qu'aux termes de l'article L.85 alinéa 2 du Code électoral, « *Tous les membres du bureau de vote doivent obligatoirement signer le procès-verbal avec, le cas échéant, leurs observations, réclamations et contestations* » ;

Que l'article R.72 alinéa 3 du même code dispose que « *Le procès-verbal est établi et signé de tous les membres du bureau. En cas de refus de signer d'un membre, la mention et, éventuellement, les raisons invoquées à l'appui de ce refus, sont portées sur le procès-verbal. Il en est délivré une copie aux membres du bureau de vote et aux contrôleurs de la C.E.N.A* » ;

Considérant qu'il ressort de l'examen des pièces du dossier, notamment du procès-verbal des opérations électorales du bureau de vote n°1, que la coalition « And Liggey Sunu Gokh » était représentée dans ledit bureau par le nommé Oumar Diagne et les motifs pour lesquels il n'a pas signé le procès-verbal n'y sont pas indiqués ;

Qu'en vertu de l'article R.72 alinéa 4 du Code électoral, cette seule circonstance du défaut de signature du procès-verbal par un représentant de parti ou coalition de partis n'emporte pas en elle-même la nullité dudit procès-verbal mais constitue simplement un des éléments dont l'organe compétent pour le recensement des votes peut tenir compte pour apprécier la sincérité des résultats figurant sur ledit procès-verbal ;

Qu'en outre, les griefs tirés du bourrage de l'urne qui n'était pas fermée faute de couvercle et de l'inadéquation entre le nombre de votants et le nombre de signatures sur le registre d'émergement ne procèdent que des seules affirmations du requérant et ne sont étayés ni par les mentions du procès-verbal ni par aucun autre élément objectif du dossier ;

Qu'ainsi, la cour d'appel qui, pour rejeter le recours, a relevé que « *l'omission de mentions d'incidents survenus à l'intérieur ou à l'extérieur du bureau de vote,[...], ne saurait, à elle seule, entrainer systématiquement l'annulation du procès-verbal des opérations de vote* » et retenu que « *les affirmations du requérant selon lesquelles son représentant s'est vu refuser l'accès au bureau de vote ne sont pas établies, qu'en effet il résulte clairement du procès-verbal qu'elle était représentée par le nommé Oumar Diagne même s'il ne l'a pas signé, les raisons n'y étant pas mentionnées et les griefs relatifs à l'expulsion du mandataire, à l'exhibition du bulletin de la coalition Benno Bokk Yakaar, au bourrage de l'urne sans couvercle ne sont étayés par aucun élément de preuve et sur l'écart de deux voix entre le nombre de votants et celui des signatures, le requérant ne précise pas les électeurs dont la signature ferait défaut et la différence alléguée de deux voix n'a aucune conséquence sur la distribution des sièges* », n'a pas violé les articles visés au moyen ;

Sur le second moyen tiré de la violation des articles L.81 et R.71 du Code électoral en ce que l'arrêt attaqué a rejeté son recours au motif que le fait pour les responsables de la coalition Benno Bokk Yakaar d'exhiber leur bulletin n'entache pas la sincérité du vote, alors qu'en se comportant ainsi, ils visaient incontestablement à influencer le choix des électeurs, surtout en milieu rural où le corps électoral est essentiellement composé d'analphabètes ;

Considérant que selon l'article L.78 du Code électoral, il est interdit toute exhibition publique en dehors du bureau de vote, avant et pendant le jour du scrutin, d'enveloppes et de bulletin de vote règlementaire identiques aux modèles déposés en faveur de candidat, cette interdiction ne concerne que les documents électoraux servant à la formation qui doivent porter la mention « spécimen » et les contrevenants sont passibles de peines prévues à l'article

L.115 ;

Considérant qu'en l'espèce, il ressort des mentions du procès-verbal du bureau n°2 qu'« *au cours de la journée, on a constaté qu'un membre de l'APR est sorti avec un bulletin de l'APR pour le montrer aux autres. NB : il est un membre représentant Benno Bokk Yakaar* » ;

Que toutefois, pour entrainer l'annulation des opérations électorales, le grief invoqué doit être avéré, contraire à la législation électorale mais aussi et surtout déterminant sur l'expression des suffrages des électeurs ;

Qu'ainsi, la cour d'appel qui, pour rejeter la requête, a relevé que « *bien que constatée sur le procès-verbal, l'exhibition par le représentant de l'APR du bulletin de vote de la coalition Benno Bokk Yakaar ne saurait constituer, à elle seule, une cause d'annulation des opérations de vote* » et retenu « *qu'il n'est pas établi que cette action a influé sur le choix des électeurs et ainsi, porté atteinte à la sincérité du vote* », a fait l'exacte application de la loi ;

Par ces motifs

Confirme l'arrêt n°11 du 29 mars 2022 de la Cour d'Appel de Saint-Louis rejetant la requête en annulation des procès-verbaux de proclamation des résultats des bureaux de vote numéros 1 et 2 de Sangué, aux élections municipales du 23 janvier 2022, dans la Commune de Gassane.

Article L.82.-

Le président constate l'heure à laquelle il déclare le scrutin clos et la porte au procès-verbal. Après cette déclaration, aucun vote ne peut être reçu.

NOTE : Pour faciliter le vote des électeurs, le gouverneur, le préfet ou le sous-préfet peut prendre un arrêté afin de retarder l'heure de clôture du scrutin dans toute ou partie de la circonscription électorale.

L'arrêté ainsi pris est aussitôt affiché à l'entrée des bureaux de vote concernés (*Voir sur ce point, l'article R.59 du Code électoral*).

Le président est tenu de rester en contact avec l'autorité administrative.

La mention de l'heure de clôture doit être portée sur le procès-verbal.

Section 2 : Dépouillement et proclamation des résultats du bureau de vote

Article L.83.-

Après la clôture du scrutin, il est procédé au dépouillement. L'urne est ouverte et le nombre des enveloppes est vérifié. Si ce nombre est supérieur au nombre de celui des émargements, il en est fait mention au procès-verbal. Le bureau désigne ensuite parmi les électeurs présents un groupe de quatre (04) scrutateurs au moins sachant lire et écrire dans la langue officielle.

Dans ce groupe, l'un des scrutateurs extrait le bulletin de chaque enveloppe et le passe un autre scrutateur ; celui-ci le lit à haute voix ; les noms portés sur les bulletins sont relevés, par deux scrutateurs au moins, sur les feuilles préparées à cet effet.

Si une enveloppe contient plusieurs bulletins, le vote est nul quand les bulletins portent des listes et des noms différents. Les bulletins multiples ne comptent que pour un seul quand ils désignent la même liste ou le même candidat.

Article L.84.-

Les bulletins blancs découlant de l'application du cas prévu à l'article L.75 sont décomptés séparément. Ils n'entrent pas en compte pour la détermination des suffrages exprimés. Toutefois, il en est fait mention sur le procès-verbal des opérations du bureau de vote et dans les résultats du scrutin.

N'entrent pas en compte dans les résultats des dépouillements et sont considérés comme nuls :

- les bulletins sur lesquels les votants se sont fait connaître ;

- les bulletins retrouvés dans l'urne sans enveloppe ou dans des enveloppes non règlementaires ;

- les bulletins ou enveloppes portant des signes intérieurs ou extérieurs de reconnaissance ;

- les bulletins non règlementaires.

Les bulletins ou enveloppes nuls sont annexés au procès-verbal et contresignés par les membres du bureau. Chacun doit porter la mention des causes de l'annexion.

Si l'annexion n'a pas été faite, cette circonstance n'entraîne l'annulation des opérations qu'autant qu'il est établi qu'elle a eu pour but et pour conséquence de porter atteinte à la sincérité du scrutin.

NOTE : En application de ce texte, les bulletins dans lesquels les votants se sont fait connaître, ceux portant des signes intérieurs ou extérieurs de reconnaissance, ceux retrouvés dans l'urne sans enveloppe ou dans des enveloppes non règlementaires et enfin les bulletins non règlementaires n'entrent pas en compte dans le résultat du dépouillement.

Toutefois, pour la manifestation de la preuve de la nullité de ces bulletins, ces derniers doivent faire l'objet d'une annexion au procès-verbal. Chaque bulletin annexé mentionne la ou les causes de l'annexion.

Jurisp. : CONSEIL CONSTITUTIONNEL FRANÇAIS, DECISION 97-2238 AN - 29 JANVIER 1998 - A.N., ESSONNE (5ème circ.), déjà cité.

« *Considérant (...) que c'est à bon droit que, dans le bureau de vote n° 1 de la commune d'Orsay, un bulletin qui comportait une pliure caractéristique, susceptible de constituer un signe de reconnaissance, a été tenu pour nul* ».

Article L.85.-

Le président donne lecture à haute voix des résultats, qui sont aussitôt affichés. Mention de ces résultats est portée au procès-verbal qui est clos par la signature des membres du bureau.

Tous les membres du bureau de vote doivent obligatoirement signer le procès-verbal avec, le cas échéant, leurs observations, réclamations et contestations.

Jurisp. : **Cour suprême, arrêt n°48 du 27 octobre 2022, Ousseynou Ka**, Mandataire et tête de liste majoritaire de la **coalition AND LIGGEEY SUNU GOKH** dans la commune de Gassane **c/Ministère chargé des élections** pris en la personne de Monsieur l'Agent judiciaire de l'État, en ses bureaux sis au Ministère de l'Économie, des Finances et du Plan, building Peytavin, Avenue de la République x Carde à Dakar, *inédit*.

La Cour,

Vu la requête reçue le 19 juillet 2022 au greffe central par laquelle Ousseynou Ka, mandataire de la coalition « And Liggey Sunu Gokh », dans la Commune de Gassane, élisant domicile en l'étude de Maître Daouda Ka, avocat à la cour, a formé appel de l'arrêt n°11 du 29 mars 2022 de la Cour d'Appel de Saint-Louis rejetant sa requête en annulation des procès-verbaux de proclamation des résultats des bureaux de vote numéros 1 et 2 de Sangué, aux élections municipales du 23 janvier 2022, dans ladite commune ;

Après en avoir délibéré conformément à la loi

Considérant qu'il ressort des énonciations de l'arrêt attaqué que Ousseynou Ka, mandataire de la coalition « And Liggey Sunu Gokh », dans la Commune de Gassane, a saisi la Cour d'Appel de Saint-Louis d'un recours en annulation des procès-verbaux de proclamation des résultats des bureaux de vote numéros 1 et 2 de Sangué, aux élections municipales du 23 janvier 2022, dans ladite commune ;

Que par arrêt l'arrêt attaqué, ladite cour a rejeté sa requête comme mal fondée ;

Que Ousseynou Ka a formé appel contre ledit arrêt en articulant deux moyens ;

Sur le premier moyen tiré de la violation des articles L.85 alinéa 2 et R72 du Code électoral en ce que l'arrêt attaqué a rejeté son recours au motif que pour entrainer l'annulation des opérations électorales, les griefs invoqués doivent être prouvés, alors que la preuve de certaines allégations comme les manquements notés lors de son passage au bureau n°1 de Sangué, notamment l'interdiction faite au représentant de sa coalition d'accéder au bureau de vote, des incidents perturbant le déroulement des opérations de vote, le bourrage de l'urne faute de couvercle, l'inadéquation entre le nombre de votants (190) et celui de signatures au registre d'émargement (192), le fait pour le représentant de la coalition de Benno Bokk Yakaar d'avoir exhibé le bulletin de sa coalition pour le montrer aux électeurs et pour le président du bureau de vote de n'avoir pas mentionné ces manquements au procès-verbal qui entachent la sincérité du vote, ne peut être rapportée que par un complément d'information auprès de l'autorité administrative (le Sous-préfet) qui détient les documents administratifs à savoir la décharge établie lors de la réception du matériel électoral, dans laquelle le président du bureau de vote reconnait avoir mentionné l'absence de couvercle de l'urne, encore qu'aucun huissier de justice ne peut être requis un dimanche pour constater les manquements ;

Considérant qu'aux termes de l'article L.85 alinéa 2 du Code électoral, « *Tous les membres du bureau de vote doivent obligatoirement signer le procès-verbal avec, le cas échéant, leurs observations, réclamations et contestations* » ;

Que l'article R.72 alinéa 3 du même code dispose que « *Le procès-verbal est établi et signé de tous les membres du bureau. En cas de refus de signer d'un membre, la mention et, éventuellement, les raisons invoquées à l'appui de ce refus, sont portées sur le procès-verbal. Il en est délivré une copie aux membres du bureau de vote et aux contrôleurs de la C.E.N.A* » ;

Considérant qu'il ressort de l'examen des pièces du dossier, notamment du procès-verbal des opérations électorales du bureau de vote n°1, que la coalition « And Liggey Sunu Gokh » était représentée dans ledit bureau par le nommé Oumar Diagne et les motifs pour lesquels il n'a pas signé le procès-verbal n'y sont pas indiqués ;

Qu'en vertu de l'article R.72 alinéa 4 du Code électoral, cette seule circonstance du défaut de signature du procès-verbal par un représentant de parti ou coalition de partis n'emporte pas en elle-même la nullité dudit procès-verbal mais constitue simplement un des éléments dont l'organe compétent pour le recensement des votes peut tenir compte pour apprécier la sincérité des résultats figurant sur ledit procès-verbal ;

Qu'en outre, les griefs tirés du bourrage de l'urne qui n'était pas fermée faute de couvercle et de l'inadéquation entre le nombre de votants et le nombre de signatures sur le registre d'émergement ne procèdent que des seules affirmations du requérant et ne sont étayés ni par les mentions du procès-verbal ni par aucun autre élément objectif du dossier ;

Qu'ainsi, la cour d'appel qui, pour rejeter le recours, a relevé que « *l'omission de mentions d'incidents survenus à l'intérieur ou à l'extérieur du bureau de vote,[...], ne saurait, à elle seule, entrainer systématiquement l'annulation du procès-verbal des opérations de vote* » et retenu que « *les affirmations du requérant selon lesquelles son représentant s'est vu refuser l'accès au bureau de vote ne sont pas établies, qu'en effet il résulte clairement du procès-verbal qu'elle était représentée par le nommé Oumar Diagne même s'il ne l'a pas signé, les raisons n'y étant pas mentionnées et les griefs relatifs à l'expulsion du mandataire, à l'exhibition du bulletin de la coalition Benno*

Bokk Yakaar, au bourrage de l'urne sans couvercle ne sont étayés par aucun élément de preuve et sur l'écart de deux voix entre le nombre de votants et celui des signatures, le requérant ne précise pas les électeurs dont la signature ferait défaut et la différence alléguée de deux voix n'a aucune conséquence sur la distribution des sièges », n'a pas violé les articles visés au moyen ;

Sur le second moyen tiré de la violation des articles L.81 et R.71 du Code électoral en ce que l'arrêt attaqué a rejeté son recours au motif que le fait pour les responsables de la coalition Benno Bokk Yakaar d'exhiber leur bulletin n'entache pas la sincérité du vote, alors qu'en se comportant ainsi, ils visaient incontestablement à influencer le choix des électeurs, surtout en milieu rural où le corps électoral est essentiellement composé d'analphabètes ;

Considérant que selon l'article L.78 du Code électoral, il est interdit toute exhibition publique en dehors du bureau de vote, avant et pendant le jour du scrutin, d'enveloppes et de bulletin de vote règlementaire identiques aux modèles déposés en faveur de candidat, cette interdiction ne concerne que les documents électoraux servant à la formation qui doivent porter la mention « spécimen » et les contrevenants sont passibles de peines prévues à l'article L.115 ;

Considérant qu'en l'espèce, il ressort des mentions du procès-verbal du bureau n°2 qu'« *au cours de la journée, on a constaté qu'un membre de l'APR est sorti avec un bulletin de l'APR pour le montrer aux autres. NB : il est un membre représentant Benno Bokk Yakaar* » ;

Que toutefois, pour entrainer l'annulation des opérations électorales, le grief invoqué doit être avéré, contraire à la législation électorale mais aussi et surtout déterminant sur l'expression des suffrages des électeurs ;

Qu'ainsi, la cour d'appel qui, pour rejeter la requête, a relevé que « *bien que constatée sur le procès-verbal, l'exhibition par le représentant de l'APR du bulletin de vote de la coalition Benno Bokk Yakaar ne saurait constituer, à elle seule, une cause d'annulation des opérations de vote* » et retenu *« qu'il n'est pas établi que cette action a influé sur le choix des électeurs et ainsi, porté atteinte à la sincérité du vote »*, a fait l'exacte application de la loi ;

Par ces motifs :

Confirme l'arrêt n°11 du 29 mars 2022 de la Cour d'Appel de Saint-Louis rejetant la requête en annulation des procès-verbaux de proclamation des résultats des bureaux de vote numéros 1 et 2 de Sangué, aux élections municipales du 23 janvier 2022, dans la Commune de Gassane.

Section 3 : Transmission des procès-verbaux et proclamation des résultats provisoires

Article L.86.-

Chaque membre du bureau de vote doit recevoir un exemplaire du procès-verbal.

L'original ainsi que les pièces annexées sont transmis au président de la commission départementale de recensement des votes prévue à l'article LO.142 Cette transmission est opérée sous pli scellé en présence des membres du bureau de vote. La C.E.N.A est également destinataire d'un exemplaire du procès-verbal, sous les mêmes conditions.

Une copie du procès-verbal est remise au préfet pour les archives du département.

Article L.87.-

Un plan de ramassage des plis destinés à la commission départementale de recensement des votes est établi par l'autorité administrative. Il est mis en œuvre, sous le contrôle des délégués de la Cour d'Appel, par les personnes prévues par le plan de ramassage, choisies parmi les personnes assermentées, les présidents de bureaux de vote, les agents ou les officiers de la police ou de la gendarmerie ou les membres des forces armées.

Le plan de ramassage est porté à la connaissance des représentants des candidats ou liste de candidats. Les représentants de candidats ou listes de candidats exercent un suivi tout au long du processus. Dans l'accomplissement de leur mission ils peuvent bénéficier du soutien de l'administration.

Le plan de ramassages est transmis à la C.E.N.A, pour visa, au moins soixante-douze heures avant le jour du scrutin. En cas de modification, la C.E.N.A, est immédiatement saisie.

Jurisp. : CONSEIL CONSTITUTIONNEL, DÉCISION N° 6/93

DU 13 MARS 1993 (N° D'ORDRE : 6 - AFFAIRES N° 7 À 12/E/93), *RECUEIL DES DECISIONS DU CONSEIL CONSTITUTIONNEL, JANVIER 1993 MARS 2019, EDITION 2020.*

LA TRANSMISSION DES PROCES-VERBAUX DES BUREAUX DE VOTE PAR DES PERSONNES NON HABILITEES

30. Considérant que conformément aux dispositions de l'article L.58 du Code électoral, le procès-verbal fait l'objet de transmission directe par les délégués de la Cour d'appel ou par d'autres personnes assermentées ;

31. Considérant que cet article n'a d'autre objectif que de garantir que les procès-verbaux ne seront pas modifiés ou altérés au cours de leur transmission ;

32. Considérant qu'il est effectivement établi que des procès-verbaux ont été transmis directement aux commissions départementales par des présidents de bureaux de vote, accompagnés le plus souvent des autres membres des bureaux de vote, en l'absence de délégués de la Cour d'appel ou d'agents assermentés ;

33. Considérant que l'annulation d'un procès-verbal transmis dans de telles conditions et pour cette seule raison est injustifiable s'il n'a subi aucune modification ou altération au cours de sa transmission ;

Qu'aucun cas de cette nature n'a été signalé bien que tous les représentants des candidats fussent en possession d'un exemplaire du procès-verbal transmis.

Jurisp. : CONSEIL CONSTITUTIONNEL, DÉCISION SUR LES AFFAIRES N° 4 À 11/E/2000 DU 10 MARS 2000

(N° D'ORDRE : 72 – AFF. N° 4 À 11/E/2000), *RECUEIL DES DECISIONS DU CONSEIL CONSTITUTIONNEL, JANVIER 1993 MARS 2019, EDITION 2020.*

ANNULATION DE PROCES-VERBAUX

21. Considérant enfin, qu'en ce qui concerne le département de Mbour, le requérant sollicite l'annulation des bureaux de vote de Daphtiore, Koulouck Sérére et Koulouck Ouolof – au lieu de Koulang qui n'existe pas – dont les procès-verbaux auraient été portés à la Commission départementale de Recensement des Votes le 28 février 2000 à 13 h 15 par le sous-préfet de Fissel ;

22. Considérant que l'article L.80 du Code électoral organise la transmission des procès-verbaux du bureau de vote à la Commission départementale par des personnes choisies parmi les « personnes assermentées ; les Présidents de bureau de vote, les agents ou les officiers de police ou de la gendarmerie ou les membres des Forces Armées » ;

23. Considérant que cet article n'a d'autre objectif que de garantir que les procès-verbaux ne seront pas modifiés ou altérés au cours de leur transmission ;

24. Considérant que la transmission par le sous-préfet de Fissel des procès-verbaux dont l'annulation est demandée n'a pas été prouvée ; mais que la totale conformité entre les procès-verbaux originaux et ceux de l'ONEL a pu être vérifiée par le Conseil constitutionnel qui a déjà jugé que « l'annulation d'un procès-verbal transmis dans de telles conditions et pour cette seule raison est injustifiable s'il n'a subi aucune modification ou altération au cours de sa transmission » ; que tel étant le cas des procès-verbaux incriminés, il n'y a pas lieu de les annuler.

Jurisp. : CONSEIL CONSTITUTIONNEL, DÉCISION

SUR LES AFFAIRES N° 4 À 11/E/2000 DU 10 MARS 2000

(N° D'ORDRE : 72 – AFF. N° 4 À 11/E/2000), *RECUEIL DES DECISIONS DU CONSEIL CONSTITUTIONNEL, JANVIER 1993 MARS 2019, EDITION 2020.*

ANNULATION DE PROCES-VERBAUX

21. Considérant enfin, qu'en ce qui concerne le département de Mbour, le requérant sollicite l'annulation des bureaux de vote de Daphtiore, Koulouck Sérére et Koulouck Ouolof – au lieu de Koulang qui n'existe pas – dont les procès-verbaux auraient été portés à la Commission départementale de Recensement des Votes le 28 février 2000 à 13 h 15 par le sous-préfet de Fissel ;

22. Considérant que l'article L.80 du Code électoral organise la transmission des procès-verbaux du bureau de vote à la Commission départementale par des personnes choisies parmi les « personnes assermentées ; les Présidents de bureau de vote, les agents ou les officiers de police ou de la gendarmerie ou les membres des Forces Armées » ;

23. Considérant que cet article n'a d'autre objectif que de garantir que les procès-verbaux ne seront pas modifiés ou altérés au cours de leur transmission ;

24. Considérant que la transmission par le sous-préfet de Fissel des procès-verbaux dont l'annulation est demandée n'a pas été prouvée ; mais que la totale

conformité entre les procès-verbaux originaux et ceux de l'ONEL a pu être vérifiée par le Conseil constitutionnel qui a déjà jugé que « l'annulation d'un procès-verbal transmis dans de telles conditions et pour cette seule raison est injustifiable s'il n'a subi aucune modification ou altération au cours de sa transmission » ; que tel étant le cas des procès-verbaux incriminés, il n'y a pas lieu de les annuler.

Article L.88.-

Les présidents des commissions départementales font constater aux membres de celles-ci, les plis scellés contenant les procès-verbaux et les pièces annexées avant de les ouvrir. Si un pli n'est pas scellé, mention doit en être obligatoirement faite au procès-verbal de la commission départementale de recensement des votes.

Au vu des procès-verbaux des bureaux de vote du département, la commission départementale de recensement effectue au fur et à mesure le recensement des votes du département et en publie les résultats au plus tard le mardi qui suit le scrutin à minuit. Elle peut au besoin redresser et rectifier les erreurs de calcul.

Le président rédige immédiatement un procès-verbal signé par les membres de la commission qui y portent le cas échéant leurs observations. Si le procès-verbal n'a pu être rédigé dans les délais impartis, le président transmet les documents accompagnés d'un rapport au président de la commission nationale de recensement des votes.

L'original du procès-verbal de chaque commission départementale est transmis sous pli scellé au président de la commission nationale de recensement des votes prévu à l'article LO.142 par les délégués de la Cour d'Appel. En outre, il est remis un exemplaire du procès-verbal à chaque membre de la commission départementale ainsi qu'au préfet pour les archives du département.

Jurisp **: Cour suprême, arrêt n° 35 du 25 août 2022, Cheikh DIENG,** es nom et es qualité de tête de liste à Pikine de la **COALITION WALLU SENEGAL,** C/ **Le Ministre de l'Intérieur, le Directeur général des Elections, représentés par l'agent judiciaire de l'État** et **la coalition BENNO BOOK YAKAAR,** *inédit.*

Vu la requête reçue le 20 mai 2022 au greffe central par laquelle Cheikh Dieng, mandataire de la coalition Wallu Sénégal dans la Commune de Pikine, élisant domicile en l'étude de Maîtres Fodé Ndiaye, Mouhamadou Bamba Cissé, Ousseynou Ngom et El Mamadou Ndiaye, avocats à la cour, a formé appel contre l'arrêt n°10 du 22 mars 2022 de la Cour d'Appel de Dakar rejetant son recours contre le procès-verbal de proclamation des résultats de la commission départementale de recensement des votes pour l'élection des conseillers de la Ville de Pikine

Considérant que Cheikh Dieng, mandataire de la coalition Wallu Sénégal dans la Commune de Pikine, expose que lors des travaux de la commission départementale de recensement des votes, de nombreuses irrégularités notées et contestées par le représentant de sa coalition dans le procès-verbal de la commission susvisée, ont été constatées, notamment un décompte sur le cumul de vingt-cinq mille (25.000) voix qui ont permis de renverser la victoire de la coalition Wallu Sénégal au profit de celle de Benno Bokk Yaakar ;

Que le requérant a formé le présent recours contre l'arrêt de la Cour d'Appel de Dakar qui a rejeté sa requête en invoquant deux moyens tirés de la violation de la loi en deux branches et de la dénaturation des faits ;

Sur le premier moyen, en sa première branche tirée de la violation par mauvaise application de l'article L.88 du Code électoral en ce que l'arrêt attaqué a retenu « *qu'il résulte également des dispositions de l'article L.88 que la commission peut redresser et rectifier les erreurs de calcul…* », alors que ledit article décrit la procédure par laquelle la commission procède au recensement et à la publication des résultats au plus tard le mardi qui suit le scrutin à minuit et ne prévoit pas la possibilité pour la commission de redresser et rectifier les erreurs de calcul ;

Sur le premier moyen, en sa seconde branche tirée de la violation de l'article L.260 du Code électoral en ce que l'arrêt attaqué a retenu « *qu'il ne peut donc être reproché au président de la commission départementale et aux magistrats composant la commission d'avoir procédé à des rectifications et redressements* », alors qu'il n'existe pas, en l'espèce, un procès-verbal émanant de la commission départementale précisant et énumérant les cas de rectification et de redressement des procès-verbaux concernés ;

Les branches étant réunies

Considérant que, la cour d'appel qui, pour rejeter le recours de la coalition Wallu Sénégal, a relevé que « *l'article L.260 du Code électoral pose l'hypothèse de l'existence d'erreurs matérielles et d'incohérences à rectifier conformément aux prescriptions de l'article L.88 du même Code relativement aux redressements et à la rectification des erreurs de calculs* » et retenu que « *le requérant, loin de rapporter la preuve des irrégularités ayant exercé une influence sur le sens du scrutin ou de nature à affecter la sincérité des opérations électorales, se contente d'énumérer des procès-verbaux de différents centres de vote incohérents certes, mais ouverts à rectification conformément aux dispositions combinées des articles L.260 et L.88 précités* », n'a pas méconnu le sens et la portée des articles cités au moyen ;

Sur le second moyen tiré de la dénaturation des faits en ce que l'arrêt attaqué a rejeté son recours au motif qu'il n'a pas produit les procès-verbaux aux débats, alors qu'au moment de déposer sa requête, il avait joint tous les procès-verbaux incriminés ;

Considérant que, contrairement aux allégations du requérant, la cour d'appel a relevé « q*ue relativement à la différence de 295 voix existant entre les procès-verbaux détenus par la coalition du requérant et ceux de la commission, il est à préciser que lesdits procès-verbaux n'ont pas été versés aux débats pour permettre à la Cour de céans d'apprécier et le fait de réclamer unilatéralement ces dites voix sans aucune confrontation avec ceux détenus par les autres membres de la commission, se trouve par conséquent dépourvu de fondement* »;

Qu'ainsi elle n'a pas commis de dénaturation des faits ;

Par ces motifs :

Confirme l'arrêt n°10 du 22 mars 2022 de la Cour d'Appel de Dakar.

Article L.89.-

Dès réception des procès-verbaux, le président de la commission nationale de recensement des votes fait constater aux membres de la commission et aux représentants des candidats ou des partis les plis scellés contenant les procès-verbaux et les pièces annexes avant de les ouvrir.

Si un pli n'est pas scellé, mention doit en être obligatoirement faite au procès-verbal de la commission nationale de recensement des votes.

La commission nationale effectue le recensement général. Il en est dressé procès-verbal. La proclamation provisoire des résultats intervient au plus tard à minuit le vendredi qui suit le scrutin. Le procès-verbal est transmis accompagné des pièces annexées au Président du Conseil constitutionnel.

Une copie du procès-verbal est remise à chaque représentant des candidats.

Jurisp. : CONSEIL CONSTITUTIONNEL, DÉCISION N° 6/93

DU 13 MARS 1993 (N° D'ORDRE : 6 - AFFAIRES N° 7 À 12/E/93), *RECUEIL DES DECISIONS DU CONSEIL CONSTITUTIONNEL, JANVIER 1993 MARS 2019, EDITION 2020.*

CONTROLE EFFECTUÉ PAR LE CONSEIL SUR LES DÉCISIONS DE LA COMMISSION NATIONALE DE RECENSEMENT DES VOTES

Considérant, en effet, que le rôle de la Commission nationale de Recensement des Votes est de centraliser, de décompter et de totaliser les résultats constatés par les différents procès-verbaux qui lui sont envoyés et de procéder à la proclamation provisoire des résultats, après avoir opéré, s'il y a lieu, le redressement des chiffres portés sur les procès- verbaux ; qu'elle doit en outre trancher les questions que peut poser, en dehors de toute réclamation, le décompte des bulletins, sans préjudice toutefois du pouvoir d'appréciation du Conseil constitutionnel ;

Qu'en cas de carence de la Commission nationale de Recensement des Votes, soit qu'elle n'a pas procédé au recensement des votes, soit qu'elle n'a pas procédé à la proclamation provisoire des résultats y afférents, le Conseil est en droit de se substituer à elle ;

Considérant que ce rappel d'une jurisprudence constante était déjà clairement exprimé dans la décision n° 5/E/1993 du 2 mars 1993 du Conseil constitutionnel.

Article L.90.-

Les frais de fournitures des enveloppes, bulletins de vote, procès-verbaux et papeterie ainsi que ceux qu'entraîne l'installation des isoloirs et des bureaux de vote sont à la charge de l'État.

Chapitre VI. - Dispositions pénales

Section 1 : Délits en matière électorale

NOTE : Une infraction est définie comme un « *Comportement actif ou passif (action ou omission) prohibé par la loi et passible selon sa gravité d'une peine principale, soit criminelle, soit correctionnelle, soit de police, éventuellement assortie de peines complémentaires ou accessoires ou de mesures de sûreté ; terme générique englobant crime, délit, contravention* » (*in* Vocabulaire juridique, Gérard Cornu, Association Henri Capitant, PUF, 10ème édition mise à jour, PUF, p. 546).

Pour rappel, en Droit pénal, les infractions, sont de trois (3) ordres : les contraventions, les délits et les crimes (*cf.* article premier du Code pénal).

En outre, le déclenchement des poursuites pénales appartient au ministère public. Ce principe découle des dispositions de l'article 23 du Code de procédure pénale (CPP) au terme desquelles « *Le ministère public exerce l'action publique et requiert l'application de la loi* ».

Le Code de procédure pénale prévoit en son article 2, alinéa premier que « *L'action civile en réparation de dommage causé par toute infraction appartient à tous ceux qui ont personnellement souffert du dommage directement causé par l'infraction* ». En vertu de ce texte, est-ce que les candidats et les électeurs sont autorisés à se constituer partie civile ?

A cette question, la Cour de cassation française avait répondu par la négative dans les années 70 (Cass. crim., 23 mai 1977, n° 75-92.338, Publié au bulletin), mais la Haute cour a revu sa position depuis lors, laquelle a évolué en ce qu'elle considère que tout électeur inscrit sur la liste électorale, (…) tenant le droit de réclamer l'inscription ou la radiation d'un électeur, possède, en raison de cette qualité, le droit de poursuivre comme partie civile les crimes et délits commis à l'occasion des élections qui se sont déroulées dans son collège électoral (Cass. crim., 10 mars 1987, n° 84-94.047, Publié au bulletin).

Par ailleurs, tel que relevé ci-dessus, le parquet apprécie souverainement l'opportunité des poursuites, mais le constat est qu'on ne peut affirmer au Sénégal l'existence d'une volonté réelle du maître des poursuites de faire de la lutte contre les infractions en matière électorale l'une de ses priorités ; un cas patent est l'interdiction du double parrainage qui, à l'issue de l'élection présidentielle de 2019, a empêché une bonne partie des candidats de totaliser le pourcentage de parrains requis, de sorte que leurs candidatures n'ont pu être déclarées recevables par le Conseil constitutionnel. Des poursuites auraient dû être intentées contre les parrains ayant contrevenu à cette prohibition.

Article L.91.-

Toute personne qui se fait inscrire sous un faux nom ou une fausse qualité ou qui, en se faisant inscrire a dissimulé une incapacité prévue par la loi, ou qui réclame et obtient une inscription sur deux ou plusieurs listes, sera punie d'un emprisonnement d'un mois à un an et d'une amende de 10.000 à 100.000 FCFA.

Article L.92.-

Sera punie des peines prévues à l'article L.91 toute personne qui se fait délivrer ou produire un faux certificat d'inscription ou de radiation sur les listes électorales.

Celui qui, déchu du droit de voter, par suite d'une condamnation judiciaire, soit par suite d'une faillite non suivie de réhabilitation, a voté, soit en vertu d'une inscription sur les listes antérieures à sa déchéance, soit en vertu d'une inscription postérieure, mais opérée sans sa participation, sera puni d'un emprisonnement de quinze (15) à vingt (20) jours et d'une amende de 5.000 à 50.000 FCFA.

Article L.93.-

Quiconque a voté dans un lieu de vote, soit en vertu d'une inscription obtenue dans les deux premiers cas prévus par l'article L.91, soit inscrit en prenant faussement les noms et qualités d'un électeur inscrit, sera puni d'un emprisonnement de six (06) mois à deux (02) ans et d'une amende de 20.000 à 200.000 FCFA.

Article L.94.-

Sera puni des peines prévues à l'article L.93 tout citoyen qui a profité d'une inscription multiple ou d'un tout autre procédé pour voter plus d'une fois. La même peine est appliquée quiconque a empêché, par inobservation volontaire de la loi, l'inscription sur une liste électorale d'un citoyen remplissant les conditions fixées par le présent Code.

NOTE : Cette infraction que l'on peut classer dans la rubrique des « *votes frauduleux* », requiert pour sa consommation que l'électeur se rende coupable à la fois coupable d'inscription multiple et de vote multiple. Un exemple parmi tant d'autres est celui de l'électeur qui, inscrit dans deux communes distinctes, vote au premier tour dans l'une des communes et au second tour dans l'autre.

Article L.95.-

Quiconque étant chargé dans un scrutin de recevoir, compter ou dépouiller les bulletins contenant les suffrages des citoyens, a soustrait, ajouté ou altéré des bulletins ou a lu un nom autre que celui inscrit sera puni d'un emprisonnement de six (06) mois et dix (10) ans au plus.

Toutes autres personnes coupables des mêmes faits énoncés dans l'alinéa premier seront punies d'un emprisonnement de deux (02) à six (06) mois et de l'interdiction du droit de voter et d'être éligible pendant deux (02) ans au moins et cinq (05) ans au plus.

Article L.96.-

Toute infraction aux dispositions de l'article L.62 sera punie des peines prévues à l'article L.91.

Quiconque, sachant qu'il est dans un état d'incapacité pour cause de violation de la loi électorale aura accepté de remplir une fonction dans le processus électoral sera puni des peines prévues à l'article L.91.

Article L.97.-

Quiconque est rentré dans une un lieu de vote avec une arme apparente sera passible d'une amende de 100.000 à 1.000.000 FCFA.

La peine sera d'un emprisonnement de trois (03) à six (06) mois et d'une amende de 100.000 à 1.000.000 FCFA si l'arme est cachée.

NOTE : La notion d'arme varie en fonction des circonstances. En Droit pénal, au sens large du terme, la notion d'arme renvoie à tout objet employé, ou pouvant être employé en vue de causer des blessures à autrui. Généralement, on distingue entre les armes par nature et les armes par destination.

Pour André VITU, « *La catégorie des armes par nature comprend tous les objets que l'industrie humaine n'a pas destiné à d'autres fins que celle d'être des armes (armes blanches, armes à feu ...). Les armes par l'usage qu'on en fait sont des objets de la vie courante, notamment des outils professionnels, tels que faux, pioches, pelles, fourches, marteaux, tranchets, poinçons, dont on se sert normalement à des fins non agressives, mais qui deviennent des armes lorsque, détournés de leur but, ils servent pour tuer ou blesser* ».

Le législateur électoral, lui, distingue les armes apparentes des armes cachées, et cette dernière catégorie est considérée, en cette matière, comme étant plus dangereuse. Lorsqu'elle est cachée, en sus de l'amende encourue seulement pour le port de l'arme apparente, l'agent pénal encourt une peine d'emprisonnement pouvant aller jusqu'à six mois.

Article L.98.-

Quiconque, à l'aide de fausses nouvelles, bruits calomnieux ou autres manœuvres frauduleuses, a surpris ou détourné des suffrages ou déterminé un ou plusieurs électeurs à s'abstenir de voter, sera puni d'un emprisonnement d'un mois à un an et d'une amende de 30.000 à 300.000 FCFA.

Article L.99.-

Quiconque, par attroupements, clameurs ou démonstrations menaçantes, aura troublé les opérations d'un corps ou collège électoral, porté atteinte à l'exercice du droit électoral ou à la liberté du vote, sera puni d'un emprisonnement de six (6) mois à deux (2) ans et de l'interdiction du droit de voter et d'être éligible pendant cinq (05) ans au moins et dix (10) ans au plus.

Article L.100.-

Toute irruption dans un bureau de vote, consommée ou tentée avec violence, en vue d'empêcher un choix, sera punie d'un emprisonnement d'un à cinq (05) ans et d'une amende de 300.000 à 600.000 FCFA.

Article L.101.-

Sauf en cas de réquisition de la force publique par le président du bureau de vote, l'entrée dans le bureau de vote est interdite à toute personne porteuse d'une arme sous peine d'une amende de 20.000 à 50.000 FCFA.

Article L.102.-

Tout candidat qui, de mauvaise foi, aura souscrit une déclaration inexacte sur son éligibilité ou sur sa présence sur une liste, sera puni d'un emprisonnement d'un mois à un an et d'une amende de 18.000 à 360.000 FCFA.

Article L.103.-

Si les coupables sont porteurs d'armes, ou si le scrutin a été violé, la peine sera l'emprisonnement de cinq (05) à dix (10) ans.

Article L.104.-

La peine sera l'emprisonnement de cinq (05) à dix (10) ans dans les cas où les infractions prévues aux articles L.99 et L.100 ont été commises par suite d'un plan concerté pour être exécuté dans une ou plusieurs circonscriptions électorales.

Article L.105.-

Les membres d'un corps ou collège électoral qui, pendant une réunion de celui-ci, se seront rendus coupables d'outrage ou de violences, soit envers le bureau, soit envers un de ses membres ou qui, par voies de fait ou menaces, auront retardé ou empêché les opérations électorales, seront punis d'un emprisonnement d'un mois à un an et d'une amende de 30.000 à 600.000 FCFA.

Si le scrutin a été violé, l'emprisonnement sera d'un an à cinq (05) ans et l'amende de 300.000 à 600.000 FCFA.

Article L.106.-

L'enlèvement de l'urne contenant les suffrages émis et non encore dépouillés sera puni d'un emprisonnement de cinq (05) ans et d'une amende de 300.000 à 600.000 FCFA.

Si cet enlèvement a été effectué en réunion avec violence, la peine sera l'emprisonnement de cinq (05) à dix (10) ans.

Article L.107.-

La violation du scrutin, soit par les membres du bureau soit par les agents de l'autorité préposés à la garde des bulletins non encore dépouillés sera punie de l'emprisonnement de cinq (05) à dix (10) ans.

Article L.108.-

La condamnation, s'il en est prononcé, ne pourra en aucun cas, avoir pour effet d'annuler l'élection déclarée valide par les pouvoirs compétents ou devenue définitive par l'absence de toute protestation régulière formulée dans les délais prévus par les lois pénales.

Article L.109.-

Sera passible d'une amende de 50.000 à 500.000 F CFA, tout candidat :

- qui utilise ou permet d'utiliser son panneau d'affichage dans un but autre que la présentation et la défense de sa candidature et de son programme, ses remerciements ou son désistement ;

- qui cède à un tiers son emplacement d'affichage.

Article L.110.-

L'amende prévue à l'article L.109 est également applicable à toute personne qui a contrevenu aux dispositions de l'alinéa 3 de l'article L.60 et à l'article L.61.

Article L.111.-

Quiconque, par des dons ou libéralités en espèces ou en nature, par des promesses de libéralité, de faveurs, d'emplois publics ou privés ou d'autres avantages particuliers, faits en vue d'influencer le vote d'un ou de plusieurs électeurs, a obtenu ou tenté d'obtenir leurs suffrages, soit directement, soit par l'entremise d'un tiers, sera puni de trois mois à deux ans d'emprisonnement et d'une amende de 20.000 à 200.000 FCFA.

La même peine est applicable à quiconque a déterminé ou tenté de déterminer, par les mêmes moyens, un ou plusieurs d'entre eux à s'abstenir.

Seront punis des mêmes peines, ceux qui auront agréé ou sollicité les mêmes dons, libéralités ou promesses.

Article L.112.-

Ceux qui, soit par voies de fait, violences ou menaces contre un électeur, soit en lui faisant craindre de perdre son emploi ou d'exposer à un dommage sa personne, sa famille ou sa fortune, l'ont déterminé ou ont tenté de la déterminer à s'abstenir de voter ou ont influencé son vote, seront punis d'un emprisonnement d'un mois à deux (02) ans, et d'une amende de 10.000 à 100.000 FCFA.

Article L.113.-

Quiconque, en vue d'influencer le vote d'un corps ou collège électoral ou d'une fraction de ce corps ou collège, a fait des dons ou des libéralités des promesses de libéralité ou de faveurs administratives, soit à une commune, soit à une collectivité quelconque de citoyens sera puni d'un emprisonnement de trois (03) mois à deux (02) ans et d'une amende de 20.000 à 200.000 FCFA.

Article L.114.-

Dans les cas prévus aux articles L.110 et L.112, si le coupable est fonctionnaire ou agent de l'État, la peine sera doublée.

Article L.115.-

En dehors des cas spécialement prévus par les dispositions des lois et décrets en vigueur, quiconque, soit dans une commission administrative, soit dans un bureau de vote ou dans les bureaux des mairies, des préfectures ou sous-préfectures ou en dehors de ceux-ci, avant, pendant ou après un scrutin, a par inobservation volontaire de la loi ou des atteintes ou tenté de porter atteinte à sa sincérité, empêché ou tenté d'empêcher les opérations du scrutin ou qui a changé ou tenté de changer le résultat, sera puni d'une amende de 20.000 à 100.000 FCFA, et d'un emprisonnement d'un mois à un an.

Si le coupable est fonctionnaire de l'ordre administratif ou judiciaire, agent ou préposé du gouvernement ou d'une administration publique, la peine sera portée au double.

Article L.116.-

Sera puni d'une amende de 20.000 à 100.000 FCFA et d'un emprisonnement de quinze (15) jours à trois (03) mois, quiconque aura contrevenu aux dispositions des articles L.62, LO.129 et LO.186.

Section 2 : Immunité et prescription en matière électorale

Article L.117.-

De l'ouverture officielle de la campagne électorale jusqu'à la proclamation des résultats du scrutin, aucun candidat ne peut être poursuivi, recherché, arrêté, détenu ou jugé pour des propos tenus ou des actes commis durant cette période et qui se rattachent directement à la compétition.

Article L.118.-

L'action publique et l'action civile intentées en vertu des articles L.91 à L.107, L.110 à L.112, L.114, si les armes étaient apparentes, seront prescrites après six (06) mois à partir du jour de la proclamation du résultat de l'élection.

Article L.119.-

Les dispositions des articles 106 à 110 du Code pénal sont applicables dans la mesure où elles ne sont pas contraires aux dispositions du présent chapitre.

TITRE II - *DISPOSITIONS RELATIVES À L'ELECTION DU PRESIDENT DE LA REPUBLIQUE*

Chapitre premier : Dépôt de candidature

Article L.120.-

(Modifié par la loi n° 2023-16 du 18 août 2023 modifiant la loi n° 2021-35 du 23 juillet 2021)

La candidature à la présidence de la République doit comporter :

1- les prénoms, nom, date, lieu de naissance et filiation du candidat ;

2- la mention que le candidat est de nationalité sénégalaise et qu'il jouit de ses droits civils et de ses droits politiques, conformément aux dispositions du titre premier du Code électoral ;

3- le numéro de la carte d'électeur ;

4- la mention que le candidat a reçu l'investiture d'un parti politique légalement constitué ou d'une coalition de partis politiques légalement constitués ou d'une entité regroupant des personnes indépendantes ;

5- la photo et la couleur choisie pour l'impression des bulletins de vote et éventuellement le symbole et le sigle qui doivent y figurer ;

6- la signature du candidat.

Pour être recevable, toute candidature doit être accompagnée :

Pour être recevable, toute candidature doit être accompagnée :

- soit de la liste de parrains représentant, au minimum, 0,6% et, au maximum, 0.8% du fichier général des électeurs ; ces électeurs doivent être domiciliés dans au moins sept régions à raison de deux mille au moins par région ; le reste est réparti, sans précision de quota, dans toutes les circonscriptions administratives ou juridictions diplomatiques ou consulaires.
- soit de la liste de 8% des députés composant l'Assemblée nationale ;
- soit 20% des chefs d'exécutif territoriaux (présidents de conseil départemental et maires) dont la répartition géographique est déterminée par décret ;

Un arrêté du Ministre chargé des élections fixe le nombre d'électeurs et d'élus représentant ces pourcentages à cent cinquante (150) jours au plus tard avant le scrutin.

Le surplus de parrains par rapport au maximum fixé est considéré comme nul et non avenu et n'est pas tenu en compte lors du contrôle des parrainages. Il n'a pas d'effet sur la régularité des résultats du contrôle.

Un électeur, quel que soit son statut, ne peut parrainer qu'un (01) candidat.

NOTE : Les conditions posées par l'article L.120 du Code électorale doivent être scrupuleusement respectées sous peine d'irrecevabilité.

En 2019, plusieurs candidatures ont été déclarées irrecevable pour, entre autres :

- violation de l'annexe 1 de l'arrêté n°024247 du 13 novembre 2018 fixant les modèles de documents qui accompagnent la candidature à l'élection présidentielle du 24 février 2019 ;
- violation de l'arrêté n° 20025 du 23 août 2018 fixant le modèle (format papier et électronique) de la fiche de collecte de parrainages en vue de l'élection présidentielle du 24 février 2019 ;
- absence d'indication du numéro de la carte d'électeur ;
- absence du fichier électronique des listes de parrainage ;
- absence des documents attestant du paiement de la caution ;
- photocopie légalisée de la carte d'identité biométrique CEDEAO faisant office de carte d'électeur ;
- défaut de production de l'attestation du directeur général de la Caisse des Dépôts et Consignations confirmant le versement de la caution ;
- non-respect du nombre minimal de parrains inscrits au fichier électoral général et le nombre minimal de parrains par région ;
- nombre de parrainages produit inférieur au minimum de 0,8% du fichier général exige par la loi.

Jurisp. : CONSEIL CONSTITUTIONNEL, DÉCISION N° 2/E/2019 DU 13 JANVIER 2019 ARRETANT LA LISTE DES CANDIDATS A L'ELECTION PRESIDENTIELLE DU 24 FEVRIER 2019, *RECUEIL DES DECISIONS DU CONSEIL CONSTITUTIONNEL, JANVIER 1993 MARS 2019, EDITION 2020.*

VIOLATION DE L'ANNEXE 1 DE L'ARRETE N° 024247 DU 13 NOVEMBRE 2018 FIXANT LES MODELES DE DOCUMENTS QUI ACCOMPAGNENT LA CANDIDATURE À L'ELECTION

PRESIDENTIELLE DU 24 FEVRIER 2019

78. Considérant que la déclaration de candidature de Pierre Atépa GOUDIABY a été établie en violation de l'annexe 1 de l'arrêté n°024247 du 13 novembre 2018 fixant les modèles de documents qui accompagnent la candidature à l'élection présidentielle du 24 février 2019 dont elle ne reprend pas certaines mentions obligatoires, notamment celles relatives au nom de l'entité regroupant des personnes indépendantes l'ayant investi, à la jouissance des droits civiques et politiques et à la liste exhaustive des pièces jointes à la déclaration ;

79. Considérant que la déclaration de candidature de Pierre Atépa GOUDIABY est accompagnée des pièces énumérées à l'article L.116 du Code électoral, mais que certaines de ces pièces comportent des anomalies ; qu'en effet, l'attestation d'investiture est établie en méconnaissance de l'annexe III de l'arrêté précité en ce qu'elle ne mentionne ni le nom de la personne désignée responsable de l'entité indépendante, ni la dénomination de cette entité ; qu'en outre, l'acte de notification du nom de l'entité regroupant des personnes indépendantes produit par Pierre Atépa GOUDIABY n'est pas conforme à l'annexe V de l'arrêté précité pour avoir été établi et signé par le candidat lui-même et non par le mandataire de l'entité, seul habilité à cet effet aux termes des dispositions de l'article L.118 du Code électoral ; qu'enfin cet acte, intitulé à tort « attestation d'investiture d'un candidat à l'élection du Président de la République », censé être établi par le soussigné, Mbaye Sylla KHOUMA, est signé par le candidat Pierre Atépa GOUDIABY ;

80. Considérant qu'il résulte de ce qui précède que le dossier de candidature de Pierre Atépa GOUDIABY n'est conforme ni aux dispositions des articles L.115, L.116 et L.118 du Code électoral ni aux annexes III et V de l'arrêté n°024247 du 13 novembre 2018 fixant les modèles de documents qui accompagnent la candidature à l'élection présidentielle.

Jurisp. : CONSEIL CONSTITUTIONNEL, DÉCISION N° 2/E/2019 DU 13 JANVIER 2019 ARRETANT LA LISTE DES CANDIDATS A L'ELECTION PRESIDENTIELLE DU 24 FEVRIER 2019, *RECUEIL DES DECISIONS DU CONSEIL CONSTITUTIONNEL, JANVIER 1993 MARS 2019, EDITION 2020.*

VIOLATION DE L'ARRETE N° 20025 DU 23 AOUT 2018 FIXANT LE MODELE (FORMAT PAPIER ET ELECTRONIQUE) DE LA FICHE DE COLLECTE DE PARRAINAGES EN VUE DE L'ELECTION PRESIDENTIELLE DU 24 FEVRIER 2019

85. Considérant que la version électronique de la liste des parrainages déposée par Moustapha Mamba GUIRASSI n'a pas été présentée selon les

prescriptions de l'article 3 de l'arrêté n° 20025 du 23 août 2018 fixant le modèle (format papier et électronique) de la fiche de collecte de parrainages en vue de l'élection présidentielle du 24 février 2019 ;

86. Considérant qu'il a été également constaté que des informations portées sur le format papier de la liste de parrainages ne figuraient pas sur le ficher électronique ;

87. Considérant que la discordance entre les deux fichiers, ajoutée à la non-conformité du fichier électronique au modèle réglementaire, a rendu impossible le traitement du fichier électronique ;

88. Considérant qu'il y a lieu de déclarer la candidature de Moustapha Mamba GUIRASSI irrecevable ;

Jurisp. : CONSEIL CONSTITUTIONNEL, DÉCISION N° 2/E/2019 DU 13 JANVIER 2019 ARRETANT LA LISTE DES CANDIDATS A L'ELECTION PRESIDENTIELLE DU 24 FEVRIER 2019, *RECUEIL DES DECISIONS DU CONSEIL CONSTITUTIONNEL, JANVIER 1993 MARS 2019, EDITION 2020.*

DEFAUT D'INDICATION DU NUMERO DE SA CARTE D'ELECTEUR

96. Considérant que la déclaration de candidature d'Abdou Wahab BENGELOUNE ne comporte pas l'indication du numéro de sa carte d'électeur ; que, toutefois, la photocopie légalisée de sa carte d'identité biométrique CEDEAO faisant office de carte d'électeur figurant dans le dossier porte, au verso, le numéro d'électeur qui est 100057770, ce qui a pour effet de suppléer la mention qui fait défaut dans la déclaration de candidature.

Jurisp. : CONSEIL CONSTITUTIONNEL, DÉCISION N° 2/E/2019 DU 13 JANVIER 2019 ARRETANT LA LISTE DES CANDIDATS A L'ELECTION PRESIDENTIELLE DU 24 FEVRIER 2019, *RECUEIL DES DECISIONS DU CONSEIL CONSTITUTIONNEL, JANVIER 1993 MARS 2019, EDITION 2020.*

ABSENCE DU FICHIER ELECTRONIQUE DES LISTES DE PARRAINAGE, DES DOCUMENTS ATTESTANT LE PAIEMENT DE LA CAUTION ET DE LA PHOTOCOPIE LEGALISEE DE LA CARTE D'IDENTITE BIOMETRIQUE CEDEAO FAISANT OFFICE DE CARTE D'ELECTEUR

103. Considérant que la déclaration de candidature de Moustapha Mbacké DIOP est accompagnée des pièces énumérées à l'article L.116 du Code

électoral, à l'exception du fichier électronique des listes de parrainage, des documents attestant le paiement de la caution et de la photocopie légalisée de la carte d'identité biométrique CEDEAO faisant office de carte d'électeur ; que, s'agissant de ce dernier document, il a certes présenté une photocopie légalisée de la carte d'identité biométrique CEDEAO, mais que la carte dont la photocopie est produite comporte la mention « personne non inscrite sur le fichier électoral » et ne peut de ce fait tenir lieu de carte d'identité biométrique faisant office de carte d'électeur ;

104. Considérant qu'au moment du dépôt de son dossier de candidature, Moustapha Mbacké DIOP a produit trois classeurs qui, selon ses propres déclarations lors de la séance de vérification des parrainages, ne contenaient que mille cent quatre-vingt-deux (1182) parrainages ; que le fichier électronique contenant lesdits parrainages n'ayant pas été déposé, il n'a pas été possible de procéder à son traitement automatisé ;

105. Considérant, par ailleurs, que la déclaration de candidature de Moustapha Mbacké DIOP ne comporte pas le numéro de la carte d'électeur, mention exigée par l'article L.115 du Code électoral ; qu'en l'absence de cette mention, la déclaration de candidature n'est pas valable, et l'acte déposé par le mandataire de la coalition « MBACKÉ DIOP CHALLENGED » ne peut, dès lors, produire les effets d'une déclaration de candidature ;

106. Considérant que la candidature de Moustapha Mbacké DIOP doit être déclarée irrecevable.

Jurisp. : CONSEIL CONSTITUTIONNEL, DÉCISION N° 2/E/2019 DU 13 JANVIER 2019 ARRETANT LA LISTE DES CANDIDATS A L'ELECTION PRESIDENTIELLE DU 24 FEVRIER 2019, *RECUEIL DES DECISIONS DU CONSEIL CONSTITUTIONNEL, JANVIER 1993 MARS 2019, EDITION 2020.*

DEFAUT DE PRODUCTION DE L'ATTESTATION DU DIRECTEUR GENERAL DE LA CAISSE DES DEPOTS ET CONSIGNATIONS CONFIRMANT LE VERSEMENT DE LA CAUTION

118. Considérant que la déclaration de candidature d'El Hadji Mansor SY est accompagnée des pièces énumérées à l'article L.116 du Code électoral, à l'exception de l'attestation du directeur général de la Caisse des Dépôts et Consignations confirmant le versement de la caution, la photocopie du chèque de banque jointe à la déclaration de candidature ne pouvant remplacer l'attestation qui fait défaut ;

121. Considérant qu'il y a lieu de déclarer la candidature d'El Hadji Mansor SY irrecevable.

Jurisp. : CONSEIL CONSTITUTIONNEL, DÉCISION N° 2/E/2019 DU 13 JANVIER 2019 ARRETANT LA LISTE DES CANDIDATS A L'ELECTION PRESIDENTIELLE DU 24 FEVRIER 2019, *RECUEIL DES DECISIONS DU CONSEIL CONSTITUTIONNEL, JANVIER 1993 MARS 2019, EDITION 2020.*

NON-RESPECT DU NOMBRE MINIMAL DE PARRAINS INSCRITS AU FICHIER ELECTORAL GENERAL ET LE NOMBRE MINIMAL DE PARRAINS PAR REGION

24. Considérant que la déclaration de candidature de Cheikhe Hadjibou SOUMARÉ est accompagnée des pièces énumérées à l'article L.116 du Code électoral, dont une liste de 60 851 électeurs l'ayant parrainé, présentée sur fichier électronique et en support papier ;

25. Considérant qu'il résulte des vérifications auxquelles il a été procédé conformément aux dispositions de l'article L.120 du Code électoral, qu'il a obtenu le parrainage validé de 42 103 électeurs domiciliés, à raison de 2000 au moins par région, dans six régions ; que Cheikhe Hadjibou SOUMARÉ n'ayant obtenu ni le nombre minimal de parrainages d'électeurs inscrits au fichier électoral général, ni le nombre minimal de parrains par région dans sept régions au moins, il y a lieu de déclarer sa candidature irrecevable ;

31. Considérant que la déclaration de candidature de El Hadji Malick GAKOU est accompagnée des pièces énumérées à l'article L.116 du Code électoral, dont une liste de 67 842 électeurs l'ayant parrainé, présentée sur fichier électronique et en support papier ; qu'il a déposé un nombre de parrainages supérieur au maximum autorisé par la loi ;

32. Considérant qu'il résulte des vérifications auxquelles il a été procédé conformément aux dispositions de l'article L.120 du Code électoral, qu'il a obtenu, après régularisation, le parrainage validé de 52 911 électeurs domiciliés, à raison de 2000 parrains par région au moins, dans onze régions ; qu'il n'a pas obtenu le minimum de parrainages valides de 0,8% du fichier électoral général exigé par la loi ;

35. Considérant que la déclaration de candidature de Boubacar CAMARA est accompagnée des pièces énumérées à l'article L.116 du Code électoral, dont une liste de 59 493 électeurs l'ayant parrainé, présentée sur fichier électronique et en support papier ;

36. Considérant qu'il résulte des vérifications auxquelles il a été procédé conformément aux dispositions de l'article L.120 du Code électoral, qu'il a obtenu le parrainage validé de 23 357 électeurs domiciliés, à raison de 2000 parrains au moins par région, dans deux régions ; que Boubacar CAMARA n'ayant obtenu ni le nombre minimal de parrainages d'électeurs inscrits au fichier électoral général, ni le nombre minimal de 2000 parrains par région dans sept régions au moins, il y a lieu de déclarer sa candidature irrecevable

33. Considérant qu'il y a lieu de déclarer la candidature de Malick GAKOU

irrecevable ;

38. Considérant que la déclaration de candidature d'Amadou SECK est accompagnée des pièces énumérées à l'article L.116 du Code électoral, dont une liste de 60 666 électeurs l'ayant parrainé, présentée sur fichier électronique et en support papier ;

39. Considérant qu'il résulte des vérifications auxquelles il a été procédé conformément aux dispositions de l'article L.120 du Code électoral, qu'il a obtenu le parrainage validé de 4 096 électeurs sur le plan national ; qu'Amadou SECK n'ayant obtenu ni le nombre minimal de parrainages d'électeurs inscrits au fichier électoral général, ni le nombre minimal de parrains par région dans sept régions au moins, il y a lieu de déclarer sa candidature irrecevable ;

46. Considérant que la déclaration de candidature d'Aïssata TALL SALL est accompagnée des pièces énumérées à l'article L.116 du Code électoral, dont une liste de 56 138 électeurs l'ayant parrainée, présentée sur fichier électronique et en support papier ;

47. Considérant qu'il résulte des vérifications auxquelles il a été procédé conformément aux dispositions de l'article L.120 du Code électoral, qu'elle a obtenu le parrainage validé de 10 129 électeurs domiciliés, à raison de 2000 parrains par région au moins, dans deux régions ; qu'Aïssata TALL SALL n'ayant obtenu ni le nombre minimal de parrainages d'électeurs inscrits au fichier électoral général, ni le nombre minimal de parrains par région dans sept régions, il y a lieu de déclarer sa candidature irrecevable ;

49. Considérant que la déclaration de candidature de Mamadou Lamine DIALLO est accompagnée des pièces énumérées à l'article L.116 du Code électoral, dont une liste de 66 810 électeurs l'ayant parrainé, présentée sur fichier électronique et en support papier ;

50. Considérant qu'il résulte des vérifications auxquelles il a été procédé conformément aux dispositions de l'article L.120 du Code électoral, qu'il a obtenu le parrainage validé de 5 060 électeurs ; que Mamadou Lamine DIALLO n'ayant obtenu ni le minimum requis d'électeurs inscrits au fichier électoral général, ni le minimum de 2000 parrains par région dans au moins sept régions, il y a lieu de déclarer sa candidature irrecevable ;

52. Considérant que la déclaration de candidature d'Aïssatou MBODJI est accompagnée des pièces énumérées à l'article L.116 du Code électoral, dont une liste de 64 479 électeurs l'ayant parrainée, présentée sur fichier électronique et en support papier ;

53. Considérant qu'il résulte des vérifications auxquelles il a été procédé conformément aux dispositions de l'article L.120 du Code électoral, qu'elle a obtenu le parrainage validé de 13 680 électeurs domiciliés, à raison de 2000 parrains par région au moins, dans une seule région ; qu'Aïssatou MBODJI n'ayant obtenu ni le nombre minimal de parrainages d'électeurs inscrits au fichier électoral général, ni le nombre minimal de parrains par région dans sept régions, il y a lieu de déclarer sa candidature irrecevable ;

55. Considérant que la déclaration de candidature de Papa DIOP est

accompagnée des pièces énumérées à l'article L.116 du Code électoral, dont une liste de 65 781 électeurs l'ayant parrainé, présentée sur fichier électronique et en support papier ;

56. Considérant qu'il résulte des vérifications auxquelles il a été procédé conformément aux dispositions de l'article L.120 du Code électoral, qu'il a obtenu le parrainage validé de 33 426 électeurs domiciliés, à raison de 2000 parrains par région au moins, dans six régions ; que Papa DIOP n'ayant obtenu ni le nombre minimal de parrainages d'électeurs inscrits au fichier électoral général, ni le nombre minimal de parrains par région dans sept régions au moins, il y a lieu de déclarer sa candidature irrecevable ;

90. Considérant que la déclaration de candidature d'Abdoul MBAYE est accompagnée des pièces énumérées à l'article L.116 du Code électoral, dont une liste de 57 635 électeurs l'ayant parrainé, présentée sur fichier électronique et en support papier ;

91. Considérant qu'il résulte des vérifications auxquelles il a été procédé conformément aux dispositions de l'article L.120 du Code électoral, qu'il a obtenu le parrainage validé de 41 667 électeurs domiciliés, à raison de 2000 parrains par région au moins, dans sept régions ; qu'Abdoul MBAYE n'ayant pas obtenu le nombre minimal de parrainages d'électeurs inscrits au fichier électoral général, il y a lieu de déclarer sa candidature irrecevable ;

93. Considérant que la déclaration de candidature de Thierno Alassane SALL est accompagnée des pièces énumérées à l'article L.116 du Code électoral, dont une liste de 58 285 électeurs l'ayant parrainé, présentée sur fichier électronique et en support papier ;

94. Considérant qu'il résulte des vérifications auxquelles il a été procédé conformément aux dispositions de l'article L.120 du Code électoral, qu'il a obtenu le parrainage validé de 30 367 électeurs domiciliés, à raison de 2000 parrains par région au moins, dans cinq régions ; que Thierno Alassane SALL n'ayant obtenu ni le nombre minimal de parrainages d'électeurs inscrits au fichier électoral général, ni le nombre minimal de parrains par région dans sept régions au moins, il y a lieu de déclarer sa candidature irrecevable ;

100. Considérant que la déclaration de candidature de Bougane GUEYE est accompagnée des pièces énumérées à l'article L.116 du Code électoral, dont une liste de 66 819 électeurs l'ayant parrainé, présentée sur fichier électronique et en support papier ;

101. Considérant qu'il résulte des vérifications auxquelles il a été procédé conformément aux dispositions de l'article L.120 du Code électoral, qu'il a obtenu le parrainage validé de 20 724 électeurs domiciliés, à raison de 2000 parrains par région au moins, dans trois régions ; que Bougane GUEYE n'ayant obtenu ni le nombre minimal de parrainages d'électeurs inscrits au fichier électoral général, ni le nombre minimal de parrains par région dans sept régions au moins, il y a lieu de déclarer sa candidature irrecevable ;

109. Considérant que la déclaration de candidature de Samuel SARR est accompagnée des pièces énumérées à l'article L.116 du Code électoral, dont

une liste de 55 990 électeurs l'ayant parrainé, présentée sur fichier électronique et en support papier ;

110. Considérant qu'il résulte des vérifications auxquelles il a été procédé conformément aux dispositions de l'article L.120 du Code électoral, qu'il a obtenu le parrainage validé de 8 745 électeurs domiciliés, à raison de 2000 parrains par région au moins, dans une seule région ; que Samuel SARR n'a obtenu ni le nombre minimal de parrainages d'électeurs inscrits au fichier électoral général, ni le nombre minimal de parrains par région dans sept régions au moins ;

111. Considérant qu'il y a lieu de déclarer la candidature de Samuel SARR irrecevable ;

LE NOMBRE DE PARRAINAGES PRODUIT EST INFERIEUR AU MINIMUM DE 0,8% DU FICHIER GENERAL EXIGE PAR LA LOI

123. Considérant que la déclaration de candidature de Mamadou NDIAYE est accompagnée des pièces énumérées à l'article L.116 du Code électoral, dont une liste de 28 433 électeurs l'ayant parrainé, présentée sur fichier électronique et en support papier ; que le nombre de parrainages produit est inférieur au minimum de 0,8% du fichier général exigé par la loi ;

124. Considérant qu'il résulte des vérifications auxquelles il a été procédé conformément aux dispositions de l'article L.120 du Code électoral, que Mamadou NDIAYE a obtenu le parrainage validé de 4 081 électeurs ;

125. Considérant que Mamadou NDIAYE n'ayant obtenu ni le minimum de parrainages d'électeurs inscrits au fichier électoral général (0,8%) ni le minimum de 2000 parrains par région dans sept régions au moins, il y a lieu de déclarer sa candidature irrecevable.

Article L.121.-

(Modifié par la loi n°2023-16 du 18 août 2023 modifiant la loi n°2021-35 du 23 juillet 2021)

La déclaration de candidature doit être accompagnée des pièces suivantes :

- un certificat de nationalité ;
- photocopie légalisée de la carte d'identité biométrique CEDEAO faisant office de carte d'électeur ;
- un extrait d'acte de naissance datant de moins de six (06) mois ;
- un bulletin n°3 du casier judiciaire datant de moins de trois (03) mois;
- une attestation par laquelle un parti politique légalement constitué, une coalition de partis politiques légalement constitués ou une

entité regroupant des personnes indépendantes a investi l'intéressé en qualité de candidat ;

- la liste des électeurs ou des élus (députés, présidents de conseil départemental et maires) ayant parrainé le candidat, présentée sur fichier électronique et en support papier, conformément au modèle prévu à l'article L.57 du présent code ;
- une déclaration sur l'honneur par laquelle le candidat atteste que sa candidature est conforme aux dispositions des articles 4 et 28 de la Constitution, qu'il a exclusivement la nationalité sénégalaise et qu'il sait écrire, lire et parler couramment la langue officielle ;
- une déclaration sur l'honneur par laquelle le candidat atteste être en règle avec la législation fiscale du Sénégal ;
- une quittance confirmée par une attestation signée par le Directeur général de la Caisse des Dépôts et Consignations (CDC) attestant du dépôt du cautionnement prévu à l'article L.122 du présent code.

Tout dossier incomplet à l'expiration des délais de dépôt fixés par l'article 29 de la Constitution, entraîne l'irrecevabilité de la candidature.

En cas d'irrecevabilité d'une candidature, le cautionnement est remboursé quinze (15) jours après la publication définitive de la liste des candidats.

Article L.122.-

(Modifié par la loi n°2023-16 du 18 août 2023 modifiant la loi n° 2021-35 du 23 juillet 2021)

Les candidats sont astreints au dépôt d'une caution qui doit être versée à la Caisse des Dépôts et Consignations et dont le montant est fixé au plus tard cent cinquante (150) jours avant celui du scrutin. Cette caution, fixée par arrêté du Ministre chargé des élections, ne peut excéder la somme de trente (30) millions de francs CFA.

Il est délivré une quittance confirmée par une attestation signée par le Directeur général de la Caisse des Dépôts et Consignations.

Les coalitions de partis politiques et les entités regroupant des personnes indépendantes doivent choisir un nom différent de celui des partis politiques légalement constitués. Toutefois, une coalition peut prendre le titre d'un des partis qui la composent. Le nom et éventuellement le titre de l'entité indépendante ou de la coalition, ainsi que la liste des partis qui la composent, doivent être notifiés au Greffe du

Conseil constitutionnel par le mandataire au plus tard la veille du dépôt de la déclaration de candidature. Dans le cas où le candidat obtient au moins cinq pour cent (5%) de suffrages exprimés, cette caution lui est remboursée dans les quinze (15) jours qui suivent la proclamation définitive des résultats.

En cas d'élections anticipées, le montant de la dernière caution est maintenu.

Article L.123.-

(Modifié par la loi n° 2023-16 du 18 août 2023 modifiant la loi n° 2021-35 du 23 juillet 2021)

La déclaration de candidature est déposée au Greffe du Conseil constitutionnel, dans les délais fixés par l'article 29 de la Constitution, par le mandataire du parti politique, de la coalition de partis politiques ou de l'entité indépendante qui a donné son investiture.

Dès le dépôt des dossiers de déclaration de candidature, le Conseil constitutionnel organise le contrôle et la vérification des listes de candidatures recevables suivant l'ordre de dépôt, conformément aux dispositions de l'article 57 du Code électoral. À cet effet, le Conseil constitutionnel met en place une Commission de Contrôle des Parrainages composée :

- des membres du Conseil constitutionnel ;
- du greffier en Chef ;
- du personnel administratif et technique en service au Conseil constitutionnel ;
- des représentants de la CENA ;
- du représentant du candidat ;
- des personnalités indépendantes ;
- du représentant de l'Administration.

Les modalités de fonctionnement de cette commission sont fixées par le Conseil constitutionnel.

NOTE : Cette disposition prévoit le lieu de dépôt des dossiers de déclaration de candidature, le délai de dépôt et la personne habilitée à déposer.

Il résulte clairement de cet article que pour l'élection présidentielle, la déclaration de candidature est déposée au niveau de Conseil constitutionnel.

L'article 29 de la Constitution dispose que « *les candidatures sont déposées au greffe du Conseil constitutionnel, soixante jours (60) francs au moins et soixante-quinze (75) jours francs au plus avant le premier tour du scrutin....»*

La personne habilitée par la loi pour déposer la déclaration de candidature au Conseil constitutionnel est le mandataire du parti politique, de la coalition de partis politiques ou de la personne indépendante qui a donné son investiture.

Le mandataire autorisé à parler et agir au nom et pour le compte d'un parti politique légalement constitué, d'une coalition de partis politiques ou d'une personne indépendante doit être habilité à le faire par le responsable de ladite formation.

Il est donc obligatoirement muni de cette lettre de désignation pour être accepté.

Par ailleurs, en vue de renforcer la transparence, il a été décidé par la Commission politique de la mise en place au niveau du Conseil constitutionnel d'une Commission de Contrôle des Parrainages.

Cette commission contrôle et vérifie les parrainages en présence du représentant du candidat et délivre le procès-verbal qui accompagnera le dossier de candidature (article L.57 du Code électoral).

Le contrôle et les vérifications sur les listes de parrainage sont effectués après le dépôt, selon l'ordre issu du tirage au sort et dans les conditions fixées par la structure chargée de la réception des dossiers de déclaration de candidature.

Cet ordre issu du tirage au sort est maintenu durant tout le processus électoral.

Jurisp. : CONSEIL CONSTITUTIONNEL, DÉCISION N° 2/E/2019 DU 13 JANVIER 2019 ARRETANT LA LISTE DES CANDIDATS À L'ELECTION PRESIDENTIELLE DU 24 FEVRIER 2019, *RECUEIL DES DECISIONS DU CONSEIL CONSTITUTIONNEL, JANVIER 1993 MARS 2019, EDITION 2020.*

126. Considérant que le 27 décembre 2018, à une heure dix minutes, El Hadji Saïdou Nourou NIANG, mandataire du parti politique « MOUVEMENT POUR LA CITOYENNETÉ DU SÉNÉGAL», a déposé au greffe du Conseil constitutionnel une déclaration aux termes de laquelle Mamadou DIOP, consultant, né le 5 novembre 1961 à Dakar d'Amadou et Sokhna Khady FALL, est candidat à l'élection présidentielle du 24 février 2019, a reçu l'investiture du parti politique « MOUVEMENT POUR LA CITOYENNETÉ DU SÉNÉGAL», est de nationalité sénégalaise, jouit de ses droits civiques et politiques, est titulaire de la carte d'électeur n°100027548 et a choisi, pour l'impression de ses bulletins de vote, la couleur verte-noire et, comme symbole, la coque renfermant le fruit du baobab avec le slogan « WACCO AK ASKAN WI » ;

127. Considérant cependant que le mandataire du candidat Mamadou DIOP a déposé le dossier de ce dernier le 27 décembre 2018, à une heure dix minutes, donc, après l'expiration des délais légaux de dépôt ; que la candidature de Mamadou DIOP doit être déclarée irrecevable.

Jurisp. : CONSEIL CONSTITUTIONNEL, DÉCISION N° 2/E/2019 DU 13 JANVIER 2019 ARRETANT LA LISTE DES CANDIDATS A L'ELECTION PRESIDENTIELLE DU 24 FEVRIER 2019, *RECUEIL DES DECISIONS DU CONSEIL CONSTITUTIONNEL, JANVIER 1993 MARS 2019, EDITION 2020.*

108. Considérant que la déclaration de candidature de Samuel SARR a été déposée par Abdoulaye BABOU qualifié de mandataire du candidat par un acte de désignation signé non par le représentant du parti, mais par Samuel SARR lui-même, en sa qualité de candidat, sur le fondement de l'article L.68 alinéa 1er du Code électoral qui est applicable aux plénipotentiaires auprès des autorités administratives ; que la déclaration de candidature a été déposée par une personne n'ayant pas la qualité de mandataire du parti au sens de l'article L.118 du Code électoral ;

111. Considérant qu'il y a lieu de déclarer la candidature de Samuel SARR irrecevable.

Jurisp. : CONSEIL CONSTITUTIONNEL, DÉCISION N° 1/93

DU 22 JANVIER 1993 (N° D'ORDRE : 1 - AFFAIRE N° 1/E/93), *RECUEIL DES DECISIONS DU CONSEIL CONSTITUTIONNEL, JANVIER 1993 MARS 2019, EDITION 2020.*

REJET DE LA DECLARATION DE CANDIDATURE ADDITIVE

18. Considérant que la déclaration de candidature additive que Landing SAVANÉ a fait déposer au greffe du Conseil constitutionnel le 20 janvier 1993, aux termes de laquelle sa candidature « *est devenue la candidature du Rassemblement BOOK YAAKAAR incluant notamment les partis AND-JEF/PADS, le MSU, le PPS, l'UDF/MBOLO-MI* » doit être rejetée en l'absence de toute mention que le candidat a reçu l'investiture de ce rassemblement ainsi que l'exige l'article LO.87 du Code électoral ;

DECIDE :

Le rejet de la déclaration de candidature additive que Landing SAVANÉ a fait déposer au greffe du Conseil constitutionnel le 20 janvier 1993 aux termes de laquelle sa candidature « *est devenue, la candidature du Rassemblement BOOK YAAKAAR incluant notamment les partis AND JEF/PADS, le MSU, le PPS, UDF/MBOLOMI* ».

Article L.124.-

Un candidat ne peut utiliser une couleur, un sigle ou un symbole déjà choisi par un autre candidat.

En cas de contestation, le Ministre chargé des élections attribue par priorité à chaque candidat, sa couleur, son sigle ou son symbole traditionnel par ordre d'ancienneté du parti qui l'a investi ; pour les coalitions de partis politiques légalement constitués et les candidats indépendants, suivant la date de dépôt. En tout état de cause, l'effigie d'une personne ne peut servir de symbole.

Est interdit le choix d'emblèmes comportant une combinaison des trois couleurs : vert, or et rouge.

NOTE : En cas de contestation sur les couleurs, sigles et symboles entre candidats investis deux situations se présentent :

- en cas de contestation sur les couleurs, sigles et symboles entre candidats investis par les partis politiques, ces couleurs, sigles et symboles sont attribués, pour l'impression des bulletins de vote, par priorité au candidat investi par le parti dont les statuts ont été déposés en premier lieu.

- en cas de contestation sur les couleurs, sigles et symboles entre candidats indépendants, ces couleurs, sigles et symboles sont attribués, pour l'impression des bulletins de vote, par priorité au candidat indépendant ayant déposé au greffe du Conseil constitutionnel sa candidature en premier lieu.

Le choix de la couleur, du sigle et du symbole pour l'impression des bulletins de vote étant une des conditions exigées par les articles LO.109 à LO.113 du Code électoral relatifs aux déclarations de candidature, toute contestation relative à ce choix est nécessairement une réclamation contre la liste des candidats au sens de l'article LO.116 dudit code et doit être introduite dans le délai prévu pour une telle réclamation, faute de quoi la requête est tardive. Pour une application jurisprudentielle, voir les décisions du Conseil constitutionnel ci-après.

Jurisp. : CONSEIL CONSTITUTIONNEL, DÉCISION N° 2/93 DU 27 JANVIER 1993, MADIOR DIOUF, SG DU RND C/ LANDING SAVANE

(N° D'ORDRE : 2 - AFFAIRES N° 2 ET 3/E/93), *RECUEIL DES DECISIONS DU CONSEIL CONSTITUTIONNEL, JANVIER 1993 MARS 2019, EDITION 2020.*

CONTESTATIONS RELATIVE A L'ATTRIBUTION DES COULEURS, SIGLES ET SYMBOLES

LE CONSEIL CONSTITUTIONNEL,

1. Considérant que les deux requêtes émanant du même candidat et portant sur le même objet, il y a lieu de les joindre pour y être statué par une même décision ;

2. Considérant que dans la première requête Madior DIOUF, se référant à l'extrait des minutes du greffe du Conseil constitutionnel publié dans le quotidien national « le Soleil » en date du 23/24 janvier 1993, page 4, sous la rubrique « Politique (Présidentielle 93- les 9 candidats affichent leurs couleurs) », soutient que « le candidat Landing SAVANÉ utilise la couleur or pour l'impression de ses bulletins de vote », alors que lui-même a choisi cette couleur en tant que candidat à l'élection à la Présidence de la République du 21 février 1993, investi par son parti, le Rassemblement national Démocratique (RND) dont les statuts ont été déposés au Ministère de l'Intérieur contre le récépissé n° 3766 en date du 18 juin 1981 ; qu'en effet, la majorité des électeurs étant analphabète, la couleur de fond du bulletin joue un rôle primordial d'autant que la présence d'un symbole différent comme (son) aigle qui, du reste, est repris par un autre candidat, ne suffirait pas à dissiper la plus que probable confusion dans l'esprit des citoyens » ;

3. Considérant que le requérant demande, en conséquence, au Conseil constitutionnel de lui attribuer exclusivement la couleur dont il s'agit, en se fondant sur la loi n° 92-15 du 7 février 1992 portant Code électoral, notamment en son article LO 90 qui dispose en son alinéa 2 : « En cas de contestation, le Conseil constitutionnel attribue par priorité à chaque candidat sa couleur, son sigle ou son symbole traditionnel par ordre d'ancienneté du parti qui l'a investi ; et, pour les candidats indépendants, suivant la date du dépôt » ;

4. Considérant que dans sa deuxième requête, Madior DIOUF se référant au même document, soutient que « le candidat Mamadou LÔ risque d'utiliser le même symbole de l'aigle pour l'impression de ses bulletins de vote », alors que lui-même a choisi le même symbole, en tant que candidat à l'élection à la Présidence de la République investi par son parti, le Rassemblement national Démocratique (RND) dont les statuts ont été déposés au Ministère de l'Intérieur contre le récépissé n° 3766 du 18 juin 1981 et dont l'aigle constitue le symbole traditionnel reconnu comme tel par tous les militants et

sympathisants de ce parti ;

5. Considérant que le requérant, se fondant sur les mêmes dispositions du Code électoral, demande en conséquence au Conseil constitutionnel de lui « *attribuer exclusivement le symbole dont il s'agit* » ;

6. Considérant qu'en application de l'article LO.93 du Code électoral, « *le droit de réclamation contre la liste des candidats est ouvert à tout candidat. Les réclamations doivent parvenir au Conseil constitutionnel avant l'expiration du jour suivant celui de l'affichage de la liste des candidats au greffe...* » ;

7. Considérant qu'il ressort des pièces produites et jointes au dossier que Madior DIOUF figure sur la liste des candidats à l'élection à la Présidence de la République du 21 février 1993, laquelle liste est arrêtée et publiée par le Conseil constitutionnel le 22 janvier 1993 ; qu'il a fait déposer ses deux requêtes le 25 janvier 1993 au greffe du Conseil et donc dans le délai prescrit par l'article LO.93, alinéa 2 du Code électoral ; qu'en effet, les deux jours suivant celui de l'affichage de la liste des candidats étant le premier, un samedi, jour chômé, et le second, un dimanche, ce délai n'expire que le lundi 25 janvier 1993 à minuit, conformément à l'article R.2 du Code électoral ;

Qu'ainsi les deux requêtes sont recevables ;

8. Considérant qu'aux termes de l'article LO.90, alinéas premier et 2 du Code électoral, « *un candidat ne peut utiliser une couleur, un sigle ou un symbole déjà choisi par un autre candidat. En cas de contestation, le Conseil constitutionnel attribue par priorité à chaque candidat, sa couleur, son sigle ou son symbole traditionnel par ordre d'ancienneté du parti qui l'a investi ; et pour les candidats indépendants suivant la date de dépôt...* » ;

9. Considérant qu'il résulte des pièces produites et jointes au dossier et des vérifications auxquelles il a été procédé que la couleur or et le symbole de l'aigle choisis par le candidat Madior DIOUF sont ceux du parti qui l'a investi, le Rassemblement national Démocratique (RND) dont les statuts ont été déposés au Ministère de l'Intérieur contre le récépissé n° 3766 en date du 18 juin 1981 ; que d'une part, ce parti est plus ancien que le parti AND JEF/Parti Africain pour la Démocratie et le Socialisme (AND JEF/PADS) qui a investi le candidat Landing SAVANÉ et dont les statuts n'ont été déposés au Ministère de l'Intérieur contre le récépissé n° 6547 qu'à la date du 16 avril 1992 ; et que, d'autre part, l'adoption de l'aigle comme symbole par le Rassemblement national Démocratique (RND) est bien antérieure au dépôt au greffe du Conseil constitutionnel, le 15 janvier 1993, de la déclaration de candidature de Mamadou LÔ, par laquelle ce candidat indique qu'il choisit "éventuellement" l'aigle comme symbole,

DÉCIDE :

La recevabilité et la jonction des deux requêtes de Madior DIOUF enregistrées au greffe du Conseil constitutionnel le 25 janvier 1993 sous les n° 2 et 3/E/93 ; la couleur or et le symbole de l'aigle sont attribués par priorité au candidat Madior DIOUF pour l'impression de ses bulletins de vote.

Jurisp. : CONSEIL CONSTITUTIONNEL, DÉCISION N° 3/93 DU 29 JANVIER 1993, ABDOU DIOUF, SG DU PS C/ PARTI AFRICAIN ÉCOLOGISTE (N° D'ORDRE : 3 - AFFAIRE N° 4/E/93), *RECUEIL DES DECISIONS DU CONSEIL CONSTITUTIONNEL, JANVIER 1993 MARS 2019, EDITION 2020.*

LE CONSEIL CONSTITUTIONNEL,

Statuant en matière électorale conformément aux articles 23 à 25, 80 de la Constitution et aux articles LO.90, LO.93 et R.2 du Code électoral sur la requête de Abdou DIOUF, Secrétaire général du Parti socialiste (PS) en contestation de couleur, a rendu la décision suivante :

1. Considérant que dans sa requête, Abdou DIOUF soutient que « *son parti, le Parti socialiste (PS) a invariablement utilisé le vert depuis sa création comme couleur à l'occasion des élections présidentielles ou législatives, que le candidat du Parti africain écologiste (PAES) a aussi choisi la couleur verte qui, nonobstant une nuance dans les tons, peut entraîner une confusion regrettable dans l'esprit des électeurs ; qu'en conséquence, il y a intérêt légitime pour qu'il requiert qu'il plaise au Conseil constitutionnel faire application des dispositions de l'article LO.90 et attribuer pour motif d'ancienneté, la couleur verte au candidat du Parti socialiste et une autre couleur de son choix au candidat du PAES, étant entendu par ailleurs que cette contestation est au demeurant prévue sans le délai de rigueur retenu pour les réclamations relatives à la liste des candidats (article LO.93)* » ;

2. Considérant qu'aux termes de l'article LO.93 du Code électoral « *le droit de réclamation contre la liste des candidats est ouvert à tout candidat. Les réclamations doivent parvenir au Conseil constitutionnel avant l'expiration du jour suivant celui de l'affichage de la liste des candidats au greffe...* » ;

3. Considérant que, contrairement à ce que soutient le requérant, ces dispositions s'appliquent aux contestations relatives au choix des couleurs, dans la mesure où la liste des candidats arrêtée et publiée par le Conseil constitutionnel mentionne la couleur choisie par chaque candidat et par conséquent toute contestation relative à ce choix est nécessairement une réclamation contre ladite liste ;

4. Considérant que si Abdou DIOUF, en sa qualité de candidat à l'élection présidentielle du 21 février 1993, dispose du droit de réclamation prévu à

l'article LO.93 du Code électoral, sa requête, enregistrée le 27 janvier 1993 sous le n° 4/E/93, est tardive ; qu'en effet, la liste des candidats ayant été arrêtée et publiée par le Conseil constitutionnel, le 22 janvier 1993, le délai de réclamation expire le lundi 25 janvier 1993 à minuit, en application de l'article R.2 du Code électoral, les deux jours suivant l'affichage de la liste des candidats au greffe du Conseil étant le premier un samedi, jour chômé, et le second, un dimanche,

DÉCIDE :

La requête de Abdou DIOUF est irrecevable ;

La présente décision sera affichée au greffe du Conseil constitutionnel et en outre publiée par toutes autres voies jugées opportunes.

Jurisp. : CONSEIL CONSTITUTIONNEL, DÉCISION N° 2/E/2000 DU 8 FEVRIER 2000, ABDOU DIOUF C/ MOUSTAPHA NIASS,

(N° D'ORDRE : 70 - AFFAIRE N° 2/E/2000), *RECUEIL DES DECISIONS DU CONSEIL CONSTITUTIONNEL, JANVIER 1993 MARS 2019, EDITION 2020.*

CONTESTATIONS RELATIVES AU CHOIX DES COULEURS

LE CONSEIL CONSTITUTIONNEL,

Statuant en matière électorale conformément aux articles 24 et 25 de la Constitution, LO.115 et LO.116 du Code électoral ;

1. Considérant que le candidat Abdou DIOUF a présenté une requête en date du 3 février 2000, enregistrée au greffe du Conseil constitutionnel le 4 février 2000, aux fins de rectification du choix fait par le candidat Moustapha NIASSE de la couleur et du symbole de son bulletin de vote pour l'élection présidentielle du 27 février 2000 ;

2. Considérant qu'aux termes de l'article LO.116 du Code électoral « *Le droit de réclamation contre la liste des candidats est ouvert à tout candidat. Les réclamations doivent parvenir au Conseil constitutionnel avant l'expiration du jour suivant celui de l'affichage de la liste des candidats au greffe.*

« *Le Conseil constitutionnel statue sans délai* » ;

3. Considérant que le Conseil constitutionnel a arrêté et publié la liste des candidats après avoir vérifié que les conditions exigées en particulier par les articles LO.109 à LO.113 du Code électoral ont été remplies pour chaque déclaration de candidature ; que le choix de la couleur, du sigle et du symbole pour l'impression des bulletins de vote étant une de ces conditions, toute

contestation relative à ce choix est nécessairement une « *réclamation contre la liste des candidats* » au sens de l'article LO.116 ;

4. Considérant que si Abdou DIOUF, en sa qualité de candidat à l'élection présidentielle du 27 février dispose de ce droit de réclamation, sa requête enregistrée le 4 février 2000 sous le n° 2/E/2000 est tardive,

DÉCIDE :

Article premier.- La requête du candidat Abdou DIOUF est irrecevable.

Article 2.- La présente décision sera affichée au greffe du Conseil constitutionnel et publiée par toutes autres voies jugées opportunes.

Dans le même sens, voir également :
- CONSEIL CONSTITIONNEL, DÉCISION N°3/E/2007 DU 8 FÉVRIER 2007, CHEIKH MAMADOU ABIBOULAYE DIEYE C/ ELHADJI ALIOUNE MBAYE ;
- CONSEIL CONSTITIONNEL, DÉCISION N°16/E/2012 DU 4 FÉVRIER 2012, MACKY SALL C/ CHEIKH TIDIANE GADIO.

Article L.125.-

Pour s'assurer de la validité des candidatures déposées et du consentement des candidats, le Conseil constitutionnel fait procéder à toute vérification qu'il juge utile.

NOTE : Dans tous les cas, le Conseil peut prescrire toutes mesures d'instruction qui lui paraissent utiles et fixe le délai dans lequel ces mesures devront être exécutées.

Pour chaque affaire, le Président du Conseil constitutionnel désigne un rapporteur *(art. 14 al.5 de la loi organique n°2016-23 du 14 juillet 2016)* qui établit une note résumant les faits, exposant la procédure suivie et examinant les questions de compétence, de recevabilité et de fond, avant de proposer un projet de décision.

En 2019, des requérants avaient critiqué la procédure par laquelle les autorités judiciaires chargées d'assurer l'exécution des décisions de justice ont porté à la connaissance du Conseil constitutionnel des décisions pouvant avoir une influence sur l'examen de la recevabilité des candidatures.

Selon eux, le Procureur général près la Cour suprême et le Procureur général près la Cour d'appel de Dakar ne peuvent intervenir dans la procédure pendante devant le Conseil constitutionnel chargé d'examiner la recevabilité des candidatures et d'établir la liste des candidats en vue de sa publication.

Le juge avait fait application des dispositions de l'article L.120 du Code électoral qui disposait que « *le Conseil constitutionnel peut, pour s'assurer de la validité des candidatures, faire procéder à toute vérification qu'il juge utile* ». Sur ce point, voir la décision n° 3/E/2019 du 20 janvier 2019 statuant sur les réclamations et fixant la liste définitive des candidats à l'élection présidentielle du 24 février 2019.

Article L.126.-

(Modifié par la loi n° 2023-16 du 18 août 2023 modifiant la loi n° 2021-35 du 23 juillet 2021)

À l'issue de l'instruction, le Conseil constitutionnel procède, au plus tard, quarante-trois (43) jours avant le premier tour du scrutin, à la notification, aux mandataires concernés, des dossiers déclarés invalides à cause d'un parrainage sur plus d'une liste, si ce fait va entraîner la non obtention du minimum requis de 0,6% des électeurs inscrits au fichier et ou du minimum d'électeurs requis par région et dans au moins sept (07) régions ou de 8% des députés composant l'Assemblée nationale ou de 20% des chefs d'exécutif territoriaux (présidents de conseil départemental et maires).

Le cas échéant, le mandataire dispose de quarante-huit (48) heures pour régulariser en remplaçant le ou les parrains invalidés.

Au plus tard trente-cinq (35) jours avant le scrutin, le Conseil constitutionnel procède à la publication de la liste des candidats. Cette publication est assurée par l'affichage et par tout autre moyen qu'il estime opportun et nécessaire.

Article L.127.-

Le droit de réclamation contre la liste des candidats est ouvert à tout candidat.

Les réclamations doivent parvenir au Conseil constitutionnel avant l'expiration des quarante-huit (48) heures qui suivent le jour de l'affichage de la liste des candidats.

Le Conseil constitutionnel examine ces recours et statue sans délai.

Le Conseil constitutionnel fait procéder en outre à toute autre publication qu'il estime opportune.

<u>NOTE</u> : Dans le cadre de l'organisation de l'élection présidentielle, c'est le Conseil constitutionnel qui arrête et publie la liste des candidats.

La publication par le Conseil constitutionnel de la liste des candidats n'est pas sans effet car elle ouvre une période contentieuse de quarante-huit (48) heures (cf. article L.127 du Code électoral).

Ce texte pose le principe d'un droit de réclamation contre la liste des candidats. Ce droit est ouvert à tout candidat avant l'expiration des quarante-huit (48) heures qui suivent le jour de l'affichage de la liste des candidats.

Il faut préciser que le recours en contestation du « *procès-verbal portant notification des résultats du contrôle des listes de parrainage* » est irrecevable car la voie de droit ouverte, en l'état de la procédure de déclaration de candidature, est la réclamation contre la liste des candidats prévue à l'article L.127 du Code électoral.

C'est pourquoi, le Conseil constitutionnel avait déclaré irrecevable le recours en contestation du « procès-verbal portant notification des résultats du contrôle des listes de parrainage ».

<u>Jurisp</u>. : CONSEIL CONSTITUTIONNEL, DECISION N° 1/E/2019 DU 13 JANVIER 2019, *RECUEIL DES DECISIONS DU CONSEIL CONSTITUTIONNEL, JANVIER 1993 MARS 2019, EDITION 2020.*

Statuant en matière électorale conformément aux articles 28 à 30 de la Constitution, à l'article 2 de la loi organique sur le Conseil constitutionnel et aux articles L.57, L.115 à L.122 du Code électoral ;

1. Considérant que, par lettre du 3 janvier 2019, Assane FALL, mandataire du parti « ALLIANCE POUR LA CITOYENNETÉ ET LE TRAVAIL (ACT) » ayant investi Abdoul MBAYE en qualité de candidat à l'élection présidentielle du 24 février 2019, a saisi le Conseil constitutionnel d'une demande tendant à l'annulation ou au redressement du « procès-verbal portant notification des parrainages du candidat Abdoul MBAYE », pour non-conformité à la Constitution, illégalité et incompatibilité avec la décision n°1/2018 du 23 novembre 2018 portant mise en place d'un dispositif de vérification des parrainages et fixant les modalités de son fonctionnement ;

2. Considérant que, par lettres des 4 et 7 janvier 2019, Modiène NDIAYE, mandataire de la coalition « HADJIBOU 2019 » ayant investi Cheikhe

Hadjibou SOUMARÉ en qualité de candidat à l'élection présidentielle du 24 février 2019, a saisi le Conseil constitutionnel d'un ensemble d'observations tendant à contester le rejet de certains parrainages de Cheikhe Hadjibou SOUMARÉ et à demander leur remplacement par de nouveaux parrainages ;

3. Considérant que, par lettre du 4 janvier 2019, Boubacar CAMARA, investi par l'entité regroupant des personnes indépendantes « FIPPU ALTERNATIVE CITOYENNE (FAC) » en qualité de candidat à l'élection présidentielle du 24 février 2019, a transmis au Conseil constitutionnel la liste des électeurs ayant parrainé sa candidature en lui demandant d'en prendre acte et de valider ses parrainages ;

4. Considérant que, par lettre du 4 janvier 2019, Ibrahima DIAWARA et Ibrahima DIAW, avocats à la Cour, agissant au nom et pour le compte de Papa DIOP, investi par la coalition « PAPA DIOP PRESIDENT 2019 », en qualité de candidat à l'élection présidentielle du 24 février 2019, ont saisi le Conseil constitutionnel d'une requête aux fins d'annulation « des décisions rendues par le Président du Conseil constitutionnel en matière de parrainage » ;

5. Considérant que, par lettre du 4 janvier 2019, Amsatou SOW SIDIBÉ, investie par le parti « CONVERGENCE DES ACTEURS POUR LA DÉFENSE DES VALEURS RÉPUBLICAINES (CAR LENEEN) », en qualité de candidate à l'élection présidentielle du 24 février 2019, a saisi le Conseil constitutionnel d'une « demande de régularisation » au motif que le Conseil n'a pas procédé à la vérification de ses parrainages pour des raisons techniques ;

6. Considérant que, par lettre du 4 janvier 2019, Mamour SÈNE, mandataire de l'entité regroupant des personnes indépendantes dénommée « RÉPUBLIQUE DES VALEURS 2019 (RV2019) » ayant investi Thierno Alassane Sall, en qualité de candidat à l'élection présidentielle du 24 février 2019, a saisi le Conseil constitutionnel d'un recours en contestation du « procès-verbal portant notification des résultats du contrôle des listes de parrainage » ;

7. Considérant que, par lettre du 4 janvier 2019, Abdoulaye BABOU, mandataire de Samuel SARR investi par le parti « L'ALLIANCE POUR L'ALTERNANCE (ALAL) », en qualité de candidat à l'élection présidentielle du 24 février 2019 et Samuel SARR lui-même, ont saisi le Conseil constitutionnel d'un recours en contestation du « procès-verbal portant notification du contrôle des listes de parrainages du candidat » ;

8. Considérant que, par lettre du 9 janvier 2019, Ibrahima DIAWARA, avocat à la Cour, agissant au nom et pour le compte de Mamadou Lamine DIALLO investi par le « PARTI DE L'ÉMERGENCE CITOYENNE (PEC)/TEKKI », en qualité de candidat à l'élection présidentielle du 24 février 2019, a saisi le Conseil constitutionnel d'un recours en contestation du « procès-verbal portant notification des opérations de contrôle et de vérification

des parrainages » dudit candidat et en annulation des décisions rendues par le Président du Conseil constitutionnel en matière de parrainage ;

9. Considérant que, par lettre du 7 janvier 2019, Ciré Clédor LY et Demba Ciré BATHILY, avocats à la Cour, agissant au nom et pour le compte de Pierre Atepa GOUDIABY et Samuel SARR, investis respectivement par l'entité regroupant des personnes indépendantes dénommée « SÉNÉGAL REK » et par le parti « L'ALLIANCE POUR L'ALTERNANCE (ALAL)», en qualité de candidats à l'élection présidentielle du 24 février 2019, ont saisi le Conseil constitutionnel d'une « requête aux fins d'une expertise contradictoire » du fichier mis à la disposition du Conseil et des logiciels utilisés pour la vérification des parrainages ;

10. Considérant que, par lettre du 9 janvier 2019, Bougane GUEYE, investi par l'entité regroupant des personnes indépendantes, dénommée « BOUGANE GUEYE GUEUM SA BOPP », en qualité de candidat à l'élection présidentielle du 24 février 2019, a saisi le Conseil constitutionnel d'une requête aux fins d'annulation des résultats issus des opérations de vérification de ses listes de parrainage ;

11. Considérant que, par lettre du 9 janvier 2019, El Hadji Malick GAKOU, mandataire de la « GRANDE COALITION DE L'ESPOIR (GCE)/ SUXALI SENEGAAL » qui l'a investi en qualité de candidat à l'élection présidentielle du 24 février 2019, a saisi le Conseil constitutionnel d'un recours en contestation de la vérification de ses parrainages ;

12. Considérant que ces différentes requêtes, qui ont pour objet de remettre en cause, directement ou indirectement, les résultats des vérifications des parrainages, tendent aux mêmes fins ; qu'il convient, pour une bonne administration de la justice, d'en ordonner la jonction et de statuer par une seule et même décision ;

13. Considérant que la voie de droit ouverte, en l'état de la procédure de déclaration de candidature, est la réclamation contre la liste des candidats prévue à l'article L.122 du Code électoral ; que ces requêtes, introduites en méconnaissance des dispositions de l'article L.122 du Code électoral, doivent être déclarées irrecevables,

DÉCIDE :

Article premier. - Les requêtes introduites par Assane FALL, Modiène NDIAYE, Boubacar CAMARA, Pierre Atepa GOUDIABY, Amsatou SOW SIDIBÉ, Mamour SÈNE, Samuel SARR, Mamadou Lamine DIALLO, Bougane GUEYE, Abdoulaye BABOU et El Hadji Malick GAKOU sont déclarées irrecevables.

Article 2. - La présente décision sera publiée au *Journal officiel* de la République du Sénégal.

SUR LA NOTION DE RECLAMATION

NOTE : Il est clair qu'une lecture simple de l'article L.127 ne permet pas de savoir ce qu'est une « réclamation ».

Selon le Conseil constitutionnel « *la réclamation, au sens de l'article L.122 du Code électoral (actuel L .127), ne peut avoir pour objet ou pour effet ni la réformation ou l'annulation de la décision fondée sur une erreur dans l'appréciation des circonstances de fait ou l'interprétation de la règle de droit ni la rétractation de la décision fondée sur ce qu'une partie n'aurait pas été entendue ou appelée, la procédure devant le Conseil constitutionnel n'étant pas contradictoire* », (voir DÉCISION N° 3/E/2019 DU 20 janvier 2019 statuant sur les réclamations et–fixant la liste définitive des candidats à l'élection présidentielle du 24 février 2019).

Toujours, dans le cadre de l'élection présidentielle du 24 février 2019, le Conseil constitutionnel avait rendu la décision n° 2/E/2019 du 13 janvier 2019 a déclaré irrecevables les candidatures de Cheikhe Hadjibou SOUMARÉ, El Hadji Malick GAKOU, Boubacar CAMARA, Amadou SECK, Aïssata TALL SALL, Mamadou Lamine DIALLO, Aïssatou MBODJI, Papa DIOP, Khalifa Ababacar SALL, Karim Meïssa WADE, Pierre Atepa GOUDIABY, Moustapha Mamba GUIRASSI, Abdoul MBAYE, Thierno Alassane SALL, Abdou Wahab BENGELOUNE, Bougane GUÈYE, Moustapha Mbacké DIOP, Samuel SARR, Amsatou SOW SIDIBÉ, El Hadji Mansor SY, Mamadou NDIAYE et Mamadou DIOP et a arrêté la liste des candidats à cette élection comprenant Macky SALL, Idrissa SECK, Ousmane SONKO, Madické NIANG et El Hadji SALL.

Dès lors, sur le fondement de l'article L.122 du Code électoral, tout candidat pouvait, avant l'expiration du délai de quarante-huit heures suivant le jour de l'affichage de la liste des candidats, exercer son droit de réclamation contre la liste des candidats. Le Conseil constitutionnel examine ces recours et statue sans délai.

Ainsi, par requêtes reçues au greffe du Conseil constitutionnel les 14, 15 et 16 janvier 2019, El Hadji Malick GAKOU, Papa DIOP, Mamadou Lamine DIALLO, Assane FALL représentant Abdoul MBAYE, Khalifa Ababacar SALL et Babacar Thioye BA, Cheikhe Hadjibou SOUMARÉ, Oumar SARR, Idrissa SECK, Mamour SÈNE représentant Thierno Alassane SALL, Mbaye Sylla KHOUMA, El Hadji Mansor SY et Aly GUÈYE représentant Boubacar CAMARA ont saisi le Conseil constitutionnel aux fins de « réclamation contre la décision n° 2/E/2019 du 13 janvier 2019 », sur le fondement de l'article L.122 précité.

Le juge a estimé que l'article 92 de la Constitution interdit toute voie de recours contre les décisions du Conseil constitutionnel ; qu'il en résulte que la réclamation, au sens de l'article L.122 du Code électoral, ne peut avoir pour objet ou pour effet ni la réformation ou l'annulation de la décision fondée sur une erreur dans l'appréciation des circonstances de fait ou l'interprétation de la règle de droit ni la rétractation de la décision fondée sur ce qu'une partie n'aurait pas été entendue ou appelée, la procédure devant le Conseil constitutionnel n'étant pas contradictoire ; que la requête doit donc être rejetée lorsque les moyens sur lesquels elle est fondée ont pour objet de critiquer le raisonnement suivi par le Conseil constitutionnel ou la motivation de sa décision ;

On n'en déduit qu'il y a pas de réclamation lorsque les moyens sur lesquels se fonde la requête ont pour objet de critiquer le raisonnement suivi par le Conseil constitutionnel ou la motivation de sa décision.

Par conséquent, toutes les demandes dont l'objet était de remettre en cause le raisonnement ou la motivation de la décision du juge constitutionnel ont été déclarées irrecevables.

Dans l'histoire électorale du Sénégal, ces réclamations ont souvent porté sur la couleur, le sigle ou symbole utilisé par les adversaires.

- Décision n°2 et 3/E/1993 du 27 janvier 1993 Madior DIOUF, SG du RND c/ Landing SAVANE ;
- Décision n°4/E/1993 du 29 janvier 1993 Abdou DIOUF, SG du PS c/ Parti Africain Écologiste (PAES) ;
- Décision n°2/E/2000 du 8 février 2000 Abdou DIOUF c/Moustapha NIASS ;
- Décision n°3/E/2007 du 8 février 2007 Cheikh Mamadou Abiboulaye DIEYE c/ Elhadji Alioune MBAYE ;
- Décision n°16/E/2012 du 4février 2012 Macky SALL c/ Cheikh Tidiane GADIO.

Si sur le plan politique l'élection présidentielle de 24 février 2019 a été particulièrement riche d'enseignements, elle restera très spécifique sur le plan du contentieux électoral notamment en ce qui concerne le parrainage.

Trois (3) des douze (12) requêtes déposées ont été jugées irrecevables et les neuf (9) ont été rejetées au fond.

Analyse de la DÉCISION N° 3/E/2019 DU 20 janvier 2019 statuant sur les réclamations et-fixant la liste définitive des candidats à l'élection présidentielle du 24 février 2019, *RECUEIL DES DECISIONS DU CONSEIL CONSTITUTIONNEL, JANVIER 1993 MARS 2019, EDITION 2020.*

1- Concernant les requêtes jugées irrecevables

Trois (3) sur les douze (12) requêtes déposées au Conseil par Oumar SARR Mbaye Sylla KHOUMA et Idrissa SECK ont été jugées irrecevables. Les deux premiers requérants pour défaut de qualité pour saisir le Conseil constitutionnel et le troisième requérant pour défaut d'intérêt à agir.

A- Défaut de qualité pour saisir le Conseil constitutionnel

Par requête du 15 janvier 2019, Oumar SARR demande au Conseil constitutionnel de « reconsidérer sa décision » et d'inscrire Karim Meïssa WADE sur la liste définitive des candidats pour l'élection présidentielle du 24 février 2019.

Le Conseil constitutionnel faisant application de l'article L.122 du Code électoral qui n'ouvre le droit à réclamation qu'aux seuls candidats décide à juste titre que « *Oumar SARR, qui ne peut se prévaloir, en l'absence d'un pouvoir spécial émanant de Karim Meïssa WADE, que du statut de mandataire de la coalition « KARIM PRÉSIDENT 2019 », n'a pas qualité pour saisir le Conseil constitutionnel* ».

Il en sera ainsi pour Mbaye Sylla KHOUMA, mandataire de l'entité regroupant des personnes indépendantes dénommée « SÉNÉGAL REK » ayant investi Pierre Atepa GOUDIABY, qui a saisi le Conseil constitutionnel d'une requête aux fins d'expertise du logiciel de contrôle utilisé pour la vérification des parrainages et d'inscription de Pierre Atepa GOUDIABY sur la liste définitive des candidats.

Le Conseil constitutionnel décida également que : « *Considérant que cette requête doit, sans qu'il y ait lieu d'analyser les moyens invoqués à son soutien, être déclarée irrecevable ; qu'en effet, l'article L.122 du Code électoral n'ouvrant le droit à réclamation qu'aux seuls candidats, Mbaye Sylla KHOUMA, se présentant comme mandataire de l'entité dénommée « SENEGAL REK », n'a pas qualité pour saisir le Conseil constitutionnel* ».

B- Défaut d'intérêt à agir

Idrissa SECK a également saisi le Conseil constitutionnel d'une demande tendant à rétracter, à l'égard de Khalifa Ababacar SALL, la décision n° 2/E/2019, de déclarer la candidature de celui-ci recevable et de l'inclure dans la liste des candidats à l'élection présidentielle du 24 février 2019.

Dans sa réponse, le juge a estimé que « *Idrissa SECK, qui n'invoque aucun grief qui lui aurait été causé par la décision du Conseil constitutionnel et qui ne pourrait retirer aucun avantage d'un succès éventuel de sa réclamation, ne justifie pas d'un intérêt à agir, condition de recevabilité de toute action en justice* ».

2- Concernant les requêtes rejetées au fond

Par requêtes reçues au greffe du Conseil constitutionnel les 14, 15 et 16 janvier 2019, El Hadji Malick GAKOU, Papa DIOP, Mamadou Lamine DIALLO, Assane FALL représentant Abdoul MBAYE, Khalifa Ababacar SALL et Babacar Thioye BA, Cheikhe Hadjibou SOUMARÉ, Oumar SARR, Idrissa SECK, Mamour SÈNE représentant Thierno Alassane SALL, Mbaye Sylla KHOUMA, El Hadji Mansor SY et Aly GUÈYE représentant Boubacar CAMARA ont saisi le Conseil constitutionnel aux fins de « réclamation contre la décision n° 2/E/2019 du 13 janvier 2019 », sur le fondement de l'article L.122 du Code électoral.

Sur les douze requêtes déposées dans les délais, les neuf ont été rejetées au fond, les moyens invoqués n'étant pas fondés selon le juge.

Signalons que tous les moyens invoqués par les requérants tendaient à remettre en cause la loi électorale ou le raisonnement du juge constitutionnel.

Sur cette question le juge a été intransigeant en rappelant aux différents requérants que « *la réclamation, au sens de l'article L.122 du Code électoral, ne peut avoir pour objet ou pour effet ni la réformation ou l'annulation de la décision fondée sur une erreur dans l'appréciation des circonstances de fait ou l'interprétation de la règle de droit ni la rétractation de la décision fondée sur ce qu'une partie n'aurait pas été entendue ou appelée, la procédure devant le Conseil constitutionnel n'étant pas contradictoire ; que la requête doit donc être rejetée lorsque les moyens sur lesquels elle est fondée ont pour objet de critiquer le raisonnement suivi par le Conseil constitutionnel ou la motivation de sa décision* ».

Pourtant le juge avait la possibilité par ce seul considérant de ne pas examiner les autres moyens invoqués par les requérants qui tendaient tous à remettre en cause son raisonnement.

Néanmoins, il a préféré examiner un à un tous les autres moyens invoqués par les requérants.

Cette démarche pédagogique du Conseil constitutionnel peut se comprendre dans la mesure où ce dernier est aussi un organe de régulation de la vie politique.

Jurisp. **DÉCISION N° 2/E/2019 DU 13 JANVIER 2019 arrêtant la liste provisoire des candidats à l'élection présidentielle du 24 février 2019,** *RECUEIL DES DECISIONS DU CONSEIL CONSTITUTIONNEL, JANVIER 1993 MARS 2019, EDITION 2020.*

Jurisp. **DÉCISION N° 3/E/2019 DU 20 janvier 2019 statuant sur les réclamations et fixant la liste définitive des candidats à l'élection présidentielle du 24 février 2019,** *RECUEIL DES DECISIONS DU CONSEIL CONSTITUTIONNEL, JANVIER 1993 MARS 2019, EDITION 2020.*

Article L.128.-

Lorsqu'il est nécessaire de procéder à un deuxième tour de scrutin, les retraits éventuels de candidature sont portés à la connaissance du Conseil constitutionnel par les candidats vingt-quatre (24) heures au plus tard après la proclamation définitive des résultats du scrutin.

Le Conseil constitutionnel arrête et publie, dans les conditions prévues à l'article L.126 la liste des deux candidats admis à se présenter au second tour.

Chapitre II : Campagne électorale

Article LO.129.-

La campagne en vue de l'élection du Président de la République est ouverte vingt et un (21) jours avant le premier tour de scrutin.

S'il y a lieu de procéder à un deuxième tour de scrutin, la campagne s'ouvre à compter du jour de l'affichage de la liste des candidats au Greffe du Conseil constitutionnel. Elle prend fin la veille des élections à zéro heure.

Article LO.130.-

La Cour d'Appel de Dakar veille à l'égalité entre les candidats. Saisie par la C.E.N.A ou par un candidat, elle intervient, le cas échéant, auprès des autorités compétentes pour que soient prises toutes les mesures susceptibles d'assurer sans délai cette égalité.

L'organe en charge de la régulation des médias assure l'égalité entre les candidats dans l'utilisation du temps d'antenne ; il intervient, le cas échéant, auprès des autorités compétentes pour que soient prises toutes mesures susceptibles d'assurer cette égalité nonobstant les sanctions prévues par Les textes régissant l'organe de régulation.

Tout organe, toute entreprise privée de la presse écrite, audiovisuelle ou utilisant tout autre support, qui traite de la campagne est tenue de veiller au respect des règles d'équité et d'équilibre entre les candidats dans le traitement des activités de campagne électorale.

Est interdite toute activité assimilable à une campagne électorale dans les conditions définies par l'article L.61.

Est également interdite, toute propagande électorale le jour du scrutin.

Saisie d'une réclamation, la Cour d'Appel peut en cas de besoin, adresser des injonctions aux autorités concernées ou au candidat dont l'attitude est incriminée. La Cour d'Appel veille la régularité de la campagne électorale. Ses arrêts en la matière ne peuvent faire l'objet d'aucun recours.

NOTE : Il résulte des dispositions de l'article LO.130 du Code électoral que la Cour d'appel de Dakar veille à l'égalité entre les candidats. Ainsi, elle veille sur la régularité de la campagne électorale. Les arrêts rendus par cette juridiction en cette matière ne peuvent faire l'objet d'aucun recours.

Il faut noter que la Cour suprême est incompétente pour connaître des recours dirigés contre les décisions relatives à la régularité de la campagne électorale qui relève exclusivement des attributions de la Cour d'appel.

Jurisp. : C.E, ARRET N° 0013 DU 24 JUIN 1998, ALLIANCE JEF JEL, LISTE DE L'UNION POUR LE RENOUVEAU DEMOCRATIQUE (URD) C/ ETAT DU SENEGAL, *RECUEIL DES DECISIONS DU CONSEIL CONSTITUTIONNEL, JANVIER 1993 MARS 2019, EDITION 2020.*

LE CONSEIL D'ETAT

CONSIDERANT que selon le requérant, en interdisant, dans le cadre de la campagne électorale pour les élections législatives, le meeting de l'Union pour le Renouveau Démocratique, programmé à Matam le 18 mai 1998 en se fondant sur l'antériorité de la demande du Parti Socialiste dont le meeting serait prévu le même jour et par ailleurs sur des raisons de sécurité, le Préfet de Matam a pris une décision dépourvue de base légale qui encourt annulation pour excès de pouvoir ;

CONSIDERANT que le requérant a pu tenir son meeting, il n'y a donc pas urgence et il y a lieu de joindre le sursis au fond pour y statuer par une seule décision ;

CONSIDERANT qu'il résulte des dispositions combinées des articles L.56, LO.177 et LO.119 que pendant la campagne officielle électorale, les partis politiques tiennent librement leur réunion après avoir informé vingt-quatre heures à l'avance l'autorité compétente qui en prend acte et informe le déclarant de toute déclaration antérieure ;

QUE la Cour d'Appel dont les arrêts ne peuvent faire l'objet d'aucun recours est chargée de veiller à l'égalité entre les candidats et à la régularité de la campagne électorale et elle peut en cas de besoin adresser des injonctions aux autorités concernées ;

QU'AINSI au regard des dispositions sus-rappelées, il échet de déclarer le Conseil d'État incompétent pour connaître du litige invoqué.

PAR CES MOTIFS,

DIT n'y avoir lieu à surseoir à statuer ;

DECLARE le Conseil d'État incompétent.

Jurisp. : C.E, ARRET N° 0001, DU 27-01-1999, LANDING SAVANE, BAKARY COLY ET AND JEF/PADS C/ ETAT DU SENEGAL, *RECUEIL DES DECISIONS DU CONSEIL CONSTITUTIONNEL, JANVIER 1993 MARS 2019, EDITION 2020.*

LE CONSEIL D'ETAT,

APRES en avoir délibéré conformément à la loi ;

SUR LE MOYEN TIRE DE LA VIOLATION DU CODE ELECTORAL

CONSIDERANT que pour obtenir l'annulation de l'arrêté N° 012/BIS/DB/PB du 23 Mai 1998 portant délocalisation de bureaux de vote aux élections législatives du 24 Mai 1998 dans l'arrondissement de Sindia, les requérants invoquent la violation des dispositions de l'article L. 62 du Code Électoral qui, en la matière, donne compétence au Ministre de l'Intérieur pour établir définitivement les bureaux de vote ;

CONSIDERANT que l'arrêté susvisé n'est pas détachable des opérations électorales et que le litige auquel il a donné naissance relève du contentieux des élections législatives ;

CONSIDERANT qu'il résulte des dispositions des articles LO.185 et LO.188 du Code Électoral que le contentieux des élections législatives relève de la compétence du Conseil Constitutionnel ;

Qu'il en résulte que le Conseil d'État est incompétent.

PAR CES MOTIFS,

Se déclare incompétent.

Article LO.131.-

La campagne par voie d'affichage est régie par les dispositions des articles L.60 et L.62 ainsi que par les dispositions règlementaires du Code électoral.

Les panneaux d'affichage sont attribués dans l'ordre de la liste des candidats arrêtée par le Conseil constitutionnel.

Article LO.132.-

La tenue des réunions électorales est régie par les dispositions de l'article L.59 du présent Code.

Le service public de l'audiovisuel annonce les réunions électorales auxquelles participent les candidats.

Article LO.133.-

Chaque candidat peut faire imprimer et adresser aux électeurs, avant chaque tour de scrutin, une circulaire de propagande comprenant une page en recto et verso de format de 21 x 27 cm.

Cette circulaire est soumise à la formalité du dépôt légal.

Article LO.134.-

Pendant la durée de la campagne électorale pour le premier tour comme, le cas échéant, pour le second tour du scrutin, les candidats en lice à la Présidence de la République figurant sur la liste arrêtée et publiée par le Conseil constitutionnel reçoivent un traitement égal dans l'utilisation des moyens de propagande de la tranche horaire quotidienne du service public de l'audiovisuel réservée aux candidats.

Le nombre, la durée et les horaires des émissions, ainsi que les modalités de leurs réalisations sont fixées par l'organe chargé de la régulation des médias après avis de la C.E.N.A, des organes de la presse, de l'audiovisuel public et des candidats ou de leur mandataire.

L'organe de régulation des médias peut s'opposer à la diffusion d'une émission de la campagne électorale en cas de contravention aux règles posées par la Constitution.

Sa décision doit être motivée et notifiée, immédiatement, au candidat concerné. Cette décision peut faire l'objet d'un recours pour excès de pouvoir devant la Cour suprême qui se prononce en procédure d'urgence avant la fin de la campagne.

L'organe de régulation des médias peut saisir la Cour d'Appel préalablement à la diffusion d'une émission de la campagne officielle, dans les vingt-quatre (24) heures à compter de la réalisation de cette émission, si les propos tenus par les candidats ou les partis politiques révèlent un manquement grave aux obligations qui résultent de la Constitution, notamment en ce qui concerne le respect :

- des caractères de l'État républicain, laïc et démocratique ;

- des institutions de la République : de leur statut, de leurs compétences ;

- de l'indépendance nationale, de l'intégrité du territoire et de l'unité nationale ;

- et des libertés publiques.

La saisine de la Cour d'Appel est suspensive de la diffusion de l'émission.

La Cour d'Appel statue dans un délai de quarante-huit (48) heures à compter de sa saisine. Elle peut ordonner la non-diffusion de tout ou partie seulement de l'émission.

Le candidat dont les propos sont incriminés est invité à présenter sa défense.

Si l'organe de régulation des médias ne saisit pas la Cour d'Appel dans les vingt-quatre (24) heures ou si la Cour d'Appel ne statue pas dans le délai ci-dessus prévu, l'émission doit être diffusée immédiatement.

Article LO.135.-

L'organe de régulation des médias peut, en sus du temps d'émission dont dispose chaque candidat, organiser des débats audiovisuels contradictoires à la condition que de telles émissions permettent à chacun des candidats d'intervenir.

Article LO.136.-

L'organe de régulation des médias veille à ce que le principe d'égalité entre les candidats soit respecté dans les programmes d'information du service public de l'audiovisuel en ce qui concerne la reproduction et les commentaires des déclarations, écrits, activités des candidats et la présentation de leur personne.

Chapitre III : Opérations électorales

Article LO.137.-

Les électeurs sont convoqués par décret publié au Journal officiel au moins quatre-vingt (80) jours avant la date du scrutin.

En cas de deuxième tour, ou de nouveau tour de scrutin après l'annulation des élections, la publication du décret de convocation a lieu au plus tard huit (8) jours avant la date du scrutin.

Toutefois, en cas de vacance de la Présidence, par démission, empêchement définitif ou décès, le décret est pris dans les soixante (60) jours avant le scrutin.

Article LO.138.-

Pour veiller à la régularité des opérations électorales, la Cour d'Appel de Dakar désigne des délégués.

Ces délégués, nommés par ordonnance du Premier Président de la Cour d'Appel de Dakar, sont choisis parmi les membres des cours d'appel et des tribunaux.

Ils procèdent, le jour du scrutin, à des contrôles inopinés sur pièces et sur place.

Ils sont munis, à cet effet, d'un ordre de mission qui leur est délivré par le Premier Président de la Cour d'Appel de Dakar.

Article LO.139.-

Les délégués mentionnés à l'article LO.138, et les mandataires mentionnés à l'article L.71, sont chargés de veiller à la régularité de la composition des bureaux de vote, des opérations de vote, du dépouillement des suffrages et au respect du libre exercice des droits des électeurs et des candidats.

Ils procèdent à tous contrôles et vérifications utiles. Ils ont accès, à tout moment, aux bureaux de vote et peuvent exiger l'inscription de toutes observations sur les procès-verbaux avant leur transmission.

Les autorités administratives et les présidents de bureau de vote sont tenus de fournir tous les renseignements et de communiquer tous les documents nécessaires à l'exercice de cette mission, ainsi qu'un exemplaire du procès-verbal des opérations électorales, lorsque le délégué leur en fait la demande.

Les autorités administratives sont tenues de fournir tous les moyens et la protection nécessaire à la bonne exécution de la mission des délégués.

Le dépouillement a lieu immédiatement après la clôture du scrutin. N'entrent pas en compte les bulletins dont l'article L.84 du Code électoral dispose qu'ils sont nuls. Les opérations se déroulent conformément aux dispositions des articles L.83 et L.84 du Code électoral.

À l'issue du scrutin, le délégué de la Cour d'Appel dresse un rapport sur tous les contrôles effectués y compris les opérations de ramassage et d'acheminement des procès-verbaux des bureaux de vote. Ce rapport est remis au Premier Président de la Cour d'Appel de Dakar au plus tard dans les vingt-quatre (24) heures qui suivent la clôture du scrutin avec copie au Président de la Commission départementale de Recensement des Votes.

À l'issue du scrutin, chaque délégué de la Cour d'Appel dresse un rapport qu'il remet au Président de la C.E.N.A au plus tard dans les vingt-quatre (24) heures qui suivent la clôture du scrutin.

En cas de constatation d'irrégularités, la C.E.N.A enjoint l'autorité administrative de prendre les mesures de correction appropriées. Si elle ne s'exécute pas, la C.E.N.A dispose du pouvoir de dessaisissement et de substitution d'action dans le cadre des opérations électorales à l'égard de l'agent responsable, nonobstant son pouvoir de saisine des juridictions compétentes.

Article LO.140.-

Le résultat du scrutin est proclamé et affiché dans la salle de vote. Le procès-verbal des opérations est établi dans les conditions fixées par l'article L.85 et par les dispositions règlementaires du Code électoral. Les représentants des candidats membres du bureau de vote sont tenus de signer le procès-verbal. L'absence de signature doit être motivée.

Une copie du procès-verbal est obligatoirement remise au représentant de la C.E.N.A. et au représentant de chaque candidat.

Article LO.141.-

Les procès-verbaux et l'ensemble des pièces relatives aux opérations électorales sont transmis au Conseil constitutionnel conformément à l'article L.86 du présent code.

Chapitre IV : Recensement des votes et proclamation des résultats

Article LO.142.-

Au niveau de chaque département est créée une commission départementale de recensement des votes. Cette commission est composée :

- de trois magistrats dont l'un assure la présidence, tous désignés par le Premier Président de la Cour d'Appel de Dakar parmi les magistrats des Cours et Tribunaux ;

- d'un représentant de la C.E.N.A ;

- d'un représentant de chaque candidat ou liste de candidats et son suppléant. Leurs prénoms, nom, date et lieu de naissance, profession et numéro de téléphone doivent être notifiés par chaque candidat ou liste de candidats au Ministre chargé des élections, au Président de la Commission nationale de Recensement des Votes et au Président du Conseil constitutionnel quinze (15) jours avant celui du scrutin.

Au vu de l'ensemble des procès-verbaux des bureaux de vote du département et des pièces qui leur sont annexées, la commission effectue le recensement des votes. Seuls les magistrats ont voix délibérative.

Au niveau national est créée une Commission nationale de Recensement des Votes. Cette commission est présidée par le premier président de la Cour d'Appel de Dakar et en cas d'empêchement par un magistrat qu'il désigne. Elle comprend, en outre, d'une part, deux magistrats du siège désignés par lui et, d'autre part, un représentant de la C.E.N.A ainsi qu'un représentant de chaque candidat ou liste de candidats et son suppléant.

Pour l'élection présidentielle et les élections législatives, les renseignements concernant le représentant du candidat ou de la liste de candidats et de son suppléant, sont notifiés quinze (15) jours avant la date du scrutin. En tout état de cause, aussi bien pour l'élection présidentielle que pour les élections législatives, la commission nationale procède au recensement des votes conformément à la procédure décrite à l'alinéa 2 du présent article et à l'article LO. 143 du Code électoral.

Elle adopte les décisions à la majorité des votes des magistrats qui disposent seuls d'une voix délibérative, le président prenant part au vote. Les autres membres assistent à toutes les réunions de la commission nationale à l'exception de la délibération finale, ont accès à tous documents et ont la faculté de porter leurs observations au procès-verbal. La proclamation provisoire des résultats est effectuée par le Président de la commission sous la seule responsabilité des magistrats.

Article LO.143.-

Les commissions départementales procèdent au recensement des votes à partir des procès-verbaux de chacun des bureaux de vote. Elles n'ont pas le pouvoir de les annuler. Toutefois, en cas d'erreur de calcul ou de relevé de données chiffrées erronées, elles peuvent redresser et rectifier les procès-verbaux. Elles sont tenues dans ce cas de motiver leur décision et d'en faire la remarque au procès-verbal qui, en plus, doit aussi faire état des cas d'incohérence ou de doute sur la sincérité de certaines opérations relevées par la commission départementale. Si la commission ne parvient pas à formuler ses remarques, par consensus, chaque membre peut préciser son point de vue au procès-verbal.

La commission nationale procède au recensement des votes à partir des procès-verbaux des commissions départementales de recensement des votes. Elle peut les rectifier. Pour cela, elle procède, le cas échéant, à l'annulation ou au redressement des procès-verbaux des bureaux de vote. La commission nationale procède à la proclamation provisoire des résultats, dans les conditions prévues à l'article L.86. Il revient au Conseil constitutionnel d'effectuer la proclamation définitive des résultats conformément aux dispositions de l'article 35 de la Constitution.

En cas de destruction, de substitution, de perte ou de vol des originaux des procès-verbaux, les exemplaires détenus par les deux tiers (2/3) des représentants de candidats ou de listes de candidats feront foi au même titre que celui du représentant de la C.E.N.A.

Les résultats définitifs de l'élection présidentielle font l'objet d'une publication dans le Journal officiel, bureau de vote par bureau de vote par les soins du Président du Conseil constitutionnel.

Cette publication est faite également sur internet ou par tout autre moyen de communication.

<u>NOTE</u> : Sur la proclamation des résultats

Le contrôle de la validité des élections et la vérification de leur régularité, conduit inéluctablement le juge électoral à proclamer les résultats.

Cette proclamation qui fait partie des attributions du Conseil constitutionnel est destinée à sceller définitivement le sort de l'opération électorale en proclamant élu le candidat qui dispose de plus de voix.

Elle obéit à des règles générales et à des règles particulières.

Règles générales

Selon l'article LO. 142 Code électoral, il revient au Conseil constitutionnel d'effectuer la proclamation définitive des résultats conformément aux dispositions de l'article 35 de la Constitution.

Deux situations doivent être distinguées :

Si aucune contestation n'a été déposée dans les délais au greffe du Conseil constitutionnel, le Conseil proclame immédiatement les résultats définitifs du scrutin (article 35, al.3 de la Constitution).

S'il y a une contestation, le Conseil statue sur la réclamation dans les 5 jours du dépôt de celle-ci. Il faudra là aussi faire une autre distinction :

- la contestation n'est pas fondée ; dans ce cas, il rend une décision de rejet qui emporte proclamation des résultats définitifs du scrutin (article 35, al.4 de la Constitution) ;

- la contestation est bien fondée ; il rend une décision d'annulation ; il est alors procédé à un nouveau tour de scrutin dans les vingt et jours qui suivent (article 35, alinéas 4 et 5).

Règles propres au premier tour

La Commission nationale de Recensement des Votes a proclamé les résultats provisoires du premier tour du scrutin de l'élection présidentielle le jeudi 28 février 2019, soit la veille de l'expiration du délai.

Les candidats avaient conformément à l'article 35 alinéa 2 de la Constitution un délai de soixante-douze (72) heures à compter de la proclamation provisoire des résultats par la Commission nationale de

Recensement des Votes pour contester la régularité des opérations électorales.

Signalons que le Conseil constitutionnel n'a été saisi d'aucune contestation dans le délai prévu par l'article 35 de la Constitution en 2019.

De ce fait, le Conseil constitutionnel après avoir apporté les corrections et redressements nécessaires et la prise en compte des suffrages exprimés dans les procès-verbaux des bureaux de vote non parvenus à la Commission nationale de Recensement des Votes lors de ses délibérations, a proclamé immédiatement les résultats définitifs du scrutin le 5 mars 2019 sur le fondement de l'article 35, al.3 de la Constitution qui prévoit : *« Si aucune contestation n'a été déposée dans les délais au greffe du Conseil constitutionnel, le Conseil proclame immédiatement les résultats définitifs du scrutin ».*

Aux termes de l'article 33 de la Constitution si un candidat a obtenu la majorité absolue des suffrages exprimés, le Conseil constitutionnel proclame son élection.

Le candidat Macky SALL, ayant recueilli la majorité absolue des suffrages exprimés soit 58,26 %, a été proclamé élu au premier tour de l'élection présidentielle du 24 février 2019.

Jurisp. : DÉCISION N° 4/E/2019 DU 5 MARS 2019 PROCLAMATION DES RESULTATS DEFINITIFS DU SCRUTIN DU 24 FEVRIER 2019, *RECUEIL DES DECISIONS DU CONSEIL CONSTITUTIONNEL, JANVIER 1993 MARS 2019, EDITION 2020.*

LE CONSEIL CONSTITUTIONNEL,

1- Considérant que les résultats provisoires du premier tour du scrutin de l'élection présidentielle ont été proclamés le 28 févier 2019 par la Commission nationale de Recensement des Votes ;

2- Considérant que selon l'article 35, alinéa 2 de la Constitution, la régularité des opérations électorales peut être contestée par l'un des candidats devant le Conseil constitutionnel dans les soixante-douze heures qui suivent la proclamation provisoire des résultats par la Commission nationale de Recensement des Votes ;

3- Considérant que le Conseil constitutionnel n'a été saisi d'aucune contestation dans le délai prévu par l'article 35 de la Constitution ;

4- Considérant qu'aux termes de l'alinéa 3 de l'article précité, « Si aucune contestation n'a été déposée dans les délais au greffe du Conseil constitutionnel, le Conseil proclame immédiatement les résultats définitifs du scrutin » ;

5- Considérant que l'examen du procès-verbal transmis par la Commission nationale de Recensement des Votes ainsi que des pièces y annexées, notamment le document contenant les observations formulées par les représentants des candidats Ousmane SONKO, Madické NIANG et El Hadji SALL, ne révèle pas d'irrégularités de nature à altérer la sincérité du scrutin ;

6- Considérant qu'après les corrections et redressements nécessaires et la prise en compte des suffrages exprimés dans les procès-verbaux des bureaux de vote non parvenus à la Commission nationale de Recensement des Votes lors de ses délibérations, les résultats du premier tour du scrutin pour l'élection présidentielle du 24 février 2019 s'établissent comme suit :

- électeurs inscrits = 6 683 043
- votants = 4 428 680
- bulletins nuls = 42 541
- suffrages exprimés = 4 386 139
- majorité absolue = 2 193 070

Ont obtenu :

Macky SALL : 2 555 426 soit 58,26 %
Idrissa SECK : 899 556 soit 20,51 %
Ousmane SONKO : 687 523 soit 15,67 %
Madické NIANG : 65 021 soit 1,48 %
El Hadji SALL : 178 613 soit 4,07 %

7- Considérant qu'il résulte de l'article 33 de la Constitution que le candidat qui obtient la majorité absolue des suffrages exprimés est élu au premier tour ;

8- Considérant que le candidat Macky SALL, ayant recueilli la majorité absolue des suffrages exprimés, il y a lieu de le déclarer élu au premier tour de l'élection présidentielle du 24 février 2019 ;

En conséquence,

PROCLAME :

Article premier. - Monsieur Macky SALL est élu Président de la République du Sénégal.

Article 2.- La présente décision sera affichée au greffe du Conseil constitutionnel et publiée sans délai au *Journal officiel* de la République du Sénégal.

Chapitre V : Contentieux

NOTE : Le Conseil constitutionnel n'est compétent que pour les élections nationales, celle du président de la République, celle des députés et des hauts conseillers, les élections locales (communales et départementales) relèvent de la compétence de la cour d'appel et de la Cour suprême.

Le Conseil constitutionnel ne peut intervenir qu'à deux moments des élections : avant l'ouverture du scrutin, au moment du dépôt des candidatures et après proclamation provisoire des résultats par la Commission nationale de Recensement des votes.

Autrement dit, le Conseil constitutionnel ne peut intervenir ni dans l'établissement et la révision des listes électorales, ni dans la distribution des cartes électorales, ni dans la campagne électorale, ni dans les opérations de vote aussi bien en ce qui concerne l'élection présidentielle qu'en ce qui concerne les élections législatives et des hauts conseillers.

Par ailleurs, il importe de rappeler que le Conseil constitutionnel du Sénégal, créé par la loi organique n° 92-23 du 30 mai 1992 (abrogée et remplacée par la loi organique n° 2016-23 du 14 juillet 2016), va avoir 31 années d'existence.

Vingt-cinq ans durant lesquels l'Institution a participé pleinement à seize (16) échéances électorales :

- cinq élections présidentielles en février 1993, février-mars 2000, février 2007 et février -mars 2012- février 2019 ;
- cinq élections législatives en mai 1993, mai 1998, avril 2001, juin 2007, juillet 2012 et juillet 2022 ;
- deux élections sénatoriales en janvier 1999 et août 2007 ;
- deux référendums en janvier 2001 et mars 2016 ;
- deux élections des hauts conseillers en septembre 2016 et septembre 2022.

L'élection présidentielle de 2019 a consacré la deuxième alternance démocratique après celle de 2000 et a ainsi traduit la maturité politique du peuple sénégalais.

Pilier de l'État de Droit, le Conseil constitutionnel a également contribué à l'émergence d'une jurisprudence normative en matière d'élection présidentielle.

Le dépouillement de la jurisprudence du Conseil constitutionnel rendue en matière d'élection présidentielle contribuera certainement à mieux faire connaître sa place dans les institutions constitutionnelles sénégalaises ainsi que son rôle de gardien des droits et des libertés définis par la Constitution et la loi.

Le Conseil intervient à deux moments de l'élection présidentielle : avant l'ouverture du scrutin et après proclamation provisoire des résultats par la Commission nationale de Recensement des votes.

Trente-un (31) ans durant lesquels l'Institution a participé pleinement à cinq élections présidentielles et au total vingt-quatre (24) décisions ont été rendues.

ELECTION PRESIDENTIELLE DE 1993 A 2019

Années	Nombres de décisions rendues
Février 1993 (premier tour)	5 décisions
Février–mars 2000 (deux tours)	5 décisions
Février 2007(premier tour)	4 décisions
Février-mars 2012(deux tours)	6 décisions
Février 2019(premier tour)	4 décisions

Au cours de l'élection présidentielle de 2019, le Conseil constitutionnel a rendu donc 4 décisions, à savoir :

- Décision n° 1/E/2019 du 13 janvier 2019 par laquelle le Conseil statue sur des demandes ayant pour objet de remettre en cause, directement ou indirectement, les résultats des vérifications des parrainages ;

- Décision n° 2/E/2019 du 13 janvier 2019 arrêtant la liste provisoire des candidats à l'élection présidentielle du 24 février 2019 ;

- Décision n° 3/E/2019 du 20 janvier 2019 statuant sur les réclamations et fixant la liste définitive des candidats à l'élection présidentielle du 24 février 2019 ;

- Décision n° 4/E/2019 du 5 mars 2019 portant proclamation des résultats définitifs du scrutin du 24 février 2019.

Parmi ces décisions, seules deux ont tranché une contestation. Il s'agit :

- Décision n° 1/E/2019 du 13 janvier 2019 ;

- Décision n° 3/E/2019 du 20 janvier 2019.

Article LO.144.-

Dans les conditions de délai fixées par l'article 35 de la Constitution, tout candidat ou liste de candidats au scrutin peut contester la régularité des opérations électorales sous la forme d'une requête adressée au Président du Conseil constitutionnel.

NOTE : Le Conseil constitutionnel est chargé, en application de l'article 35 de la Constitution, de veiller à la régularité de l'élection du Président de la République.

Le juge constitutionnel contrôle ainsi, en se fondant sur les griefs articulés dans les recours et les conclusions éventuellement déposées pour apprécier la validité des opérations électorales.

Le contentieux électoral, surtout celui des résultats, est en général sensible et complexe et le juge se comporte, devant le trancher, et donc tenu de se comporter comme arbitre de la compétition politique, statuant sur les recours en contestation des résultats qui sont déjà proclamés par la Commission nationale de Recensement des Votes (CNRV).

Curieusement, dans un contexte où l'élection présidentielle est toujours l'objet de contestation, le Conseil constitutionnel, lors du scrutin présidentiel du 24 février 2019, n'a été saisi d'aucun recours en contestation des résultats provisoires.

Dans cette situation, sans nul doute confortable pour un juge électoral, le Conseil constitutionnel s'appuie sur le procès-verbal de proclamation des résultats du scrutin, constate l'absence de recours à compter de la proclamation provisoire des résultats, procède aux corrections nécessaires, par la prise en compte des procès-verbaux de recensement des votes non parvenus à la Commission nationale de Recensement des Votes, et proclame les résultats définitifs du scrutin.

Rappelons que lors du scrutin présidentiel du 24 février 2019, le procès-verbal des résultats provisoires a été signé par tous les représentants à l'exception de la représentante du candidat Idrissa SECK.

Cependant, les représentants des candidats Ousmane SONKO, Madické NIANG et El Hadji SALL se sont concertés pour faire des observations sur le procès-verbal final à l'attention du Conseil constitutionnel. Sur ce point, le Conseil a considéré que les observations portées au procès-verbal de la CNRV, par les représentants des candidats Ousmane SONKO, Madické NIANG et El Hadji SALL ne révélaient pas d'irrégularités de nature à altérer la sincérité du scrutin.

Néanmoins, le Conseil constitutionnel a pris en compte les quelques procès-verbaux qui n'étaient pas parvenus à la CNRV à temps et qui représentaient un peu plus de 2.000 voix avant de procéder à la proclamation des résultats définitifs.

Le Conseil constitutionnel a fait application ici des dispositions de l'article 35, alinéa 3 de la Constitution qui dispose : « *Si aucune contestation n'a été déposée dans les délais au greffe du Conseil constitutionnel, le Conseil proclame immédiatement les résultats définitifs du scrutin* ».

Il faut souligner que là où les autres candidats ou coalitions se sont gardés de présenter des recours pour contester la régularité du scrutin, la Coalition « Idy 2019 » a trouvé plus pertinent de publier un livre blanc intitulé comme suit: « *Élection présidentielle 2019 : Observations saillantes sur un hold-up électoral* ». Sur 58 pages, le candidat Idrissa SECK et ses alliés énoncent ce qu'ils considèrent comme des irrégularités ayant affecté la sincérité du scrutin du 24 février 2019.

Entre autres irrégularités dénoncées, on pouvait citer :

- la modification unilatérale et illégale du régime de vote le jour même du scrutin ;
- des milliers d'électeurs égarés en raison d'une modification forcée de leurs bureaux, centres, voire leurs régions de vote ;
- les enfants-votants ;
- plus de 106 codes d'état civil « inexistants » décelés dans le document du ministère de l'Intérieur à la suite de l'audit du fichier électoral par des experts de la coalition « Idy 2019 » ;
- inscription massive d'électeurs à travers des audiences foraines à Podor ;
- la Direction de l'Automatisation du Fichier (DAF) s'est arrogé la prérogative de créer des doublons dans le fichier électoral par apport à l'état civil, en ajoutant le chiffre 2 à la fin du numéro d'identité nationale si deux personnes détiennent le même acte d'état civil ;
- le transfert d'électeurs sur la base de faux extraits de naissance noté dans plusieurs autres départements ;
- des numéros de carte d'identité antérieurs à la création du centre d'état civil à Keur Massar ;
- des électeurs n'ayant pas retrouvé leur nom sur la liste d'émargement à voter ;
- le refus par le Pouvoir de mettre à la disposition de l'opposition le fichier électoral.

L'Administration a été la principale cible.

Les reproches faits au Conseil constitutionnel ont porté essentiellement sur la vérification des parrainages et, sur ce point, le Conseil a porté des éléments de réponse dans sa décision 2/E/2019 du 13 janvier 2019.

On peut penser a priori que c'est lié aux douze (12) requêtes que les partis politiques ou coalitions de partis politiques de l'Opposition ont déposées après la publication de la liste provisoire des candidats et qui ont toutes été rejetées par le conseil ou bien l'écart élevé de voix entre les candidats.

Soulignons que l'absence de recours tendant à contester la régularité d'une élection présidentielle n'est pas une première, la même situation s'était produite lors du second tour de l'élection présidentielle de mars 2000 où le Conseil constitutionnel, après avoir constaté l'absence de recours, avait proclamé élu au second tour Abdoulaye WADE Président de la République. (Sur ce point, voir Conseil constitutionnel, décision n°13/E/2000 du 25 mars 2000 ; proclamation des résultats définitifs du second tour de l'élection présidentielle du 19 mars 2000).

Le même cas de figure s'est présenté lors de l'élection présidentielle du 25 mars 2012. En effet, après proclamation (le 27 mars 2012) des résultats provisoires du second tour du scrutin de l'élection présidentielle par la CNRV, n'ayant été saisi d'aucune contestation dans le délai prévu par l'article 35 de la Constitution, le Conseil constitutionnel a proclamé les résultats définitifs du second tour, en faveur de Macky SALL qui a recueilli la majorité absolue des suffrages et qui a été proclamé élu Président de la République du Sénégal. (Sur ce point, voir décision n °19/E/2012 du 30 mars 2012 ; proclamation des résultats du second tour du scrutin de l'élection présidentielle du 25 mars 2012).

Article LO.145.-

La requête est déposée au greffe du Conseil constitutionnel. Il en est donné acte par le Greffier en chef.

À peine d'irrecevabilité, la requête doit préciser les faits et moyens allégués.

Article LO.146.-

La requête est communiquée par le Greffier en chef du Conseil constitutionnel aux autres candidats intéressés qui disposent d'un délai maximum de quarante-huit (48) heures pour déposer un mémoire en réponse. Il est donné récépissé du dépôt du mémoire par le Greffier en chef.

Article LO.147.-

Le Conseil constitutionnel statue sur la requête dans les délais prévus par l'article 35 de la Constitution.

TITRE III. - *DISPOSITIONS RELATIVES AUX ELECTIONS DES DEPUTES A L'ASSEMBLEE NATIONALE*

Chapitre premier : Composition, mode d'élection et durée du mandat des députés

Article LO.148.-

(Modifié par loi n° 2022-15 du 3 mai 2022 modifiant la loi n° 2021-35 du 23 juillet 2021)

Le nombre de députés à l'Assemblée nationale est fixé à 165.

Article L.149.-

Tout parti politique légalement constitué, toute coalition de partis politiques légalement constitués, peut présenter des listes de candidats.

Toutes entités regroupant des personnes indépendantes peuvent présenter des listes de candidats au plan national, sous réserve de se conformer à l'article 4 de la Constitution.

Pour pouvoir valablement présenter une liste de candidats, les partis politiques légalement constitués, les coalitions de partis politiques légalement constitués et les entités regroupant des personnes indépendantes doivent recueillir la signature de 0,5% au minimum et 0,8% au maximum des électeurs inscrits du fichier général. Une partie de ces électeurs doit obligatoirement provenir de sept régions à raison de mille au moins par région.

Un électeur ne peut parrainer qu'une (01) liste de candidats.

Le contrôle de ces signatures est effectué par la commission de réception des candidatures, sous le contrôle et la supervision de la C.E.N.A et en présence des mandataires des listes.

En tout état de cause, la parité homme-femme s'applique à toutes les listes. Les listes de candidatures, titulaires comme suppléants, doivent être alternativement composées de personnes des deux sexes. Lorsque le nombre de membres est impair, la parité s'applique au nombre pair immédiatement inférieur.

Dans le cas où un seul député est à élire dans le département, le titulaire et le suppléant doivent être de sexe différent.

La coalition de partis politiques et les entités regroupant des personnes indépendantes doivent choisir un nom différent de celui des partis politiques légalement constitués. Toutefois, une coalition peut prendre le titre d'un des partis qui la composent. Le nom ou éventuellement le titre de la coalition ou de l'entité regroupant des personnes indépendantes doit être notifié au Ministre chargé des élections au plus tard la veille du dépôt des déclarations de candidature et figurer en tête de la liste de candidats présentés aux élections. Les signatures recueillies pour le parrainage de la candidature sont déposées au moment de la notification du nom de la coalition ou de l'entité.

Article L.150.-

(Modifié par loi n° 2022-15 du 3 mai 2022 modifiant la loi n° 2021-35 du 23 juillet 2021)

Les députés à l'Assemblée nationale sont élus à raison de 112 députés dont quatre-vingt-dix-sept (97) pour l'intérieur du pays et quinze (15) pour l'extérieur au scrutin majoritaire à un tour dans le ressort du département et cinquante-trois (53) députés au scrutin proportionnel sur la liste nationale.

Pour les besoins du scrutin majoritaire, l'extérieur du pays est subdivisé en des entités dénommées « départements ».

Les départements de l'extérieur du pays sont les suivants :

- le département Afrique du Nord ;
- le département Afrique de l'Ouest ;
- le département Afrique du Centre ;
- le département Afrique Australe ;
- le département Europe de l'Ouest, du Centre et du Nord ;
- le département Europe du Sud ;
- le département Amériques-Océanie ;
- le département Asie-Moyen Orient.

La liste des pays qui composent ces départements est fixée par décret.

Il n'est utilisé qu'un seul bulletin de vote pour les deux modes de scrutin.

Article L.151.-

Dans chaque département, sont élus sept (7) députés au plus et un (1) député au moins. Le nombre de députés à élire dans chaque département est déterminé par décret en tenant compte de l'importance démographique respective de chaque département.

Toutefois, le maximum ne peut être atteint que lorsque le quotient national le permet. Les départements dont la population est égale ou supérieure à 170.000 habitants obtiennent au moins deux (2) sièges.

Le nombre de députés à élire dans chaque département de l'extérieur du pays est déterminé par décret en tenant compte de l'importance de l'électorat de chaque département.

Dans chacun de ces départements de l'extérieur sont élus trois (03) députés au plus et un (01) député au moins. Toutefois, dans un même département, les pays dont l'électorat est égal ou supérieur à 40 000 électeurs obtiennent au minimum deux (02) sièges.

Sont élus les candidats de la liste qui a obtenu le plus grand nombre de suffrages valablement exprimés. Si le département ne comporte qu'un siège à pourvoir, le candidat ayant obtenu le plus grand nombre de suffrages valablement exprimés est élu.

En cas d'égalité de suffrages dans le département, la liste de candidats dont la moyenne d'âge est la plus élevée (titulaires et suppléants) remporte les sièges.

Article L.152.-

Le bulletin de chaque électeur est tout d'abord pris en compte pour établir le résultat du scrutin départemental. Il est ensuite pris en compte le cas échéant, pour l'établissement du résultat du scrutin national.

Article L.153.-

Pour le scrutin proportionnel sur une liste nationale, il est appliqué le système du quotient national. Pour déterminer ce quotient, on divise le nombre total des suffrages valablement exprimés par le nombre des députés à élire pour ce scrutin. Autant de fois ce quotient est contenu dans le nombre des suffrages obtenus par chaque liste, autant celle-ci obtient de candidats élus. La répartition des restes se fait selon le système du plus fort reste.

Article L.154.-

En vue de pourvoir aux vacances qui pourraient se produire :

- chaque liste de candidats au scrutin majoritaire dans le ressort du département, comprend un certain nombre de suppléants égal au nombre des sièges à pourvoir ; en cas de vacance, il est fait appel au candidat du même sexe non élu placé en tête de la liste dans laquelle s'est produite la vacance ;

- chaque liste de candidats au scrutin de représentation proportionnelle avec liste nationale comprend cinquante (50) candidats suppléants ; en cas de vacance d'un siège de député, il est fait appel en priorité au candidat du même sexe non élu placé en tête sur la liste dans laquelle s'est produite la vacance.

Il sera fait appel ensuite aux candidats suppléants après épuisement de la liste des candidats non élus en tenant compte du sexe.

Lorsqu'une liste est ainsi épuisée, il est procédé à une élection partielle dans les trois (3) mois de la vacance qui l'a rendue nécessaire. Il n'est toutefois pas procédé à des élections partielles dans les douze (12) derniers mois de la législature.

Article L.155.-

Le mandat des députés de l'Assemblée nationale est de cinq (5) ans.

Les pouvoirs de l'Assemblée nationale expirent le jour de l'installation de l'Assemblée nationale nouvellement élue.

Article LO.156.-

Les élections générales ont lieu entre les soixante (60) jours et les vingt (20) jours qui précèdent la fin du mandat.

Chapitre II : Conditions d'éligibilité et d'inéligibilité

Article LO.157.-

Tout électeur inscrit peut être élu à l'Assemblée nationale dans les conditions et sous les seules réserves énoncées aux articles suivants.

Article LO.158.-

Nul ne peut être élu à l'Assemblée nationale s'il n'est pas âgé de vingt-cinq (25) ans révolus à la date des élections.

NOTE : Il est de jurisprudence constante du Conseil constitutionnel que les candidats qui n'auront pas l'âge minimum requis à la date des élections législatives, verront leurs candidatures être déclarées irrecevables.

Jurisp. : CONSEIL CONSTITUTIONNEL, DÉCISION N° 7/93

DU 31 MARS 1993

(N° D'ORDRE : 7 - AFFAIRES N° 13 À 18/E/93), *RECUEIL DES DECISIONS DU CONSEIL CONSTITUTIONNEL, JANVIER 1993 MARS 2019, EDITION 2020.*

CANDIDATS AYANT UN AGE INFERIEUR AU MINIMUM REQUIS

5. Considérant qu'aux termes de l'article LO.127 du Code électoral : "Nul ne peut être élu à l'Assemblée nationale s'il n'est âgé de vingt-cinq ans révolus à la date des élections" ;

6. Considérant qu'il ressort de l'examen des pièces d'état-civil des intéressés, versées aux dossiers qu'aucun des candidats :

- Monsieur Moussa DIOUF, né le 5 septembre 1968 ;
- Monsieur Touba DIOUF, né le 15 décembre 1974 ;
- Monsieur Cheikh DIOUF, né le 2 octobre 1970 ;
- Madame Ndèye NDIAYE, née le 2 août 1969 ;
- Monsieur Amadou Moctar MBACKÉ, né le 30 juin 1968 ;

- Madame Ndèye Amy NDIONE, née le 15 octobre 1968, ne sera âgé de vingt-cinq ans révolus le 9 mai 1993, date des élections législatives ;

Qu'ainsi, leurs candidatures doivent être déclarées irrecevables, conformément aux dispositions de l'article LO.149 paragraphe 1 du Code électoral.

Article LO.159.-

Les étrangers naturalisés ne sont éligibles qu'à l'expiration d'un délai de dix ans (10) à compter de la date du décret de naturalisation et sous réserve qu'ils ne conservent pas une autre nationalité.

L'un des conjoints qui a acquis la nationalité sénégalaise par mariage n'est éligible qu'à l'expiration d'un délai de dix ans (10) à compter de la date à laquelle cette acquisition ne peut plus faire l'objet d'opposition.

La loi fixe les cas dans lesquels cette incapacité peut être réduite en fonction des titres et circonstances dont les personnes visées aux deux alinéas précédents pourraient se prévaloir.

Article LO.160.-

Sont inéligibles les individus condamnés, lorsque leur condamnation empêche d'une manière définitive leur inscription sur une liste électorale.

Les individus dont la condamnation empêche temporairement l'inscription sur une liste électorale sont inéligibles pendant une période double de celle durant laquelle ils ne peuvent être inscrits sur la liste électorale.

Sont, en outre, inéligibles :

1) les individus privés par décision judiciaire de leur droit d'éligibilité en application des lois qui autorisent cette privation ;

2) les personnes placées sous protection de justice ou pourvues d'un tuteur ou d'un curateur.

Article LO.161.-

Les inspecteurs généraux d'État nommés dans le corps et les agents de l'État délégués dans les fonctions d'inspecteur général d'État sont inéligibles. Toutefois cette inéligibilité cesse en cas de sortie définitive du corps.

Sont également inéligibles pendant la durée de leur fonction et durant les six (06) premiers mois qui suivent la cessation de celle-ci :

1) les gouverneurs de région et leurs adjoints, les préfets et leurs adjoints, les sous-préfets et leurs adjoints ;

2) les magistrats des Cours et Tribunaux ;

3) le Trésorier général.

Article LO.162.-

Sera déchu de plein droit de son mandat de député celui dont l'inéligibilité se révélera après la proclamation des résultats et l'expiration du délai de recours, ou qui, pendant son mandat, se trouvera dans un cas d'inéligibilité prévu par le présent code.

Chapitre III : Incompatibilités

Article LO.163.-

Le mandat de député est incompatible avec la qualité de membre du Gouvernement, de membre du Haut Conseil des Collectivités territoriales, ou de membre du Conseil chargé des Affaires économiques, sociales et environnementales.

Article LO.164.-

L'exercice de toute fonction publique non élective est incompatible avec le mandat de député.

En conséquence, toute personne visée à l'alinéa précédent élue à l'Assemblée nationale est remplacée dans ses fonctions et placée dans la position prévue à cet effet par le statut le régissant dans les huit (08) jours qui suivent son entrée en fonction, ou en cas de contestation de l'élection, dans les huit (08) jours suivant la décision de validation.

L'exercice de fonctions confiées par un État étranger ou une organisation internationale et rémunérées sur leurs fonds est également incompatible avec le mandat de député.

Toutefois, les membres du personnel enseignant de l'enseignement supérieur sont exceptés des dispositions des deux (02) premiers alinéas du présent article.

Article LO.165.-

Les députés peuvent être chargés par le pouvoir exécutif d'une mission publique au cours de leur mandat. L'exercice de cette mission publique est compatible avec le mandat de parlementaire.

Article LO.166.-

Sont incompatibles avec le mandat parlementaire, les fonctions de Président et de membre du Conseil d'Administration, ainsi que l'exercice de toute profession salariée dans les entreprises du secteur parapublic. Il en est de même également de toutes fonctions exercées de façon permanente en qualité de conseil auprès de ces mêmes établissements ou entreprises. Il en est de même de la situation d'actionnaire majoritaire dans les entreprises sous le contrôle de l'État.

L'incompatibilité édictée au présent article ne s'applique pas aux députés désignés à cette qualité comme membre du conseil d'administration, d'établissements publics ou d'entreprises placés sous le contrôle de l'État, en vertu des textes organisant ces entreprises ou établissements.

Article LO.167.-

Sont incompatibles avec le mandat de député les fonctions de chef d'entreprise, de président de conseil d'administration, d'administrateur délégué, de directeur général, de directeur adjoint ou de gérant, exercées dans :

1) les sociétés, entreprises ou établissements, jouissant sous forme de garantie d'intérêt, de subventions, ou sous une forme équivalente, d'avantage assurés par l'État ou par une collectivité publique, sauf dans le cas où ces avantages découlent de l'application automatique d'une législation générale ou d'une règlementation générale ;

2) les sociétés ayant exclusivement un objet financier et faisant publiquement appel à l'épargne et au crédit ;

3) les sociétés et entreprises dont l'activité consiste principalement dans l'exécution de travaux, la prestation de fournitures ou de services pour le compte ou sous le contrôle de l'État, d'une collectivité ou d'un établissement dont plus de la moitié du capital social est constituée de participations de sociétés ou d'entreprises ayant ces mêmes activités.

Article LO.168.-

Il est interdit à tout parlementaire d'exercer en cours de mandat une fonction de membre du conseil d'administration ou de surveillance ou toutes fonctions exercées de façon permanente en qualité de conseil dans les sociétés, établissements ou entreprises visés à l'article précédent. Il est de même interdit à tout parlementaire d'être en cours de mandat actionnaire majoritaire d'une telle société, établissement ou entreprise.

Il est interdit en outre à tout autre parlementaire d'exercer en cours de mandat une fonction de chef d'entreprise, de président du conseil d'administration, d'administrateur délégué, de directeur général, de directeur adjoint ou de gérant, de membre du conseil d'administration ou de surveillance ou toutes fonctions exercées de façon permanente en qualité de conseil dans une société, établissement ou entreprise quelconque. Il est de même interdit à tout parlementaire d'être en cours de mandat, actionnaire majoritaire d'une telle société, établissement ou entreprise.

Toutefois, les interdictions mentionnées aux deux (02) alinéas ci-dessus ne s'appliquent pas lorsque les fonctions concernées étaient exercées au moment de la première élection de l'intéressé en tant que député, ou lorsque la situation d'actionnaire majoritaire existait lors de cette première élection. Dans ce cas, l'exercice en cours de mandat de toute fonction nouvelle mentionnée aux deux (02) alinéas précédents est subordonné à l'autorisation préalable du bureau de l'Assemblée nationale.

Article LO.169.-

Nonobstant les dispositions des articles précédents, les parlementaires membres d'un conseil départemental ou municipal peuvent être désignés par ces assemblées ou conseils pour les représenter dans les organismes d'intérêt régional ou local à condition que ces organismes n'aient pas pour objet de faire ou de distribuer des bénéfices et que les intéressés n'y occupent pas de fonctions rémunérées. En outre, les députés, même non-membres d'une assemblée ou d'un conseil désigné ci-dessus, peuvent exercer des fonctions de :

- président de conseil d'administration ;

- administrateur délégué ou membre du conseil d'administration des sociétés d'économie mixte, d'équipement régional local ou des sociétés ayant un objet exclusivement local lorsque ces fonctions ne sont pas rémunérées.

Article LO.170.-

Il est interdit à tout avocat inscrit au barreau lorsqu'il est investi d'un mandat de député, d'accomplir directement ou indirectement par l'intermédiaire d'une association, d'un collaborateur ou d'un secrétaire, sauf devant la Haute Cour de Justice, un acte de profession dans les affaires à l'occasion desquelles des poursuites pénales sont engagées devant les juridictions répressives pour crimes ou délits contre la chose publique, en matière de presse ou d'atteinte au crédit et à l'épargne ; il lui est interdit dans les mêmes conditions de plaider ou de consulter contre l'État, les collectivités territoriales ou établissements publics et les sociétés placées sous le contrôle de l'État.

Article LO.171.-

Il est interdit à tout député de faire ou de laisser figurer son nom suivi de l'indication de sa qualité dans toute publicité relative à une entreprise financière, industrielle ou commerciale.

Seront punis d'un emprisonnement d'un à six (06) mois et d'une amende de 100.000 à 500.000 FCFA les fondateurs, directeurs ou gérants de sociétés ou d'établissements à objet commercial, industriel ou financier qui auront fait figurer le nom d'un député avec mention de sa qualité dans toute publicité faite dans l'intérêt de l'entreprise qu'ils dirigent ou qu'ils se proposent de fonder. En cas de récidive, les peines ci-dessus prévues pourront être doublées.

Article LO.172.-

Le député qui, lors de son élection, se trouve dans l'un des cas d'incompatibilité visés au présent chapitre, est tenu d'établir dans les huit (08) jours qui suivent son entrée en fonction qu'il s'est démis de ces fonctions incompatibles avec son mandat, ou qu'il ne se trouve plus dans la situation d'actionnaire majoritaire déclarée incompatible en vertu des articles LO.166 et LO.168 ou, s'il est titulaire d'un emploi public, qu'il a demandé à être placé dans la position spéciale prévue par son statut.

À défaut, il est déclaré démissionnaire d'office, à moins qu'il ne se démette de son mandat.

La démission d'office est constatée dans tous les cas par l'Assemblée nationale à la demande du Président de la République ou du bureau. Elle n'entraîne pas l'inéligibilité.

Chapitre IV : Déclaration de candidature

Article L.173.-

Tout parti politique légalement constitué, toute coalition de partis politiques légalement constitués ou toutes entités regroupant des personnes indépendantes ayant satisfait aux conditions exigées à l'article L.149 désireux de participer aux élections législatives doit faire une déclaration de candidature, éventuellement une double déclaration de candidature dont la première concerne les candidatures au scrutin départemental et la seconde concerne les candidatures au scrutin national.

Ces déclarations doivent comporter :

1) le nom et éventuellement le titre du parti politique, de la coalition de partis politiques ou de l'entité regroupant des personnes indépendantes ;

2) la photo du candidat occupant le premier rang sur la liste nationale et la couleur, le symbole et éventuellement le sigle choisis pour l'impression des bulletins de vote, accompagnés de la maquette du bulletin sur support papier et électronique pour renseigner sur la nuance des couleurs et leur disposition sur ledit bulletin ;

3) les prénoms, nom, date et lieu de naissance, sexe de chacun des candidats, leur profession et domicile, avec la précision de leur service, emploi et lieu d'affectation, s'ils sont agents de l'Etat ;

4) l'indication du département dans lequel ils se présentent ;

5) une quittance confirmée par une attestation signée par le Directeur général de la Caisse des Dépôts et Consignations pour attester du dépôt de la caution.

Pour le scrutin majoritaire, les partis et les coalitions de partis ainsi que les entités regroupant des personnes indépendantes ne sont pas tenus de présenter des listes de candidats dans tous les départements. Toutefois, la liste présentée dans un département doit être complète.

Pour le scrutin proportionnel, les listes présentées doivent être complètes. Une même personne ne peut être candidate à la fois au scrutin majoritaire et au scrutin proportionnel ni se présenter dans plusieurs départements.

NOTE : Un parti légalement constitué et qui a investi une liste de candidats aux différents scrutins sous ses couleurs et versé en son nom propre le cautionnement exigé par la loi ne saurait être assimilé à une coalition de partis politiques.

Jurisp. : CONSEIL CONSTITUTIONNEL, DÉCISION N° 8/E/98 DU 16 AVRIL 1998

(N° D'ORDRE : 37 - AFFAIRE N° 8/E/98), *RECUEIL DES DECISIONS DU CONSEIL CONSTITUTIONNEL, JANVIER 1993 MARS 2019, EDITION 2020.*

LE CONSEIL CONSTITUTIONNEL,

Statuant en matière électorale, conformément aux articles 84 de la constitutionnel et L.140 du Code électoral, a rendu la décision dont la teneur suit :

Vu la lettre n° 00119 du 9 avril 1998 du Ministre de l'Intérieur notifiant au mandataire de l'A.D.N.-ASCOSEN l'irrecevabilité de sa liste de candidatures ;

4. Considérant qu'à l'appui de sa requête, le mandataire de la liste A.D.N. soutient qu'il n'y a pas lieu à application de l'article L.140 du Code électoral, l'A.D.N n'étant pas une coalition de partis politiques mais un parti politique légalement constitué présentant sous son étiquette ses propres candidats après avoir satisfait à toutes les exigences du Code électoral en vue des élections législatives du 24 mai 1998 ;

5. Considérant qu'il résulte de l'examen des pièces du dossier, communiquées au Ministère de l'Intérieur, que l'A.D.N est un parti légalement constitué qui a donné seule son investiture à la liste des candidats aux différents scrutins sous ses couleurs et versé en son nom propre le cautionnement exigé par la loi électorale ;

6. Considérant que c'est donc à tort que l'A.D.N a été qualifiée de coalition de partis soumise aux dispositions de l'article L.140 du Code électoral ; qu'en conséquence, sa liste de candidature aux élections législatives du 24 mai 1998 doit être déclarée recevable,

DÉCIDE :

Article premier.- La liste de candidatures aux élections législatives du 24 mai 1998 du Parti Action pour le Développement national est recevable.

Article 2.- La présente décision sera publiée au Journal officiel de la République du Sénégal.

Article L.174.-

Les modèles de déclarations de candidature sont fixés par arrêté du Ministre chargé des élections.

Le dossier de déclaration de candidature comprend :

1) un bordereau de dépôt ;

2) une quittance confirmée par une attestation signée par le Directeur général de la Caisse des Dépôts et Consignations attestant du dépôt du cautionnement ;

3) une déclaration d'investiture par laquelle le parti, la coalition ou l'entité présente ses candidats ;

4) une déclaration de candidature par laquelle le parti, la coalition ou l'entité précise les départements où il se présente et le mode de scrutin choisi ;

5) une déclaration individuelle de candidature, obligatoirement signée par le candidat, par laquelle il certifie qu'il pose sa candidature, qu'il n'est candidat que sur cette liste et qu'il ne se trouve dans aucun des cas d'inéligibilité prévus par le présent code.

La déclaration individuelle de candidature est accompagnée des pièces suivantes :

- une extrait d'acte de naissance datant de moins de six (06) mois ou la photocopie légalisée de la carte d'identité biométrique CEDEAO ;

- un bulletin n°3 du casier judiciaire datant de moins de trois mois ;

Le candidat indépendant présente en plus, une déclaration sur l'honneur par laquelle il atteste qu'il ne milite dans aucun parti politique ou qu'il a cessé toute activité militante depuis au moins douze (12) mois.

En cas de contestation du statut d'indépendant d'un candidat, le Conseil constitutionnel est saisi. La partie qui a soulevé la question devra justifier ses diligences.

6) Les fiches d'électeurs parrainant les candidatures, établies conformément aux dispositions de l'article L.149 du présent code.

Article L.175.-

Au plus tard cent cinquante (150) jours avant celui du scrutin, un arrêté du Ministre chargé des élections fixe le montant de la caution qui doit être versée à la Caisse des Dépôts et Consignations par le mandataire d'un parti politique légalement constitué, d'une coalition de partis politiques légalement constitué, ou d'une entité regroupant des personnes indépendantes ayant présenté une déclaration de candidature. Cette caution est remboursée dans les quinze jours (15) suivant la proclamation définitive des résultats à la liste de candidats ayant obtenu au moins (1) un élu à l'Assemblée nationale.

En cas d'élections anticipées, le montant de la dernière caution est maintenu.

Article L.176.-

Au plus tard, quatre-vingt-huit (88) jours avant celui du scrutin, le Ministre chargé des élections institue par arrêté une commission de réception.

Celle-ci est chargée, quatre-vingt-cinq (85) jours au plus et soixante (60) jours au moins avant celui du scrutin :

- de la réception matérielle de l'intégralité des listes de parrainage et des dossiers de candidatures ;

- du contrôle, des régularisations éventuelles et de la validation des listes de parrainage ;

- de l'étude pour la recevabilité juridique des dossiers de candidatures déposés ;

- des modifications légales à apporter sur les dossiers de candidatures, en relation avec le mandataire ;

- de la préparation de l'arrêté portant publication des candidatures déclarées recevables.

Le mandataire soit du parti politique légalement constitué, soit de la coalition de partis politiques légalement constitués, soit de l'entité regroupant des personnes indépendantes qui ont soutenu les candidats, dépose, en même temps, auprès de ladite commission toutes les listes de parrainage et l'ensemble des dossiers de candidatures quatre-vingt-cinq

(85) jours au plus et quatre-vingt-trois (83) jours au moins avant celui du scrutin.

Les modalités pratiques du contrôle des listes de parrainage sont fixées par arrêté du Ministre chargé des élections conformément aux dispositions de l'article L.57-13 du présent code.

A l'issue du contrôle des listes de parrainage et éventuellement des régularisations y afférentes, la commission de réception entame l'étude pour la recevabilité juridique des dossiers de candidatures soixante-quinze (75) jours avant celui du scrutin.

Article L.177.-

La liste des candidats qui accompagne les dossiers de candidatures est établie en double exemplaire dont l'un est destiné à la C.E.N.A.

La commission de réception, au vu du bordereau et après un contrôle sommaire et contradictoire avec le mandataire sur les pièces du dossier de déclaration de candidature ainsi que les listes de parrainage et le contrôle de sécurité préalable de leur support informatique, lui délivre immédiatement un récépissé pour attester du dépôt matériel.

Ce récépissé est dûment visé par le superviseur de la C.E.N.A pour authentifier le contrôle du dépôt dans les formes et les délais légaux. Il ne préjuge pas de la recevabilité des candidatures présentées.

Les déclarations reçues au Ministère chargé des élections et les pièces qui les accompagnent sont tenues à la disposition de chaque liste de candidats qui peut en vérifier le contenu par un mandataire.

Article L.178.-

N'est pas recevable la liste qui :

1) est incomplète ;

2) ne comporte pas les indications obligatoires prévues aux articles L.149 et L.173 ;

3) n'est pas accompagnée des pièces prévues à l'article L.174 ;

4) ne comporte pas la quittance confirmée par une attestation signée par le Directeur général de la Caisse des Dépôts et Consignations attestant du dépôt de la caution prévue par l'article L .175 ;

5) est déposée au-delà du délai légal.

Jurisp. : CONSEIL CONSTITUTIONNEL, DÉCISION N°8/E/2022 DU 21 MAI 2022, DETHIE FALL, AGISSANT EN QUALITE DE MANDATAIRE DE LA COALITION YEWWI ASKAN WI C/ MINISTRE CHARGE DES ELECTIONS, *inédit.*

1. Considérant que par requête du 18 mai 2022 enregistrée au greffe du Conseil constitutionnel sous le numéro 3/E/22, M. Déthié FALL, agissant en qualité de mandataire de la coalition YEWWI ASKAN WI, a saisi le Conseil constitutionnel aux fins d'entendre « Annuler la décision n° 006062 du 17 mai 2022 prise par le Ministre chargé des élections ; Autoriser le mandataire de la coalition YEWWI ASKAN WI à déposer une liste de substitution des candidats ayant sollicité leur retrait » ;

2. Considérant que le requérant soutient qu'à la date du 11 mai 2022, il s'est présenté pour effectuer des modifications légales sur les dossiers de candidature, conformément à « l'article L.176-6 du Code électoral » et des remplacements pour cause d'inéligibilité conformément à l'article L.179 du Code électoral ; que l'accès à la Commission de réception des dossiers de candidature lui a été refusé, en violation des articles précités, ce qu'il a fait constater par procès-verbal d'huissier du 11 mai 2022;

3. Considérant que le requérant soutient, par ailleurs, que la décision du Ministre chargé des élections viole, d'une part, l'article L.177 du Code électoral qui abroge l'interdiction de substitution et de retrait de candidatures et, d'autre part, la liberté de candidature et « le principe général du droit qui veut que ce qui n'est pas interdit soit permis », qui ont été affirmés dans les décisions du Conseil constitutionnel n°1/E/98 et 2/E/98 du 9 avril 1998 ;

4. Considérant qu'il résulte des dispositions combinées des articles L.178 et L.149 du Code électoral que la parité homme-femme s'applique à toutes les listes de candidature et que le non-respect de cette obligation est une cause d'irrecevabilité de la liste;

5. Considérant que la décision n° 006062 du 17 mai 2022 du Ministre chargé des élections, déclarant irrecevable la liste de YEWWI ASKAN WI au scrutin majoritaire pour le département de Dakar, est motivée par le non-respect des dispositions de l'article L.149, alinéa 6 du Code électoral relatives à la

parité ;

6. Considérant, cependant, qu'il ressort du communiqué de la Direction générale des Élections du 11 mai 2022 produit par le requérant que le « mercredi 11 mai, vers 16 heures, se sont présentés à la Commission de réception des dossiers de candidature pour les élections législatives du 31 juillet 2022, Messieurs Déthié FALL et Lamine THIAM, respectivement mandataire de la coalition YEWWI ASKAN WI et de la coalition WALLU SENEGAL. L'objet était de faire accepter par cette Commission des lettres de démission de candidats en vue de leur remplacement sur les listes déjà déposées. Un tel cas de figure n'est pas prévu par la loi électorale (…) » ;

7. Considérant que l'article L. 173 de la loi n° 2017-12 du 18 janvier 2017 portant Code électoral, qui prévoyait l'interdiction de retirer des candidatures et d'effectuer des substitutions de candidatures, a été abrogé par la loi n° 2021-35 du 23 juillet 2021 portant Code électoral ;

8. Considérant qu'aux termes de l'article 4 de la Constitution : « Les partis politiques et coalitions de partis politiques concourent à l'expression du suffrage dans les conditions fixées par la Constitution et par la loi » ; que cette disposition constitutionnelle consacre la liberté des candidatures en matière électorale ;

9. Considérant que ce principe fondamental induit qu'en l'absence de texte, il appartient au Conseil constitutionnel d'user de son pouvoir d'interprétation pour assurer la mise en œuvre de ce droit, sans empêcher l'Administration d'exercer ses prérogatives légales ;

10. Considérant qu'en l'espèce, il n'est pas contesté que le requérant s'est présenté à la Commission de réception des dossiers de candidature le 11 mai 2022, soit durant la période d'examen des dossiers de candidature, pour procéder au remplacement de deux candidats démissionnaires ; que l'Administration n'a pas démontré qu'une telle opération constituait un obstacle à l'accomplissement de ses prérogatives, pour la bonne conduite du processus électoral ;

11. Considérant, en conséquence, que le mandataire de la coalition YEWWI ASKAN WI aurait dû, en l'absence de toute disposition légale ou réglementaire contraire, être autorisé à procéder au retrait et au remplacement des deux candidats démissionnaires ;

12. Considérant, dès lors, que la décision n° 006062 du 17 mai 2022 du Ministre chargé des élections, qui s'appuie sur le « rapport de la Commission de Réception des dossiers de Déclaration de Candidature pour les élections législatives du 31 juillet 2022, concernant la liste de la coalition YEWWI ASKAN WI au scrutin majoritaire pour le département de Dakar », n'est pas justifiée,

DÉCIDE :

Article premier. - La décision n° 006062 du 17 mai 2022 du Ministre chargé des élections est mal fondée.

Article 2.- Le mandataire de la liste de la coalition YEWWI ASKAN WI au scrutin majoritaire pour le département de Dakar est autorisé à retirer et à substituer d'autres candidats aux deux démissionnaires ;

Article 3.- La présente décision sera publiée au Journal officiel de la République du Sénégal.

Article L.179.-

À la fin de toutes les opérations de contrôle et de régularisation éventuelle sur les listes de parrainage entreprises à la suite du dépôt matériel, soit soixante-seize (76) jours avant celui du scrutin, la commission de réception procède, dans les cinq (05) jours qui suivent, à l'analyse des dossiers pour les besoins de la recevabilité juridique.

Le remplacement de candidats inéligibles, sans préjudice de l'ordre d'investiture, et la substitution de pièces périmées ou comportant des erreurs matérielles sont, le cas échéant immédiatement notifiés au mandataire de la liste concernée. Celui-ci dispose de trois (03) jours, à compter de la date de notification, pour y remédier, sous peine de rejet de la candidature concernée.

Dans le cas où, pour l'un des motifs énumérés à l'article L.178, le Ministre chargé des élections estime qu'une liste n'est pas recevable, il notifie, par écrit, les motifs de sa décision au mandataire de ladite liste dans les deux (02) premiers jours suivant le début de l'analyse pour la recevabilité juridique.

Article L.180.-

Un parti politique légalement constitué, une coalition de partis politiques légalement constitués ou une entité regroupant des personnes indépendantes ne peut utiliser une couleur, un sigle ou un symbole déjà choisi par un autre parti politique, une coalition de partis politiques ou une entité indépendante.

En cas de contestation, le Ministre chargé des élections attribue par priorité à chaque parti politique, sa couleur statutaire, son sigle et son symbole traditionnels par ordre d'ancienneté. Pour les coalitions de partis politiques et les entités regroupant des personnes indépendantes, l'attribution se fait selon la date de notification du nom choisi. En tout état de cause, l'effigie d'une personne ne peut servir de symbole.

Le Ministre chargé des élections en informe aussitôt les parties intéressées.

Est interdit le choix d'emblèmes comportant une combinaison des trois couleurs : vert, or et rouge.

Article L.181.-

Tout candidat qui, de mauvaise foi, aura souscrit une déclaration inexacte sur son éligibilité ou sur sa présence sur une liste, sera puni d'un emprisonnement d'un mois à un an et d'une amende de 18.000 à 360.000 FCFA.

Article LO.182.-

Après le délai de cinq (05) jours prévus à l'alinéa premier de l'article L.179 et ce, jusqu'à la date de prise de l'arrêté publiant les déclarations reçues, s'il apparait qu'une déclaration de candidature a été déposée en faveur d'une personne inéligible, le Ministre chargé des élections doit saisir le Conseil constitutionnel qui statue dans les trois (03) jours de la saisine sur la recevabilité de ladite candidature.

Si les délais mentionnés à l'alinéa premier ne sont pas respectés, la candidature doit être reçue.

Jurisp. : CONSEIL CONSTITUTIONNEL, DÉCISION N° 7/E/98 DU 16 AVRIL 1998 (N° D'ORDRE : 36 - AFFAIRE N° 7/E/98), *RECUEIL DES DECISIONS DU CONSEIL CONSTITUTIONNEL, JANVIER 1993 MARS 2019, EDITION 2020.*

CONTESTATION DECISION DU MINISTRE DE L'INTERIEUR

1. En cas de contestation d'un acte du Ministre chargé des élections faisant application des dispositions des articles L.168, L.169, L.171 et L.173, les mandataires des listes de candidats sont fondés à saisir le Conseil constitutionnel dans les vingt-quatre heures suivant la notification de la

décision ou sa publication.

2. Considérant, en effet, que l'article LO.174 précité dispose : « En cas de contestation d'un acte du Ministre de l'Intérieur fait en application des articles L.168, L.169, L.171 et L.173, les mandataires des listes de candidats peuvent, dans les vingt-quatre heures suivant la notification de la décision ou sa publication, se pourvoir devant le Conseil constitutionnel qui statue dans les trois jours qui suivent celui de l'enregistrement de la requête » ;

3. Considérant que ce recours ayant été fait dans les formes et délais légaux, est recevable en la forme ;

Irrecevabilité du dossier de candidature incomplet

Le Ministre chargé des élections, qui constate le caractère incomplet d'une liste de candidature, est fondé à en déclarer l'irrecevabilité.

4. Considérant que le mandataire de l'UDS-R, tant dans sa requête au Conseil constitutionnel, que dans sa lettre du 10 avril 1998 adressée au Ministre de l'Intérieur, ne conteste pas les motifs d'irrecevabilité de la liste de son parti, ci-dessus énumérés, mais fonde la recevabilité de celle-ci sur les articles L.171 et LO.172 du Code électoral ;

5. Considérant que l'article L.171, dans son dernier alinéa, précise que si le Ministre de l'Intérieur estime qu'une liste n'est pas recevable, il notifie les motifs de sa décision au mandataire de ladite liste dans les 3 jours suivant le dépôt de candidature ;

Que l'article LO.172 dispose : « S'il apparaît qu'une déclaration de candidature a été déposée en faveur d'une personne inéligible, le Ministre de l'Intérieur doit dans les trois jours suivant le dépôt de candidature, saisir le Conseil constitutionnel qui statue dans les trois jours de la saisine sur la recevabilité de ladite candidature ;

« Si les délais mentionnés à l'alinéa premier ne sont pas respectés, la candidature doit être reçue » ;

6. Considérant que l'article L.171 invoqué, concerne les indications prévues à l'article L.165 et les pièces exigées par l'article L 166 que doit comporter tout dossier de déclaration de candidature aux élections législatives ; qu'en vertu du même article L.171 l'absence de ces documents est sanctionnée par l'irrecevabilité de la liste du parti concerné, décidée par le Ministre de l'Intérieur et notifiée dans les 3 jours suivant le dépôt de candidature ; qu'il ne lui incombe aucune obligation de saisir le Conseil constitutionnel ;

7. Considérant, par contre, que l'article LO.172, également invoqué faisant

obligation au Ministre de l'Intérieur de saisir le Conseil constitutionnel dans les 3 jours suivant le dépôt de candidatures, renvoie aux conditions d'éligibilité et d'inéligibilité énumérées par les articles LO.148 à LO.154 ; que le non-respect de ces conditions n'a pas été relevé par le Ministre de l'Intérieur, en ce qui concerne la présente liste ;

8. Considérant que c'est à juste titre que le Ministre de l'Intérieur constatant que la liste de l'UDS-R est incomplète, l'a déclarée irrecevable en se fondant sur les dispositions de l'article L.171 du Code électoral.

Jurisp. : CONSEIL CONSTITUTIONNEL, DÉCISION N° 9/E/1998 DU 16 AVRIL 1998 (N° D'ORDRE : 38 - AFFAIRE N° 9/E/98), *RECUEIL DES DECISIONS DU CONSEIL CONSTITUTIONNEL, JANVIER 1993 MARS 2019, EDITION 2020.*

REQUETE DU MINISTRE DE L'INTERIEUR INTRODUITE HORS DELAI

LE CONSEIL CONSTITUTIONNEL,

Statuant en matière électorale, conformément aux articles 84 de la Constitution et LO.174 du Code électoral, a rendu la décision dont la teneur suit :

1. Considérant que conformément à l'article LO.172 du Code électoral, le Ministre de l'Intérieur a saisi le mardi 14 avril 1998 le Conseil constitutionnel, pour le voir statuer sur l'inéligibilité de Nogaye NDIAYE, en application des dispositions de l'article LO.149 du Code électoral qui dispose : « Nul ne peut être élu à l'Assemblée nationale s'il n'est âgé de vingt-cinq ans révolus à la date des élections » ;

2. Considérant qu'aux termes de l'article LO.172, « s'il apparait qu'une déclaration de candidature a été déposée en faveur d'une personne inéligible, le Ministre de l'Intérieur doit dans les trois jours suivant le dépôt de la candidature, saisir le Conseil constitutionnel qui statue dans les trois jours de la saisine sur la recevabilité de ladite candidature » ;

3. Considérant qu'il résulte des pièces du dossier que la déclaration de candidature en date du vendredi 3 avril 1998 a été déposée et enregistrée sous le numéro 16, le même jour, au Ministère de l'Intérieur ;

4. Considérant qu'au regard des dispositions de l'article R.15 du Code

électoral, le délai de saisine du Conseil constitutionnel par le Ministre de l'Intérieur expire le jeudi 9 avril 1998 ; qu'en conséquence, la requête en date du mardi 14 avril 1998, introduite hors délai, est irrecevable,

DÉCIDE :

Article premier. - La requête en date du mardi 14 avril 1998 du Ministre de l'Intérieur tendant à faire déclarer par le Conseil constitutionnel l'inéligibilité de Nogaye NDIAYE, candidate suppléante sur la liste nationale du parti Action pour le Développement National A.D.N, introduite hors délai, est irrecevable.

Article 2.- La présente décision sera publiée au Journal officiel de la République du Sénégal.

Article LO.183.-

Au plus tard soixante (60) jours avant le scrutin, le Ministre chargé des élections arrête et publie les déclarations reçues, modifiées éventuellement, compte tenu des dispositions des articles L.179 et L.182.

Une copie de l'arrêté de publication doit être délivrée à chaque mandataire de listes de candidats.

Article LO.184.-

En cas de contestation d'un acte du Ministre chargé des élections pris en application des articles L.179, L.180 et LO.183, les mandataires des listes de candidats peuvent, dans les vingt-quatre (24) heures suivant la notification de la décision ou sa publication, se pourvoir devant le conseil constitutionnel qui statue dans les (03) trois jours qui suivent celui de l'enregistrement de la requête.

NOTE : L'article LO.184 du Code électoral prévoit qu'en cas de contestation d'un acte du Ministre chargé des Élections pris en application des articles L.179, L.180 et LO.183, les mandataires des listes de candidats peuvent, dans les vingt-quatre (24) heures suivant la notification de la décision ou sa publication, se pourvoir devant le Conseil constitutionnel.

Dans ce cas, le Conseil constitutionnel peut-il être saisi, par la tête de liste d'une coalition, d'un recours dirigé contre un acte par lequel le Ministre chargé des Élections tranche une contestation, sur le choix du nom, portée devant lui ?

Lors des élections législatives du 30 juillet 2017, le Ministre chargé des Élections avait arrêté et publié les déclarations reçues soixante (60) jours avant le scrutin, conformément aux dispositions de l'article LO.179 du Code électoral. Les mandataires des listes de candidats avaient donc la possibilité de se pourvoir devant le conseil constitutionnel, dans les vingt-quatre (24) heures suivant la notification de la décision ou sa publication.

Ainsi, par lettre du 10 juin 2017, enregistrée au greffe du Conseil constitutionnel, le 12 juin 2017, sous le numéro 1/E/17, le Professeur Amsatou SOW SIDIBE, tête de liste de la « COALITION LA 3e VOIE POLITIQUE/EUTTOU ASKAN WI », a saisi le Conseil constitutionnel d'un recours tendant à faire cesser l'utilisation de l'expression « 3e voie » par la coalition dénommée « COALITION PÔLE ALTERNATIF 3e VOIE/SENEGAL DEY DEM ».

Le juge a estimé que le Conseil constitutionnel ne peut être saisi que d'un recours dirigé contre un acte par lequel le Ministre chargé des Élections tranche une contestation, sur le choix du nom, portée devant lui.

Il a rappelé que le recours du Professeur Amsatou SOW SIDIBE est dirigé contre un acte pris, en application de l'article L.176, par le Ministre chargé des Élections à la suite d'une contestation et qu'en vertu de l'article LO.180, le pouvoir de saisir le Conseil constitutionnel n'appartient qu'aux mandataires des listes.

Par conséquent, le Professeur Amsatou SOW SIDIBE, bien que tête de liste de la « COALITION LA 3e VOIE POLITIQUE/EUTTOU ASKAN WI », n'en est pas la mandataire et ne peut donc, faute de qualité, saisir, au nom et pour le compte de ladite coalition, le Conseil constitutionnel.

En conséquence, le recours ainsi formé a été rejeté par le juge constitutionnel. Voir sur ce point, Conseil constitutionnel, décision n° 1/E/2017 du 15 juin 2017, Requête du Professeur Amsatou SOW SIDIBE, tête de liste de la « COALITION LA 3e VOIE POLITIQUE/EUTTOU ASKAN WI », tendant à faire cesser l'utilisation de l'expression « 3e voie » par la coalition dénommée « COALITION POLE ALTERNATIF 3e VOIE/SENEGAL DEY DEM ».

En outre, le Conseil constitutionnel est-il compétent pour apprécier une requête dirigée, non contre un acte du Ministre chargé des Élections, mais contre la lettre du président de la Commission de réception des dossiers de candidatures ? Autrement dit, le Conseil constitutionnel ayant une compétence d'attribution résultant de la Constitution et de la loi organique sur le Conseil constitutionnel, peut-il se prononcer en dehors des matières qui lui sont dévolues par le législateur ?

Lors des législatives du 30 juillet 2017, le Ministre chargé des Élections avait arrêté et publié les déclarations reçues soixante (60) jours avant le scrutin, conformément aux dispositions de l'article LO.179 du Code électoral. En vertu de ces dispositions, les mandataires des listes de candidats pouvaient donc se pourvoir devant le conseil constitutionnel, dans les vingt-quatre (24) heures suivant la notification de la décision ou sa publication.

Ainsi, par requête non datée, enregistrée au greffe du Conseil constitutionnel, le 16 juin 2017, sous le numéro 2/E/17, les conseils du parti « JAPPO FRONT DÉMOCRATIQUE SOCIALISTE SÉNÉGALAIS (FDSS)», ont saisi le Conseil constitutionnel d'un recours tendant à faire réformer « l'arrêté n° 09736 du 9 juin 2017 » portant recevabilité des listes de candidats pour les élections législatives (scrutin proportionnel national, scrutin majoritaire départemental) du 30 juillet 2017 et d'y inclure la liste « TAXAW AAR SA REW » ou, à défaut, l'annuler.

Par une autre requête du 19 juin 2017, enregistrée au greffe du Conseil constitutionnel, le même jour, sous le numéro 3/E/17, « annulant et remplaçant » la précédente, les requérants ont formulé les mêmes prétentions et invoqué, à l'appui, l'article L.176 du Code électoral.

Le juge a décidé que lorsque l'utilisation d'un symbole est en cause, le Conseil constitutionnel ne peut être saisi que d'un recours dirigé contre un acte par lequel le Ministre chargé des Élections tranche une contestation.

Il a précisé qu'en l'espèce, le recours formé pour le compte du mandataire de la Coalition « FAL ASKAN WI », est dirigé, non contre un acte du Ministre chargé des Élections, mais contre la lettre n° 00001 du 19 juin 2017 du président de la Commission de réception des dossiers de candidatures et ne peut, en conséquence, être porté devant le Conseil constitutionnel ; d'où le rejet de la requête par le juge constitutionnel au motif que le recours ne relevait pas de sa compétence. Voir, Conseil constitutionnel, décision n° 2/E/2017 du 20 juin 2017, introduit au nom et pour le compte du parti « JAPPO FRONT DÉMOCRATIQUE SOCIALISTE SÉNÉGALAIS (FDSS).

Quel est l'organe habilité à saisir le Conseil constitutionnel en cas de contestation d'un acte du Ministre chargé des Élections ?

Au cours des législatives de juillet 2017, le Ministre chargé des Élections avait arrêté et publié les déclarations reçues soixante (60) jours avant le scrutin, conformément aux dispositions de l'article LO.179 du Code électoral.

Par lettre du 27 juin 2017 enregistrée au greffe du Conseil constitutionnel, le même jour, sous le numéro 5/E/17, Cheikh Tidiane SOW, mandataire de la liste « TAXAW AAR SA REW », ayant pour conseils Maîtres Abdoulaye TINE et Serigne DIONGUE, a saisi le Conseil constitutionnel d'un recours tendant à faire réformer l'arrêté n° 09736 du 9 juin 2017 portant recevabilité des listes de candidats pour les élections législatives (scrutin proportionnel national, scrutin majoritaire départemental) du 30 juillet 2017 pour y inclure la liste « TAXAW AAR SA REW » ou, à défaut, à l'annuler.

Le juge a rappelé que le recours introduit par Maîtres Abdoulaye TINE et Serigne DIONGUE, conseils du parti « JAPPO FRONT DÉMOCRATIQUE SOCIALISTE SÉNÉGALAIS (FDSS) », tend à obtenir l'inscription de la liste « TAXAW AAR SA REEW » sur l'arrêté susvisé.

Il a précisé que le pouvoir de saisir le Conseil constitutionnel n'appartient qu'aux mandataires des listes.

Le Conseil constitutionnel a rappelé que le parti « JAPPO FRONT DÉMOCRATIQUE SOCIALISTE SÉNÉGALAIS (FDSS) » n'est pas, au sens de l'article LO.180, le mandataire de la liste « TAXAW AAR SA REW » ; que faute de qualité, il ne peut saisir le Conseil constitutionnel, pour le compte de ladite liste dont le mandataire, ainsi qu'il résulte des pièces du dossier, notamment le récépissé de dépôt de candidature, est M. Cheikh Tidiane SOW. En conséquence, la requête introduite par le parti « JAPPO FRONT DÉMOCRATIQUE SOCIALISTE SÉNÉGALAIS (FDSS) », par l'organe de ses conseils, a été déclarée irrecevable. Voir, Conseil constitutionnel, décision n° 4/E/2017 du 3 juillet 2017.

Enfin, a été déclarée irrecevable la requête présentée et signée par le seul conseil d'un candidat qui figure sur la liste d'une coalition de partis politiques et dont le mandataire désigné est distinct de celui-ci.

De même, est frappée de forclusion la requête dirigée contre la décision par laquelle le Ministre de l'Intérieur déclare irrecevable une liste de candidats à l'élection des députés et introduite plus de vingt-quatre heures suivant la notification de ladite décision.

Voir respectivement sur ces deux derniers points, Conseil constitutionnel, décision n° 10/93 du 24 mai 1993 (n° d'ordre : 10 - affaires n° 20 à 23/e/93), et décision n° 8/93 du 8 avril 1993 (n° d'ordre : 8 - affaire n° 19/e/93), décisions reproduites ci-après.

Jurisp. : CONSEIL CONSTITUTIONNEL, DÉCISION N° 10/93

DU 24 MAI 1993 (N° D'ORDRE : 10 - AFFAIRES N° 20 À 23/E/93), *RECUEIL DES DECISIONS DU CONSEIL CONSTITUTIONNEL, JANVIER 1993 MARS 2019, EDITION 2020.*

IRRECEVABILITE DE LA REQUETE PRESENTEE ET SIGNEE PAR LE SEUL CONSEIL D'UN CANDIDAT FIGURANT SUR LA LISTE D'UNE COALITION DE PARTIS POLITIQUES

6. Considérant que la requête n° 20/E/93 a été présentée et signée par Maître

Élimane KANE, Avocat à la Cour, au nom et pour le compte de Iba Der THIAM « candidat aux élections législatives », agissant en cette qualité et au nom de la liste « Jappoo Liggeyal Sénégal (JLS) » ;

7. Considérant que cette requête, présentée et signée par le seul conseil d'un candidat qui figure sur la liste d'une coalition de partis politiques (JLS) et dont le mandataire désigné est Mamadou DIOP DECROIX, n'est pas conforme aux prescriptions des articles L.163 et LO.164 du Code électoral ;

8. Considérant d'ailleurs qu'il est de jurisprudence constante que la requête aux fins de contestation d'une élection n'est pas recevable lorsque le requérant prétend agir en qualité de mandataire d'un candidat, mais ne présente pas de mandat justifiant de sa qualité ; qu'il a été également jugé que la représentation du requérant par une tierce personne n'est admise que pour les actes de procédure autres que la requête ; que celle-ci présentée pour le compte d'une personne qui ne l'a pas signée, est irrecevable ;

Qu'en conséquence la requête n° 20/E/93, présentée et signée par Maître Élimane KANE au nom et pour le compte de Iba Der THIAM, doit être déclarée irrecevable.

Jurisp. : CONSEIL CONSTITUTIONNEL, DÉCISION N° 8/93 DU 8 AVRIL 1993 (N° D'ORDRE : 8 - AFFAIRE N° 19/E/93*), RECUEIL DES DECISIONS DU CONSEIL CONSTITUTIONNEL, JANVIER 1993 MARS 2019, EDITION 2020.*

RECOURS DU MANDATAIRE INTRODUIT PLUS DE VINGT-QUATRE HEURES APRES LA NOTIFICATION

LE CONSEIL CONSTITUTIONNEL,

Statuant en matière électorale, conformément aux articles 48 et 49 de la Constitution, L.148 et LO.151 du Code électoral, a rendu la décision dont la teneur suit :

Considérant que si Ibrahima SECK, en sa qualité de mandataire de liste de candidats du M.P.A.S à l'élection du 9 mai 1993 des députés à l'Assemblée nationale, dispose du droit de se pourvoir devant le Conseil constitutionnel qui statue dans les trois jours qui suivent celui de l'enregistrement de sa requête en application de l'article LO.151 du Code électoral, il doit cependant user de ce droit dans le délai de vingt-quatre heures après la notification ou la publication de l'acte attaqué ;

Qu'Ibrahima SECK reconnaissant dans sa requête avoir reçu le 27 mars 1993 à 14 heures 15 notification de la lettre n° 115 en date du 26 mars 1993 du

Ministre de l'Intérieur lui signifiant l'irrecevabilité de ses listes, avait jusqu'au 28 mars 1993 à 14 heures 15 pour introduire son pourvoi ;

Qu'ainsi sa requête en date du 27 mars 1993 enregistrée au greffe du Conseil constitutionnel le 7 avril 1993 sous le n° 19/E/93 est tardive,

DÉCIDE :

La requête de Monsieur Ibrahima SECK est irrecevable pour forclusion.

Jurisp : CONSEIL CONSTITUTIONNEL, DÉCISION N° 3/E/2022 DU 21 MAI 2022, MASSIRE DIÉMÉ, SE DECLARANT MANDATAIRE DU MOUVEMENT CITOYEN JAMMI GOX YI C/ MINISTRE CHARGE DES ELECTIONS, *inédit.*

1. Considérant que par lettre du 18 mai 2022 enregistrée au greffe du Conseil constitutionnel sous le numéro 10/E/22, M. Massiré DIÉMÉ, se déclarant mandataire du MOUVEMENT CITOYEN JAMMI GOX YI, a saisi le Conseil constitutionnel d'un recours tendant à faire « annuler la décision n° 006070 du 17 mai 2022 du ministre chargé des élections pour avoir déclaré irrecevable les listes de candidature du MOUVEMENT CITOYEN JAMMI GOX YI » ;

SUR LA RECEVABILITÉ DU RECOURS

2. Considérant qu'aux termes des dispositions de l'article LO.184 du Code électoral : « En cas de contestation d'un acte du Ministre chargé des élections pris en application des articles L.179, L.180 et LO.183, les mandataires des listes de candidats peuvent, dans les vingt-quatre (24) heures suivant la notification de la décision ou sa publication, se pourvoir devant le Conseil constitutionnel qui statue dans les (03) trois jours qui suivent celui de l'enregistrement de la requête » ;

3. Considérant que, pour établir sa qualité de mandataire, M. Massiré DIÉMÉ produit un acte ayant pour objet « Désignation du Mandataire national aux élections législatives du 31 juillet 2022 » daté du 3 mars 2022, signé par M. Cheikh Mohamed Fadel BARRO, président du MOUVEMENT CITOYEN JAMMI GOX YI ;

4. Considérant, cependant, qu'il ressort de l'acte de notification de décision, pris par le Ministre chargé des élections le 17 mai 2022, produit par le requérant lui-même, que le mandataire du MOUVEMENT CITOYEN JAMMI GOX YI, qui a déposé les candidatures de ce mouvement en vue des élections législatives du 31 juillet 2022 et reçu la décision d'irrecevabilité du dossier de déclaration de candidatures, est M. Kaback Ouwar J. P. CORRÉA ;

5. Considérant que ces actes, posés par M. CORRÉA en qualité de mandataire, sont postérieurs à l'acte de désignation de M. Massiré DIÉMÉ ; que, dès lors, en l'absence d'un acte de substitution de mandataire dans le dossier, il y a lieu de dire que M. Massiré DIÉMÉ n'était pas mandataire à la date du recours et, faisant application de l'article LO.184 du Code électoral précité, de déclarer son recours irrecevable,

DÉCIDE :

Article premier. – Est irrecevable le recours introduit par M. Massiré DIÉMÉ.

Article 2.- La présente décision sera publiée au *Journal officiel* de la République du Sénégal.

Article LO.185.-

Entre la date de signature de l'arrêté du Ministre chargé des élections publiant les déclarations reçues et la veille du scrutin à zéro heure, en cas de décès ou d'inéligibilité de candidats, le mandataire de la liste fait, sans délai, déclaration complémentaire de candidature au Ministre chargé des élections qui la reçoit, s'il y a lieu, la diffuse par voie radiophonique et en assure la publication par affichage dans tous les bureaux de vote concernés.

Cette déclaration complémentaire ne peut concerner qu'un candidat du même sexe et doit être accompagnée des pièces prévues à l'article L.174.

Chapitre V : Campagne électorale

Article LO.186.-

La campagne en vue des élections des députés à l'Assemblée nationale est ouverte vingt et un (21) jours avant la date du scrutin.

Elle prend fin la veille du scrutin à zéro heure.

Article LO.187.-

Les dispositions des articles LO.130 à LO.133 sont applicables aux élections législatives.

NOTE : Il résulte de l'article LO.130 que la Cour d'Appel de Dakar veille à l'égalité entre les candidats. A ce titre, cette juridiction veille la régularité de la campagne électorale. Ses arrêts en la matière ne peuvent faire l'objet d'aucun recours.

Jurisp. C.E, ARRET N° 0001, DU 27-01-1999, LANDING SAVANE, BAKARY COLY ET AND JEF/PADS C/ ETAT DU SENEGAL, *BACE, ANNEE 1993.*

LE CONSEIL D'ETAT,

APRES en avoir délibéré conformément à la loi ;

SUR LE MOYEN TIRE DE LA VIOLATION DU CODE ELECTORAL

CONSIDERANT que pour obtenir l'annulation de l'arrêté N° 012/BIS/DB/PB du 23 Mai 1998 portant délocalisation de bureaux de vote aux élections législatives du 24 Mai 1998 dans l'arrondissement de Sindian, les requérants invoquent la violation des dispositions de l'article L.62 du Code Électoral qui, en la matière, donne compétence au Ministre de l'Intérieur pour établir définitivement les bureaux de vote ;

CONSIDERANT que l'arrêté susvisé n'est pas détachable des opérations électorales et que le litige auquel il a donné naissance relève du contentieux des élections législatives ;

CONSIDERANT qu'il résulte des dispositions des articles LO.185 et LO.188 du Code Électoral que le contentieux des élections législatives relève de la compétence du Conseil Constitutionnel ;

Qu'il en résulte que le Conseil d'État est incompétent.

PAR CES MOTIFS,

Se déclare incompétent.

Jurisp. : C.E, ARRET N° 0013, DU 24-06-1998, ALLIANCE JEF JEL, LISTE DE L'UNION POUR LE RENOUVEAU DEMOCRATIQUE (URD) C/ ETAT DU SENEGAL, *BACE, ANNEE 1993.*

LE CONSEIL D'ETAT

APRES en avoir délibéré conformément à la loi ;

CONSIDERANT que selon le requérant, en interdisant, dans le cadre de la campagne électorale pour les élections législatives, le meeting de l'Union pour le Renouveau Démocratique, programmé à Matam le 18 mai 1998 en se fondant sur l'antériorité de la demande du Parti Socialiste dont le meeting serait prévu le même jour et par ailleurs sur des raisons de sécurité, le Préfet de Matam a pris une décision dépourvue de base légale qui encourt annulation pour excès de pouvoir ;

CONSIDERANT que le requérant a pu tenir son meeting, il n'y a donc pas urgence et il y a lieu de joindre le sursis au fond pour y statuer par une seule décision ;

CONSIDERANT qu'il résulte des dispositions combinées des articles L.56, LO.177 et LO.119 que pendant la campagne officielle électorale, les partis politiques tiennent librement leur réunion après avoir informé vingt-quatre heures à l'avance l'autorité compétente qui en prend acte et informe le déclarant de toute déclaration antérieure ;

QUE la Cour d'Appel dont les arrêts ne peuvent faire l'objet d'aucun recours est chargée de veiller à l'égalité entre les candidats et à la régularité de la campagne électorale et elle peut en cas de besoin adresser des injonctions aux autorités concernées ;

QU'AINSI au regard des dispositions sus-rappelées, il échet de déclarer le Conseil d'État incompétent pour connaître du litige invoqué.

PAR CES MOTIFS,

DIT n'y avoir lieu à surseoir à statuer ;

DECLARE le Conseil d'État incompétent.

Article LO.188.-

Le temps d'antenne mis à la disposition des candidats et diffusé par le service public de l'audiovisuel, est divisé en deux (02) fractions dont la quotité est déterminée par l'organe en charge de la régulation des médias:

- une fraction de temps répartie également entre tous les partis politiques légalement constitués, coalitions de partis politiques légalement constitués ou entités regroupant des personnes indépendantes représentant les listes des candidats ;

- une fraction de temps répartie proportionnellement en tenant compte de la représentation parlementaire des partis politiques ayant présenté des listes de candidats.

Le temps et les horaires des émissions ainsi que les modalités de leur réalisation sont fixés par décret après avis de l'organe en charge de la régulation des médias.

Article LO.189.-

L'organe de régulation des médias veille à ce que le principe d'égalité entre les représentants des listes soit respecté dans les programmes d'information du service public de l'audiovisuel, en ce qui concerne la reproduction et les commentaires de déclarations, écrits, activités des candidats et la représentation de leur personne.

Chapitre VI. - Opérations électorales, recensement des votes et proclamation des résultats

Article LO.190.-

Les électeurs sont convoqués par décret publié au moins quatre-vingt-dix (90) jours avant le scrutin.

Article LO.191.-

Les dispositions des articles LO.139 à LO.141 sont applicables aux élections des députés à l'Assemblée nationale.

Article LO.192.-

Les dispositions des articles LO.142 et LO.143 sont applicables aux élections des députés à l'Assemblée nationale.

Article LO.193.-

La Commission nationale de Recensement des votes proclame les résultats et déclare les candidats provisoirement élus.

Article LO.194.-

Si aucune contestation relative à la régularité des opérations électorales n'a été déposée au Greffe du Conseil constitutionnel par l'un des candidats dans les cinq (05) jours suivant la proclamation provisoire, le Conseil constitutionnel déclare les députés définitivement élus.

Les résultats définitifs des élections législatives font l'objet d'une publication dans le Journal officiel bureau de vote par bureau de vote.

Cette publication est faite également sur internet ou par tout autre moyen de communication.

Chapitre VII : Contentieux

Article LO.195.-

Tout candidat au scrutin dispose d'un délai de cinq (05) jours à compter de la proclamation provisoire des résultats par la Commission nationale de Recensement des Votes pour contester la régularité des opérations électorales.

Il est fait application de l'article LO.145.

NOTE : Le Conseil constitutionnel a eu l'occasion de se prononcer plusieurs fois sur des questions relatives à la recevabilité des requêtes, à l'annulation du scrutin et aux effets des décisions que celui-ci rend. En effet, ont notamment été soulevées devant le juge électoral les questions ci-après :

- est-ce qu'un candidat au scrutin proportionnel peut solliciter l'annulation des élections dans un département ?
- les groupements de partis politiques disposent-ils, au regard des dispositions de l'article L.191 du Code électoral, de la qualité nécessaire pour saisir le Conseil constitutionnel en lieu et place des candidats ?
- les recours autres que ceux qui ont pour objet la contestation des opérations électorales sont-ils recevables devant le Conseil constitutionnel ?

Il est bon de rappeler que le Conseil constitutionnel a déclaré recevables les recours de M. Serigne Abdou Mbacké NDAO, investi par la coalition BENNO BOKK YAKAAR sur la liste départementale de Mbacké et Mme Fatoumata Chérif DIA, investie sur la liste de la COALITION GAGNANTE/WATTU SENEGAL du département de l'Europe de l'Ouest, du Centre et du Nord.

Le juge a estimé que ces requêtes, qui tendent à contester la régularité des opérations électorales dans lesdits départements, sont introduites dans les forme et délai prescrits par la loi.

Concernant la requête de M. Khalifa Ababacar SALL, investi sur la liste nationale de la coalition MANKOO TAXAWU SENEGAAL tendant, à l'annulation du scrutin dans des départements où des irrégularités auraient été commises et celle de M. Abdoulaye BALDE, tête de la liste nationale de la coalition CONVERGENCE PATRIOTIQUE/KADDU ASKAN WI sollicitant, l'annulation des élections dans tout le département de l'Afrique de l'Ouest, le Conseil constitutionnel a décidé que *« le recours tendant à l'annulation du scrutin est ouvert aux seuls candidats, à l'exclusion des listes et coalitions et, s'il s'agit du scrutin départemental, aux seuls candidats investis sur les listes en compétition dans le département concerné ».* Autrement dit, un candidat au scrutin proportionnel ou qui n'est pas mandataire de sa liste, n'a aucune qualité et ne peut se prévaloir d'aucun titre pour contester les opérations électorales relatives au scrutin majoritaire.

Le mandataire de la coalition AND SUXALI SENEGAL et celui de la liste AND DEFAR SENEGAL/GROUPE D'APPUI ET DE RÉNOVATION DE L'ACTION POPULAIRE qui ont sollicité l'annulation totale ou partielle des résultats dans les « bureaux n'ayant pas voté » dans le département de Mbacké et la reprise totale ou partielle des élections dans lesdits bureaux au motif que le scrutin du 30 juillet 2017 dans ce département n'est pas sincère, le juge constitutionnel a décidé que *« les groupements de partis politiques, n'ont pas, au regard des dispositions de l'article L.191 du Code électoral qui ne confèrent le droit de recours qu'aux seuls candidats, qualité pour saisir le Conseil constitutionnel. »*

Quant au mandataire suppléant de la liste LA VRAIE RUPTURE, présentée par le parti politique Sunu Naatangé Reew/Rassemblement pour la Dignité et la Prospérité (SNR/RDP), M. Cheikh SALL, il a introduit une requête qui, selon ses propres termes, n'est pas un recours en annulation. Pour cette raison, le Conseil constitutionnel a rappelé qu'il ne peut être valablement saisi de recours autres que ceux qui ont pour objet la contestation des opérations électorales, conformément aux dispositions de l'article L.191 du Code électoral. Pour plus de développement, voir Conseil constitutionnel, Décision N° 5/E/2017, N° 6/E/17, N° 7/E/17, N° 8/E/17, N° 9/E/17, N° 10/E/17, N° 11/E/17, N° 12/E/17, N° 13/E/17,N° 14/E/17/ du 14 août 2017, Proclamation définitive des résultats des élections législatives.

Article LO.196.-

La requête est communiquée par le Greffier en chef du Conseil constitutionnel aux mandataires des différentes listes en présence qui disposent d'un délai maximum de trois (3) jours francs pour déposer leur mémoire en réponse. Il est donné récépissé du mémoire par le Greffier en chef.

Toutefois, les requêtes irrecevables ou ne contenant que les griefs qui, manifestement, ne peuvent avoir aucune influence définitive ou annulation de l'élection sont rejetées, par décision motivée, sans instruction contradictoire préalable.

Article LO.197.-

Le Conseil constitutionnel statue sur la requête dans les cinq (05) jours qui suivent son dépôt. Son arrêt emporte proclamation définitive ou annulation de l'élection.

En cas d'annulation, il est procédé à un nouveau scrutin dans les vingt et un (21) jours qui suivent.

Article LO.198.-

La déchéance prévue par l'article LO.162 du présent code est constatée par le Conseil constitutionnel à la requête du bureau de l'Assemblée nationale, d'un groupe de députés, conformément au règlement intérieur de l'Assemblée nationale ou du Président de la République.

En outre, en cas de condamnation définitive postérieure à l'élection, la déchéance est constatée, dans les mêmes formes, à la requête du Ministère public.

TITRE IV

DE L'ELECTION DES HAUTS CONSEILLERS

Chapitre premier : Composition, mode de désignation et durée du mandat des hauts conseillers

Article LO.199.-

Le nombre de hauts conseillers est fixé à cent cinquante (150) ainsi répartis :

- quatre-vingts (80) hauts conseillers élus dans les départements ;

- soixante-dix (70) hauts conseillers nommés par le Président de la République.

Article LO.200.-

Dans chaque département, sont élus trois (03) hauts conseillers au plus et un (01) haut conseiller au moins. Le nombre de hauts conseillers à élire dans chaque département est déterminé par décret en tenant compte de l'importance démographique respective de chaque département.

Article LO.201.-

Tout parti politique légalement constitué, toute coalition de partis politiques légalement constitués ou toutes entités regroupant des personnes indépendantes ayant satisfait aux conditions exigées à l'alinéa 3 du présent article, peuvent présenter des listes de candidats. Un mandataire est désigné au niveau national, à cet effet.

La parité homme-femme s'applique à toutes les listes à chaque fois qu'il y a plus d'un siège à pourvoir.

S'agissant de la participation des coalitions de partis politiques et des personnes indépendantes, le nom de la coalition ou celui de l'entité regroupant des personnes indépendantes doit être notifié au Ministre chargé des élections au plus tard la veille du dépôt des dossiers de déclaration de candidature.

Pour pouvoir valablement présenter une liste de candidats, les partis politiques légalement constitués, les coalitions de partis politiques légalement constitués, les entités regroupant des personnes indépendantes doivent recueillir la signature de 5% des conseillers du département. Les signatures sont déposées au moment de la notification du nom de la coalition ou de l'entité, pour le parti politique cette formalité est effectuée au moment du dépôt des dossiers de déclaration de candidature.

En tout état de cause, le parti politique, la coalition de partis politiques ou l'entité regroupant des personnes indépendantes, peut choisir un titre pour sa liste.

Article LO.202.-

Les hauts conseillers à élire dans le département, sont élus au scrutin majoritaire à un tour sur une liste départementale.

Les sièges sont attribués conformément aux dispositions de l'article L.151 du Code électoral.

Article LO.203.-

Les hauts conseillers sont élus dans chaque département par un collège électoral composé :

1) des conseillers départementaux ;

2) des conseillers municipaux.

En relation avec les préfets et les sous-préfets, les services compétents du Ministère chargé des Élections dressent, après recensement exhaustif, la liste électorale du département.

La liste doit obligatoirement comporter l'ensemble des membres du collège électoral du département.

Aucun électeur ne peut se prévaloir de plusieurs mandats électifs pour voter plus d'une fois dans le même scrutin.

Il est fait usage de la carte d'identité biométrique CEDEAO lors du vote.

Les modalités de l'établissement des listes électorales des départements sont déterminées par arrêté du Ministre chargé des élections.

Article LO.204.-

Le membre du collège électoral dont l'élection est contestée prend part au vote.

Article LO.205.-

Chaque liste de candidats, dans le ressort du département, comprend autant de candidats suppléants que de sièges à pourvoir.

En cas de vacance, il est fait appel au candidat suppléant du même sexe si le département compte plus d'un siège. Lorsqu'une liste est ainsi épuisée, il est procédé à une élection partielle dans les trois (03) mois de la vacance qui l'a rendue nécessaire. Il n'est toutefois pas procédé à des élections partielles dans les douze (12) derniers mois du mandat du Haut Conseil des collectivités territoriales.

Article L.206.-

La durée du mandat des hauts conseillers est de cinq (05) ans. Il expire le 30 du mois de son installation lors de la cinquième année. Sauf cas de dissolution, les élections ont lieu entre les soixante (60) jours et les vingt (20) jours qui précèdent l'expiration du mandat.

Les hauts conseillers des collectivités territoriales sortants restent en fonction jusqu'à l'installation de la nouvelle assemblée.

Chapitre II : Conditions d'éligibilité et inéligibilités

Article LO.207.-

Peut être élu au Haut Conseil des collectivités territoriales, le conseiller âgé de vingt-cinq (25) ans au moins au jour du scrutin.

Tout candidat au Haut Conseil des collectivités territoriales doit être inscrit sur la liste électorale d'une commune du département où il se présente.

Les autres conditions d'éligibilité et les inéligibilités sont les mêmes que celles prévues aux articles LO.159 à LO.162 du Code électoral.

Chapitre III : Incompatibilités

Article LO.208.-

Le mandat de haut conseiller est incompatible avec la qualité de député, celle de membre du Gouvernement et celle de membre du Conseil économique, social et environnemental.

Chapitre IV : Déclaration de candidature

Article L.209.-

Tout parti politique, toute coalition de partis politiques légalement constitués ou toutes entités regroupant des personnes indépendantes, désireux de participer à l'élection des hauts conseillers, doivent faire une déclaration de candidature.

Cette déclaration doit comporter :

1) le nom du parti politique, de la coalition de partis politiques ou de l'entité des personnes indépendantes et éventuellement le titre de la liste;

2) la couleur, le symbole et éventuellement le sigle choisis pour l'impression des bulletins de vote accompagnés de la maquette du bulletin sur support papier et électronique pour renseigner sur la nuance des couleurs et leur disposition sur ledit bulletin ;

3) la liste, en double exemplaires, portant pour chaque candidat, titulaire et suppléant : les prénoms, nom, date et lieu de naissance, numéro d'inscription sur la liste électorale d'une commune, adresse, profession avec la précision du service et du lieu d'affectation s'il est agent de l'État ;

4) l'indication du département où la liste se présente.

Les listes présentées doivent être complètes et indiquer l'ordre de présentation des candidats titulaires et suppléants.

Un même candidat ne peut se présenter ni dans plus d'un département ni sur plus d'une liste. Il ne peut être à la fois candidat et suppléant d'un autre candidat.

Article L.210.-

Les déclarations de candidature doivent être accompagnées, pour chaque candidat, titulaire et suppléant, des pièces suivantes :

- un extrait d'acte de naissance datant de moins de six (06) mois ou la photocopie légalisée de la carte d'identité biométrique CEDEAO ;

- un bulletin n°3 du casier judiciaire datant de moins de trois (03) mois ;

- une déclaration sur l'honneur par laquelle le candidat certifie qu'il pose sa candidature, qu'il n'est candidat que sur cette liste et qu'il ne se trouve dans aucun des cas d'inéligibilité prévus par le Code électoral ;

- une attestation par laquelle le parti politique, la coalition de partis politiques ou l'entité regroupant des personnes indépendantes, investit l'intéressé en qualité de candidat.

Dans tous les cas, les modèles de déclaration de candidature sont fixés par arrêté du Ministre chargé des élections.

Article L.211.-

Les dossiers de candidature sont déposés, avec bordereau d'envoi, au Ministère chargé des Élections auprès d'une commission instituée par arrêté, vingt (20) jours au moins et vingt-cinq (25) jours au plus avant la date du scrutin, par le mandataire choisi à cet effet. Le double de la liste déposée est destiné à la C.E.N.A.

Mention est faite de l'heure exacte de dépôt. Ni substitution ni retrait de candidature n'est admis.

La commission de réception, au vu du bordereau et après un contrôle sommaire et contradictoire avec le mandataire sur les pièces du dossier de déclaration de candidature lui délivre immédiatement un récépissé pour attester du dépôt matériel. Ce récépissé est dûment visé par le superviseur de la C.E.N.A pour authentifier le contrôle du dépôt dans les formes et les délais légaux. Il ne préjuge pas de la recevabilité des candidatures présentées.

La commission procède à l'analyse des dossiers dans les quarante-huit (48) heures qui suivent le dépôt matériel. Le remplacement de candidats inéligibles, sans préjudice de l'ordre d'investiture et la substitution de pièces périmées ou comportant des erreurs matérielles sont, le cas échéant, immédiatement notifiés au mandataire de la liste concernée. Celui-ci dispose de trois (03) jours pour y remédier sous peine de rejet de la candidature concernée.

Article L.212.-

Dans le cadre de l'analyse des dossiers de candidature, les articles L.180 et L.181 du Code électoral sont applicables.

Article L.213.-

N'est pas recevable la liste qui :

1) est incomplète ;

2) n'est pas conforme aux dispositions de l'article LO.201 ;

3) ne comporte pas les indications obligatoires prévues à l'article L.209 ;

4) n'est pas accompagnée des pièces prévues à l'article L.210 est déposée au-delà du délai légal.

Dans le cas où, pour l'un des motifs énumérés ci-dessus, le Ministre chargé des élections estime qu'une liste n'est pas recevable, il notifie sa décision motivée au mandataire de ladite liste dans les trois jours suivant l'enregistrement du dépôt matériel des dossiers de candidature.

Article L.214.-

Au plus tard quinze (15) jours avant le scrutin, le Ministre chargé des élections arrête et publie les déclarations de candidature jugées recevables, modifiées éventuellement, compte tenu des dispositions de l'article L.211.

Une copie de l'arrêté de publication doit être délivrée à chaque mandataire de listes de candidats.

Article L.215.-

En cas de contestation d'un acte du Ministre chargé des élections, pris en application des articles L.212, L.213 et L.214, les mandataires des listes de candidats peuvent, dans les vingt-quatre (24) heures suivant la notification de la décision ou sa publication, se pourvoir devant le Conseil constitutionnel qui statue dans les trois (03) jours qui suivent l'enregistrement de la requête.

Article L.216.-

En cas de décès ou d'inéligibilité de candidat constaté entre la date de publication de l'arrêté fixant les déclarations de candidature recevables et la veille du scrutin à minuit, le mandataire de la liste fait, sans délai, déclaration complémentaire de candidature au Ministre chargé des élections qui la reçoit, s'il y a lieu la diffuse par voie radiophonique et en assure la publication par affichage à tous les bureaux de vote concernés. Cette déclaration complémentaire ne peut concerner qu'un candidat du même sexe et doit être accompagnée des pièces prévues à l'article L.210.

Chapitre V : Campagne électorale

Article LO.217.-

La campagne électorale en vue de l'élection des hauts conseillers est ouverte sept (07) jours avant la date du scrutin. Elle prend fin l'avant-veille du scrutin à minuit.

Article LO.218.-

Il n'y a pas de temps d'antenne dans les médias d'État. Des réunions électorales peuvent être tenues pendant la durée de la campagne conformément aux dispositions de l'article 6 de la loi n° 78-02 du 28 janvier 1978 relative aux réunions.

> **NOTE** : La loi n° 78-02 du 28 janvier 1978 relative aux réunions est annexée au présent Code.

Article LO.219.-

L'article L.60 du Code électoral est applicable à l'élection des hauts conseillers.

En ce qui concerne la couverture médiatique de la campagne électorale, l'article LO.136 du Code électoral est applicable.

Chapitre VI : Opérations électorales - Recensement des votes et proclamation des résultats

Article LO.220.-

Les électeurs sont convoqués par décret publié au moins quarante (40) jours avant la date du scrutin.

Article LO.221.-

Le scrutin ne dure qu'un seul jour. Il a lieu un dimanche.

Le décret de convocation du collège électoral précise l'heure d'ouverture et de fermeture du scrutin.

Article LO.222.-

Il est institué un ou plusieurs bureaux de vote par département à la commune chef-lieu du département, sauf cas particulier à régler par décret.

La liste de candidats doit désigner un plénipotentiaire auprès du préfet du département dix (10) jours avant le scrutin. Les compétences du plénipotentiaire sont celles décrites à l'article L.68 du Code électoral.

Les prénoms, nom, profession et numéro d'inscription sur une liste électorale du département, des représentants des listes de candidats sont notifiés au préfet et à la C.E.N.A au plus tard huit (08) jours avant la date du scrutin.

Chaque bureau de vote est composé :

- d'un président, d'un assesseur, d'un secrétaire désigné par le préfet parmi les fonctionnaires de l'État de la hiérarchie A, B ou C, ou assimilés, en activité ou admis à la retraite et résidant dans le département, ou parmi les agents des collectivités publiques, des établissements publics ou parapublics, résidant dans le département d'un rang équivalent à celui des fonctionnaires de l'État ci-dessus nommés ;

- et d'un représentant inscrit sur une liste électorale d'une commune du département par liste de candidats ou par candidat, en qualité de membre.

Le préfet est tenu de dresser la liste des membres des bureaux de vote ainsi que les représentants des candidats ou listes de candidats et leurs suppléants.

La liste des membres du bureau de vote doit être validée par la C.E.N.A et publiée par arrêté au plus tard sept (07) jours avant le scrutin. Elle est notifiée aux intéressés ainsi qu'aux plénipotentiaires des listes de candidats et affichée devant chaque bureau de vote.

Le scrutin est supervisé et contrôlé par la C.E.N.A. Elle garantit aux électeurs ainsi qu'aux listes en lice, le libre exercice de leurs droits.

Article LO.223.-

En ce qui concerne le fonctionnement du bureau de vote et le déroulement du scrutin, les articles L. 72 à L.85 du Code électoral sont applicables.

Article LO.224.-

Chaque membre du bureau de vote est destinataire du procès-verbal des opérations électorales. Une copie est obligatoirement remise au représentant de la C.E.N.A ainsi qu'au préfet, pour les archives du département.

Article LO.225.-

L'original du procès-verbal du bureau de vote ainsi que les pièces annexées, sont transmis sous pli scellé par des agents assermentés désignés par le préfet au Président du Tribunal d'Instance ou son remplaçant. Celui-ci ou son remplaçant, le cas échéant, est seul habilité à proclamer les résultats provisoires, en tenant compte de l'ensemble des suffrages du lieu de vote.

Après la proclamation des résultats provisoires, l'original du procès-verbal de chaque bureau de vote, les pièces annexées ainsi que la fiche de proclamation des résultats provisoires du département, sont transmis sous pli scellé au Président de la Commission nationale de recensement des votes par le biais des délégués de la Cour d'Appel ou par des agents assermentés sous la responsabilité du Premier Président de la Cour d'Appel de Dakar.

Article LO.226.-

La Commission nationale de recensement des votes est mise en place et organisée conformément aux dispositions de l'article LO.142 du Code électoral.

La Commission procède au recensement, à l'analyse des votes et à la proclamation des résultats provisoires au plus tard le mercredi qui suit la date du scrutin à minuit.

Article LO.227.-

Dès la proclamation provisoire des résultats, les procès-verbaux et l'ensemble de pièces sont transmis au Conseil constitutionnel.

Si aucune contestation relative à la régularité des opérations électorales n'a été déposée au greffe du Conseil constitutionnel par le mandataire d'une liste de candidats ou l'un des candidats dans les cinq (05) jours suivant la proclamation provisoire, le Conseil déclare les hauts conseillers définitivement élus.

Les résultats définitifs de l'élection des hauts conseillers font l'objet d'une publication dans le Journal officiel, bureau de vote par bureau de vote, par le soin du Président du Conseil constitutionnel.

Chapitre VII : Contentieux

Article LO.228.-

Les dispositions des articles LO.195 à LO.198 du Code électoral sont applicables.

La requête mentionnée au deuxième alinéa de l'article LO.198 est présentée par le bureau du Haut Conseil des collectivités territoriales ou par le Président de la République.

Chapitre VIII : Dispositions pénales

Article L.229.-

Les dispositions des articles L.91 à L.119 sont applicables.

TITRE V

DISPOSITIONS RELATIVES AUX ELECTIONS DES CONSEILLERS DEPARTEMENTAUX

Chapitre premier : Composition, mode de désignation et durée du mandat des Conseillers départementaux

Article L.230.-

Les conseillers départementaux sont élus au suffrage universel direct pour un mandat de cinq (05) ans.

Le candidat tête de liste au scrutin majoritaire est élu président du Conseil départemental si sa liste obtient le plus grand nombre de suffrages à l'issue du vote.

En cas d'égalité des suffrages, le candidat, tête de liste le plus âgé, est élu. Sa liste remporte les sièges.

Le nombre des conseillers départementaux est fixé comme suit :

- 40 membres dans les départements de moins de 200.000 habitants ;
- 60 membres dans les départements de 200.000 à 400.000 habitants ;
- 80 membres dans les départements de 400.001 à 600.000 habitants ;
- 100 membres dans les départements de plus de 600.000 habitants.

Le nombre de conseillers départementaux à élire dans chaque département est fixé par décret en tenant compte de l'importance démographique de chaque département.

NOTE : Le nombre de conseillers départementaux et municipaux est fixé par la loi. Il est tenu compte de la taille démographique de chaque collectivité territoriale.

Le nombre des conseillers départementaux et municipaux est fixé comme suit :

- pour les conseillers départementaux leur nombre varie de 40 à 100 ;
- pour les conseillers municipaux et les conseillers de ville leur nombre varie de 36 à 100.

Concrètement, avant chaque élection, un décret fixe le nombre de conseillers à élire dans chaque collectivité territoriale. Dès la prise de ce décret, les partis politiques ou coalitions de partis politiques légalement constitués et entités regroupant des personnalités indépendantes désireux de prendre part au scrutin peuvent s'atteler aux investitures et commencer à constituer les dossiers de candidature.

Par ailleurs, l'élection des présidents de Conseil départemental, de maire de commune et de ville, au suffrage universel direct, constitue une avancée majeure, voire révolutionnaire, dans notre système électoral à travers un respect scrupuleux de la volonté populaire dans le choix des élus territoriaux.

Dans la législation antérieure, les présidents de Conseil départemental et les maires de commune étaient, à l'issue du vote, respectivement élus par leurs pairs au sein du Conseil département et du Conseil municipal. Avec cette innovation, ils seront élus au suffrage universel direct et c'est le candidat, tête de liste au scrutin majoritaire, qui est élu président du Conseil départemental ou maire.

Article L.231.-

Les conseillers départementaux sont élus pour 45% au scrutin de liste majoritaire à un tour et pour 55% au scrutin proportionnel départemental sur des listes complètes.

La liste majoritaire départementale doit obligatoirement comporter pour chacune des communes au minimum un (01) candidat titulaire et un candidat suppléant, inscrits sur la liste électorale de ladite commune.

En cas d'égalité de suffrages, les listes de candidats concernés seront départagées par la moyenne d'âge la plus élevée (titulaires et suppléants).

NOTE : Le souci d'améliorer le processus électoral a conduit à repenser les modalités de présentation des listes en ce qui concerne les élections départementales.

Auparavant, les listes de candidats pouvaient être présentées soit pour le scrutin proportionnel, soit pour le scrutin majoritaire, soit pour les deux (2) scrutins. Ce choix dans la présentation des listes a engendré plusieurs difficultés dans la pratique. L'exemple du Conseil départemental de Vélingara, aux élections locales du 29 juin 2014, en est une parfaite illustration.

En effet, à cause de la non recevabilité des listes majoritaires et la non présentation des listes majoritaires par les deux autres, le Conseil départemental n'a pas été entièrement constitué.

Les dispositions susvisées précisent que la liste majoritaire départementale (la liste proportionnelle départementale n'est pas concernée) doit obligatoirement comporter pour chacune des communes constitutives du département au minimum un (01) candidat titulaire et un candidat suppléant, inscrits sur la liste électorale de ladite commune. Et pourtant, plusieurs formations politiques ont vu leurs listes déclarées irrecevables par l'autorité administrative compétente.

Notons en outre, un motif, vague et imprécis, ne permet pas au mandataire de connaître avec précision ce qui lui est reproché encore moins à la juridiction compétente d'en contrôler le bien-fondé. Exemple : *« Non-respect des dispositions de l'article L.231 du Code électoral qui dispose que « La liste majoritaire départementale doit obligatoirement comporter pour chacune des communes au minimum un candidat titulaire et un candidat suppléant inscrits sur la liste électorale de ladite commune. »*

Par ailleurs, les précisions fournies par l'autorité administrative, dans son mémoire précité, intervenues à postériori, ne sauraient couvrir l'illégalité dont la décision de rejet est entachée. Voir décision ci-après.

Jurisp. : ASSEMBLEE GENERALE DE LA COUR D'APPEL DE ZIGUINCHOR, ARRET N° 22 DU 11 NOVEMBRE 2021, *inédit.*

Maître Aliou SOW, Mandataire du parti Convergence patriotique pour la Justice et l'Equité /Nay Leer c/ Préfet de Vélingara, et le Président de la Commission de réception des dossiers de déclaration de candidatures.

POINT DE FAITS :

Suivant requête en date du 08 novembre 2021, Maître Aliou SOW, mandataire du parti de la CONVERGENCE PATRIOTIQUE POUR LA JUSTICE ET L'EQUITE/NAAY LEER, a saisi la Cour d'Appel de céans d'un recours en annulation de la décision de rejet du dossier de candidature de son parti, par la Commission de réception des dossiers de déclaration des candidatures du département de Vélingara, prise en la personne du Président, le préfet ;

(...)

L'ASSEMBLEE GENERALE :

Considérant que, par requête reçue au secrétariat du greffe, le 8 novembre 2021, Maître Aliou SOW, mandataire du parti « Convergence Patriotique pour la Justice et l'Equité/Nay Leer », ayant pour conseil Maître Mamadou Papa Samba SO, Avocat à la Cour, a saisi la Cour d'un recours dirigé contre la décision de rejet du Préfet de Vélingara des listes majoritaire et proportionnelle de son entité pour les élections départementales du 23 janvier 2022 pour « non-respect de l'article L.231 du Code électoral » ;

EN LA FORME

Considérant que devant la Cour, le requérant a été représentée par son conseil ;

Considérant que la décision attaquée a été prise le 5 novembre 2021 et notifiée au mandataire, le même jour ;

Que dès lors, le recours introduit par celui-ci, le 8 novembre 2021, conformément au délai et selon la forme prescrite par l'article L.255 du Code électoral, doit être déclaré recevable ;

AU FOND

Enoncé des moyens

Considérant que dans la requête susvisée et dans ses observations orales faites à l'audience, le conseil du requérant soutient qu'en matière électorale, la participation est un droit constitutionnel ;

Que les seuls cas d'exclusion sont liés à l'inéligibilité ;

Que la réception des dossiers de candidature constitue un acte préparatoire, d'où d'ailleurs sa dénomination de commission administrative de réception des dossiers de déclarations de candidatures ;

Qu'en sa qualité de mandataire du parti sus dénommé, le requérant a déposé dans les délais ses listes pour les scrutins majoritaire et proportionnel du département de Vélingara ;

Que, cependant, la commission les a rejetées pour non-respect de l'article L.231 du Code électoral ;

Qu'il s'agit d'une décision sévère car contraire aux principes démocratiques de conquête du suffrage ;

Que la commission aurait dû inviter le mandataire à venir régulariser l'irrégularité relevée dans le délai de 72 heures prévu par l'article L.251 ou bien alors accepter la liste proportionnelle qui, elle, ne comporte aucune irrégularité ;

Qu'elle demande en conséquence à la Cour, à titre principal, d'infirmer la décision de rejet du préfet et d'ordonner à la commission de réception des dossiers de candidature de Vélingara de recevoir la liste départemental du parti, « avec possibilité ou à défaut d'autoriser le mandataire à présenter une liste majoritaire avec les correctifs requis par la loi », subsidiairement, « dire et juger que la liste proportionnelle est régulière et recevable » et d'ordonner à la commission de la recevoir ;

Considérant que le Ministère public a fait observer que la décision de rejet du préfet ne comporte pas de motif ou grief précis ; qu'il s'agit d'une décision insuffisamment motivée ;

Qu'il a en conséquence demandé qu'il soit ordonné au préfet de recevoir la liste du requérant ;

Considérant que, dans un mémoire en date du 11 novembre 2021, le Préfet de Vélingara explique que le rejet des listes du requérant est motivé par le fait que huit (08) communes n'étaient pas représentées dans la liste majoritaire titulaire et six (06) au niveau des suppléants, en violation de l'article L.231 du Code électoral lequel dispose que « La liste majoritaire départementale doit obligatoirement comporter pour chacune des communes au minimum un candidat titulaire et un candidat suppléant inscrits sur la liste électorale de ladite commune. » ;

MOTIFS DE LA DECISION

Considérant qu'aux termes des articles L. O24, L.255 et L.290 du Code électoral et 26 et Décret n°2015-1145 du 3 août 2015 fixant la composition et la compétence des cours d'appel, des tribunaux de grande instance et des tribunaux d'instance, la cour d'appel est juge de droit commun en matière de contentieux du dépôt et de la publication des listes pour les élections territoriales ;

Que, saisie d'un recours par un mandataire, la C.E.N.A ou l'autorité administrative habilitée, elle doit veiller à l'application correcte de la loi électorale par tous les acteurs concernés ;

Considérant que si, en vertu de l'article L.251 du Code électorale, le préfet peut rejeter une liste à une élection départementale, toutefois ce pouvoir n'est pas discrétionnaire ; que le législateur l'a organisé et encadré à travers les dispositions des articles L.250 et L.251 ; qu'en outre, le contrôle du juge électoral auquel il reste soumis (article L.255) ne peut s'exercer que si la décision est motivée en fait et en droit ;

Que l'obligation de motivation de la décision de rejet constitue une garantie fondamentale pour le mandataire de la liste victime en ce qu'elle permet de lutter contre l'arbitraire de l'administration ; que c'est pourquoi la motivation doit être claire et précise ; que l'insuffisance ou l'imprécision des motifs équivaut à leur inexistence ;

Que le juge électoral peut annuler une décision si elle n'est pas ou est insuffisamment motivée ;

Considérant que les causes de rejet sont limitativement énumérées à l'article L.250 qui énonce : « N'est pas recevable la liste qui :

1) est incomplète ;

2) ne comporte pas les indications obligatoires prévues aux articles L.232 et

L243 ;

3) n'est pas accompagnée des pièces prévues à l'article L.246 ;

4) ne comporte pas la quittance confirmée par une attestation signée par le Directeur général de la Caisse des Dépôts et Consignations attestant du dépôt de la caution prévue par l'article L.246 ;

5) est déposée au-delà du délai légal. » ;

Que l'article L.221 *in fine* dispose : « Dans le cas où pour l'un des motifs énumérés à l'article L.285, le préfet ou le sous-préfet estime qu'une liste n'est pas recevable, il notifie, par écrit, les motifs de sa décision au mandataire de ladite liste dans les deux (2) jours suivant la date limite du dépôt matériel des dossiers de candidatures. » ;

Considérant que, dans sa décision du 5 novembre 2021, le Préfet de Vélingara justifie le rejet des listes et dossiers de candidatures du requérant par le « Non-respect des dispositions de l'article L.231 du Code électoral qui dispose que « La liste majoritaire départementale doit obligatoirement comporter pour chacune des communes au minimum un candidat titulaire et un candidat suppléant inscrits sur la liste électorale de ladite commune. » ;

Que ce motif, vague et imprécis, ne permet pas au mandataire de connaître avec précision ce qui lui est reproché encore moins à la juridiction compétente d'en contrôler le bien-fondé ;

Que les précisions fournies par l'autorité administrative, dans son mémoire précité, intervenues, *a posteriori*, ne sauraient couvrir l'illégalité dont la décision de rejet est entachée ;

D'où il suit que l'annulation est encourue ;

PAR CES MOTIFS :

Statuant publiquement, en assemblée générale, en matière électorale, en premier et en dernier ressort ;

EN LA FORME

DECLARE recevable la requête de Maître Aliou SOW ;

AU FOND

ANNULE la décision du Préfet de Vélingara du 5 novembre 2021 portant rejet des listes et dossiers de déclarations de candidatures du parti « Convergence Patriotique pour la Justice et l'équité/Nay Leer » pour les élections départementales du 23 janvier 2022 ;

ORDONNE la réception par ladite autorité desdites listes.

Article L.232.-

Tout parti politique légalement constitué, toute coalition de partis politiques légalement constitués ou toute entité regroupant des personnes indépendantes peut présenter des listes de candidats.

La parité homme-femme s'applique à toutes les listes. Les listes de candidatures, titulaires comme suppléants, doivent être alternativement composées de personnes des deux sexes. Lorsque le nombre de membres est impair, la parité s'applique au nombre pair immédiatement inférieur.

Les coalitions de partis politiques et les entités regroupant des personnes indépendantes doivent choisir un nom et éventuellement un titre, une couleur et un symbole différents de ceux des partis politiques légalement constitués. Toutefois, une coalition de partis peut prendre le nom et éventuellement le titre, la couleur ou le symbole d'un des partis qui la composent. Le nom et éventuellement le titre de la coalition ou de l'entité doit être notifié au préfet au plus tard la veille du dépôt des déclarations de candidature et figurer en tête de la liste des candidats présentée aux élections.

> **NOTE** : La loi n° 2010-11 du 28 mai 2010 instituant la parité absolue Homme-Femme et le décret n° 2011-819 du 16 juin 2011 portant application de la loi n° 2010-11 du 28 mai 2010 instituant la parité absolue Homme-Femme sont annexés au présent Code.

Article L.233.-

Pour le scrutin proportionnel, il est appliqué le système du quotient départemental. Pour déterminer ce quotient, on divise le nombre total des suffrages valablement exprimés par le nombre de conseillers départementaux à élire pour ce scrutin. Autant de fois ce quotient est contenu dans le nombre des suffrages obtenus pour chaque liste, autant celle-ci obtient de candidats élus. La répartition des restes se fait selon le système du plus fort reste. En cas d'égalité, le siège est attribué au plus âgé des candidats susceptibles d'être élus.

Article L.234.-

Lorsque les conseillers départementaux sont élus au scrutin de liste majoritaire, chaque liste comprend un nombre de suppléants égal au nombre des sièges à pourvoir. En cas de vacance, il est fait appel au suppléant du même sexe placé en tête de la liste dans laquelle la vacance s'est produite.

Lorsque les conseillers départementaux sont élus au scrutin proportionnel, chaque liste comprend un nombre de suppléants égal à la moitié de sièges à pourvoir. Toutefois, au cas où le nombre de conseillers à élire est impair, il est alors augmenté d'une unité pour déterminer avec exactitude la liste des suppléants. En cas de vacance, il est fait appel en priorité au candidat du même sexe non élu placé en tête de la liste dans laquelle la vacance s'est produite. Il sera fait appel ensuite aux candidats suppléants après épuisement de la liste des candidats non élus.

Article L.235.-

En cas d'annulation globale des opérations électorales ou si le conseil départemental a perdu par l'effet de l'épuisement des listes, le tiers de ses membres, il est procédé dans le premier cas à de nouvelles élections et dans le deuxième cas à des élections complémentaires dans le délai de six (6) mois à dater de l'annulation ou de la dernière vacance.

Dans les mêmes délais des élections ont lieu en cas de dissolution de Conseil départemental ou de démission de l'ensemble de ses membres en exercice.

Toutefois, dans l'année qui précède le renouvellement intégral, les élections complémentaires ne sont organisées que si le conseil départemental a perdu la moitié de ses membres.

Article L.236.-

Sauf cas de dissolution, les élections départementales ont lieu dans les trente (30) jours qui précèdent l'expiration de la cinquième année après la date du dernier renouvellement général des conseillers départementaux.

Un décret peut abréger ou proroger le mandat d'un conseil départemental afin de faire coïncider son renouvellement avec la date du renouvellement général des conseillers départementaux.

Toutefois, si les circonstances l'exigent, il peut être fait exception aux dispositions de l'alinéa premier du présent article. Dans tous les cas, les élections ont lieu dans la cinquième année du mandat.

Le cas échéant, les conseillers restent en fonction, jusqu'à l'installation du nouveau conseil élu.

Chapitre II : Conditions d'éligibilité, d'inéligibilité et d'incompatibilité

Article L.237.-

Est éligible au conseil départemental, tout électeur du département présenté par un parti politique légalement constitué, par une coalition de partis politiques légalement constitués, ou par une entité regroupant des personnes indépendantes sous réserve des articles L.238 à L.241 du présent Code électoral.

Article L.238.-

Ne peuvent être conseillers départementaux :

1) les personnes visées à l'article L.58 ;

2) ceux qui sont placés sous la protection de la justice ;

3) ceux qui sont secourus par les budgets communaux, départementaux ou de l'État ou par des bureaux de bienfaisance ;

4) ceux qui ont fait l'objet d'une condamnation en application de l'article 61 du Code général des collectivités territoriales ;

5) les individus condamnés en application des articles 101, 102, 103, 104, 105 du Code pénal ;

6) ceux qui se trouvent dans un cas d'inéligibilité ou d'incompatibilité prévu par le Code électoral ;

7) sauf dispositions contraires prévues par les conventions internationales, les étrangers naturalisés pendant un délai de dix (10) ans à compter de la date du décret de naturalisation, moins que le naturalisé ait été relevé de cette incapacité pour services exceptionnels rendus au Sénégal au sens de l'article 12 de la loi n° 61-10 du 7 mars 1961 déterminant la nationalité sénégalaise, modifiée par la loi n° 2013- 05 du 08 juillet 2013 ;

8) les conseillers déclarés démissionnaires en application des articles 66 et 67 du Code général des Collectivités territoriales, à l'occasion des élections départementales suivant la date de leur démission.

Article L.239.-

Les inspecteurs généraux d'État nommés dans le corps et les agents de l'État délégués dans les fonctions d'inspecteur général d'État sont inéligibles. Toutefois cette inéligibilité cesse en cas de sortie définitive du corps.

Sont également inéligibles pendant l'exercice de leurs fonctions et pendant une durée de six (06) mois après l'expiration de celles-ci :

1) les membres du Conseil constitutionnel, les magistrats de la Cour suprême, de la Cour des Comptes et des Cours et Tribunaux, sauf exceptions prévues par la loi ;

2) les gouverneurs, les préfets et les sous-préfets ainsi que leurs adjoints ;

3) le Trésorier général, le Receveur général, le Payeur, les trésoriers payeurs régionaux, les percepteurs et receveurs des départements et les receveurs municipaux ;

4) les secrétaires généraux de département.

L'inéligibilité des personnes titulaires des fonctions définies à l'alinéa précédent s'étend, dans les mêmes conditions, aux personnes qui exercent ou ont exercé, pendant une durée d'au moins six (06) mois, ces mêmes fonctions sans être ou avoir été titulaires.

Article L.240.-

Ne sont pas éligibles dans le département où ils exercent leurs fonctions :

1) les comptables des deniers départementaux ainsi que les chefs des services de l'assiette et du recouvrement ;

2) les chefs des services régionaux et départementaux de l'État ainsi que les représentants régionaux et départementaux des établissements publics ;

3) les agents de tous ordres employés à la recette départementale ;

4) les agents salariés de la collectivité départementale, parmi lesquels ne sont pas compris ceux qui, étant agents de l'État ou exerçant une profession indépendante, ne reçoivent une indemnité du département

qu'à raison des services qu'ils lui rendent dans l'exercice de cette profession.

Il en est de même dans le ressort où ils exercent leurs activités, des entrepreneurs ou concessionnaires départementaux lorsqu'ils sont liés par une convention les plaçant de façon permanente dans un lien de dépendance ou d'intérêt vis à vis du département.

Article L.241.-

Le mandat de conseiller départemental est incompatible avec les fonctions énumérées aux articles L.239 et L.240 du présent code.

Les conseillers départementaux nommés postérieurement à leur élection aux fonctions visées au premier alinéa du présent article auront, à partir de la date de nomination, un délai de trente (30) jours pour opter entre l'acceptation de remploi et la conservation du mandat. À défaut de déclaration adressée dans ce délai à leur supérieur hiérarchique et au préfet, ils seront réputés avoir opté pour la conservation dudit emploi.

Article L.242.-

Tout conseiller du département qui, pour une cause quelconque, se trouve dans un des cas d'inéligibilité prévus par la loi, peut-être, à toute époque, déclaré démissionnaire par le représentant de l'État, sauf recours devant la Cour d'Appel, conformément à la procédure prévue en la matière.

Tout électeur du département peut saisir le représentant de l'État ou la Cour d'Appel lorsqu'il constate un cas d'inéligibilité ou d'incompatibilité.

Chapitre III : Déclaration de candidature

Article L.243.-

Tout parti politique légalement constitué, toute coalition de partis politiques légalement constitués ou toute entité regroupant des personnes indépendantes, désireux de participer aux élections départementales doit faire une déclaration de candidature.

Pour pouvoir valablement présenter une liste de candidats, les entités regroupant des personnes indépendantes doivent présenter une liste d'électeurs soutenant leur candidature et représentant deux pour cent (2%) des électeurs inscrits sur les listes électorales du département, à raison d'un pour cent (1%) au moins dans la moitié des communes constitutives du département. Si le nombre de communes est impair, il est augmenté d'une unité pour déterminer avec exactitude la moitié.

Un arrêté du Ministre chargé des élections détermine le nombre d'électeurs représentant les deux pour cent (2%) de l'électorat de chaque département.

Article L.244.-

Les listes de candidats sont présentées et pour le scrutin majoritaire, et pour le scrutin proportionnel.

Les listes de candidats présentées doivent être complètes et établies conformément aux dispositions de l'article L.232.

Une personne ne peut être candidate à la fois au scrutin majoritaire et au scrutin proportionnel, ni se présenter dans plusieurs départements.

Jurisp : Cour suprême, arrêt n° 31 du 24 juin 2014, **Papa Saliou Mbaye**, es qualité de mandataire de la Coalition « And Déffar Thiés » de la commune de Fandéne c/**Ministre de l'Intérieur, représenté par le Directeur général des élections, l'Agent judiciaire de l'État et Augustin Tine**, es qualité de mandataire de la Coalition « Benno Bokk Yakaar » de la commune de Fandéne

Vu la requête reçue au greffe central de la Cour suprême le 22 mai 2014 par laquelle Papa Saliou Mbaye, mandataire de la coalition And Deffar Thiès de la commune de Fandène, élisant domicile en l'étude de Maîtres Mouhamadou Moustapha Dieng, Baba Diop, Adama Fall et Borso Pouye, avocats à la cour, s'est pourvu en cassation contre l'arrêt n°43 du 16 mai 2014 de la Cour d'appel de Dakar déclarant irrecevable la liste de la coalition « And Deffar Thiès » et ordonnant, en conséquence, son retrait de l'arrêté n°17/AKM/SD du Sous-préfet du 6 mai 2014 portant publication de la liste des candidats à l'élection des conseillers municipaux de la commune de Fandène ;

Après en avoir délibéré conformément à la loi ;

Considérant que suite à la publication de la liste des candidats à l'élection des conseillers municipaux de la commune de Fandène, le mandataire de la coalition Benno Bokk Yaakar a saisi la Cour d'appel de Dakar d'un recours aux fins d'annulation de la liste proportionnelle titulaire de la coalition « And Deffar Thiès » pour non-respect de la parité ; que suivant arrêt du 16 mai 2014, l'Assemblée générale de la Cour d'appel de Dakar a déclaré la liste « And deffar Thiès » irrecevable et a ordonné en conséquence son retrait de l'arrêté n°17/AKM/SD du 6 mai 2014 du Sous-préfet de Keur Moussa portant publication de la liste des candidats à l'élection des conseillers de cette commune ; que c'est contre cet arrêt que Papa Saliou Mbaye s'est pourvu en cassation en développant un moyen unique tiré de la violation de la loi ;

Considérant qu'il est fait grief à l'arrêt attaqué d'avoir déclaré la liste « And Deffar Thiès » irrecevable et ordonné son retrait de l'arrêté du 6 mai 2014 qui fixe la liste des candidats aux élections municipales de Fandène alors qu'en vertu de l'article L 241 du code électoral, le Préfet ou le Sous-préfet qui estime qu'une liste n'est pas recevable, notamment pour non-respect de la parité, doit notifier les motifs de sa décision au mandataire de ladite liste dans les trois (03) jours suivant la date limite de dépôt de candidatures ; que le requérant fait valoir que cette grave omission du Sous-préfet a empêché la coalition « And Deffar Thiès » de prendre les dispositions utiles de nature à faire valider sans réserve ses listes ;

Considérant que le Ministre de l'Intérieur conclut au rejet du pourvoi au motif que la Cour d'appel a rendu sa décision conformément aux dispositions des articles L 224 et L 241 du code électoral ;

Considérant que dans son mémoire en défense, le mandataire de la coalition « Benno Bokk Yakaar » conclut au rejet du pourvoi au motif que le Sous-préfet avait déclaré recevable la liste « And Deffar Thiès » de Fandène et ne pouvait, par conséquent, délivrer une décision de refus ;

Considérant que par arrêté du 6 mai 2014, le Sous-préfet de Keur Moussa a déclaré recevable la liste proportionnelle titulaire And Deffar Thiès ;

Considérant que, selon les dispositions des articles L 241 et L 245 du code électoral, l'obligation de notifier au mandataire les motifs de sa décision ne pèse sur l'autorité administrative qu'au cas où elle estime qu'une liste n'est pas recevable, la notification des motifs d'irrecevabilité d'une liste dans les trois jours suivant la date limite de dépôt de candidatures ne donne droit à une possibilité de correction que pour remplacer des candidats inéligibles ou pour substituer les pièces périmées ou comportant des erreurs matérielles ;

Considérant que le requérant ne conteste pas qu'aux neuvième et dixième positions de sa liste se suivaient deux hommes, Khalifa Cissé et Cheikh Gora Mbaye, ce, en violation des dispositions de l'article L 224 qui prescrivent que « toutes les listes présentées doivent respecter la parité homme-femme et doivent être alternativement composées de personnes des deux sexes » ;

Considérant que le non-respect de la parité n'est pas susceptible de correction conformément aux dispositions de l'article L 245 du code électoral ;

Considérant cependant que la Cour d'appel, saisie d'un recours d'Augustin Tine aux fins d'annulation de la liste proportionnelle titulaire « And Deffar Thiès » pour les élections municipales, a, dans son dispositif, déclaré la liste « And Défar Thiès » de la commune de Fandène irrecevable ;

Qu'il y a lieu de casser partiellement l'arrêt et de limiter l'irrecevabilité à la liste proportionnelle titulaire « And Deffar Thiès » ;

PAR CES MOTIFS :

Casse et **annule** partiellement l'arrêt n°43 du 16 mai 2014 de la Cour d'appel de Dakar ;

Limite l'irrecevabilité à la liste proportionnelle titulaire « And Deffar Thiès » pour les élections municipales de la commune de Fandène.

Article L.245.-

Les déclarations doivent comporter :

1) le nom du parti politique, de la coalition de partis politiques ou de l'entité regroupant des personnes indépendantes et éventuellement le titre ;

2) la couleur, le symbole et éventuellement le sigle choisis pour l'impression des bulletins de vote accompagnés de la maquette du bulletin sur support papier et électronique pour renseigner sur la nuance des couleurs et leur disposition sur ledit bulletin ;

3) les prénoms, nom, date et lieu de naissance de chacun des candidats, leur profession et domicile, avec la précision de leur service, emploi et lieu d'affectation, s'ils sont agents de l'État ;

4) pour chaque candidat le numéro d'inscription sur une liste électorale du département ;

5) l'indication du département dans lequel ils se présentent.

Article L.246.-

Les modèles de déclarations de candidatures sont fixés par arrêté du Ministre chargé des élections.

Le dossier de déclaration de candidature comprend :

1) un bordereau de dépôt ;

2) une quittance confirmée par une attestation signée par le Directeur général de la Caisse des Dépôts et Consignations attestant du dépôt du cautionnement ;

3) une déclaration d'investiture par laquelle le parti, la coalition ou l'entité présente ses candidats ;

4) une déclaration de candidature par laquelle le parti, la coalition ou l'entité précise le département où il se présente et le mode de scrutin choisi ;

5) une déclaration individuelle de candidature par laquelle le candidat certifie qu'il pose sa candidature, qu'il n'est candidat que sur cette liste et qu'il ne se trouve dans aucun des cas d'inéligibilité prévus par le présent Code.

La déclaration individuelle de candidature est accompagnée d'un extrait d'acte de naissance datant de moins de moins de six (06) mois ou d'une photocopie légalisée de la carte d'identité biométrique CEDEAO.

Les candidatures indépendantes comprennent en plus :

1) une liste d'électeurs appuyant les candidatures, établie conformément aux dispositions de l'article L. 243 ;

2) une déclaration sur l'honneur par laquelle le candidat atteste qu'il ne milite dans aucun parti politique ou qu'il a cessé toute activité militante depuis au moins douze (12) mois.

En cas de contestation du statut d'indépendant d'un candidat, la Cour d'Appel compétente est saisie. La partie qui a soulevé la question devra justifier ses diligences.

Les candidats déclarés élus sont tenus de produire dans les quinze jours suivant leur élection, sous peine de déchéance de leur mandat, un bulletin n° 3 du casier judiciaire datant de moins de trois (03) mois.

Article L.247.-

Les listes de candidats sont astreintes au dépôt d'une caution qui doit être versée à la Caisse des Dépôts et Consignations par le mandataire du parti politique, de la coalition de partis politiques ou de l'entité regroupant des personnes indépendantes. Le montant de la caution est fixé par arrêté du Ministre chargé des élections après avis des partis politiques légalement constitués, des coalitions de partis politiques ou des entités regroupant des personnes indépendantes, au plus tard cent cinquante (150) jours avant celui du scrutin.

Il est délivré une quittance confirmée par une attestation signée par le Directeur général de la Caisse des Dépôts et Consignations.

Cette caution est remboursée dans les quinze (15) jours suivant la proclamation des résultats à la liste de candidats ayant obtenu au moins un (1) conseiller départemental élu dans chaque département où la liste se sera présentée.

Si la liste ne se présente que dans un seul département, le remboursement de la caution n'est effectué que si elle obtient au moins trois (3) conseillers départementaux élus.

En cas d'élections anticipées, le montant de la dernière caution est maintenu.

Article L.248.-

Les dossiers de candidatures sont déposés, avec bordereau de dépôt, à la Préfecture auprès d'une commission instituée par arrêté, quatre-vingt (80) jours au moins et, quatre-vingt-cinq (85) au plus avant la date du scrutin, par le mandataire soit du parti politique légalement constitué, soit de la coalition de partis politiques légalement constitués soit de l'entité regroupant des personnes indépendantes qui ont soutenu les candidats.

Article L.249.-

La liste des candidats qui accompagne les dossiers de candidatures est établie en double exemplaire dont l'un est destiné à la C.E.N.A.

Mention est faite de l'heure exacte de dépôt. Ni substitution, ni retrait de candidature n'est admis.

La commission de réception, au vu du bordereau et après un contrôle sommaire et contradictoire avec le mandataire sur les pièces du dossier de déclaration de candidature, lui délivre immédiatement un récépissé pour attester du dépôt matériel.

Ce récépissé est dûment visé par le superviseur de la C.E.N.A pour authentifier le contrôle du dépôt dans les formes et les délais légaux. Il ne préjuge pas de la recevabilité des candidatures présentées.

Les déclarations reçues à la Préfecture et les pièces qui les accompagnent sont tenues à la disposition de chaque liste de candidats qui peut en vérifier le contenu par un mandataire.

Jurisp. : ASSEMBLEE GENERALE DE LA COUR D'APPEL DE KAOLACK, ARRET N° 4 DU 11 NOVEMBRE 2021, *inédit*.

L'Assemblée générale de la Cour d'Appel de Kaolack (Sénégal), statuant en matière électorale à laquelle siégeaient messieurs (...), a rendu l'arrêt dont la teneur suit ;

Babacar CISSE, mandataire de la coalition Yewwi Askan Wi dans la commune de Ngayen, arrondissement de Médina Sabakh, élisant domicile en l'étude de maître Adama NDIAYE, avocat à la Cour à Kaolack, rue Pape DIOP, en face du Palais de Justice de Kaolack c/ le Sous-Préfet de Médina Sabakh, en ses bureaux sis à la sous-préfecture de Médina Sabakh ;

Considérant que par requête en date du 5 novembre 2021, Babacar Cissé, es qualité de mandataire de la coalition Yewwi Askan Wi dans la commune de Ngayen, arrondissement de Medina Sabakh, a, par l'organe de son conseil, saisi la cour d'appel de céans aux fins d'être autorisé à déposer leur dossier de candidature ;

EN LA FORME

Considérant que la requête a été régulièrement formalisée ; qu'il y a lieu de la recevoir ;

AU FOND

Considérant qu'il a été exposé dans la requête que le 4 novembre 2021, Babacar Cissé s'est rendu en compagnie de Daouda Gaye à la commission de réception des listes pour déposer leur dossier de candidature conformément aux articles L.249, L.250 et L.251 du code électoral ; qu'au regard de ces textes, la commission doit recevoir le dossier et attester de cette réception par la délivrance d'un récépissé pour certifier de l'effectivité du dépôt mais aussi permettre un contrôle des délais; que ce dépôt ne préjuge pas de la recevabilité des candidatures; que le sous-préfet qui a refusé de prendre possession de leur dossier de candidature a violé les dispositions du code électorale ;

Considérant que le conseil constitué, prenant la parole à l'audience, a réitéré les termes de la requête ;

Considérant que le ministère public a requis le rejet de la requête au motif qu'il s'agissait d'une liste incomplète ;

SUR CE

Considérant qu'il résulte de l'article L.249 alinéa 3 du Code électoral que la commission de réception, au vu du bordereau, après un contrôle sommaire et contradictoire avec le mandataire sur les pièces du dossier de déclaration de candidatures lui délivre immédiatement un récépissé pour attester du dépôt matériel ; que l'al 4 précise que ce récépissé ne préjuge pas de la recevabilité des candidatures présentées ;

Considérant qu'en l'espèce le dépôt matériel du dossier de candidature a été refusé ; que cela résulte de la déclaration du requérant mais aussi de celle du sous-préfet contenue dans l'exploit d'huissier en date du 04 novembre 2021 ; qu'au regard de l'article L.249, le dépôt matériel du dossier de candidature ne peut être refusé au mandataire qui s'est présenté dans les délais ; qu'en procédant de la sorte, les dispositions de ce texte ont été violées ; qu'il y a lieu de faire droit à la requête;

PAR CES MOTIFS :

Statuant en assemblée générale, sur requête et en dernier ressort,

EN LA FORME

Déclare la recette recevable ;

AU FOND

Enjoint au sous-préfet de Medina Sabah de permettre à Babacar Cissé de déposer leur dossier de candidature aux fins de vérification de la recevabilité par la commission de réception.

Article L.250.-

N'est pas recevable la liste qui :

1) est incomplète ;

2) ne comporte pas les indications obligatoires prévues aux articles L.232 et L.243 ;

3) n'est pas accompagnée des pièces prévues à l'article L.246 ;

4) ne comporte pas la quittance confirmée par une attestation signée par le Directeur général de la Caisse des Dépôts et Consignations attestant du dépôt du cautionnement prévu par l'article L.246 ;

5) est déposée au-delà du délai légal.

Jurisp. : ASSEMBLEE GENERALE DE LA COUR D'APPEL DE KAOLACK, ARRET N° 5 DU 11 NOVEMBRE 2021, *inédit*.

Awa DANGNOKHO, mandataire de la grande coalition Wallu Sénégal à Kaolack, (...) c/ le Préfet de Kaolack.

DECISION :

Elle porte sur le rejet des listes et dossiers de candidatures déposés par la Grande Coalition Wallu Sénégal dans le cadre des élections départementales ; un tel rejet a été notifié à la dame DAGNOKHO le 5 Novembre 2021.

Les motifs évoqués au soutien du rejet portent sur le fait que les communes de Ndiedieng, Keur Baka et Gandiaye n'ont aucun suppléant sur la liste au scrutin majoritaire.

Il s'y ajoute en outre que les communes de vote des candidats ne sont pas indiquées sur la liste.

SUR LA RECEVABILITE

En application des dispositions des articles L.255 du Code électoral, il y a lieu de soutenir que le nom de la dame Awa Dagnokho est recevable en ce qu'elle a observé le délai de 3 jours dans lequel tout recours doit être introduit après la notification ou la publication de la décision ;

En effet, la décision lui ayant été notifiée le 5/11/2021, elle a introduit son recours le 8/11/2021 ;

SUR LE FOND :

Au soutien de l'annulation de la décision querellée, il a été soutenu que la dame Awa DAGNOKHO par l'organe de son conseil, que l'article L.250 du code électoral qui énumère les conditions de recevabilité d'un suppléant sur les listes majoritaires ni l'indication des communes de vote des candidats sur les listes ;

A l'audience, la requérante par l'organe de son conseil a réitéré sa demande en se fondant sur les mêmes arguments ;

Dans le même temps, il a reconnu que pour Gandiaye il est reconnu pour Gandiaye il manque un candidat ;

Dans ses réquisitions, le Ministère public, se fondant sur les dispositions de l'article L.231 du Code électoral, a soutenu que la demande introduite est mal fondée.

SUR CE

Il résulte de l'article L.250 du Code électoral que toute liste incomplète est irrecevable ; qu'il est précisé à l'article L 231 du même code que la liste majoritaire départementale doit obligatoirement compter pour chacune des communes au minimum un candidat titulaire et un candidat suppléant inscrit sur la liste électorale de ladite commune ;

En espèce, loin de constater que la liste déposée est incomplète, la représentante Awa Dagnokho a plutôt soutenu que les motifs de rejet ne résulte nullement de lui perdant ainsi de vue, que l'article L.250 sanctionne pour l'irrecevabilité toute liste incomplète que dès lors, en admettent que les listes des communes de Ndiedieng , Keur Baka et Gandiaye n'ont pas de suppléant , la Grande Coalition Wallu Sénégal n'a pas observé scrupuleusement les dispositions de l'article L.250, que par suite, le rejet de sa liste procède d'une correcte application de la loi ;

PAR CES MOTIFS :

Statuant en assemblée générale, sur requête, en matière électorale, en premier et dernier ressort ;

Vu les articles L.250 et suivants du Code électoral ;

EN LA FORME :

Déclare la requête recevable ;

AU FOND :

Déclare mal fondé le recours introduit par la dame Awa Dagnokho, mandataire de la Grande Coalition Wallu Sénégal.

Article L.251.-

Pour les besoins de la recevabilité juridique, la commission procède à l'analyse des dossiers dans les quarante-huit (48) heures qui suivent la date limite du dépôt matériel.

Le remplacement de candidats inéligibles, sans préjudice de l'ordre d'investiture, et la substitution de pièces périmées ou comportant des erreurs matérielles sont, le cas échéant, immédiatement notifiés au mandataire de la liste concernée. Celui-ci dispose de trois (3) jours, à compter de la date de notification, pour y remédier, sous peine de rejet de la candidature concernée.

Dans le cas où, pour l'un des motifs énumérés à l'article L.250, le préfet estime qu'une liste n'est pas recevable, il notifie, par écrit, les motifs de sa décision au mandataire de ladite liste dans les deux (2) jours suivant la date limite du dépôt matériel des dossiers de candidatures.

Article L.252.-

Un parti politique légalement constitué, une coalition de partis politiques légalement constitués ou une entité regroupant des personnes indépendantes, ne peut utiliser une couleur, un sigle, un symbole déjà choisis par un autre parti, une autre coalition de partis politiques ou une autre entité indépendante.

En cas de contestations, le préfet saisit le Ministre chargé des élections qui attribue, par priorité, à chaque parti politique sa couleur statutaire, son sigle et son symbole traditionnels par ordre d'ancienneté. Pour les coalitions de partis politiques et les entités indépendantes, l'attribution se fait selon la date de notification du nom choisi.

Le Ministre chargé des élections en informe aussitôt le préfet qui, à son tour, en informe les parties intéressées.

Est interdit le choix d'emblèmes comportant une combinaison des trois couleurs du drapeau de la République : vert, or et rouge.

Article L.253.-

Après le délai de quarante-huit (48) heures prévues à l'alinéa premier de l'article L.251 et ce, jusqu'à la date de prise de l'arrêté publiant les déclarations reçues, s'il apparaît qu'une déclaration de candidature a été déposée en faveur d'une personne inéligible, le préfet doit saisir la Cour d'Appel du ressort qui statue dans les trois (03) jours de la saisine sur la recevabilité de ladite candidature.

Si, les délais mentionnés à l'alinéa premier ne sont pas respectés, la candidature doit être reçue.

Article L.254.-

Au plus tard soixante-dix (70) jours avant le scrutin, le préfet arrête et publie les déclarations de candidature reçues, modifiées, éventuellement, compte tenu des dispositions des articles L.251 alinéa 2 et L.253.

Copie de l'arrêté de publication doit être délivrée à chaque mandataire de liste de candidats.

Article L.255.-

En cas de contestation d'un acte du préfet pris en application des articles L.250, L.251, L.252 et L.254, les mandataires des listes de candidats peuvent, dans les trois (03) jours suivant la notification de la décision ou sa publication, se pourvoir devant la Cour d'Appel du ressort qui statue dans les trois (03) jours qui suivent celui de l'enregistrement de la requête.

Article L.256.-

Entre la date de signature de l'arrêté du préfet publiant les déclarations reçues et la veille du scrutin à zéro heure, en cas de décès ou d'inéligibilité d'un candidat, le mandataire de la liste fait sans délai, déclaration complémentaire de candidature au préfet qui la reçoit s'il y a lieu, la publie par voie d'affichage et en assure la diffusion dans tous les bureaux de vote.

Cette déclaration complémentaire ne peut concerner qu'un candidat du même sexe et doit être accompagnée des pièces prévues à l'article L.246.

Chapitre IV : Campagne électorale

Article L.257.-

La campagne en vue des élections des conseillers départementaux est ouverte quinze (15) jours avant la date du scrutin.

Elle dure quatorze (14) jours et prend fin la veille du scrutin à zéro heure.

Article L.258.-

La Cour d'Appel compétente veille à l'égalité entre les candidats. Saisie par la C.E.N.A ou par un candidat, elle intervient, le cas échéant, auprès des autorités compétentes pour que soient prises toutes les mesures susceptibles d'assurer sans délai cette égalité.

Est interdite toute activité assimilable à une campagne électorale dans les conditions définies par l'article L.61.

Est également interdite, toute propagande électorale le jour du scrutin.

Saisie d'une réclamation, la Cour d'Appel compétente peut, en cas de besoin, adresser des injonctions aux autorités concernées ou au candidat dont l'attitude est incriminée. Elle veille à la régularité de la campagne électorale. Ses arrêts en la matière ne peuvent faire l'objet d'aucun recours.

La campagne par voie d'affichage est régie par les dispositions des articles L.60 et L.62 ainsi que par les dispositions réglementaires du Code électoral.

La tenue des réunions électorales est régie par les dispositions de l'article L.59 du présent code.

Chaque liste de candidats peut faire imprimer et adresser aux électeurs, avant le scrutin, une circulaire de propagande comprenant une page en recto et verso de format de 21 x 27 cm. Cette circulaire est soumise à la formalité du dépôt légal.

Chapitre V : Opérations électorales, Recensement et proclamation des Résultats

Article L.259.-

Les électeurs sont convoqués par décret publié au Journal officiel au moins quatre-vingt-dix (90) jours avant la date du scrutin.

Article L.260.-

Il est institué une Commission départementale de Recensement des Votes. Cette Commission est présidée par un magistrat désigné par le Premier Président de la Cour d'Appel compétente. Elle comprend en outre, d'une part, deux magistrats désignés par la même autorité judiciaire et d'autre part, un représentant de la C.E.N.A et un représentant de chaque liste de candidats. Les représentants des listes de candidats ainsi que celui de la C.E.N.A, assistent à toutes les réunions de la Commission départementale à l'exception de la délibération finale. Ils ont accès à tous les documents et ont le droit de porter leurs observations au procès-verbal.

Dès réception des enveloppes et avant de les ouvrir, le président de la commission départementale de recensement des votes fait constater aux membres de la commission que les plis contenant les procès-verbaux des bureaux de vote et les pièces annexées sont scellés.

La commission départementale procède au recensement des votes à partir des procès-verbaux des bureaux de vote. Par dérogation à l'article L.86, elle procède, le cas échéant, à la rectification, à l'annulation ou aux redressements desdits procès-verbaux. L'opération du recensement général des votes est constatée par un procès-verbal.

Le recensement des votes est effectué au Tribunal d'Instance par la Commission départementale de Recensement des votes. Les opérations de recensement sont constatées par procès-verbal. La commission départementale adopte ses décisions après délibération des magistrats qui seuls ont voix délibérative. Le résultat est proclamé par le Président de la Commission qui adresse immédiatement tous les procès-verbaux et les pièces qui doivent y être jointes, au Greffier en Chef du Tribunal d'Instance qui assure leur conservation. Les listes d'émargements sont tenues à la disposition de tout électeur qui en fera la demande dans un délai de huit (08) jours.

La proclamation des résultats par la commission départementale de recensement intervient au plus tard à minuit le vendredi qui suit le scrutin.

Le procès-verbal et les pièces qui doivent être jointes, sont remis directement au greffier en chef du Tribunal d'Instance qui en assure la conservation.

Chaque membre de la commission départementale reçoit un exemplaire du procès-verbal. Un exemplaire est adressé au préfet et au représentant de la C.E.N.A dans le département.

En cas de destruction, de substitution, de perte ou de vol des originaux des procès-verbaux, les exemplaires présentés par les deux tiers (2/3) des représentants de candidats ou des listes de candidats feront foi au même titre que celui du délégué de la C.E.N.A.

Les résultats définitifs des élections départementales font l'objet d'une publication dans le *Journal officiel*, bureau de vote par bureau de vote par les soins du Premier Président de la Cour d'Appel.

Cette publication est faite également sur internet et par tout autre moyen de communication.

***Jurisp* : Cour suprême, arrêt n°35 du 25 Août 2022, Cheikh DIENG,** es nom et es qualité de tête de liste à Pikine de la **COALITION WALLU SENEGAL** c/ **Le Ministre de l'Intérieur, le Directeur général des Elections, représentés par l'agent judiciaire de l'État** et **la coalition BENNO BOOK YAKAAR**

Vu la requête reçue le 20 mai 2022 au greffe central par laquelle Cheikh Dieng, mandataire de la coalition Wallu Sénégal dans la Commune de Pikine, élisant domicile en l'étude de Maîtres Fodé Ndiaye, Mouhamadou Bamba Cissé, Ousseynou Ngom et El Mamadou Ndiaye, avocats à la cour, a formé appel contre l'arrêt n°10 du 22 mars 2022 de la Cour d'Appel de Dakar rejetant son recours contre le procès-verbal de proclamation des résultats de la commission départementale de recensement des votes pour l'élection des conseillers de la Ville de Pikine

Considérant que Cheikh Dieng, mandataire de la coalition Wallu Sénégal dans la Commune de Pikine, expose que lors des travaux de la commission départementale de recensement des votes, de nombreuses irrégularités notées et contestées par le représentant de sa coalition dans le procès-verbal de la commission susvisée, ont été constatées, notamment un décompte sur le cumul de vingt-cinq mille (25.000) voix qui ont permis de renverser la victoire de la coalition Wallu Sénégal au profit de celle de Benno Bokk Yaakar ;

Que le requérant a formé le présent recours contre l'arrêt de la Cour d'Appel de Dakar qui a rejeté sa requête en invoquant deux moyens tirés de la violation de la loi en deux branches et de la dénaturation des faits ;

Sur le premier moyen, en sa première branche tirée de la violation par mauvaise application de l'article L.88 du Code électoral en ce que l'arrêt attaqué a retenu « *qu'il résulte également des dispositions de l'article L.88 que la commission peut redresser et rectifier les erreurs de calcul...* », alors que ledit article décrit la procédure par laquelle la commission procède au recensement et à la publication des résultats au plus tard le mardi qui suit le scrutin à minuit et ne prévoit pas la possibilité pour la commission de redresser et rectifier les erreurs de calcul ;

Sur le premier moyen, en sa seconde branche tirée de la violation de l'article L.260 du Code électoral en ce que l'arrêt attaqué a retenu « *qu'il ne peut donc être reproché au président de la commission départementale et aux magistrats composant la commission d'avoir procédé à des rectifications et redressements* », alors qu'il n'existe pas, en l'espèce, un procès-verbal émanant de la commission départementale précisant et énumérant les cas de rectification et de redressement des procès-verbaux concernés ;

Les branches étant réunies

Considérant que, la cour d'appel qui, pour rejeter le recours de la coalition Wallu Sénégal, a relevé que « *l'article L.260 du Code électoral pose l'hypothèse de l'existence d'erreurs matérielles et d'incohérences à rectifier conformément aux prescriptions de l'article L.88 du même Code relativement aux redressements et à la rectification des erreurs de calculs* » et retenu que « *le requérant, loin de rapporter la preuve des irrégularités ayant exercé une influence sur le sens du scrutin ou de nature à affecter la sincérité des opérations électorales, se contente d'énumérer des procès-verbaux de différents centres de vote incohérents certes, mais ouverts à rectification conformément aux dispositions combinées des articles L.260 et L.88 précités* », n'a pas méconnu le sens et la portée des articles cités au moyen ;

Sur le second moyen tiré de la dénaturation des faits en ce que l'arrêt attaqué a rejeté son recours au motif qu'il n'a pas produit les procès-verbaux aux débats, alors qu'au moment de déposer sa requête, il avait joint tous les procès-verbaux incriminés ;

Considérant que, contrairement aux allégations du requérant**,** la cour d'appel a relevé « q*ue relativement à la différence de 295 voix existant entre les procès-verbaux détenus par la coalition du requérant et ceux de la commission, il est à préciser que lesdits procès-verbaux n'ont pas été versés aux débats pour permettre à la Cour de céans d'apprécier et le fait de réclamer unilatéralement ces dites voix sans aucune confrontation avec ceux détenus par les autres membres de la commission, se trouve par conséquent dépourvu de fondement* »;

Qu'ainsi elle n'a pas commis de dénaturation des faits ;

Par ces motifs

Confirme l'arrêt n°10 du 22 mars 2022 de la Cour d'Appel de Dakar.

Chapitre VI : Le Contentieux des élections départementales

Article L.261.-

Tout électeur ou tout candidat à une élection départementale peut demander l'annulation des opérations électorales. La Cour d'Appel de ressort est compétente.

Les requêtes doivent être déposées, en deux exemplaires, dans les huit (08) jours qui suivent la proclamation des résultats, à la préfecture ou au greffe de la Cour d'Appel.

Il en est donné acte par le préfet ou le greffier en chef. Lorsque la requête est déposée à la préfecture, le préfet la transmet immédiatement au greffier en chef de la Cour d'Appel.

A peine d'irrecevabilité, la requête doit préciser les faits et les moyens allégués.

S'il estime que les formes et les conditions légalement prescrites n'ont pas été remplies, le préfet peut également demander l'annulation des opérations. A cet effet, il adresse une requête, en deux (02) exemplaires au Ministre chargé des élections dans les huit (08) jours suivant la proclamation des résultats. Le Ministre chargé des élections transmet la requête au Greffier en chef de la Cour d'Appel qui lui en donne acte.

Jurisp **: Cour d'Appel, arrêt n°63 du 08 décembre 2022, Abdoulaye BALDE, Représentant de l'Union Centriste du Sénégal c/Ministre de l'Intérieur et le Président du Conseil Départemental d'Oussouye,** ***inédit.***

Vu la requête reçue le 8 juillet 2022 au greffe central par laquelle Abdoulaye Baldé, représentant légal de l'Union centriste du Sénégal (UCS), a formé appel contre l'arrêt n°16 du 30 mars 2022 de la Cour d'Appel de Ziguinchor qui a déclaré irrecevable sa requête en annulation des résultats de certains bureaux de votes aux élections départementales du 23 janvier 2022 dans les Communes de Diembering et Mlomp ;

Considérant qu'il résulte des énonciations de l'arrêt attaqué que le 31 janvier 2022, Abdoulaye Baldé, en sa qualité de représentant légal de l'Union

Centriste du Sénégal (UCS), a saisi la Cour d'Appel de Ziguinchor d'un recours en annulation des procès-verbaux des résultats de certains bureaux de votes aux élections départementales du 23 janvier 2022 dans les Communes de Diembering et Mlomp ;

Que la requête ayant été déclarée irrecevable, le requérant a formé appel contre ladite décision en soulevant un moyen tiré de la violation de la loi ;

Sur le moyen tiré de la violation des articles L.261 du Code électoral et 1-2 du Code de procédure civile en ce que la cour d'appel a déclaré sa requête irrecevable au motif qu'il n'a pas prouvé sa qualité d'électeur ou de candidat dans le Département d'Oussouye, alors qu'il n'a pas agi es nom mais plutôt es qualité de représentant légal du parti UCS qui a déposé une liste pour participer aux élections et est donc fondé à demander l'annulation des résultats ;

Considérant que selon l'article L261 du Code électoral, tout électeur ou tout candidat à une élection départementale peut demander l'annulation des opérations électorales ;

Que le préfet peut également demander l'annulation des opérations s'il estime que les formes et conditions légalement prescrites n'ont pas été remplies ;

Considérant qu'il s'infère de ces dispositions que la faculté de demander l'annulation des opérations électorales appartient limitativement aux électeurs, aux candidats et au préfet de la circonscription électorale concernée ;

Qu'ainsi, si le représentant légal d'un parti, ayant présenté une liste de candidats, peut se prévaloir d'un intérêt à contester les résultats du scrutin, il ne saurait, par ce seul fait, justifier de la qualité à agir devant la juridiction compétente en annulation des opérations d'une élection départementale à laquelle il n'est ni électeur ni candidat ;

Qu'en l'espèce, la cour d'appel qui a relevé que Abdoulaye Baldé « *n'a pas rapporté la preuve qu'il est électeur ou candidat dans le Département d'Oussouye* », pour déclarer irrecevable la requête aux fins d'annulation des opérations électorales introduite par ce dernier, es-qualité de représentant légal de l'Union Centriste du Sénégal (UCS), n'a pas violé les textes précités ;

Par ces motifs

Confirme l'arrêt n° 16 du 30 mars 2022 de la Cour d'Appel de Ziguinchor qui a déclaré irrecevable la requête d'Aboulaye BALDE en annulation des résultats de certains bureaux de votes aux élections départementales du 23 janvier 2022 dans les Communes de Diembering et Mlomp.

Article L.262.-

Le greffier en chef communique un exemplaire de la requête au Ministre chargé des élections ainsi qu'aux conseillers dont l'élection est contestée. Ceux-ci disposent d'un délai de huit (08) jours à compter de la date de réception de la requête pour déposer un mémoire en réponse. Il est donné acte de ce dépôt par le Greffier en chef.

Article L.263.-

La Cour d'Appel statue en premier ressort dans le délai d'un mois à compter de l'enregistrement de la requête en annulation des opérations électorales au greffe de la Cour d'Appel. En cas de renouvellement général des conseillers départementaux, ce délai est porté à trois (03) mois.

S'il intervient une décision ordonnant une preuve, la Cour d'Appel doit statuer définitivement dans le mois à partir de cette décision.

Les délais fixés au premier alinéa du présent article ne commencent à courir, dans le cas prévu à l'article L.264 que du jour où le jugement sur la question préjudicielle est devenu définitif.

Faute, par la Cour d'Appel, d'avoir statué dans les délais ci-dessus fixés, la réclamation est considérée comme rejetée. La Cour d'Appel est dessaisie et la partie intéressée peut porter sa réclamation devant la Cour suprême dans un délai d'un mois à compter de la date d'expiration desdits délais. De même, en cas de rejet, la partie intéressée peut interjeter appel devant la Cour suprême dans le même délai à compter du jour de la notification de la décision.

Article L.264.-

Dans le cas où une réclamation formulée en vertu du présent code, implique la solution préjudicielle d'une question d'état, la Cour d'Appel renvoie les parties à se pourvoir devant les juges compétents, et la partie doit justifier de ses diligences dans le délai de quinze (15) jours. À défaut de cette justification, il sera passé outre, et la décision de la Cour d'Appel devra intervenir dans le mois à partir de l'expiration du délai de quinzaine.

TITRE VI

DISPOSITIONS RELATIVES AUX ELECTIONS DES CONSEILLERS MUNICIPAUX

Chapitre premier : Composition des conseils municipaux, mode de scrutin et mandat des conseillers

Article L.265.-

Les conseillers municipaux sont élus au suffrage universel direct pour un mandat de cinq (05) ans.

Le candidat tête de liste au scrutin majoritaire est élu maire de la commune si sa liste obtient le plus grand nombre de suffrages à l'issue du vote.

En cas d'égalité des suffrages, le candidat, tête de liste le plus âgé, est élu. Sa liste remporte les sièges.

Le nombre de conseillers municipaux est fixé comme suit :

- 36 membres dans les communes de moins de 3.500 habitants ;
- 40 membres dans les communes de 3.501 à 10.000 habitants ;
- 46 membres dans les communes de 10.001 à 30.000 habitants ;
- 56 membres dans les communes de 30.001 à 50.000 habitants ;
- 60 membres dans les communes de 50.001 à 60.000 habitants ;
- 66 membres dans les communes de 60.001 à 70.000 habitants ;
- 70 membres dans les communes de 70.001 à 100.000 habitants ;
- 76 membres dans les communes de100.001 à 250.000 habitants ;
- 80 membres dans les communes de 250.001 à 350.000 habitants ;
- 86 membres dans les communes de 350.001 à 500.000 habitants ;
- 96 membres dans les communes de 500.001 à 600.000 habitants ;
- 100 membres dans les communes de plus de 600.000 habitants.

Le nombre de conseillers municipaux à élire dans chaque commune est fixé par décret en tenant compte de l'importance démographique de chaque commune.

Voir la note sous l'article L.230 Code électoral.

Article L.266.-

Toutes les listes présentées doivent respecter la parité homme-femme. Les listes de candidatures, titulaires comme suppléants, doivent être alternativement composées de personnes des deux sexes. Lorsque le nombre de membres est impair, la parité s'applique au nombre pair immédiatement inférieur.

Les conseillers municipaux sont élus pour 45% au scrutin de liste majoritaire à un tour et pour 55% au scrutin proportionnel, avec application du quotient municipal.

Toutefois, si le résultat du calcul est un nombre décimal, le siège flottant est attribué au mode de scrutin ayant obtenu la décimale la plus élevée. En cas d'égalité sur la décimale, le siège est attribué au scrutin majoritaire.

Pour déterminer le quotient, on divise le nombre total des suffrages valablement exprimés par le nombre de conseillers municipaux à élire au scrutin proportionnel. Autant de fois ce quotient est contenu dans le nombre des suffrages obtenus par chaque liste, autant celle-ci obtient de candidats élus. La répartition des restes se fait selon le système du plus fort reste. En cas d'égalité, le siège est attribué au plus âgé des candidats susceptibles d'être élus.

NOTE : L'article L.266 prévoit la question de la parité, le pourcentage attribué aux listes proportionnelle et majoritaire, le quotient municipal et la répartition des restes.

Sur la parité

Les élections législatives et celles des collectivités territoriales ont donné lieu à un abondant contentieux relatif à la mise en œuvre de la parité dans la constitution des dossiers de candidatures.

Ce contentieux dévolu à la cour d'appel en premier ressort, en vertu des dispositions du Code électoral, peut échoir devant la Cour suprême.

S'il s'agit d'une élection nationale comme les élections législatives, il appartient au Conseil constitutionnel de le connaitre.

Au demeurant, si la parité désigne une égalité générale entre les hommes et les femmes, elle prend un sens plus restreint en s'appliquant parfois à la seule vie politique.

Sociologiquement, le principe de parité a pour projet de lutter contre une disparité tant dans le domaine de la représentativité dans les institutions que dans d'autres domaines.

Dans le cadre de la défense des droits de la femme, la notion de parité a été avancée pour défendre l'égalité organisée en nombre de sièges ou de postes occupés par les hommes et les femmes dans des institutions (publiques ou privées) qui faisaient apparaître une discrimination de fait.

Quelle est la position du juge sénégalais ?

La parité présente un enjeu particulier puisqu'il permet d'apprécier non seulement l'étendue du contrôle opéré par les juges compétents, mais aussi son efficacité, compte tenu de la célérité à apporter dans le traitement du contentieux et le renforcement de la paix sociale, quand on sait que les compétitions politiques charrient beaucoup de passion.

L'autre enjeu de ce contentieux est l'apparition, dans la pratique, des divergences d'appréciation entre les différents acteurs, voire entre les juridictions.

A la lumière des décisions rendues en la matière, l'on peut sans risque de se tromper, affirmer qu'il existe une tendance jurisprudentielle claire et constante pour une application stricte de la loi sur la parité et cette position des juges suprêmes suggère une invite à une réforme législative.

Aux termes des articles 1er et 2 de la loi n°2010-11 du 28 mai 2010 instituant la parité « *La parité absolue Homme-Femme est instituée au Sénégal dans toutes les institutions totalement ou partiellement électives. Les listes de candidatures sont alternativement composées de personnes des deux sexes.* ».

Cette application se manifeste par la réaffirmation du principe par le juge qui exige le respect de la parité absolue.

L'article 2 du décret d'application de cette loi indique que le conseil municipal, son bureau et ses commissions figurent parmi les institutions totalement ou partiellement électives.

L'essence de la solution adoptée par la juridiction suprême réside dans l'application littérale et téléologique de la loi et du décret sus cités.

La Cour suprême est au-dessus de la pyramide judiciaire et, à ce titre, elle assure l'unité d'interprétation des décisions de justice.

Donc, à moins d'un revirement, sa décision tient lieu de loi jusqu'à ce qu'une réforme intervienne.

Le juge constitutionnel s'est également inscrit dans le même sillage en ce qui concerne le respect de la parité. (C.C, décision n°9/E/2022 du 2 juin 2022)

Le juge a précisé que la Coalition BBY n'a pas respecté la parité aux 43 et 44 positions.

En définitive, la tendance jurisprudentielle, évoquée plus haut, est une avancée majeure dans la quête d'une société meilleure dans laquelle les femmes comme les hommes contribuent aux prises de décision en toute démocratie.

Elle permet également, d'une part, de résorber l'écart du ratio homme-femmes dans les institutions et, d'autre part, de donner la place qui sied aux femmes, eu égard à leur nombre (plus de la moitié de la population) et de leurs fonctions sociales.

Décisions rendues par les Assemblées générales des différentes Cours d'appel

Plusieurs décisions ont été rendues par les Assemblées générales des différentes Cours d'appel, la Cour suprême et le Conseil constitutionnel.

Le juge de la cour d'appel considère que l'alignement de deux personnes de même sexe sur une liste est une violation flagrante des dispositions sur la parité. Il précise également que le non-respect de la parité ne constitue pas une erreur matérielle remédiable au sens des textes applicables.

Contrairement aux prétentions de certains requérants, pour le respect de la parité, ce n'est pas le nombre total de candidats investis par le parti qui compte, mais l'on doit s'assurer que chacune des listes présentées (majoritaire et proportionnelle, titulaire comme suppléant), est composée alternativement d'hommes et de femmes en nombre égal, sauf dans le cas où le nombre de membres est impair auquel cas la parité s'applique au nombre pair immédiatement inférieur.

- assemblée générale de la cour d'appel de Kaolack arret n°17 du 11 novembre 2021 ;
- *assemblée générale de la cour d'appel de Kaolack arrêt n°23 du 11 novembre 2021 ;*
- *assemblée générale de la cour d'appel de Kaolack arrêt n°24 du 11 novembre 2021 ;*
- *assemblée générale de la cour d'appel de Kaolack arrêt n°25 du 11 novembre 2021.*

Jurisp. **ASSEMBLEE GENERALE DE LA COUR D'APPEL DE KAOLACK ARRET N°17 du 11 NOVEMBRE 2021,** *inédit.*

Amath DIOUF, mandataire de la coalition Défar Sa Gokh, dans la commune de Fatick c/ **Le Préfet de Fatick,** en ses bureaux sis à la Préfecture en ladite ville

Considérant que par requête en date du 08 novembre 2021, Amath DIOUF, mandataire de la Coalition Défar Sa Gokh pour les élections municipales de la commune de Fatick, a saisi la cour de céans aux fins d'annuler la décision du préfet de Fatick rejetant sa déclaration de candidature pour les élections municipales du 23 janvier 2022 ;

En la forme :

Considérant que la requête de monsieur Amath DIOUF est introduite dans les conditions légales exigées ;

Qu'il échet de la déclarer recevable ;

Au fond :

Considérant que dans sa requête, monsieur Amath DIOUF a exposé avoir déposé le 03 novembre 2021, son dossier de déclaration de candidature auprès de la commission de réception présidée par le préfet du département de Fatick ;

Qu'il a reçu juste après vérification et séance tenante un récépissé signé par le préfet attestant de la réception de son dossier sans évoquer aucun manquement ;

Que sa surprise fut grande quand il a reçu quelques jours après l'appel du préfet pour lui notifier le rejet de sa déclaration de candidature pour le simple motif d'alignement de deux personnes de même sexe en fin de liste au nombre impair, alors que les dispositions de l'article L.232 du Code électoral montrent que l'alignement de deux personnes de même sexe en dernière position sur une liste au nombre impair ne peut être un motif de rejet ;

Que les dispositions de l'article L.251 du même code donnent ordre au préfet de notifier les erreurs matérielles au mandataire qui, à son tour, dispose de trois jours pour les rectifier ;

Que c'est pour toutes ces raisons qu'il a sollicité l'annulation de la décision du préfet ;

Mais considérant que la délivrance d'un récépissé de dépôt de dossier de candidature ne préjuge pas de sa recevabilité comme l'a bien précisé le président de la commission au requérant lors du dépôt de sa candidature ;

Considérant que par décision en date du 05 novembre 2021, le président de ladite commission de réception a rejeté le dossier de candidature du sieur

Amath DIOUF pour alignement de deux personnes de même sexe sur une liste ;

Considérant que les articles L.266 et L.285 du Code électoral exigent le respect de la parité homme-femme lors de la confection des listes de candidat à peine d'irrecevabilité du dossier ;

Que l'alignement de deux personnes de même sexe sur une liste est une violation flagrante des dispositions susvisées ;

Que c'est donc à bon droit que le préfet de Fatick, président de la commission de réception, a rejeté le dossier de candidature du sieur Amath DIOUF pour ce motif ;

Que la requête de ce dernier étant mal fondée, il échet de la rejeter ;

Par ces motifs :

Statuant en assemblée générale, sur requête, en matière électorale, en premier et dernier ressort ;

En la forme ;

-Déclare recevable la requête de monsieur Amath DIOUF ;

Au fond :

La rejette comme étant mal fondée.

Sur les pourcentages liste proportionnelle/majoritaire

La décision de doter un pourcentage de 55% à la liste proportionnelle contre 45% pour la majoritaire atteste si besoin en est de la volonté de la classe politique sénégalaise de favoriser la participation plurielle et inclusive au niveau des conseils.

Dans l'ancien système les conseillers municipaux étaient élus pour moitié au scrutin de liste majoritaire à un tour et pour l'autre moitié, au scrutin proportionnel avec application du quotient municipal.

La décision d'harmoniser les pourcentages de la répartition des sièges des élections départementales avec les élections municipales fait que dorénavant les conseillers municipaux sont élus pour 45% au scrutin de liste majoritaire à un tour et pour 55% au scrutin proportionnel avec application du quotient municipal.

Jurisp. ***ASSEMBLEE GENERALE DE LA COUR D'APPEL DE ZIGUINCHOR ARRET N°23 du 11 NOVEMBRE 2021, inédit.***

Monsieur Talibouya AIDARA, Mandataire Coalition Defar Sa Gokh de la Commune de Kataba 1 c/ Le Sous-Préfet de l'Arrondissement de Kataba 1

Considérant que, par requête enregistrée au secrétariat du greffe, le 8 novembre 2021, Talibouya AIDARA, mandataire communal de la « Coalition Défar Sa Gokh » de Kataba 1 (Bignona), ayant pour conseil Maître Mamadou Papa Samba SO, Avocat à la Cour, a saisi la Cour d'un recours en annulation dirigé contre la décision de rejet de ses listes aux élections municipales du 23 janvier 2022 dans la Commune de Kataba 1 (Département de Bignona), prise le 5 novembre 2021 par le Sous-préfet de Kataba 1 ;

Sur le moyen tiré du non-respect de la parité

Considérant que l'article L.266 fait obligation à toutes les listes présentées (titulaires comme suppléants) de respecter scrupuleusement la parité homme-femme ; qu'à ce titre, les listes doivent être alternativement composées de personnes des deux sexes ;

Que le non-respect de cette disposition est sanctionné par l'irrecevabilité ou l'invalidation de la liste en cause ;

Considérant que le requérant, qui ne conteste devant la Cour le manquement relevé, soutient néanmoins qu'il s'agit d'une simple erreur matérielle susceptible d'être corrigées, conformément à l'article L.286 alinéa 2 qui énonce : « Le remplacement de candidats inéligibles, sans préjudice de l'ordre d'investiture, et la substitution de pièces périmées ou comportant des erreurs matérielles sont, le cas échéant, immédiatement notifiés au mandataire de la liste concernée. Celui-ci dispose de trois (3) jours, à compter de la date de la notification, pour y remédier, sous peine de rejet de la candidature concernée. » ;

Mais considérant que le non-respect de la parité ne constitue pas une erreur matérielle remédiable au sens des textes susvisés ;

D'où il suit que la décision de rejet du Sous-préfet de Dioulacolon était bien fondée ;

Qu'en conséquence le recours de la coalition « Défar Sa Gokh » sera rejeté ;

PAR CES MOTIFS :

Statuant publiquement, en assemblée générale, en matière électorale et en dernier ressort ;

En la forme

DECLARE recevable la requête de Talibouya AIDARA, mandataire de la coalition « Défar Sa Gokh » dans la Commune de Kataba 1 (Département de Bignona) pour les élections municipales du 23 janvier 2022 ;

Au fond

LA REJETTE comme mal fondée.

Jurisp ***ASSEMBLEE GENERALE DE LA COUR D'APPEL DE ZIGUINCHOR ARRET N°24 du 11 NOVEMBRE 2021, inédit.***

Monsieur Ibrahima SAMB, Mandataire Convergence Démocratique Bokk Gis Gis de Kolda C/ Le Préfet du Département de Kolda

Par requête en date du 9 novembre 2021, **Maitre Djiby DIAGNE**, agissant au nom et pour le compte de **Monsieur Ibrahima SAMB, Mandataire Convergence Démocratique Bokk Gis Gis de Kolda**, a saisi la Cour d'Appel de céant d'un recours en annulation de la décision de rejet du Préfet de Kolda de la liste de candidature de sa Coalition ;

Considérant que le préfet peut, en vertu de l'article L.251 du Code électorale, rejeter une liste aux élections de conseillers départementaux pour l'un des motifs limitativement énumérés à l'article L.250 dudit code qui dispose : « N'est pas recevable la liste qui :

1) est incomplète ;
2) ne comporte pas les indications obligatoires prévues aux articles L.266 et L.243 ;
3) n'est pas accompagnée des pièces prévues à l'article L.246 ;
4) ne comporte pas la quittance confirmée par une attestation signée par le Directeur général de la Caisse des Dépôts et Consignations attestant du dépôt de la caution prévue par l'article L.246 ;
5) est déposée au-delà du délai légal. » ;

Qu'à ce titre, l'article L.266 fait obligation à toutes les listes présentées (titulaires comme suppléants) de respecter scrupuleusement la parité homme-femme ; que ces listes doivent être alternativement composées de personnes des deux sexes ;

Que le non-respect de cette disposition est sanctionné par l'irrecevabilité ou l'invalidation de la liste concernée ;

Considérant que la liste du requérant a été rejetée pour non-respect de la parité en ce que deux (2) candidats de sexe masculin (numéros 21 et 22) se suivent sur la liste des titulaires au scrutin majoritaire ;

Considérant que le requérant ne conteste pas ces faits, affirmant cependant qu'il s'agit d'une erreur matérielle susceptible d'être corrigée, sur le fondement de l'article L.251 alinéa 2 qui énonce : « Le remplacement de candidats inéligibles, sans préjudice de l'ordre d'investiture, et la substitution de pièces périmées ou comportant des erreurs matérielles sont, le cas échéant, immédiatement notifiés au mandataire de la liste concernée. Celui-ci dispose de trois (3) jours, à compter de la date de la notification, pour y remédier, sous peine de rejet de la candidature concernée. » ;

Mais considérant que le non-respect de la parité ne constitue pas une erreur matérielle remédiable au sens du texte susvisé ;

Qu'il s'ensuit que le recours sera dès lors rejeté ;

PAR CES MOTIFS :

Statuant publiquement, en assemblée générale, en matière électorale, en premier et en dernier ressort ;

En la forme

- **RECOIT** la requête d'Ibrahima SAMB, mandataire du parti dénommé « Convergence Démocratique/Bokk Gis Gis » pour les élections départementales du 23 janvier 2022 à Kolda ;

Au fond

- **LA REJETTE** comme mal fondée.

Jurisp ***ASSEMBLEE GENERALE DE LA COUR D'APPEL DE ZIGUINCHOR ARRET N°25 du 11 NOVEMBRE 2021, inédit.***

Monsieur Abasse BALDE Mandataire Convergence pour la Justice et l'Equité/Nay Leer c/ Le Sous-Préfet de Saré Bidji (Département de kolda)

Par requête en date du 9 novembre 2021, Monsieur Abasse BALDE Mandataire Convergence pour la Justice et l'Equité/Nay Leer, a saisi la Cour d'Appel de céant d'un recours en annulation de la décision de rejet du Sous-Préfet de Saré Bidji (Département de Kolda) de la liste de candidature de sa Coalition ;

Considérant que le préfet ou le sous-préfet peut, en vertu de l'article L.286 du Code électorale, rejeter une liste aux élections de conseillers municipaux pour l'un des motifs limitativement énumérés à l'article L.285 dudit code qui dispose : « N'est pas recevable la liste qui :

6) est incomplète ;

7) ne comporte pas les indications obligatoires prévues aux articles L.266 et L.278 ;

8) n'est pas accompagnée des pièces prévues à l'article L.281 ;

9) ne comporte pas la quittance confirmée par une attestation signée par le Directeur général de la Caisse des Dépôts et Consignations attestant du dépôt de la caution prévue par l'article L.281 ;

10) est déposée au-delà du délai légal. » ;

Qu'à ce titre, l'article L.266 fait obligation à toutes les listes présentées (titulaires comme suppléants) de respecter scrupuleusement la parité homme-femme ; que ces listes doivent être alternativement composées de personnes des deux sexes ;

Que le non-respect de cette disposition est sanctionné par l'irrecevabilité ou l'invalidation de la liste concernée ;

Considérant que la liste du requérant a été rejetée pour « non-respect de la parité sur les suppléants de la liste majoritaire (08 hommes et 10 femmes à la place de 09 hommes et 09 femmes » et « sur les titulaires de la liste proportionnelle (12 hommes et 10 femmes à la place de 11 hommes et 11 femmes » ;

Considérant que le requérant, qui ne conteste ces faits devant la Cour, soutient cependant qu'il s'agit d'erreurs matérielles susceptible d'être corrigées, conformément à l'article L.286 alinéa 2 qui énonce : « Le remplacement de candidats inéligibles, sans préjudice de l'ordre d'investiture, et la substitution de pièces périmées ou comportant des erreurs matérielles sont, le cas échéant, immédiatement notifiés au mandataire de la liste concernée. Celui-ci dispose de trois (3) jours, à compter de la date de la notification, pour y remédier, sous peine de rejet de la candidature concernée. » ;

Mais considérant que le non-respect de la parité ne constitue pas une erreur matérielle remédiable au sens du texte susvisé ;

Que, contrairement aux prétentions du requérant, pour le respect de la parité, ce n'est pas le nombre total de candidats investis par le parti qui compte, mais l'on doit s'assurer que chacune des listes présentées (majoritaire et proportionnelle, titulaire comme suppléant), est composée alternativement d'hommes et de femmes en nombre égal, sauf dans le cas où le nombre de membres est impair auquel cas la parité s'applique au nombre pair immédiatement inférieur ;

Qu'il s'ensuit que le recours du mandataire de la « Convergence Patriotique pour la Justice et l'Equité/ Nay Leer », non fondé en droit, doit être rejeté ;

PAR CES MOTIFS :

Statuant publiquement, en assemblée générale, en matière électorale et en dernier ressort ;

En la forme

- **RECOIT** la requête d'Abasse BALDE, es-qualité de mandataire du parti « Convergence Patriotique pour la Justice et l'Equité/Nay Leer » de la commune de Thietty (Département de Kolda) ;

Au fond

- **LA REJETTE** comme mal fondée.

Article L.267.-

Lorsque les conseillers municipaux sont élus au scrutin de liste majoritaire, chaque liste comprend un nombre de suppléants égal au nombre des sièges à pourvoir. En cas de vacance sur la liste des candidats au scrutin majoritaire, il est fait appel au suppléant du même sexe placé en tête de la liste dans laquelle la vacance s'est produite.

Lorsque les conseillers municipaux sont élus au scrutin proportionnel, chaque liste comprend un nombre de suppléants égal à la moitié de sièges à pourvoir. Toutefois, au cas où le nombre de conseillers à élire est impair, il est alors augmenté d'une unité pour déterminer avec exactitude la liste des suppléants. En cas de vacance, il est fait appel en priorité au candidat du même sexe non élu placé en tête de la liste dans laquelle la vacance s'est produite.

Article L.268.-

Si le conseil municipal a perdu par l'effet de vacances survenues, le tiers de ses membres, il est procédé à des élections complémentaires dans le délai de six (06) mois à dater de la dernière vacance.

Dans le même délai, des élections ont également lieu en cas de dissolution de conseil municipal ou de démission de tous ses membres en exercice.

Dans l'année qui précède, le renouvellement général des conseils municipaux, les élections complémentaires ne sont obligatoires qu'au cas où le conseil municipal a perdu la moitié de ses membres.

Article L.269.-

Les conseillers municipaux sont élus pour cinq (05) ans. Sauf cas de dissolution, les élections municipales ont lieu dans les trente (30) jours qui précèdent l'expiration de la cinquième année après la date du dernier renouvellement général des conseillers municipaux.

Un décret peut abréger ou proroger le mandat du conseil municipal afin de faire coïncider son renouvellement avec la date du renouvellement général des conseillers municipaux.

Toutefois, si les circonstances l'exigent, il peut être fait exception aux dispositions de l'alinéa premier du présent article. Dans tous les cas, les élections ont lieu dans la cinquième année du mandat.

Le cas échéant, les conseillers restent en fonction, jusqu'à l'installation du nouveau conseil élu.

Article L.270.-

Sont électeurs, les sénégalais âgés de dix-huit (18) ans accomplis, régulièrement inscrits sur la liste électorale de la commune et n'étant dans aucun des cas d'incapacité prévus par le présent code.

Chapitre II : Conditions d'éligibilité, d'inéligibilité et d'incompatibilité

Article L.271.-

Sont éligibles au conseil municipal, tous les électeurs de la commune, sous réserve des dispositions des articles L.272 à L.275.

Toutefois, le nombre de conseillers qui ne résident pas dans la commune au moment de l'élection, ne peut excéder le quart des membres du conseil.

S'il dépasse cette proportion, il est fait application de l'article L.276 du présent code, en observation de l'ordre fixé par l'article 92 du Code général des Collectivités territoriales.

Le conseil municipal peut désigner un maximum de trois (03) conseillers associés parmi les citoyens sénégalais ressortissants de la commune et inscrits sur le fichier électoral.

Ils peuvent à ce titre, siéger au conseil municipal avec voix consultative.

Article L.272.-

Ne peuvent être conseillers municipaux :

1) les individus privés d'un droit électoral ;

2) ceux qui sont secourus par les budgets communaux ;

3) ceux qui ont fait l'objet d'une condamnation en application de l'article 88 du Code général des Collectivités territoriales ;

4) les conseillers déclarés démissionnaires en application des articles 157 et 159 du Code général des Collectivités territoriales à l'occasion des élections municipales suivant la date de leur démission.

Jurisp. : ASSEMBLEE GENERALE DE LA COUR D'APPEL DE KAOLACK, ARRET N° 3 DU 11 NOVEMBRE 2021, *inédit*.

Amath NDOUR, mandataire du Mouvement des Patriotes pour le Développement Liggeey (MPD/Liggeey, (...) c/ le Sous-préfet de Koumbal.

Considérant que par requête en date du 08 novembre 2021, Amath NDOUR et Ndéné MBODJI, respectivement mandataire et tête de liste majoritaire du parti politique MPD/LIGGEEY, élisant domicile en l'étude de maître Elhadji Malick DIOUF, avocat, ont saisi la cour de céans pour annuler la décision du sous-préfet de Koumbal leur demandant de rectifier la tête de liste majoritaire en la personne de Ndéné MBODJI déclaré démissionnaire par le conseil municipal de Ndoffane le 21 novembre 2019 ;

EN LA FORME :

Considérant que la requête de messieurs AMATH NDOUR et NDENE MBODJI est introduite dans les conditions légales exigées ;

Qu'il échet de la déclarer recevable ;

AU FOND :

Considérant que les sieurs Amath NDOUR et Ndéné MBODJI, par l'intermédiaire de leur conseil, exposent que ce dernier est tête de liste majoritaire du parti politique MPD/LIGGEEY aux élections locales du 23 janvier 2022 pour la commune de Keur Baka ;

Que le mandataire a déposé sa liste à la date du 02 novembre 2021 pour la commune de Keur Baka comme en atteste le récépissé de dépôt ci-joint, délivré le même jour ;

Que sa surprise fut grande quand il a reçu le 05 novembre 2021 de la commission de réception des dossiers notification de rectification de la tête de liste majoritaire en la personne de Ndéné MBODJI au motif que ce dernier a été déclaré démissionnaire par le conseil municipal de Ndoffane en sa séance du 21 novembre 2019 ;

Que la correction souhaitée ne saurait prospérer considérant qu'en droit il résulte des dispositions de l'article 272 du nouveau code électoral que :

« Ne peuvent être conseillers municipaux :

4/ Les conseillers déclarés démissionnaires en application des articles 157 et 159 du code général des collectivités territoriales à l'occurrence des élections municipales suivant la date de leur démission » ;

Que l'article 157 du code général des collectivités territoriales auquel renvoie la disposition citée stipule :

« *Tout membre du conseil municipal dûment convoqué qui sans motif légitime a manqué à trois sessions successives peut, après avoir été invité à fournir ses explications, être déclaré démissionnaire par le maire après avis du conseil municipal. La décision dont copie doit être envoyée à l'intéressé et au représentant de l'état est susceptible de recours, dans les deux mois de la notification, devant la juridiction compétente* » ;

Que l'article L159 du même code d'ajouter :

« *Tout membre du conseil municipal qui sans excuse valable a refusé de remplir une des fonctions qui lui sont dévolues par les lois et règlement peut être déclaré démissionnaire par le ministre chargé des collectivités locales après avis du conseil municipal, le refus résulte d'une déclaration écrite adressée à qui de droit ou rendu publique par son auteur soit de l'abstention persistante après mise en demeure du ministre chargé des collectivités locales* » ;

Qu'en l'espèce, il n'a jamais reçu de convocation du conseil municipal de Ndoffane, aucune convocation n'a été dûment déchargée par lui. Il n'a pas non plus été invité conformément à la disposition invoquée pour fournir des explications ;

Qu'à cet effet, les requérants mettent au défi la commission de réception des dossiers de déclaration de candidature de rapporter la preuve de leurs allégations attestant que Ndéné MBODJI a reçu une convocation dûment déchargée et le nombre de fois qu'il l'aurait reçue si tant que cela existe ;

Que la preuve des convocations dûment reçues et déchargées par lui ainsi que l'invitation à fournir des explications ne pouvant être rapportées, il échet d'en prendre acte, de constater l'inexistence de cette preuve et de dire et juger que la mesure individuelle le déclarant démissionnaire n'est pas valable et ne saurait lui être opposable ;

Qu'en droit, ladite mesure est un acte administratif individuel créateur de droit ; qu'il ne peut lui être opposable qu'à compter de sa notification ;

Que n'ayant jamais reçu notification de la mesure lui déclarant démissionnaire, cette dernière ne saurait lui être opposable ;

Que pour toutes ces raisons, il saisit la cour pour être rétabli dans ses droits ;

SUR CE :

Considérant qu'il résulte des pièces du dossier que le 02 novembre 2021, le sieur AMATH Ndour mandataire du parti politique MPD/LIGGEEY, avait déposé auprès de la commission de réception de KOUMBAL son dossier de candidature pour la commune de KEUR BAKA et le sieur NDENE Mbodji en était la tête de liste majoritaire ;

Que par décision en date du 05 novembre 2021, le président de ladite commission, en application de l'article 157 du Code général des collectivités territoriales, a mentionné que le candidat NDENE MBODJI a été déclaré démissionnaire par le conseil municipal de NDOFFANE, en sa séance du 21 novembre 2019 et a invité le mandataire à procéder au remplacement de celui-ci ;

Considérant que celui qui allègue un fait, doit en apporter la preuve (« actori incumbit probatio ») comme le prévoit l'article 09 du Code des obligations civiles et commerciales ;

Que le sieur NDENE Mbodji ayant contesté les faits évoqués par le président de la commission précitée dans sa décision du 05 novembre 2021 sus indiquée, il revient à ce dernier de prouver que le sieur Mbodji a été déclaré démissionnaire par le conseil municipal précité ;

Qu'à l'état du dossier, aucune pièce n'a été produite par le sous-préfet de Koumbal, président de la commission sus indiquée, pour prouver cette démission alléguée ;

Qu'il échet par conséquent d'ordonner le maintien de monsieur Ndene MBODJI comme tête de liste majoritaire pour la commune de Keur Baka ;

PAR CES MOTIFS :

Statuant en assemblée générale, en matière électorale, en premier et dernier ressort ;

EN LA FORME

Déclare recevable la requête de messieurs Amath NDOUR et Ndene MBODJI ;

AU FOND

Y faisant droit ;

Ordonne le maintien de monsieur Ndene MBODJI comme tête de liste majoritaire pour la commune de Keur Baka.

Article L.273.-

Les inspecteurs généraux d'Etat nommés dans le corps et les agents de l'Etat délégués dans les fonctions d'inspecteur général d'Etat sont inéligibles. Toutefois cette inéligibilité cesse en cas de sortie définitive du corps.

Sont également inéligibles pendant l'exercice de leurs fonctions et pendant la durée de trois (03) mois après l'expiration de celles-ci :

1) les membres du Conseil constitutionnel, les magistrats de la Cour suprême, de la Cour des Comptes et des Cours et des Tribunaux, sauf exceptions prévues par la loi ;

2) les gouverneurs, préfets, sous-préfets ;

3) le Trésorier général, les payeurs, percepteurs et receveurs municipaux.

L'inéligibilité des personnes titulaires des fonctions définies à l'alinéa précédent s'étend, dans les mêmes conditions, aux personnes qui exercent ou ont exercé, pendant une durée d'au moins six (06) mois, ces mêmes fonctions sans être ou avoir été titulaires.

Article L.274.-

Ne sont pas éligibles dans les communes où ils exercent leurs fonctions :

1) les ingénieurs et conducteurs chargés d'un service municipal ainsi que les agents voyers ;

2) les comptables des deniers communaux ainsi que les chefs de services de l'assiette et du recouvrement ;

3) les chefs des services régionaux et départementaux des établissements publics ;

4) les agents salariés de la commune, parmi lesquels ne sont pas compris ceux qui, étant fonctionnaires publics ou exerçant une profession indépendante, ne reçoivent une indemnité de la commune qu'à raison des services qu'ils lui rendent dans l'exercice de cette profession.

Article L.275.-

Le mandat de conseiller municipal est incompatible avec les fonctions énumérées aux articles L.273 et L.274.

Les conseillers municipaux nommés postérieurement à leur élection aux fonctions visées au premier alinéa du présent article auront, à partir de la date de nomination, un délai de trente (30) jours pour opter entre l'acceptation de l'emploi et la conservation du mandat. A défaut de déclaration adressée dans ce délai à leurs supérieurs hiérarchiques et à l'autorité de tutelle, ils seront réputés avoir opté pour l'acceptation dudit emploi.

Article L.276.-

Les ascendants et les descendants, les frères et sœurs peuvent être membres d'un même conseil municipal s'ils sont présentés par des listes différentes. Leur nombre est limité à deux (2) au sein du même conseil municipal.

Les conjoints et les alliés au même degré ne peuvent être simultanément membres d'un même conseil municipal.

Toutefois, en ce qui concerne les alliés l'affinité cesse lorsque la personne qui la produisait et les enfants issus de son union avec l'autre époux sont décédés ; et dans le cas de divorce, lorsqu'il n'existe plus d'enfants vivants issus du mariage.

Seront considérés comme élus, les deux premiers dans l'ordre du tableau tel qu'il est déterminé par l'article 92 du Code général des Collectivités territoriales.

Article L.277.-

Tout conseiller municipal qui pour une cause quelconque se trouve dans l'un des cas d'inéligibilité ou d'incompatibilité prévus par la loi, peut-être à toute époque, déclaré démissionnaire par le représentant de l'État sauf recours devant la Cour d'Appel dans les dix (10) jours de la notification.

Tout électeur municipal peut saisir le représentant de l'État ou la Cour d'Appel lorsqu'il constate un cas d'inéligibilité ou d'incompatibilité.

Chapitre III : Déclaration de candidature

Article L.278.-

Tout parti politique légalement constitué, toute coalition de partis politiques légalement constitués ou toute entité regroupant des personnes indépendantes, désireux de participer aux élections municipales doit faire une déclaration de candidature.

Les coalitions de partis politiques et les entités regroupant des personnes indépendantes doivent choisir un nom et éventuellement un titre, une couleur et un différents de ceux des partis politiques légalement constitués. Toutefois, une coalition de partis peut prendre le nom et éventuellement le titre, la couleur ou le symbole d'un des partis qui la composent. Le nom et éventuellement le titre de la coalition ou de l'entité doit être notifié au préfet au plus tard la veille du dépôt des déclarations de candidature et figurer en tête de la liste des candidats présentée aux élections.

Pour pouvoir valablement présenter une liste de candidats, les entités regroupant des personnes indépendantes doivent présenter une liste d'électeurs soutenant leur candidature et représentant deux pour cent (2%) des électeurs inscrits sur la liste électorale de la commune.

Un arrêté du Ministre chargé des élections détermine le nombre d'électeurs représentant les deux pour cent (2%) de l'électorat de chaque commune.

Article L.279.-

Les listes de candidats sont présentées et pour le scrutin majoritaire, et pour le scrutin proportionnel.

Les listes de candidats présentées doivent être complètes et établies conformément aux dispositions de l'article L.266.

Une personne ne peut être candidate à la fois au scrutin majoritaire et au scrutin proportionnel, ni se présenter dans plusieurs communes.

Article L.280.-

Les déclarations doivent comporter :

1) le nom du parti politique, de la coalition de partis politiques ou de l'entité regroupant des personnes indépendantes et éventuellement le titre ;

2) la couleur, le symbole et éventuellement le sigle choisis pour l'impression des bulletins de vote accompagnés de la maquette du bulletin sur support papier et électronique pour renseigner sur la nuance des couleurs et leur disposition sur ledit bulletin ;

3) les prénoms, nom, date et lieu de naissance de chacun des candidats, leur profession et domicile, avec la précision de leur service, emploi et lieu d'affectation, s'ils sont agents de l'État ;

4) pour chaque candidat le numéro d'inscription sur la liste électorale de la commune ;

5) l'indication de la commune dans laquelle ils se présentent.

Article L.281.-

Les modèles de déclarations de candidatures sont fixés par arrêté du Ministre chargé des élections.

Le dossier de déclaration de candidature comprend :

1) un bordereau de dépôt ;

2) une quittance confirmée par une attestation signée par le Directeur général de la Caisse des Dépôts et Consignations attestant du dépôt de la caution ;

3) une déclaration d'investiture par laquelle le parti, la coalition ou l'entité présente ses candidats ;

4) une déclaration de candidature par laquelle le parti, la coalition ou l'entité précise la commune où il se présente ;

5) une déclaration individuelle de candidature par laquelle le candidat certifie qu'il pose sa candidature, qu'il n'est candidat que sur cette liste et qu'il ne se trouve dans aucun des cas d'inéligibilité prévus par le présent code.

La déclaration individuelle de candidature est accompagnée d'un extrait d'acte de naissance datant de moins de six (06) mois ou d'une photocopie légalisée de la carte d'identité biométrique CEDEAO.

Les candidatures indépendantes comprennent en plus :

1) une liste d'électeur appuyant les candidatures, établie conformément aux dispositions de l'article L. 278 ;

2) une déclaration sur l'honneur par laquelle le candidat atteste qu'il ne milite dans aucun parti politique ou qu'il a cessé toute activité militante depuis au moins douze (12) mois.

En cas de contestation du statut d'indépendant d'un candidat, la Cour d'Appel compétente est saisie. La partie qui a soulevé la question devra justifier ses diligences.

Les candidats déclarés élus sont tenus de produire dans les quinze (15) jours suivant leur élection, sous peine de déchéance de leur mandat, un bulletin n° 3 du casier judiciaire datant de moins de trois (03) mois.

Jurisp. : ASSEMBLEE GENERALE DE LA COUR D'APPEL DE KAOLACK, ARRET N°16 DU 11 NOVEMBRE 2021, *inédit.*

Mamadou Sellou DIALLO, mandataire de la coalition Defar Sa Gokh, pour les élections départementales de Kaolack c/ le Préfet de Kaolack

Considérant que par requête en date du 8 Novembre 2021, Mamadou Sellou DIALLO, mandataire de la coalition Défar Sa Gokh, a saisi la Cour d'appel de céans d'un recours contre l'arrêté du Préfet portant rejet du dossier de candidature de sa coalition datée du 5 Novembre 2021 ;

En la forme :

Considérant que le recours est introduit conformément aux dispositions de l'article L.290 du Code électoral ;

Qu'il y a lieu de le déclarer recevable ;

Au fond :

Considérant qu'au soutien de sa requête, Mamadou Sellou DIALLO a déclaré dans sa requête et à l'audience qu' après avoir déposé leur dossier de candidature auprès de la commission de réception et le récépissé signé par le Préfet sans évoquer aucun manquement, grande a été sa surprise quand il a reçu quelques jours plus tard l'appel de cette autorité pour lui notifier le rejet de sa déclaration de candidature pour le simple motif d'absence de signature des déclarations individuelles ainsi que sur le fait que les extraits de naissance déposés et les copies des cartes nationales d'identité sont en vrac alors que son dossier ne contenait pas d'extraits de naissance ;

Qu'il a estimé en outre que l'article L.246 du Code électoral ne considère pas l'oubli de signature comme un motif de rejet et que l'article L.251 donne ordre au Préfet de notifier les erreurs matérielles au mandataire qui à son tour dispose de trois jours pour les rectifier ;

Qu'il sollicite de la Cour de prononcer l'annulation de la décision du Préfet ;

Considérant que celui-ci a exposé dans son arrêté les motifs ci-après pour rejeter la déclaration de candidature :

- l'absence de signature des déclarations individuelles ;

- les déclarations individuelles incomplètement renseignées ;

- les copies cartes nationales d'identité et d'extrait en vrac ;

Considérant que l'Avocat général a d'abord expliqué que le mandataire reconnait l'absence de signature et de renseignements complets des déclarations individuelles avant de requérir le rejet de la requête ;

Sur ce :

Considérant qu'il est constant que le dossier du mandataire remis à la commission contenait des omissions notamment sur les signatures et les renseignements des déclarations individuelles qui n'entrent pas dans les champs de l'article L.286 qui parle de remplacement de candidat inéligible, de pièces périmées et d'erreurs matérielles mais non d'omissions ;

Considérant que la commission, après réception du dossier, dispose de 48h pour examiner sa recevabilité (art L.251) ;

Considérant que les articles de loi (L.246 et L.251) évoqués par le mandataire concernent plutôt le scrutin départemental et non municipal ;

Considérant que les déclarations étaient incomplètes et violent par conséquent les dispositions de l'article L.281- 5 du Code électoral ;

Qu'il y a lieu en conséquence de rejeter la requête comme étant mal fondée ;

Par ces motifs :

Statuant en assemblée générale, sur requête, en matière électorale, en premier et dernier ressort ;

En la forme :

Reçoit la requête ;

Au fond :

La rejette comme étant mal fondée.

Article L.282.-

Les listes de candidats sont astreintes au dépôt d'une caution qui doit être versée à la Caisse des Dépôts et Consignations par le mandataire du parti politique, de la coalition de partis politiques ou de l'entité regroupant des personnes indépendantes. Le montant de la caution est fixé par arrêté du Ministre chargé des élections après avis des partis politiques légalement constitués, des coalitions de partis politiques ou des entités regroupant des personnes indépendantes, au plus tard cent cinquante (150) jours avant celui du scrutin.

Il est délivré une quittance confirmée par une attestation signée par le Directeur général de la Caisse des Dépôts et Consignations.

Cette caution est remboursée dans les quinze (15) jours suivant la proclamation des résultats à la liste de candidats ayant obtenu au moins un (1) conseiller municipal élu dans chaque commune où la liste se sera présentée.

Si la liste ne se présente que dans une seule commune, le remboursement de la caution n'est effectué que si elle obtient au moins cinq (5) conseillers municipaux élus.

En cas d'élections anticipées, le montant de la dernière caution est maintenu.

Article L.283.-

Les dossiers de candidatures sont déposés, avec bordereau de dépôt, à la Préfecture ou à la Sous-préfecture, auprès d'une commission instituée par arrêté, quatre-vingt (80) jours au moins et quatre-vingt-cinq (85) au plus avant la date du scrutin, par le mandataire soit du parti politique légalement constitué, soit de la coalition de partis politiques légalement constitués soit de l'entité regroupant des personnes indépendantes qui ont soutenu les candidats.

NOTE : Il est évident tel qu'il résulte de l'article L.283 du Code électoral, seul le mandataire désigné a qualité pour déposer les listes et dossiers de déclarations de candidatures aux élections territoriales.

Le changement de mandataire n'est pas interdit par la loi encore moins la loi électorale.

Le mandat peut être révoqué à tout moment par le mandant sans motif.

Méconnaît la loi, le sous-préfet qui exige du requérant la production au préalable d'un acte de décès pour pouvoir l'autoriser à déposer son dossier.

Jurisp. : ASSEMBLEE GENERALE DE LA COUR D'APPEL DE ZIGUINCHOR, ARRET N°16 DU 11 NOVEMBRE 2021, *inédit*.

Monsieur Maguette Ndiaye SANE, Mandataire Convergence Démocratique Bokk Gis Gis de la Commune de OULAMPANE c/ le Sous-Préfet de l'Arrondissement de SINDIAN ;

Considérant que, par requête datée du 05 novembre 2021, reçue au greffe le 08 novembre 2021, Maguette Ndiaye SANE, es-qualité de mandataire du parti « Convergence Démocratique Bokk Gis-Gis » a saisi la Cour d'un recours dirigé contre la décision de refus du Sous-préfet de Sindian de réceptionner la liste de ladite coalition pour les élections municipales dans le Commune d'Oulampane pour cause de « de forclusion » ;

EN LA FORME

Considérant que la décision de refus n'ayant pas été notifiée au requérant, le recours de celui-ci, introduit à la date sus-indiquée, doit être déclaré recevable, par application de l'articleL.290 du Code électoral ;

AU FOND

EXPOSE DES MOYENS

Considérant que Maguette Ndiaye SANE a exposé que c'est le nommé El Hadji Mamadou Lamine GOUDIABY qui avait été désigné mandataire du parti « CD/Bokk Gis-Gis » de la commune de Oulampane ;

Que ce dernier avait régulièrement déposé le document l'ayant désigné mandataire le 01 novembre 2021 auprès du Sous-préfet de Sindian ;

Que le 02 novembre 2021, victime d'un malaise, GOUDIABY est finalement décédé ; que le sous-préfet en a été immédiatement informé et le parti a procédé à son remplacement en désignant le requérant ;

Qu'au soir du 03 novembre 2021, en sa qualité de nouveau mandataire, il s'est rendu à la sous-préfecture pour y déposer les dossiers de son entité, y compris l'acte le désignant comme nouveau mandataire ; que reçu par le Sous-préfet à 21 heure 33 minutes, celui a exigé un acte de décès délivré par le médecin traitant et un certificat de décès établi par l'état civil pour recevoir le dossier ;

Que le jeudi 04 novembre 2021, il s'est procuré les pièces mais quand il s'est rendu à la sous-préfecture le vendredi 05 novembre 2021 pour déposer sa liste, le sous-préfet a refusé de prendre son dossier arguant qu'il était forclos ;

Qu'estimant avoir agi, dans les 72 heures après le refus du sous-préfet de prendre son dossier, il soutient que l'argument de la forclusion ne tient pas et sollicite de la Cour qu'elle ordonne la réception de son dossier ;

Considérant que le parquet Général a conclu qu'il soit fait droit à la requête de SANE ; qu'il a soutenu que l'article L.291 du code électoral permettant le changement de mandataire entre l'arrêté préfectoral publiant les listes reçues et la veille du scrutin jusqu'à 00 heure, par analogie, rien ne s'oppose à ce qu'un mandataire décédé avant cette date ne soit remplacé ;

Motifs de la décision

Considérant qu'aux termes des articles L.284 et suivants du code électoral que seul le mandataire désigné a qualité pour déposer les listes et dossiers de déclarations de candidatures aux élections territoriales ;

Considérant qu'il n'est pas contesté que suite au décès, de El Hadji Mamadou Lamine GOUDIABY, mandataire désigné du parti « Convergence Démocratique Bokk Gis-Gis », Maguette Ndiaye SANE a été nommé pour le remplacer ;

Que muni de son mandat, celui-ci s'est présenté à la Sous-préfecture, le 3 novembre 2021 avant la clôture du dépôt des listes pour informer l'autorité administrative des faits ; que ce dernier a refusé de réceptionner sa liste en lui exigeant au préalable un acte de décès ;

Mais considérant que le changement de mandataire n'est pas interdit par la loi encore moins la loi électorale ; que le mandat peut être révoqué à tout moment par le mandant sans motif ;

Que dès lors, en exigeant au requérant la production au préalable d'un acte de décès pour pouvoir l'autoriser à déposer son dossier, l'autorité administrative en méconnu la loi ; que d'ailleurs, comme l'a fait observer le Ministère public, jusqu'à la veille du scrutin, le remplacement d'un candidat décédé est possible (article L.291), à fortiori celui d'un mandataire dont le remplacement peut se faire à tout moment ;

D'où il suit que la forclusion alléguée par le Sous-préfet n'est pas pertinente ;

Qu'il y a lieu par conséquence de faire droit au recours et de lui ordonner de réceptionner la liste et les dossiers de déclarations de candidatures du parti susnommé pour les élections municipales dans la Commune de Tankon et de statuer sur sa recevabilité, après examen par la commission de réception, conformément aux textes susvisés ;

PAR CES MOTIFS :

Statuant publiquement, en matière électorale, en premier et dernier ressort ;

EN LA FORME :

DECLARE recevable la requête de Maguette Ndiaye SANE ;

AU FOND :

Ordonne au sous-préfet de Sindian (Département de Bignona) de recevoir la liste et les dossiers de déclarations de candidatures du parti « Convergence Démocratique Bokk Gis-Gis » pour les élections du 23 janvier 2022 dans la commune d'Oulampane en vue de leur examen par la commission de réception, conformément aux dispositions des articles L.284 et L.286 du Code électoral.

Article L.284.-

La liste des candidats qui accompagne les dossiers de candidatures est établie en double exemplaire dont l'un est destiné à la C.E.N.A.

Mention est faite de l'heure exacte de dépôt. Ni substitution, ni retrait de candidature n'est admis.

La commission de réception, au vu du bordereau et après un contrôle sommaire et contradictoire avec le mandataire sur les pièces du dossier de déclaration de candidature, lui délivre immédiatement un récépissé pour attester du dépôt matériel.

Ce récépissé est dûment visé par le superviseur de la C.E.N.A pour authentifier le contrôle du dépôt dans les formes et les délais légaux. Il ne préjuge pas de la recevabilité des candidatures présentées.

Les déclarations reçues à la Préfecture ou à la Sous-préfecture et les pièces qui les accompagnent sont tenues à la disposition de chaque liste de candidats qui peut en vérifier le contenu par un mandataire.

NOTE : La forclusion ne saurait constituer un motif valable de refus de réceptionner le dossier dès lors que l'article L.285 permet même de prendre une liste « *déposée au-delà du délai légal* ».

L'autorité administrative doit recevoir le dossier matériel, remettre au mandataire un récépissé sur lequel est mentionné l'heure du dépôt et lui notifier, dans les 48 heures, une décision d'irrecevabilité, conformément aux articles L.284, L.285 et L.286.

Jurisp. : ASSEMBLEE GENERALE DE LA COUR D'APPEL DE ZIGUINCHOR, ARRET N°29 DU 11 NOVEMBRE 2021, *inédit.*

Monsieur Latyr NGOME, Mandataire de la Coalition Gueum Sa Bopp dans la Commune de Boghal, Arrondissement de Boghal (Département de Bounkiling) c/ le Sous-préfet, Président de la Commission de réception des dossiers de déclaration de candidatures de l'Arrondissement de Boghal (Département de Bounkiling) ;

Considérant que, par requête datée du 15 novembre 2021, reçue au greffe le même jour, Latyr NGOME, ès-qualité de mandataire départemental de la « Grande Coalition Gueum Sa Bopp » dans la commune de Boghal, a saisi la Cour d'un recours dirigé contre le refus du Sous-préfet de Boghal de réceptionner les listes et dossiers de déclarations de candidatures de sa coalition pour les élections municipales du 22 janvier 2022 pour cause de « forclusion » ;

Considérant qu'en versant au dossier le ticket n° 27 qui lui a été remis à son arrivée, Latyr NGOME a prouvé qu'il était bien présent dans les locaux de la sous-préfecture avant l'heure de clôture ; que de ce fait, le Sous-préfet était tenu de réceptionner son dossier et ne pouvait lui opposer une quelconque forclusion ;

Qu'à supposer même qu'il soit forclos, cela ne saurait constituer un motif valable de refus de réceptionner le dossier dès lors que l'article L.285 permet même de prendre une liste « déposée au-delà du délai légal » ; qu'il aurait dû recevoir le dossier matériel, lui remettre un récépissé sur lequel est mentionné l'heure du dépôt et lui notifier, dans les 48 heures, une décision d'irrecevabilité, conformément aux articles L.284, L.285 et L.286 ;

Qu'il y a ainsi lieu d'ordonner que le dossier de déclarations de candidature de la « Grande Coalition Gueum Sa Bopp » pour les élections dans la Commune de Boghal soit reçu par le Sous-préfet de Boghal et de statuer sur sa recevabilité, après examen par la commission de réception, conformément à ces textes ;

PAR CES MOTIFS :

Statuant publiquement, en assemblée générale, en matière électorale, en premier et dernier ressort ;

EN LA FORME :

DECLARE recevable la requête de Latyr NGOME ;

AU FOND :

ORDONNE au Sous-préfet de Boghal (Département de Bounkiling) de recevoir les lites et dossiers de déclarations de candidature de la « Grande coalition Gueum Sa Bopp » pour les élections locales du 23 janvier 2022 dans la Commune de Boghal en vue de leur examen par la commission de réception, conformément aux articles L.284 et L.286 du Code électoral.

Article L.285.-

N'est pas recevable la liste qui :

1) est incomplète ;

2) ne comporte pas les indications obligatoires prévues aux articles L.266 et L.278 ;

3) n'est pas accompagnée des pièces prévues à l'article L.281 ;

4) ne comporte pas la quittance confirmée par une attestation signée par le Directeur général de la Caisse des Dépôts et Consignations attestant du dépôt de la caution prévue par l'article L.281 ;

5) est déposée au-delà du délai légal.

Article L.286.-

Pour les besoins de la recevabilité juridique, la commission procède à l'analyse des dossiers dans les quarante-huit (48) heures qui suivent la date limite du dépôt matériel.

Le remplacement de candidats inéligibles, sans préjudice de l'ordre d'investiture, et la substitution de pièces périmées ou comportant des erreurs matérielles sont, le cas échéant, immédiatement notifiés au mandataire de la liste concernée. Celui-ci dispose de trois (3) jours, à compter de la date de notification, pour y remédier, sous peine de rejet de la candidature concernée.

Dans le cas où, pour l'un des motifs énumérés à l'article L.285, le préfet ou le sous-préfet estime qu'une liste n'est pas recevable, il notifie, par écrit, les motifs de sa décision au mandataire de ladite liste dans les deux (2) jours suivant la date limite du dépôt matériel des dossiers de candidatures.

NOTE : L'article L.286 prévoit un délai quarante-huit (48) heures qui suivent la date limite du dépôt matériel pour l'analyse des dossiers. Il est possible pour les mandataires dans les trois (3) jours, à compter de la date de notification de procéder trois (3) jours, à compter de la date de notification au remplacement :

- de candidats inéligibles, sans préjudice de l'ordre d'investiture ;

- à la substitution de pièces périmées ou comportant des erreurs matérielles.

Dans le cas où, le préfet ou le sous-préfet estime que n'est pas recevable une liste qui :

- est incomplète ;

- ne comporte pas les indications obligatoires prévues aux articles L.266 et L.278 ;

- n'est pas accompagnée des pièces prévues à l'article L.281 ;

- ne comporte pas la quittance confirmée par une attestation signée par le Directeur général de la Caisse des Dépôts et Consignations attestant du dépôt de la caution prévue par l'article L.281 ;

- est déposée au-delà du délai légal ; il notifie, par écrit, les motifs de sa décision au mandataire de ladite liste.

Mieux, le juge estime « *qu'en exigeant une formalité non prévue par la loi, à savoir la production d'une lettre de mandataire, pour refuser le dépôt dossier de candidature du requérant, le préfet de Kaolack n'a pas fait une correcte application des textes* ». Voir la décision ci-après reproduite de l'Assemblée générale de la Cour d'appel de Kaolack du 11 novembre 2021.

Jurisp. : ASSEMBLEE GENERALE DE LA COUR D'APPEL DE KAOLACK ARRET N° 2 DU 11 NOVEMBRE 2021, *inédit.*

Babacar DIENG, mandataire du parti politique Action Patriotique de Libération « Dog Buumm Gacce » c/ le Préfet de Kaolack

Considérant que par requête datée et enregistrée au greffe le 09 novembre 2021, Babacar DIENG agissant *es* qualité de Représentant du parti politique Action Patriotique de Libération (APL) « DOG BUUMM GACCE » a (...) saisi la Cour d'appel de céans, aux fins d'être autorisé à déposer auprès du Préfet de Kaolack son dossier de déclaration de candidature aux élections municipales ;

EN LA FORME

Considérant que la requête a été introduite dans les formes prescrites par la loi ; qu'il échet de la recevoir ;

AU FOND

Considérant que le requérant a soutenu qu'il a été investi comme candidat à la commune de Kaolack ;

Qu'à la date du 03 novembre 2021, il s'est présenté à la commission de réception des dossiers de candidature en vue du dépôt de son dossier ; que grande a été sa surprise lorsque M. le Préfet a refusé de prendre son dossier au motif qu'il n'a pas présenté sa lettre de mandataire ;

Qu'il a ajouté que cette autorité administrative a également refusé de lui notifier par écrit sa décision de refus pour faire courir les délais de saisine de la Cour ;

Qu'enfin, il a estimé qu'au regard de l'article L.281 du Code électoral aucune obligation n'est faite au mandataire de présenter sa lettre de mandataire lors du dépôt de son dossier ;

Qu'en conséquence, il a sollicité que la Cour ordonne au Préfet de Kaolack de recevoir son dossier ;

Qu'à l'appui de ses prétentions, il a produit sa déclaration d'investiture, sa déclaration de candidature, une quittance de dépôt de caution confirmée par une attestation signée par la Directeur Général de la Caisse de Dépôt et Consignation ;

Considérant que dans son mémoire en réponse reçu au greffe le 10 novembre 2021, le Préfet a soutenu que le présumé mandataire du parti APL DOG BUUM GACCE n'a pas été en mesure de présenter un document le désignant comme tel, avant d'ajouter que jusqu'au 03 novembre à minuit, aucune personne habilitée par ledit parti n'a, non plus, communiqué à l'autorité administrative l'identité de la personne pouvant agir ou parler à son nom devant la commission ;

Que le ministère public a requis le rejet de la requête au motif que le mandataire n'a pas justifié le mandat qui l'habilite à représenter APL DOG BUUM GACCE devant la commission ;

SUR CE

Considérant que l'article L. 281 du Code électoral qui énumère les différentes pièces qui doivent composer tout dossier de candidature d'un parti politique, d'une coalition de partis ou d'un candidat indépendant aux élections municipales ne prévoit pas le dépôt par le mandataire du parti, de la coalition de partis ou du candidat indépendant d'un quelconque acte pour établir son mandat ;

Qu'il est à souligner que la justification du mandat n'est prévue que dans les bureaux de vote conformément à l'article L.68 du Code et ce, pour les plénipotentiaires et représentants des candidats et partis politiques ;

Qu'une telle formalité n'est pas prévue devant les commissions de réception des dossiers de candidature ;

Considérant en outre que l'article L. 286 du Code électoral alinéa 3 prévoit que le Préfet ou le Sous-préfet qui estime qu'une liste n'est pas recevable doit notifier par écrit les motifs de sa décision au mandataire concerné dans les deux jours suivant la date limite de dépôt des dossiers de candidature ;

Qu'en exigeant cette formalité non prévue par la loi, à savoir la production d'une lettre de mandataire, pour refuser le dépôt dossier de candidature du requérant, le préfet de Kaolack n'a pas fait une correcte application des textes susvisés ; qu'il échet dès lors, de faire droit à la demande de Babacar DIENG et d'ordonner au préfet de recevoir son dossier de candidature es qualité de mandataire du parti politique APL DOG BUUM GACCE ;

PAR CES MOTIFS :

Statuant en Assemblée générale, sur requête, en matière électorale, en premier et dernier ressort ;

EN LA FORME,

- Reçoit la requête ;

AU FOND,

- Y faisant droit ;
- Autorise Babacar DIENG mandataire du parti politique APL DOG BUUM GACCE, à déposer auprès du Préfet de Kaolack, son dossier de déclaration de candidature au scrutin municipal.

Article L.287.-

Un parti politique légalement constitué, une coalition de partis politiques légalement constitué ou une entité regroupant des personnes indépendantes, ne peut utiliser une couleur, un sigle, un symbole déjà choisis par un autre parti, une autre coalition de partis ou une autre entité indépendante.

En cas de contestations, le préfet ou le sous-préfet saisit le Ministre chargé des élections qui attribue, par priorité, à chaque parti politique sa couleur statutaire, son sigle et son symbole traditionnels par ordre d'ancienneté. Pour les coalitions de partis politiques et les entités indépendantes l'attribution se fait selon la date de notification du nom choisi.

Le Ministre chargé des élections en informe aussitôt le préfet ou le sous-préfet qui, à son tour, en informe les parties intéressées.

Est interdit le choix d'emblèmes comportant une combinaison des trois couleurs du drapeau de la République : vert, or et rouge.

Article L.288.-

Après le délai de quarante-huit (48) heures prévues à l'alinéa premier de l'article L.286 et ce, jusqu'à la date de prise de l'arrêté publiant les déclarations reçues, s'il apparaît qu'une déclaration de candidature a été déposée en faveur d'une personne inéligible, le préfet ou le sous-préfet doit saisir la Cour d'Appel du ressort qui statue dans les trois (03) jours de la saisine sur la recevabilité de ladite candidature.

Si les délais mentionnés à l'alinéa premier ne sont pas respectés, la candidature doit être reçue.

Article L.289.-

Au plus tard soixante-dix (70) jours avant le scrutin, le préfet ou le sous - préfet arrête et publie les déclarations de candidature reçues, modifiées, éventuellement, compte tenu des dispositions des articles L.286 alinéa 2 et L.288.

Copie de l'arrêté de publication doit être délivrée à chaque mandataire de liste de candidats.

Article L.290.-

En cas de contestation d'un acte du préfet ou du sous-préfet pris en application des articles L.285, L.286, L.287 et L.289, les mandataires des listes des candidats peuvent, dans les trois (03) jours suivant la notification de la décision ou sa publication, se pourvoir devant la Cour d'Appel du ressort qui statue dans les trois (03) jours qui suivent celui de l'enregistrement de la requête.

Article L.291.-

Entre la date de signature de l'arrêté du préfet ou du sous-préfet publiant les déclarations reçues et la veille du scrutin à zéro heure, en cas de décès ou d'inéligibilité d'un candidat, le mandataire de la liste fait sans délai, déclaration complémentaire de candidature au préfet ou au sous-préfet qui la reçoit s'il y a lieu, la publie par voie d'affichage et en assure la diffusion dans tous les bureaux de vote.

Cette déclaration complémentaire ne peut concerner qu'un candidat du même sexe et doit être accompagnée des pièces prévues à l'article L.281.

Chapitre IV : Campagne électorale

Article L.292.-

La campagne en vue des élections des conseillers municipaux est ouverte quinze (15) jours avant la date du scrutin.

Elle dure quatorze (14) jours et prend fin la veille du scrutin à zéro heure.

Article L.293.-

La Cour d'Appel compétente veille à l'égalité entre les candidats. Saisie par la C.E.N.A ou par un candidat, elle intervient, le cas échéant, auprès des autorités compétentes pour que soient prises toutes les mesures susceptibles d'assurer sans délai cette égalité.

Est interdite toute activité assimilable à une campagne électorale dans les conditions définies par l'article L.61.

Est également interdite, toute propagande électorale le jour du scrutin.

Saisie d'une réclamation, la Cour d'Appel compétente peut en cas de besoin, adresser des injonctions aux autorités concernées ou au candidat dont l'attitude est incriminée.

Elle veille à la régularité de la campagne électorale. Ses arrêts en la matière ne peuvent faire l'objet d'aucun recours.

La campagne par voie d'affichage est régie par les dispositions des articles L.60 et L.62 ainsi que par les dispositions réglementaires du Code électoral.

La tenue des réunions électorales est régie par les dispositions de l'article L.59 du présent code.

Chaque candidat peut faire imprimer et adresser aux électeurs, avant le scrutin, une circulaire de propagande comprenant une page en recto et verso de format de 21 x 27 cm. Cette circulaire est soumise à la formalité du dépôt légal.

Chapitre V : Vote, recensement et proclamation des résultats

Article L.294.-

Les électeurs sont convoqués par décret publié au Journal officiel au moins quatre-vingt-dix (90) jours avant la date du scrutin.

Article L.295.-

Le recensement des votes et la proclamation des résultats sont effectués conformément aux dispositions de l'article L.260 du présent code.

Les résultats définitifs des élections municipales font l'objet d'une publication dans le Journal officiel, bureau de vote par bureau de vote par les soins du Premier Président de la Cour d'Appel.

Cette publication est faite également sur internet et par tout autre moyen de communication.

Chapitre VI : Dispositions spéciales relatives à l'élection des conseillers municipaux des villes

Article L.296.-

Le titre VI du Code électoral est applicable sous réserve des dispositions du présent chapitre.

Pour pouvoir valablement présenter une liste de candidats, les entités regroupant des personnes indépendantes doivent présenter une liste d'électeurs soutenant leur candidature et représentant deux pour cent (2%) des électeurs inscrits sur les listes électorales de la Ville, à raison de d'un pour cent (1%) au moins dans la moitié des communes constitutives de la Ville. Si le nombre de communes est impair, il est augmenté d'une unité pour déterminer avec exactitude la moitié.

Un arrêté du Ministre chargé des élections détermine le nombre d'électeurs représentant les deux pour cent (2%) de l'électorat de chaque Ville.

Article L.297.-

Le conseil municipal de ville est ainsi composé :

- cinquante-cinq pour cent (55%) des conseillers sont élus au scrutin proportionnel sur listes complètes ;

- quarante-cinq pour cent (45%) sont désignés à partir des conseillers élus au scrutin majoritaire dans les communes constitutives de la ville.

La tête de liste au scrutin proportionnel qui obtient le plus de sièges est élue maire de la ville.

Toutes les listes présentées, au scrutin proportionnel, doivent être établies conformément aux dispositions de l'article L.266 du Code électoral. Les dossiers de candidature sont déposés, avec bordereau de dépôt, à la Préfecture.

Un décret fixe le nombre de sièges alloué à chaque commune pour la désignation de ses conseillers vers le conseil municipal de la Ville. Chaque commune y dispose, au minimum, de deux (02) sièges dont celui du maire de la commune qui est de droit conseiller municipal de la ville. Des sièges supplémentaires sont attribués en fonction de la population de la commune. Ces sièges sont attribués aux conseillers municipaux élus au scrutin majoritaire dans l'ordre de leur inscription sur la liste à concurrence du nombre de sièges dont dispose la commune au conseil municipal de la ville.

Le conseiller municipal élu au scrutin majoritaire et en même temps au scrutin proportionnel de la ville ne peut faire partie de la liste des représentants de sa commune au conseil municipal de la ville. Il doit choisir expressément entre l'un des deux mandats, avant l'installation de l'un ou l'autre conseil.

Article L.298.-

Pour les dispositions pratiques de l'organisation du scrutin proportionnel pour le conseil municipal de Ville, il est utilisé un bulletin de vote distinct du bulletin de vote destiné aux élections pour le conseil municipal de la commune.

Pour ce scrutin proportionnel de Ville, il est appliqué le système du quotient de ville. Pour déterminer ce quotient, on divise le nombre total des suffrages valablement exprimés par le nombre de conseillers municipaux de ville à élire. Autant de fois ce quotient est contenu dans le nombre de suffrages obtenus par chaque liste, autant celle-ci obtient de candidats élus. La répartition des restes se fait selon le système du plus fort reste. En cas d'égalité, le siège est attribué au plus âgé des candidats susceptibles d'être élus.

Le candidat occupant le premier rang sur la liste proportionnelle est élu maire de la Ville, si sa liste obtient le plus de suffrage à l'issue du vote. En cas d'égalité, le siège est attribué au plus âgé des candidats susceptibles d'être élus maire.

Si une vacance intervient sur la liste proportionnelle des conseillers municipaux de ville, il est fait appel en priorité au candidat du même sexe non élu placé en tête de la liste dans laquelle la vacance s'est produite. Il sera fait appel ensuite aux candidats suppléants après épuisement de la liste des candidats non élus.

Chapitre VII : Contentieux des élections municipales

Article L.299.-

Tout électeur ou tout candidat à une élection municipale peut réclamer l'annulation des opérations électorales. La Cour d'Appel de ressort est compétente. Les requêtes doivent être déposées, en double exemplaire, dans les cinq (05) jours qui suivent la proclamation des résultats, à la préfecture ou au greffe de la Cour d'Appel. Il en est donné acte par le préfet ou le greffier en chef. Lorsque la requête est déposée à la préfecture, le préfet la transmet immédiatement au greffier en chef de la Cour d'Appel.

Sous peine d'irrecevabilité, la requête doit préciser les faits et les moyens allégués.

S'il estime que les conditions et les formes légalement prescrites n'ont pas été remplies, le préfet peut, également, demander l'annulation des opérations électorales. A cet effet, il adresse une requête, en double exemplaire au Ministre chargé des élections dans les huit (8) jours suivant la proclamation des résultats. Le Ministre chargé des élections transmet la requête au greffier en chef de la Cour d'Appel qui lui en donne acte.

Article L.300.-

Le greffier en chef communique un exemplaire de la requête au Ministre chargé des élections ainsi qu'aux conseillers dont l'élection est contestée. Ceux-ci disposent d'un délai de huit (08) jours à compter de la date de la réception de la requête, pour déposer un mémoire en réponse. Il est donné acte de ce dépôt par le greffier en chef.

Article L.301.-

La Cour d'Appel statue en premier ressort dans le délai d'un mois à compter de l'enregistrement de la requête en annulation des opérations électorales au greffe de la Cour d'Appel. En cas de renouvellement général des conseillers municipaux, ce délai est porté à trois (03) mois.

S'il intervient une décision ordonnant une preuve, la Cour d'Appel doit statuer définitivement dans le mois à partir de cette décision.

Les délais fixés au premier alinéa du présent article ne commencent à courir, dans le cas prévu à l'article L.302, que du jour où le jugement sur la question préjudicielle est devenu définitif.

Faute par la Cour d'Appel d'avoir statué dans les délais ci-dessus fixés, la réclamation est considérée commet rejetée. La Cour d'Appel est dessaisie. La partie intéressée peut porter sa réclamation devant la Cour suprême dans un délai d'un (01) mois à compter de la date d'expiration desdits délais.

De même, en cas de rejet, la partie intéressée peut interjeter appel devant la Cour suprême dans le même délai à compter du jour de la notification de la décision.

Article L.302.-

Dans le cas où une réclamation formulée en vertu du présent code, implique la solution préjudicielle d'une question d'état, la Cour d'Appel renvoie les parties à se pourvoir devant les juges, et la partie doit justifier de ses diligences dans les délais de quinze (15) jours. À défaut de cette justification, il sera passé outre, et la décision de la Cour d'Appel devra intervenir dans le mois à partir de l'expiration du délai de quinzaine.

Article L.303.-

Les conseillers municipaux proclamés élus restent en fonction jusqu'à ce qu'il ait été définitivement statué sur les réclamations.

Article L.304.-

En cas d'annulation définitive de l'élection, le corps électoral est convoqué dans un délai qui ne peut excéder six (06) mois.

TITRE VII

DISPOSITIONS SPECIALES RELATIVES AU VOTE DES SENEGALAIS ETABLIS OU RESIDANT HORS DU SENEGAL A L'ELECTION DU PRESIDENT DE LA REPUBLIQUE ET AUX ELECTIONS DES DEPUTES

Chapitre premier : Conditions d'organisation des opérations électorales hors du Sénégal

Article L.305.-

Sont organisées des opérations électorales en vue de l'élection présidentielle, des élections législatives et du référendum, dans les pays où sont établis ou résident des Sénégalais et sur le territoire desquels s'exerce la juridiction d'une représentation diplomatique du Sénégal.

Pour les besoins du scrutin majoritaire aux élections législatives, l'extérieur du pays est divisé en des entités dénommées

« départements».

Les départements de l'extérieur du pays sont les suivants :

- le département Afrique du Nord ;
- le département Afrique de l'Ouest ;
- le département Afrique du Centre ;
- le département Afrique Australe ;
- le département Europe de l'Ouest, du Centre et du Nord ;
- le département Europe du Sud ;
- le département Amériques-Océanie ;
- le département Asie-Moyen Orient.

Le nombre de députés à élire dans chaque département de l'extérieur du pays est fixé par décret en tenant compte de l'importance de l'électorat de chaque département.

Article L.306.-

Sur proposition du Ministre chargé des Élections, en relation avec le Ministre chargé des Affaires étrangères et sous la supervision de la C.E.N.A, un décret établit, vingt-cinq jours au moins avant le démarrage des opérations de la révision des listes électorales, la liste des pays concernés après avis consultatif des partis politiques légalement constitués. Il est transmis dans les quinze (15) jours à la C.E.N.A et aux partis politiques légalement constitués. Après publication des candidatures, toute liste de candidats ou tout candidat peut en demander copie.

Lorsque le nombre des sénégalais inscrits sur la liste électorale de la représentation diplomatique ou consulaire atteint deux cents (200) à la date de clôture des listes électorales, le vote y est organisé en vue de l'élection présidentielle, des élections législatives et du référendum.

En relation avec le Ministre chargé des Affaires étrangères, le Ministère chargé des élections dresse et publie la liste des juridictions où sont organisées les élections.

Article L.307.-

Les dispositions du titre premier au titre trois (03) du présent code sont applicables à la participation des Sénégalais établis ou résidant hors du Sénégal à l'élection présidentielle, aux élections législatives et au référendum, dans la mesure où elles ne sont pas contraires au présent titre VII, et aux titres VIII et IX ci-après.

Chapitre II : Le Corps électoral

Article L.308.-

Sont électeurs les sénégalais des deux sexes remplissant les conditions fixées par les articles L.26 et L.27 et ne se trouvant dans aucun des cas d'incapacité définis aux articles L.29 et L.30.

Article L.309.-

Ne sont admis à prendre part au scrutin que ceux des sénégalais qui sont établis ou résident dans un pays compris dans la juridiction d'une représentation diplomatique ou consulaire où sont organisées des opérations électorales, et qui sont inscrits sur les listes électorales de ladite représentation diplomatique ou consulaire.

Les membres des corps militaires et paramilitaires en mission à l'étranger et qui échappent à la juridiction sénégalaise, ne participent pas aux scrutins.

Chapitre III : Les listes électorales

Section premier : Conditions d'inscription sur les listes électorales

Article L.310.-

Nul ne peut refuser l'inscription sur les listes électorales :

- à un citoyen sénégalais jouissant de ses droits civils et politiques et remplissant les conditions fixées par les articles L.308 et L.309 ;

- à un citoyen sénégalais par naturalisation, après la date d'acquisition de la nationalité sénégalaise par le mariage, après la date d'expiration du délai d'incapacité prévu par l'article 7 du code de la nationalité ;

- aux personnes qui, frappées d'incapacité électorale à la suite d'une condamnation bénéficient de la réhabilitation ou font l'objet d'une mesure d'amnistie.

Article L.311.-

Nul ne peut être inscrit plusieurs fois sur la même liste ou sur plusieurs listes électorales.

Article L.312.-

Les listes électorales comprennent :

1) tous les électeurs qui ont leur domicile réel dans la juridiction de la représentation diplomatique ou consulaire où se trouve le pays d'organisation des opérations électorales ;

2) ceux qui sont assujettis à une résidence obligatoire en qualité de fonctionnaire ou agent de l'État ou des établissements publics ou des entreprises nationales.

Article L.313.-

Sont également inscrits sur la liste électorale les citoyens sénégalais qui, ne remplissant pas les conditions d'âge et de résidence lors de la formation de la liste, les rempliront le jour du scrutin.

Section 2. - Établissement et révision des listes électorales

Article L.314.-

Les listes électorales sont permanentes. Elles font l'objet d'une révision exceptionnelle, décidée par décret, avant chaque élection nationale sous la direction du Chef de la Représentation diplomatique ou consulaire et la présence des partis politiques légalement constitués.

En cas de consultation référendaire, une révision exceptionnelle peut être décidée dans la même forme.

Article L.315.-

La liste électorale est dressée, sous la supervision de la C.E.N.A, par une commission administrative composée du chef de la représentation diplomatique ou consulaire ou son représentant faisant office de président et d'un représentant de chaque parti politique légalement constitué au Sénégal.

La Commission administrative doit comprendre au moins trois (03) membres. Elle peut être subdivisée en deux ou plusieurs sous commissions comprenant, chacune, au moins, un président désigné par le Chef de la représentation diplomatique ou consulaire et un représentant de chaque parti politique légalement constitué au Sénégal ou coalition de partis déclarée.

Dans le cas où les représentants des partis ou coalitions de partis politiques sont inférieurs à deux (02), ces commissions et sous-commissions sont complétées à trois (03) membres par le chef de la représentation diplomatique ou consulaire, parmi les agents sénégalais de la représentation ou à défaut, parmi les électeurs inscrits sur la liste électorale de la juridiction.

Article L.316.-

La commission administrative doit faire figurer sur la liste électorale les renseignements susceptibles d'identifier l'électeur.

Pour justifier son identité, l'électeur produit sa carte d'identité biométrique C.E.D.E.A.O. En outre, il doit justifier qu'il est établi ou qu'il réside à l'Étranger par la présentation de sa carte consulaire, d'un certificat de travail, un contrat de location ou de toute autre pièce permettant de prouver sa résidence.

Article L.317.-

La commission administrative délivre à chaque électeur un récépissé portant le numéro d'inscription sur la liste électorale et sa date de délivrance.

Article L.318.-

Les listes électorales sont déposées auprès des représentants diplomatiques ou consulaires. Elles sont communiquées et publiées dans les conditions fixées par décret.

Section 3 : Contrôle des inscriptions sur les listes électorales

Article L.319.-

Dans les conditions fixées par décret, les électeurs qui ont fait l'objet d'une radiation d'office, ou ceux dont l'inscription est contestée sont convoqués par le chef de la représentation diplomatique ou consulaire.

Notification leur est faite de la décision de radiation d'office les concernant ou de la contestation avérée de leur inscription.

Ils peuvent exercer un recours gracieux devant le Chef de la représentation diplomatique ou consulaire.

Les services centraux du Ministère chargé des élections et celui chargé des Affaires étrangères ainsi que le service du fichier général, sont tenus de transmettre, sans délai, au Chef de la représentation diplomatique ou consulaire tout renseignement lié au statut de l'inscription des électeurs de la juridiction.

Le recours est formé par simple déclaration écrite adressée au Chef de la représentation diplomatique ou consulaire par la personne radiée ou son mandataire ou par la personne qui conteste l'inscription sur la liste électorale.

En sa qualité de juge du contentieux, le chef de la représentation diplomatique ou consulaire réunit la commission en exercice lors de la révision pour statuer, après lecture du rapport établi par un de ces membres, désigné par le Chef de la représentation diplomatique ou consulaire, sur simple avertissement donné à l'avance à toutes parties intéressées. Le requérant peut se faire assister par une personne de son choix sans considération de nationalité. Sous réserve des dispositions de l'article L.320, la décision est prise à la majorité des voix.

Les délais de recours sont prévus dans le décret qui organise la révision.

Article L.320.-

Sous réserve d'une décision motivée et notifiée séance tenante à l'intéressé, la commission administrative peut refuser de donner suite à une demande. Les modalités de ce refus sont déterminées par décret.

Le recours contre les décisions de la commission administrative est porté devant la même commission complétée au besoin par un juriste appartenant à la représentation diplomatique ou consulaire s'il en existe.

Le recours est formé par simple déclaration écrite adressée au Chef de la représentation diplomatique ou consulaire par la personne radiée ou son mandataire ou par la personne qui conteste l'inscription sur la liste électorale. Le Chef de la représentation diplomatique ou consulaire réunit la commission qui statue, après lecture du rapport établi par un de ces membres désignés par le Chef de la représentation diplomatique ou consulaire, sur simple avertissement donné à l'avance toutes parties intéressées. Le requérant peut se faire assister par une personne de son choix sans considération de nationalité. La décision est prise à la majorité des voix.

Toutefois, si la demande portée devant elle implique la solution préjudicielle d'une question d'état, la commission renvoie préalablement les parties à se pourvoir devant le juge sénégalais compétent et fixe un délai raisonnable dans lequel la partie qui a levé la question préjudicielle devra justifier ses diligences. En cas d'annulation des opérations de la commission administrative, les recours sont radiés d'office.

Les délais de recours et de traitement sont prévus dans le décret organisant la révision.

Article L.321.-

La décision de la commission administrative prise en application des articles L.319 ou L.320 peut être attaquée devant la Cour suprême dans un délai de dix (10) jours. La suite de la procédure sera traitée conformément aux dispositions des articles L.46 et L.47.

Article L.322.-

Les listes électorales, modifiées conformément aux dispositions des articles L.315 à L.316, sont conservées dans les archives de la représentation diplomatique ou consulaire. Tout électeur, tout représentant de parti politique légalement constitué, tout représentant de liste des candidats, tout candidat a le droit d'en prendre communication ou copie à ses frais.

L'autorité diplomatique ou consulaire chargée de la conservation desdites listes est tenue de déférer à toutes requêtes dans ce sens.

Toutefois, la copie est gratuite pour le représentant de la C.E.N.A.

Article L.323.-

Les citoyens omis sur la liste électorale par suite d'une erreur purement matérielle ou radiés de ces listes sans observation des formalités prescrites par le présent code peuvent saisir le Chef de la représentation diplomatique ou consulaire aux fins de leur inscription sur la liste électorale, dans les délais prescrits par le décret instituant la révision exceptionnelle des listes électorales.

Ces demandes d'inscription sont accompagnées de l'ancienne carte d'électeur de l'intéressé s'il y a lieu ou du récépissé de sa demande d'inscription cité à l'article L.317 ou de toutes autres pièces justificatives de nature à établir le bien-fondé de la requête.

Tout électeur inscrit sur la liste électorale, tout représentant de parti politique légalement constitué, peut réclamer, dans les mêmes conditions, l'inscription ou la radiation d'un électeur omis ou indûment inscrit, après la publication de la liste électorale ; le même droit appartient au Chef de la représentation diplomatique ou consulaire.

Le Chef de la représentation diplomatique ou consulaire réunit les membres de la commission administrative définie à l'article L.315. La commission statue sans délai sur ces demandes après consultation de la liste électorale et des documents annexes transmis par le service de gestion du fichier.

Les décisions de la commission peuvent faire l'objet d'un recours gracieux dans les conditions fixées à l'article L.320.

Article L.324.-

Les carnets ou les formulaires d'inscription, de modification et de radiation remplis par chaque représentation diplomatique ou consulaire sont transmis par le Ministère chargé des Affaires Étrangères au Ministère chargé des Élections. Ils font l'objet d'un fichier spécial. La C.E.N.A. et les partis politiques légalement constitués ont un droit de regard et de contrôle sur la tenue de ce fichier.

Les modalités pratiques d'exercice de ce droit de regard et de contrôle sont déterminées par un décret.

Article L.325.-

Lorsqu'il est constaté qu'un électeur a sollicité plus d'une demande d'inscription sur une ou plusieurs listes électorales, seule la première demande sur la liste de la juridiction est maintenue.

Article L.326.-

La commission administrative peut refuser de donner suite à une demande, sous réserve de l'application des dispositions de l'article L.319.

Les radiations d'office ont lieu à l'initiative soit du Chef de la représentation diplomatique ou consulaire, soit du service du fichier général des électeurs, à chaque fois qu'il est constaté qu'un électeur a sollicité plus d'une fois une demande d'inscription sur la liste électorale de la juridiction.

Section 4 : Les cartes d'électeur

Article L. 327.-

La carte d'électeur est couplée à la carte d'identité biométrique CEDEAO. Celle-ci fait office de carte d'électeur.

En cas de demande de duplicata pour cause d'altération ou de perte de la carte d'identité biométrique CEDEAO faisant office de carte d'électeur, devant un centre d'instruction ou une commission administrative, celle-ci est rééditée à l'identique avec le même délai de validité et porte la mention « duplicata ».

Cependant, une demande de modification des données électorales ne peut se faire que devant une commission administrative et pendant la période de révision des listes électorales.

Si l'électeur fait la déclaration de perte de sa carte d'électeur auprès d'une commission administrative, celle-ci établit une attestation sur la base de laquelle il peut demander la délivrance d'un duplicata.

Article L.328.-

Il est créé, au sein de chaque représentation diplomatique ou consulaire, une commission chargée de la distribution des cartes d'électeur et composée d'un représentant du chef de la représentation diplomatique ou consulaire en qualité de président ainsi que d'un représentant de chaque parti politique légalement constitué au Sénégal ou coalition de partis déclarée.

La commission peut être subdivisée en deux (02) ou plusieurs sous-commissions comprenant, chacune, au moins un président désigné par le chef de la représentation diplomatique ou consulaire et un représentant de chaque parti politique légalement constitué au Sénégal ou coalition de partis déclarée.

En cas de nécessité, le chef de la représentation diplomatique ou consulaire peut assurer le transport des membres de ces commissions et sous-commissions, de leurs lieux de résidence respectifs aux lieux retenus pour la distribution des cartes.

Article L.329.-

La commission visée à l'article précédent, procède à la remise individuelle des cartes à chaque électeur, contre décharge, sur présentation de sa carte d'identité biométrique CEDEAO et du récépissé d'inscription.

Les cartes d'électeur non distribuées sont regroupées auprès des bureaux de vote. Elles peuvent être retirées jusqu'à la clôture du scrutin.

La C.E.N.A. veille au respect des règles relatives à la composition et au fonctionnement de la commission de distribution des cartes.

Après le scrutin, la distribution des cartes non retirées est assurée par le Chef de la mission diplomatique ou consulaire.

Chapitre IV : Opérations électorales, recensement et proclamation des résultats

Article L.330.-

Le scrutin a lieu le même jour que celui fixé au Sénégal compte tenu des décalages horaires.

Article L.331.-

Il est créé un centre de vote dans chaque représentation diplomatique ou consulaire.

Un centre de vote peut comprendre un ou plusieurs lieux de vote lesquels peuvent à leur tour, abriter un ou plusieurs bureaux de vote. Si la situation locale l'exige, le chef de la représentation diplomatique ou consulaire peut créer des bureaux de vote en dehors des locaux de la représentation diplomatique ou consulaire soit dans la même ville soit dans des villes différentes. Cette création est obligatoire pour chaque tranche de 600 électeurs (sénégalais) inscrits. Au besoin, il sera fait appel aux sénégalais vivants dans le pays concerné et inscrits sur la liste électorale pour la constitution des bureaux.

En tout état de cause, le chef de la représentation diplomatique ou consulaire tenant compte des circonstances locales, dûment motivées, peut proposer une modification de la carte électorale.

Article L.332.-

Les superviseurs et contrôleurs de la C.E.N.A veillent au bon déroulement de l'ensemble des opérations électorales depuis l'ouverture du bureau de vote jusqu'à la proclamation et l'affichage des résultats dans le bureau concerné, conformément à l'article L.18 du titre premier du présent code.

Chaque liste de candidats ou chaque candidat a le droit d'exercer le même contrôle par des mandataires désignés à cet effet et munis de cartes spéciales délivrées par le chef de la représentation diplomatique ou consulaire. Les prénoms, nom, date et lieu de naissance des mandataires ainsi que leur adresse et leur numéro d'inscription sur la liste électorale de la juridiction sont notifiés par le candidat ou son représentant ou la liste de candidats qu'ils représentent au moins dix (10) jours avant l'ouverture du scrutin. Cette notification est faite au chef de la représentation diplomatique ou consulaire ou son représentant qui en délivre récépissé au moins huit (8) jours avant le scrutin. Le récépissé sert de titre et garantit les droits attachés à la qualité de mandataire.

Les mandataires ont compétence dans un ou plusieurs bureaux de vote. Ils peuvent entrer librement dans ces bureaux et exiger l'inscription au procès-verbal de toutes leurs observations et contestations.

Article L.333.-

La liste complète des bureaux de vote sur l'ensemble du territoire du pays d'organisation des opérations, doit être définitivement arrêtée et publiée par le chef de la représentation diplomatique ou consulaire, ou son représentant, au plus tard trente (30) jours avant le début du scrutin.

Le chef de la représentation diplomatique ou consulaire ou son représentant, est tenu de dresser la liste des membres du ou des bureaux de vote ainsi que de leurs suppléants.

Cette liste doit être validée par la C.E.N.A avant d'être publiée par ses soins vingt (20) jours et notifiée dix (10) jours, au moins, avant le début du scrutin :

1) au représentant de la C.E.N.A et à tous les représentants de candidats ou liste de candidats ;

2) s'il y a lieu, aux détenteurs de la liste électorale où les membres du bureau de vote sont normalement inscrits pour que mention y soit portée. Le nombre des électeurs considérés comme étant inscrits sur cette liste est augmenté d'autant pour le décompte des inscrits.

Chaque bureau de vote est composé d'un président, d'un assesseur, d'un secrétaire, désignés par le chef de la représentation diplomatique ou consulaire et d'un représentant par liste de candidats ou candidats en qualité de membres. Ils doivent être régulièrement inscrits sur la liste électorale de la juridiction.

Les membres des bureaux de vote sont autorisés à voter dans les bureaux où ils siègent, sur simple présentation de leur carte d'électeur.

Les journalistes en mission de reportage et les chauffeurs chargés de transporter le matériel électoral, le jour du scrutin, sont autorisés à voter dans les mêmes conditions sous réserve d'avoir fait viser, au préalable, leur ordre de mission par les autorités diplomatiques ou consulaires et par le président de la D.E.C.E.N.A.

Article L.334.-

Il est fait application des dispositions de l'article L.73, sauf celles relatives au décret de convocation des électeurs. Le chef de la Représentation diplomatique ou consulaire, au vu du décret de convocation des électeurs, prend une décision de convocation des électeurs qui précise les heures d'ouverture et de clôture du scrutin en tenant compte du nombre des électeurs inscrits et des décalages horaires existant entre le Sénégal et le pays où il exerce sa mission.

Article L.335.-

Il est fait application des dispositions de l'article L.76. Toutefois, les termes « frappées du timbre de la circonscription électorale » sont remplacés par « frappées du timbre de la représentation diplomatique ou consulaire ».

Article L.336.-

Il est fait application des dispositions de l'article L.83.

Article L.337.-

Il est créé, pour chaque département de l'extérieur du pays, une commission départementale de recensement des votes. Ces commissions siègent à Dakar, dans un lieu déterminé par le Premier Président de la Cour d'Appel de Dakar.

Elles sont composées et fonctionnent conformément aux dispositions des articles L.88 et LO.142 du présent code.

Article L.338.-

A la clôture du scrutin et à la fin des opérations de dépouillement, le président donne lecture à haute voix des résultats, qui sont aussitôt affichés. Mention de ces résultats est portée au procès-verbal qui est clos par la signature des membres du bureau.

Les résultats sont extraits et portés sur une fiche spécialement conçue à cet effet et destinée à la transmission immédiate desdits résultats à la commission départementale de recensement des votes.

Tous les membres du bureau de vote doivent obligatoirement signer la fiche spéciale de recueil des résultats et le procès-verbal avec, le cas échéant, leurs observations, réclamations et contestations.

Article L.339.-

Le contrôleur de la C.E.N.A ainsi que tous les membres du bureau de vote doivent recevoir un exemplaire du procès-verbal et de la fiche spéciale de recueil des résultats du bureau de vote.

L'original du procès-verbal des opérations électorales et celui de la fiche spéciale de recueil des résultats, accompagnés des pièces qui doivent y être annexées sont transmis par les soins du Chef de la Représentation diplomatique ou consulaire au président de la Commission départementale de Recensement des votes par valise diplomatique, dès que les résultats ont été proclamés et affichés.

Toutefois après la proclamation et l'affichage des résultats, le Chef de la Représentation diplomatique ou consulaire doit immédiatement transmettre la fiche spéciale de recueil des résultats, par télex, téléfax, ou courriel, au Président de la Commission départementale de Recensement des votes.

Par dérogation aux dispositions de l'article L.88, la commission départementale de recensement des votes publie les résultats au plus tard à douze (12) heures le mercredi qui suit le scrutin.

Jurisp. : CONSEIL CONSTITUTIONNEL, DECISION N° 17/E/2012, *RECUEIL DES DECISIONS DU CONSEIL CONSTITUTIONNEL, JANVIER 1993 MARS 2019, EDITION 2020.*

Résultats définitifs 1er tour élection présidentielle 26 février 2012

Considérant que le candidat Abdoulaye WADE fait valoir que la Commission nationale de Recensement des Votes s'est fondée exclusivement sur des documents diplomatiques transmis à titre d'information, en l'occurrence le téléfax, pour procéder au recensement des votes des Sénégalais de l'Extérieur, en violation de l'article L.353 du Code électoral qui prévoit comme base de recensement le procès-verbal des opérations électorales et les pièces qui y sont annexées ;

Considérant que le même article L.353 prescrit l'usage du télex ou du téléfax pour la communication immédiate des résultats au Président de la Commission nationale de Recensement des Votes ; que ces résultats, confirmés par l'original du procès-verbal des opérations électorales, font foi et ne peuvent être contestés.

Chapitre V : Dispositions pénales

Article L.340.-

Les dispositions des articles L.91 à L.109, L.111 à L.114, L.118 et L.119 sont applicables par les juridictions sénégalaises compétentes.

Article L.341.-

Toute personne chargée de transmettre les documents indiqués à l'article L.322 ou L.329 ou de communiquer les résultats selon les procédés définis à l'article L.339, qui aura modifié ou altéré ces documents ou résultats, sera punie d'un emprisonnement de six (06) mois à deux (02) ans et frappée de l'interdiction du droit de voter et d'être éligible pendant cinq (05) ans au moins et dix (10) ans au plus.

Article L.342.-

Quiconque aura reçu les documents indiqués à l'article L.339 ou les résultats communiqués par télex, téléfax ou courriel au président de la commission départementale de recensement des votes, les aura modifiés ou altérés, sera puni des peines prévues par l'article L.341.

TITRE VIII

DU REFERENDUM

Article L.343.-

Le corps électoral est convoqué par décret. Il décide à la majorité des suffrages exprimés.

Le texte soumis au référendum est annexé au décret.

Article L.344.-

Les modalités d'organisation du référendum sont fixées par décret.

Article L.345.-

Une révision exceptionnelle des listes électorales peut être organisée.

Article L.346.-

Les organisations qui concourent à l'expression des suffrages, désireuses de participer aux opérations référendaires s'organisent pour s'identifier au « courant du OUI » ou au « courant du NON », le notifier à l'autorité administrative et déclarer l'identité de leurs plénipotentiaires au plus tard la veille du démarrage de la campagne référendaire, conformément à la procédure décrite à article L.68 du Code électoral.

Les termes « candidats », « listes de candidats », « partis politiques », « coalitions de partis politiques » ou « entités regroupant des personnes indépendantes » figurant dans le Code électoral sont remplacés par « représentants du courant du OUI » ou « représentants du courant du NON ».

Article L.347.-

Il est mis à la disposition de l'électeur, à l'exclusion de tout autre, deux bulletins de vote de couleurs différentes :

- un bulletin de vote de couleur blanche avec écritures noires représentant la réponse « OUI » ;

- un bulletin de vote de couleur noire avec écritures blanches représentant la réponse « NON ».

Article L.348.-

La liste des électeurs par bureau de vote est remise au mandataire national de chaque courant et à la C.E.N.A sur support électronique et en version papier dans un délai fixé par le décret évoqué à l'article L.344.

TITRE IX

DISPOSITIONS PARTICULIERES

Article L.349.-

Le vote a lieu dans le pays où se trouve la représentation diplomatique ou consulaire et éventuellement, dans les pays couverts par la même représentation diplomatique ou consulaire.

Lorsque dans un pays coexistent une représentation diplomatique et une représentation consulaire, les élections sont organisées par la représentation consulaire. Le chef de celle-ci peut disposer aux fins de cette organisation, des locaux et du personnel de la représentation diplomatique dans les conditions fixées par le Ministre chargé des Affaires étrangères.

Article L.350.-

Pour les élections municipales et l'élection des députés au scrutin départemental, seule la procédure prévue par l'article L.36 est applicable.

Article L.351.-

Les dispositions du titre VII et de celles du présent titre s'appliquent compte dûment tenu des règles impératives du droit du pays d'organisation des élections.

L'électeur ne peut figurer qu'une seule fois dans le fichier général, qu'il soit établi à l'intérieur du pays ou qu'il réside à l'étranger. S'il demande, conformément aux dispositions des articles L.36 et L.325, à figurer sur la liste d'une collectivité donnée, il est automatiquement radié de sa liste d'origine et les données électorales de sa nouvelle carte d'identité biométrique CEDEAO modifiées en conséquence.

TITRE X

DISPOSITIONS TRANSITOIRES ET FINALES

Article L.353.-

Par dérogation aux dispositions de l'article L.53 et pour les besoins des élections territoriales du 23 janvier 2022, les titulaires des cartes d'électeurs qui n'ont pas changé de commune de rattachement les utilisent le jour de ces scrutins.

Pour les titulaires de cartes dont les communes de rattachement ont changé, la réédition et la distribution se feront sans nouvelle inscription.

Article L.354.-

Les élections des Hauts Conseillers des Collectivités territoriales prévues en fin 2021 sont reportées pour être tenues après les élections territoriales.

Le mandat des Hauts Conseillers est maintenu jusqu'à l'installation du nouveau Haut Conseil issu de ces élections.

Un décret fixera la date.

Article L.355.-

Sont abrogées toutes dispositions antérieures et contraires, notamment la loi n° 2017-12 du 18 janvier 2017, modifiée portant Code électoral.

La présente loi sera exécutée comme loi de l'État.

Fait à Dakar, le 23 juillet 2021

Macky SALL

Seconde partie

PARTIE REGLEMENTAIRE DU CODE ELECTORAL

(Décret n° 2021-1196 du 20 septembre 2021 abrogeant et remplaçant le décret n°2017-170 du 27 janvier 2017 portant partie réglementaire du Code électoral (publié au JORS n°7460 du 22 septembre 2021, pp. 1343), modifié par le décret n° 2023-1935 du 19 septembre 2023 modifiant les articles R.76 et R.80 du décret ° 2021-1196 du 20 septembre 2021 portant partie règlementaire du Code électoral (publié au JORS n° 7661 du 21 septembre 2023, pp.1141 à 1143)

TITRE PREMIER

DISPOSITIONS COMMUNES A L'ELECTION DU PRESIDENT DE LA REPUBLIQUE ET AUX ELECTIONS DES DEPUTES, DES HAUTS CONSEILLERS, DES CONSEILLERS DEPARTEMENTAUX ET MUNICIPAUX

Chapitre Préliminaire : De La Gestion et du contrôle du processus

Section première : L'administration Électorale

Article R. premier. -

Les services centraux du Ministère chargé des Élections assurent la mise en œuvre des prérogatives de celui-ci en matière électorale.

Article R.2.-

Sous l'autorité du Ministre chargé des Sections, ils préparent et organisent les élections nationales et locales ainsi que les référendums. À ce titre, ils assurent notamment :

1. l'établissement, la révision des listes électorales et la tenue des fichiers électoraux ;
2. les études et le développement des applications relatives au fichier général des électeurs ;
3. la centralisation et le traitement des informations relatives au fichier général des électeurs ;
4. la conception, la confection, l'installation et la conservation des documents et archives électoraux ;
5. l'organisation et le suivi de la distribution des cartes d'électeur ;
6. la commande et le contrôle des conditions d'impression des bulletins de vote ;
7. la mise en œuvre et le contrôle, en liaison avec les autorités administratives, des principes applicables en matière de propagande électorale ;
8. l'appui aux services de sécurité pour ce qui concerne le dispositif de sécurité applicable lors des opérations de vote ;
9. la formation afférente au processus électoral des responsables administratifs, des agents électoraux, des autorités judiciaires et des élus;
10. les campagnes de sensibilisation et d'information civique ;
11. l'élaboration et la gestion de la carte électorale ;
12. l'adaptation des outils informatiques aux besoins électoraux ;
13. l'analyse des scrutins électoraux ;
14. la diffusion de l'information technique relative aux élections notamment celle qui concerne la mise en œuvre du processus électoral et les diverses statistiques ;

15. l'appui aux autorités judiciaires dans l'exercice de leurs missions relevant du Code électoral.

Les prérogatives concernant les circonscriptions administratives sont mises en œuvre en relation avec les Autorités administratives.

Article R.3.-

Pour les besoins de la préparation et de l'organisation des opérations électorales et référendaires, le Ministre chargé des Élections s'appuie sur les forces de sécurité et de défense, en relation avec leur Ministère de tutelle.

NOTE : Le processus électoral sénégalais, bien que cité en exemple, n'est, en effet, pas parfait. Ses constants efforts pour émarger au niveau des standards internationaux en matière de transparence et de sincérité, semblent être sinon ignorés du moins minimisés de la part d'une classe politique et de citoyens toujours plus exigeants.

Toutefois, les aspirations légitimes de ces derniers à plus de démocratie et d'équité dans le jeu électoral sont, parfois, exprimées dans des formes et proportions qui ouvrent la voie au désordre et, conséquemment, à l'insécurité.

Si le Sénégal, en dépit des turbulences préélectorales récurrentes, semble encore tenir sur ses ressorts culturels et démocratiques, il n'est, cependant, pas à l'abri des risques latents à chaque étape de tout cycle électoral.

Ainsi, pour préserver la paix et la stabilité qui doivent demeurer les finalités de toute élection, le Ministre chargé des Élections s'appuie sur les forces de sécurité et de défense, en relation avec leur Ministère de tutelle.

Section 2 : La Commission Électorale Nationale Autonome (C.E.N.A)

Article R.4.-

Avant leur entrée en fonction, les membres de la C.E.N.A prêtent devant le Conseil Constitutionnel le serment suivant : « Je jure d'accomplir ma mission avec impartialité, de ne me laisser influencer ni par l'intérêt personnel présent ou futur, ni par une pression d'aucune sorte. Dans mon appréciation, je n'aurai pour guides que la loi, la justice et l'équité. Je m'engage à l'obligation de réserve et au secret des délibérations, même après la cessation de mes activités ».

Article R.5.-

En cas d'empêchement ou de démission d'un membre de la C.E.N.A dans les conditions prévues à l'article L.9 du présent code, il est pourvu, par décret, à son remplacement par une personne appartenant à l'institution, à l'association ou à l'organisme dont il était issu.

Article R.6.-

Les membres de la C.E.N.A perçoivent, durant leur mandat, des indemnités mensuelles dont les montants sont fixés par décret.

Les frais de mission qui leur sont versés, en cas de besoin, correspondent à ceux qui sont en vigueur au niveau de l'État. Le Secrétaire Général de la C.E.N.A perçoit une indemnité mensuelle dont le montant est fixé par décret.

Le taux de ses frais de mission est le même que celui des membres de la C.E.N.A.

Article R.7.-

La C.E.N.A ne peut délibérer valablement qu'en présence de neuf (9) de ses membres au moins.

Les décisions de la C.E.N.A sont prises par consensus ou, à défaut, au scrutin secret à la majorité des deux tiers des membres présents. Si cette condition n'est pas remplie, il est procédé à un troisième vote et la décision est cette fois-ci prise à la majorité simple. En cas de partage des voix, celle du Président est prépondérante.

Article R. 8.-

Les contrôleurs et les superviseurs de la C.E.N.A sont choisis parmi les fonctionnaires et agents publics des hiérarchies A, B ou assimilées en activité ou à la retraite, ou parmi les agents du secteur privé de niveau équivalent. A défaut, ils sont choisis parmi les citoyens sachant lire et écrire dans la langue officielle.

Article R.9.-

La C.E.N.A est secondée dans sa tâche de supervision et de contrôle par des démembrements au niveau des départements et à l'extérieur du territoire national.

Les démembrements de la C.E.N.A sont mis en place dès le début des opérations électorales ou référendaires ou pour toutes autres missions jugées utiles par la C.E.N.A.

Pour le suivi de l'activité des démembrements, chaque membre de la CENA a sous son autorité la gestion d'entités territoriales suivant les conditions et modalités déterminées par l'Assemblée Générale de la C.E.N.A.

Le mandat des démembrements prend fin dès que les opérations ou les missions pour lesquelles ils ont été institués arrivent à leur terme.

Article R.10.-

Au niveau de chaque Département et pour toutes les opérations électorales et référendaires, la C.E.N.A est représentée par une « Commission Électorale Départementale Autonome » (C.E.D.A). Celle-ci comprend cinq (05) membres nommés par le Président de la C.E.N.A. parmi les personnalités indépendantes du département, de nationalité sénégalaise, connues pour leur intégrité morale, leur honnêteté intellectuelle, leur neutralité et leur impartialité après approbation de l'Assemblée Générale.

Article R.11.-

Auprès de chaque Ambassade ou Consulat du Sénégal situé dans un pays où les ressortissants du Sénégal ont le nombre requis pour participer aux élections, la C.E.N.A est représentée par une délégation comprenant :

1. un Président nommé par le Président de la C.E.N.A parmi les membres de la colonie ;
2. deux autres membres de la colonie nommés par le Président après consultation des ressortissants ;
3. un agent de l'Ambassade ou du Consulat faisant office de Secrétaire général.

La nomination des membres des Délégations Extérieures de la Commission Électorale Nationale Autonome (D.E.C.E.N.A) est faite par le Président de la C.E.N.A, après approbation de l'Assemblée Générale de la C.E.N.A et enquête sur leur intégrité morale, leur honnêteté intellectuelle, leur neutralité et leur impartialité.

La D.E.C.E.N.A exerce les fonctions de contrôle et de supervision des opérations électorales et référendaires et des élections pour le compte et sous l'autorité de la C.E.N.A.

Article R.12.-

En cas d'empêchement préjudiciable aux missions de contrôle et de supervision des opérations électorales ou référendaires ou de démission dûment constatés, les membres des démembrements de la C.E.N.A. sont remplacés, sur décision du Président de la C.E.N.A. et après délibération de l'Assemblée Générale de la C.E.N.A.

Article R.13.-

Les membres de la C.E.D.A, et de la D.E.C.E.N.A perçoivent, durant leur mandat, des indemnités mensuelles dont les montants sont fixés par décret.

Article R.14.-

Avant leur entrée en fonction, les membres des C.E.D.A, et des D.E.C.E.N.A ainsi que leurs contrôleurs et superviseurs prêtent serment, dans les termes prévus à l'article R.4 :

1. devant le tribunal d'Instance du ressort ;
2. ou devant le Chef de mission diplomatique ou consulaire.

Article R.15.-

Le Secrétaire général de la C.E.N.A, les Secrétaires généraux des démembrements, le personnel et les experts sont soumis à une obligation de réserve et de discrétion.

Section 3 : L'observation Électorale

Article R.16.-

Le Gouvernement du Sénégal peut inviter des Organisations nationales ou internationales, gouvernementales ou non gouvernementales à observer l'élection présidentielle, les élections législatives, les élections départementales et municipales et les référendums.

Toute organisation ou tout organisme, de même que tout particulier intéressé par le processus électoral peut également demander une accréditation pour observer les élections aussi bien à l'intérieur du pays qu'à l'étranger.

Article R.17.-

Toute mission d'observation électorale qui souhaite être accréditée doit présenter les pièces suivantes :

1. une demande adressée au Ministre chargé des élections ou au Ministre chargé des Affaires Étrangères pour le vote des sénégalais de l'Extérieur ;

2. un acte officiel de reconnaissance en original ou certifié conforme ;

3. la liste et l'identité complètes des observateurs.

Pour les observateurs internationaux, en plus des pièces précédentes et pour chaque observateur, il faut :

1. une photocopie du passeport : page d'identification et celle comportant le cachet d'entrée sur le territoire national ;

2. un ordre de mission pour chaque observateur délivré par la structure ou l'organisme qui l'envoie ;

3. une photocopie du billet d'avion aller et retour, le cas échéant ;

4. les ressortissants de la Communauté Économique des États de l'Afrique de l'Ouest (CEDEAO) qui empruntent les voies terrestres, doivent présenter une photocopie de la pièce d'identité et un ordre de mission visé à l'entrée par le service national de la police des frontières ;

5. une assurance pour la prise en charge maladie ou de rapatriement du corps en cas de décès ;

6. la justification de ressources suffisantes pour couvrir le séjour et les activités de la mission d'observation.

Le dossier complet doit être déposé ou envoyé au Ministère chargé des Élections directement ou par le canal du Ministère chargé des Affaires Étrangères au plus tard quinze (15) jours avant le jour du scrutin.

Les dossiers déposés au-delà de ce délai sont déclarés irrecevables.

Article R.18.-

Il est créé à la veille de chaque élection, une commission chargée de la réception et de l'instruction des demandes d'accréditation de mission d'observation électorale. Elle siège quatre (04) mois avant et un (01) mois après le scrutin.

Elle reçoit et instruit l'ensemble des pièces de la demande d'accréditation.

Elle prépare les lettres d'invitation et les titres d'accréditation qui sont soumis à la signature du Ministre chargé des Élections.

Elle délivre également les lettres d'invitation, les titres d'accréditation ainsi que les badges individuels.

Sur demande motivée, les observateurs nationaux peuvent recevoir leurs accréditations trois (3) mois avant le scrutin. L'accréditation des observateurs relève du pouvoir discrétionnaire de l'administration électorale.

Article R.19.-

La commission est composée ainsi qu'il suit :

1. Trois (03) représentants du Ministère chargé des Élections ;
2. Un (01) représentant du Ministère chargé des Affaires Étrangères ;
3. Trois (03) représentants de la Commission Électorale nationale Autonome (CENA).

Elle est présidée par un représentant du Ministre chargé des Élections.

Article R.20.-

Un arrêté du Ministre chargé des Élections détermine les modalités d'organisation et de fonctionnement de la commission prévue par l'article R.18 du présent code.

Article R.21.-

Les missions d'observation ont droit notamment :

1. aux titres d'accréditation et badges d'identification ;
2. à l'accès à la législation électorale et aux documents électoraux ;
3. à l'accès à l'information électorale ;
4. à l'accès aux acteurs du processus électoral ;
5. à l'accès aux centres, lieux et bureaux de vote ;
6. de regard sur les opérations du processus électoral à travers tout le territoire national. S'agissant des Commissions de Recensement des votes, les missions d'observation doivent requérir au préalable l'agrément du Président de la Commission nationale de Recensement des votes ;
7. à l'assistance en matière de sécurité en cas de besoin.

Article R.22.-

Le Gouvernement peut signer avec certaines missions d'observation un protocole d'accord. En tout état de cause, l'observateur doit, à titre indicatif :

1. respecter la souveraineté et la législation nationales du pays ;
2. être neutre et impartial ;
3. éviter toute ingérence ou commettre un acte de nature à porter atteinte ou préjudice au processus électoral ou aux acteurs électoraux, surtout l'administration électorale. Il peut cependant porter à l'attention

des membres de l'administration électorale ou des agents électoraux, certaines constatations d'irrégularités qui pourront être corrigées rapidement tout en évitant de donner l'impression qu'il s'agit d'instructions ou de contredire les décisions des responsables électoraux;

4. s'abstenir de faire des commentaires personnels ou prématurés en public ou en privé ;

5. s'abstenir de porter ou d'afficher des symboles, couleurs ou bannières appliqués à un candidat ou liste de candidats ;

6. décliner son identité aux autorités compétentes sur demande ;

7. Se munir des pièces d'identification prescrites par le Gouvernement, c'est-à-dire le titre d'accréditation ou le badge ;

8. s'acquitter de ses tâches avec discrétion, sans perturber ni entraver le processus électoral, les procédures de vote ni le dépouillement des voix ;

9. s'abstenir de faire des injonctions à l'administration électorale ou des remarques tendancieuses ;

10. s'abstenir de demander une assistance matérielle ou financière à l'État du Sénégal ou à ses démembrements.

Article R.23.-

La mission d'observation électorale doit faire une déclaration d'arrivée, décliner l'objet et la durée de la mission et communiquer son adresse, une fois sur le territoire national.

Après l'élection, elle doit produire un rapport final, transmis au Ministère chargé des Élections et à la CENA, au plus tard dans les (03) trois mois qui suivent le scrutin.

La mission d'observation électorale qui ne respecte pas ces obligations n'est pas habilitée à demander de nouveau une accréditation.

Article R.24.-

En cas de violation de la loi électorale, les sanctions sont de la compétence exclusive des institutions sénégalaises.

Le Gouvernement peut, à tout moment, retirer l'accréditation soit provisoirement, soit définitivement, en cas de manquement aux obligations liées à l'observation électorale.

S'il s'agit d'une mission d'observation étrangère ou d'un observateur étranger, après le retrait définitif, l'expulsion est immédiate.

Section 4 : Dispositions Générales

Article R.25.-

Dans le présent code, les compétences conférées aux Préfets et aux Sous-préfets concernent :

1. les départements pour les Préfets ;
2. les communes pour les Préfets et les Sous-préfets.

Article R.26.-

Lorsque le premier ou le dernier jour des délais prescrits au présent code est un Dimanche ou un jour férié ou chômé, le délai expire le premier jour ouvrable suivant sauf pour le dépôt des candidatures aux élections de liste.

Tous les délais prescrits sont des délais francs.

Jurisp. : CONSEIL CONSTITUTIONNEL, DÉCISION N° 3/E/2007 DU 8 FEVRIER 2007 (N° D'ORDRE : 98 - AFFAIRE N° 3/E/07), *RECUEIL DES DECISIONS DU CONSEIL CONSTITUTIONNEL, JANVIER 1993 MARS 2019, EDITION 2020.*

COMPUTATION DES DELAIS

4. Considérant que la liste des candidats a été arrêtée et publiée le 26 janvier 2007 ; que la requête de Cheikh Mamadou Abiboulaye DIÈYE a été enregistrée au greffe du Conseil constitutionnel le 5 février 2007 ; que le délai de réclamation expire le 29 janvier à minuit en application de l'article R.15 du Code électoral, les deux jours suivant l'affichage de la liste étant un samedi, jour chômé et le dimanche un jour férié ;

5. Considérant dès lors, que la requête de Cheikh Mamadou Abiboulaye DIÈYE, enregistrée hors délai est irrecevable,

DÉCIDE :

Article premier.- La requête du candidat Cheikh Mamadou Abiboulaye DIÈYE est irrecevable.

Jurisp : **Cour suprême, arrêt n°61 du 08 décembre 2022, Aymérou Gningue, Maire de la Commune de Mérina Dakhar, Mandataire de la Coalition Benno Bokk Yaakar c/ État du Sénégal et Talla Ndiaye**

Considérant qu'à la suite de la publication des résultats de l'élection des membres du bureau municipal de la Commune de Mérina Dakhar le 8 février 2022, Talla Ndiaye a saisi la Cour d'Appel de Thiès pour demander l'annulation du procès-verbal relatif à l'élection complémentaire des membres du bureau du conseil municipal susvisé pour non-respect de la parité ;

Que par l'arrêt attaqué, la Cour d'Appel de Thiès a rejeté l'exception d'irrecevabilité et annulé le procès-verbal relatif à l'élection complémentaire des membres du bureau du conseil municipal, à partir du premier adjoint ;

Que le requérant a formé le présent recours contre ledit arrêt en soulevant un moyen tiré de la violation de la loi divisé en deux branches ;

Sur le moyen, en sa première branche, tiré de la violation de l'article 99 du Code général des Collectivités territoriales (CGCT) en ce que, pour faire courir le délai, l'arrêt attaqué a considéré le délai prévu par ledit article comme un délai franc, par application des dispositions de l'article R 26 du Code électoral, alors que ce texte, de par sa nature réglementaire, ne peut atteindre le Code général des Collectivités territoriales qui est un code différent du code électoral, fixant ses propres délais, lesquels ne sont pas francs ;

Sur le moyen, en sa deuxième branche, tiré de la violation de l'article R 26 du Code électoral en ce que l'arrêt attaqué a computé le délai du recours à compter du 10 février 2022 alors qu'à supposer que les délais prévus par l'article 99 du Code général des Collectivités territoriales soient francs, le cinquième et dernier jour tombait le 14 février 2022 à minuit, ce jour n'étant ni un dimanche ni un jour férié ou chômé, aucun report de délai au lendemain n'était possible ;

Les branches étant réunies ;

Considérant que l'article 99 du CGCT dispose que « *l'élection du maire et de ses adjoints peut être arguée de nullité dans les conditions et formes prescrites au code électoral pour les réclamations contre les élections du Conseil municipal.*

La requête doit être formulée dans un délai de cinq jours qui commence à courir vingt-quatre heures après l'élection » ;

Que l'article R 26 du Code électoral précise que les délais prescrits sont des délais francs ;

Considérant qu'en l'espèce les résultats ont été proclamés le 8 février 2022 et Talla Ndiaye a saisi la Cour d'Appel de Thiès le 15 février 2022 ;

Qu'ainsi, pour rejeter le recours d'Aymérou Gningue, la Cour d'appel, qui a énoncé « *qu'aux termes de l'article R 26 du code électoral les délais prescrits sont des délais francs* » puis relevé « *que la computation du délai de cinq (5) jours pour les réclamations commence à courir vingt-quatre heures après l'élection, soit en l'espèce, le 10 février 2022 à zéro heure pour expirer le 14 février 2022 à 24 heures* » et retenu que le recours « *introduit le 15 février 2022 est recevable* » n'a pas violé les textes précités ;

Par ces motifs

Confirme l'arrêt n° 42 du 28 avril 2022 de la Cour d'Appel de Thiès qui a annulé le procès-verbal relatif à l'élection complémentaire des membres du bureau du conseil municipal, à partir du premier adjoint.

Chapitre Premier : Le Corps Électoral

Article R.27.-

Les corps militaires, paramilitaires et autres fonctionnaires et agents visés à l'article L.29 s'entendent :

1. des personnels de l'Armée nationale ;
2. des personnels de la Gendarmerie ;
3. des personnels de la Brigade Nationale des Sapeurs-Pompiers ;
4. des personnels des Forces de police ;
5. des personnels de l'Administration Pénitentiaire ;
6. des personnels de l'Administration des Douanes ;
7. des personnels des Eaux, Forêts, Chasses et de la conservation des sols ;
8. des personnels des Parcs nationaux ;
9. des personnels paramilitaires de la Direction de l'Hygiène publique;
10. des personnels du Chiffre. Sont également concernés, les recrues et les élèves en formation dans un des corps cités ci-dessus.

Chapitre II : Les Listes Électorales

Section première : Établissement et révision des listes Électorales

Article R.28.-

Les listes électorales sont permanentes. Elles sont mises à jour régulièrement selon des procédures de deux ordres :

- une révision dite « ordinaire » a lieu sauf cas de force majeure ou de révision exceptionnelle en perspective, chaque année du ter février au 31 juillet inclus conformément aux dispositions du présent code, notamment en ses articles R.32, R.39, R.40 et R.41;

- une révision dite « exceptionnelle », toujours adossée à une élection générale. Elle est instituée et encadrée par un décret qui détermine le moment, les modalités pratiques d'exécution, la durée des opérations au niveau des commissions administratives et les délais du contentieux de l'enrôlement, de la publication des listes provisoires ainsi que ceux de la radiation d'office. Il peut, à chaque fois que de besoin, faire des renvois au Code électoral.

Les partis politiques légalement constitués, les coalitions de partis politiques légalement constitués et les entités regroupant des personnes indépendantes peuvent participer à toutes les phases du processus électoral.

Pour pouvoir valablement participer au processus électoral, la coalition de partis politiques légalement constitués ou l'entité regroupant des personnes indépendantes doit indiquer au Ministre chargé des élections le nom choisi et l'objet de l'activité pour laquelle elle est créée sans préjudice des articles L.123, L.149, L.201, L.232, L.278.

Celui-ci lui délivre un acte qui lui permet de participer au dit processus.

La valeur juridique de l'acte s'achève à la clôture dudit processus.

Article R.29.-

Au plus tard cinq (05) jours avant le début de la révision des listes électorales, les autorités administratives compétentes instituent, par arrêté, des commissions d'établissement et de révision des listes électorales, et précisent les horaires ainsi que les lieux où elles doivent siéger. Ces commissions sont constituées en application de l'article L.39.

Elles informent les partis politiques de la date de démarrage de la révision en vue de leur représentation.

Article R.30.-

Dans les communes, les commissions fonctionnent de huit (08) à dix-huit (18) heures. Toutefois, leurs horaires peuvent être adaptés aux circonstances. Si les circonstances l'exigent, les commissions fixes peuvent être transformées en commissions itinérantes par arrêté de l'autorité administrative compétente.

Article R.31.-

À chaque président de commission administrative est remis un registre côté et paraphé par l'autorité administrative compétente et sur lequel sont mentionnées les opérations effectuées par la commission.

Ce registre est tenu à la disposition de la C.E.N.A, des électeurs et des partis ou coalitions de partis politiques.

Article R. 32.-

Du 1er février au 10 juillet de chaque année, sur le territoire national, la commission administrative prévue à l'article L.37 reçoit les demandes d'inscription, de modification, de changement de statut et de radiation qui lui sont présentées, sur des carnets dédiés à chaque catégorie d'opération ou sur des formulaires spécifiques conçus à cet effet.

Le changement de statut concerne l'électeur civil devenu militaire ou paramilitaire ou vice versa.

Pour prouver son rattachement à la collectivité territoriale, si l'adresse domiciliaire ou le lieu de naissance qui figure sur la carte nationale d'identité ne se trouve pas dans la circonscription électorale, l'électeur doit produire un certificat de résidence. S'il y a carence dans la délivrance du certificat de résidence quarante-huit (48) heures après la demande, l'Autorité administrative y pourvoit sur rapport du service de Police ou de Gendarmerie territorialement compétent.

A défaut du certificat de résidence, l'électeur doit présenter soit une facture d'eau, d'électricité ou de téléphone soit un quitus fiscal.

La facture ou le quitus fiscal doit être établi au nom de l'électeur et dater d'au moins six (06) mois.

Les opérations décrites à l'article L.36 et qui concernent l'inscription des sénégalais de l'extérieur ne sont exécutées que pendant une révision exceptionnelle tenue à l'étranger.

Article R. 33.-

La commission ajoute, à la liste électorale, les personnes :

1. qu'elle reconnaît avoir les qualités exigées par la loi pour être électeurs dans la commune ;

2. qui auront acquis les conditions d'âge et de résidence avant la clôture définitive de la liste électorale ;

3. qu'elle reconnaît avoir été indûment omises.

Article R.34.-

La commission retranche, de la liste électorale, les électeurs :

1. décès ;

2. dont la radiation a été ordonnée par l'autorité compétente ou qui ont perdu les qualités requises par la loi ;

3. qu'elle reconnaît avoir indûment inscrits, bien que leur inscription n'ait été attaquée.

Article R.35.-

La commission apporte, à la liste, toutes les modifications nécessaires dues aux changements de statut, de circonscription électorale, d'adresse du domicile de l'électeur ou à des erreurs constatées sur les prénoms, nom, filiation, profession ou domicile.

Article R.36.-

Les inscriptions, modifications, changement de statut et radiations prévus aux articles R.33, R.34 et R35 sont effectués sur des carnets ou formulaires confectionnés et mis à disposition par le Ministère chargé des Élections. Les carnets ainsi que les feuillets qu'ils contiennent sont numérotés, il en est de même des formulaires qui, en plus, peuvent porter un code barre.

Les carnets ou formulaires, une fois remplis par les commissions administratives, sont visés par le Préfet ou le Sous-préfet, le président de ladite commission et le contrôleur de la CENA, avant transmission aux services centraux, chargés de la gestion du fichier général des électeurs, pour exploitation. Cette transmission est faite au cours et à la fin de la révision par l'autorité administrative suivant un bordereau qui porte les numéros des carnets entièrement remplis ou des formulaires.

Article R.37.-

L'inscription des membres des corps militaires et paramilitaires sur les listes électorales se fait sur la base des mêmes carnets ou formulaires que ceux des citoyens civils.

Le statut d'électeur militaire ou paramilitaire est indiqué sur le feuillet du carnet ou sur le formulaire.

L'attestation prévue à l'article L.40 est délivré, pour chaque corps, par l'autorité compétente.

Article R.38.-

À la fin des opérations de révision des listes électorales, sous la supervision et le contrôle de la C.E.N.A, le Président de la commission remet au Préfet ou au Sous-préfet :

1. Les carnets entièrement ou partiellement remplis ou les formulaires dans chaque catégorie d'opération avec indication :

- de leurs numéros ;
- des numéros des premiers et derniers feuillets inclus, s'il s'agit de carnet ;

2. Les carnets non remplis ou les formulaires dans chaque catégorie d'opération, avec indication :

- de leurs numéros ;
- des numéros des premiers et derniers feuillets inclus, s'il s'agit de carnet ;

3. Le registre des opérations signé par tous les membres de la commission administrative et comportant, le cas échéant, mention de toutes les observations des membres de la commission.

Article R.39.-

Les décisions de la commission sont prises au moment de la demande d'inscription, de modification, de changement de statut ou de radiation, en présence du demandeur.

Lorsque la commission refuse d'inscrire un électeur, cette décision lui est aussitôt notifiée. Il est délivré un avis de rejet motivé. L'intéressé est informé qu'il dispose de la possibilité de contester ladite décision en application de l'article L.43.

Lorsque la commission radie d'office un électeur pour d'autres causes que le décès, ou lorsqu'elle prend une décision à l'égard d'une inscription qui a été contestée devant elle, il est délivré, le 10 juillet au plus tard un avis motivé de radiation d'office, destiné à l'électeur radié.

La liste des électeurs radiés d'office est conservée à la préfecture ou à la sous-préfecture. Elle peut être consultée par tout électeur de la commune.

Article R.40.-

Le Président du Tribunal d'Instance saisi en vertu des articles L.43 et L.44, notifie sa décision, dans les deux (02) jours ou au plus tard le 27 juillet à l'intéressé, aux Préfets ou aux Sous-préfets.

Article R.41.-

Le Préfet ou le Sous-préfet transmet les décisions du président du Tribunal d'Instance à la commission Administrative. Du 28 au 31 juillet, celle-ci modifie ou rédige, en conséquence, les feuillets d'inscription, de modification, de changement de statut ou de radiation.

Article R.42.-

Les carnets ou les formulaires d'inscription, de modification, de changement de statut et de radiation sont transmis sans délai par les Préfets et les Sous-préfets aux services centraux chargés du fichier général.

Article R.43.-

Au vu des carnets ou formulaires d'inscription, de modification, de changement de statut et de radiation, le Ministère chargé des Élections fait procéder à la mise à jour du fichier général des électeurs par les services centraux.

Les services centraux procèdent au croisement des listes pour assurer que l'électeur ne puisse figurer qu'une seule fois dans le fichier général des électeurs.

Au cours du traitement des données, les services centraux peuvent rejeter des demandes. Toutefois, ces rejets sont motivés. Une liste de ces rejets accompagnée des motifs est établie.

Une fois le traitement terminé, toutes les listes des mouvements, accompagnées des listes de rejets ainsi que des motifs, sont déposées dans les préfectures et les sous-préfectures, dans les deux (02) mois qui suivent la clôture des opérations de la révision.

En outre, des exemplaires de ces listes sont transmis :

1. au secrétariat du conseil départemental ;

2. au secrétariat de la mairie concernée pour les villes et les communes.

Les listes provisoires sont transmises sous format papier ou électronique et/ou par courriel.

Les Préfets et les Sous-préfets, les Présidents de conseil départemental et les Maires dressent un procès-verbal de réception des listes des mouvements et des rejets accompagnés des motifs. Ce document est affiché sur le panneau des annonces officielles des préfectures, des sous-préfectures, des hôtels de département et des mairies. Cette formalité vaut publication de la liste électorale.

Le délai de vingt (20) jours prévu par l'article L.45 alinéa 2 commence à courir à compter du lendemain du jour de l'affichage du procès-verbal de réception des listes électorales.

Les listes détenues par les Autorités indiquées aux alinéas 4 et 5 du présent article sont à la disposition des électeurs qui peuvent les consulter.

En application des articles L.40 et L.41, tout électeur faisant l'objet d'une radiation d'office dispose d'un délai de cinq (5) jours à compter de la notification écrite pour saisir le Président du tribunal d'instance compétent par simple déclaration au greffe. Ce dernier dispose d'un délai de dix (10) jours pour statuer. La décision est notifiée dans les deux (2) jours à l'intéressé, au préfet et au sous-préfet.

Article R.44.-

À l'issue de la révision des listes électorales, le Ministre Chargé des Élections transmet, à chaque collectivité territoriale, par l'intermédiaire des autorités administratives, la liste de tous les mouvements subis par la liste électorale de ladite collectivité.

En application des alinéas 3 des articles L.243 et L.278 du Code électoral, pour déterminer le nombre d'électeurs soutenant la candidature d'une entité regroupant des personnes indépendantes, l'arrêté du Ministre chargé des élections est pris dès la clôture de la période contentieuse de la publication des listes provisoires des mouvements de la révision. Les calculs sont effectués sur la base du fichier électoral en l'état à cette date.

La liste des électeurs soutenant la candidature d'une entité regroupant des personnes indépendantes doit comporter les rubriques suivantes : prénoms et nom, date et lieu de naissance, numéro de la carte d'électeur, circonscription électorale, numéro d'identification nationale et signature. Elle est déposée sous format papier et électronique.

Le contrôle effectué par les autorités administratives compétentes porte sur le nombre de souteneurs requis et la qualité d'électeur de la circonscription électorale concernée.

À la fin des opérations de révision, le Ministre chargé des Élections arrête et publie la liste définitive des électeurs par tout moyen de communication disponible. Un exemplaire de cette liste est adressé à la C.E.N.A.

La carte électorale mise à jour à l'issue d'une révision exceptionnelle est publiée trente (30) jours au moins avant le scrutin pour lequel elle a été instituée.

Section 2 : Contrôle Des Inscriptions Sur Les Listes Électorales

Article R.45.-

Lorsqu'un électeur est décédé, son nom est rayé de la liste électorale. Tout électeur de la circonscription électorale a le droit d'exiger sa radiation. Une fiche de contrôle de radiation est transmise au Ministre Chargé des Élections.

Si l'électeur décédé n'est pas inscrit sur la liste électorale du lieu de son décès, le Gouverneur, le Préfet ou le Sous-préfet transmet l'acte de décès au lieu d'inscription, s'il est connu, et une fiche de contrôle de radiation au Ministre Chargé des Élections.

Dans les deux cas, la fiche de contrôle de radiation est également transmise à la C.E.N.A.

Article R.46.-

Tout électeur qui, en application de l'article L.47, prend communication d'une liste électorale doit s'engager au préalable et par écrit à ne pas en faire un usage commercial.

Section 3 : Cartes d'électeur

Article R.47.-

Les données électorales sont mentionnées au verso de la carte d'identité biométrique CEDEAO de tout citoyen inscrit sur les listes électorales. On distingue deux types de données électorales :

- les données électorales générales qui concernent la région, le département et l'arrondissement. Un changement intervenu dans ces données n'implique pas obligatoirement l'édition de nouvelles cartes d'électeur. Le vote est comptabilisé dans la nouvelle entité administrative de rattachement des données spécifiques ;

- les données électorales spécifiques qui comprennent le numéro d'électeur, le numéro d'identification nationale, la commune, le lieu de vote et le bureau de vote.

La carte d'électeur est valable pour l'élection présidentielle, les élections législatives, départementales et communales. Elle peut être utilisée pour l'élection des Hauts conseillers.

Le modèle et la nature des cartes d'électeur sont fixés par le décret n° 2016-1536 du 29 septembre 2016 portant application de la loi n° 2016-09 du 14 mars 2016 instituant une carte d'identité biométrique CEDEAO.

En cas de perte de la carte d'électeur, l'attestation qui est établie doit comporter les indications relatives à l'identité de l'électeur et celles du président de la commission et du contrôleur de la CENA ainsi que leurs signatures respectives.

Article R.48.-

Les autorités administratives compétentes instituent, par arrêté, des commissions chargées de la distribution des cartes d'électeur en application de l'article L.54. Elles informent les partis, coalitions de partis politiques ou entités indépendantes des modalités de fonctionnement en vue de leur représentation.

Article R.49.-

Les commissions de distribution des cartes d'électeur fonctionnent dans les conditions prévues à l'article R.30 du présent code.

Article R.50.-

La distribution des cartes d'électeurs est permanente.

Elle est assurée, pendant les périodes de révision des listes électorales par la commission administrative instituée à cet effet, sous la supervision de la CENA.

Pendant la période de révision et durant les quarante-cinq (45) jours qui précèdent l'élection présidentielle, les élections législatives et celles départementales ou municipales, elle est assurée par les commissions administratives, sous la supervision de la CENA.

En cas d'élection anticipée ou d'organisation d'un référendum, un arrêté du Ministre chargé des Élections détermine les conditions de mise en fonction des commissions administratives de distribution.

La distribution des cartes d'électeur se poursuit jusqu'à la veille du scrutin.

Du lendemain du scrutin jusqu'à l'ouverture de la prochaine révision des listes électorales, tout comme pour la période qui sépare deux (02) révisions, la distribution est assurée par le Préfet ou le Sous-préfet. La CENA et le comité électoral local en sont tenus informés.

Article R.51.-

Durant les périodes de révision et pendant les 45 jours qui précèdent le scrutin, le Président de la commission de distribution des cartes CEDEAO faisant office de carte d'identité assure la conservation et la garde desdites cartes, sous la supervision et le contrôle de la CENA.

En dehors de ces périodes, l'agent de la Préfecture ou de la Sous-préfecture préposé à la distribution rend compte, avec précision, du déroulement de la distribution à l'autorité qui l'a nommé et tout incident affectant le processus est porté à sa connaissance, sans délai. En tout état de cause, la CENA et le comité électoral local sont toujours tenus informés de la situation.

Quelle que soit la période considérée, les cartes à distribuer sont toujours sous la responsabilité du président de la commission ou de l'agent préposé à la distribution. Le Préfet ou le Sous-préfet doivent s'assurer que le lieu de garde choisi est sécurisé. À cet effet, le président ou l'agent est tenu, à la fin de chaque journée de distribution, d'informer l'autorité administrative compétente des mesures idoines prises à ce sujet, à charge pour celle-ci d'apprécier leur pertinence et leur fiabilité.

A la fin de chaque période de distribution, le Préfet, le Sous-préfet ou le président et les membres de chaque commission dressent un procès-verbal des opérations, visé par la C.E.N.A. La C.E.N.A, le Préfet ou le Sous-préfet ainsi que chaque membre de la commission reçoivent copie du procès-verbal.

Ce procès-verbal, les cartes non distribuées, la liste d'émargements des électeurs ainsi que le registre des opérations dans lequel figurent les mentions de contestations éventuelles constituent le dossier de passation d'activités pour les besoins de la permanence de la distribution.

Article R.52.-

L'État met à la disposition des commissions administratives de révision des listes électorales et de distribution des cartes d'électeur les moyens matériels nécessaires à leur bon fonctionnement.

Chapitre III : Propagande Électorale

Article R.53.-

Sont interdites les affiches ayant un but ou un caractère électoral et qui comprennent une combinaison des couleurs : vert, or et rouge.

La propagande électorale est interdite à l'intérieur et aux environs immédiats des casernes, des services et généralement dans tous les lieux de regroupement des membres des corps militaires et paramilitaires.

Il est également interdit aux membres de ces corps de participer d'une manière quelconque à toute forme de propagande électorale, sous peine de sanctions disciplinaires.

Article R.54.-

Le nombre maximal des emplacements réservés à chaque candidat ou liste de candidats pour l'affichage électoral est fixé à :

1. Cinq (05) dans les circonscriptions électorales comptant moins de deux mille cinq cents (2.500) électeurs inscrits ;
2. Sept (07) dans les circonscriptions électorales comptant au moins deux mille cinq cents électeurs inscrits avec un emplacement supplémentaire par groupe de cinq mille (5.000) électeurs en sus.

Article R. 55.-

Les demandes d'emplacements sont adressées par les représentants des partis ou coalitions de partis politiques au préfet ou au sous-préfet selon le cas. Elles sont enregistrées et transmises au maire compétent. Les emplacements sont attribués dans l'ordre d'enregistrement des demandes au plus tard la veille de l'ouverture de la campagne électorale.

Article R.56.-

Chaque candidat ou liste de candidats peut faire apposer durant la campagne électorale, sur les emplacements qui lui sont affectés :

1. deux affiches de format 56 x 90 cm destinées à faire connaître son programme ;
2. deux affiches de format 28 x 45 destinées à annoncer les réunions de propagande électorale.

Ces affiches ne sont pas soumises à la formalité du dépôt légal.

Chapitre IV : Bulletins De Vote

Article R.57.-

Il est imprimé, pour chaque candidat à l'élection présidentielle, pour chaque tour de scrutin, et pour toutes les listes de candidats aux élections de listes, un nombre de bulletins de vote au moins égal au nombre des électeurs inscrits majoré de vingt (20) pour cent, au plus.

Toutefois, si certaines circonstances l'exigent (perte, destruction, altération entre autres), un tirage complémentaire peut être effectué après information de la C.E.N.A.

Article R.58.-

Les bulletins de vote doivent être imprimés dans la couleur déterminée conformément aux dispositions des articles L.120, 1.173, 1.245, L.280 et R.87.

Les bulletins de vote ont les formats suivants :

1. pour l'élection présidentielle 90 mm x 110 mm ;
2. pour les élections législatives 210 mm x 297 mm ;
3. pour l'élection des hauts conseillers 150 mm x 210 mm ;
4. pour les élections départementales 210 mm x 297 mm ;
5. pour les élections municipales 210 mm x 297 mm.

Ils ne doivent comporter que les indications suivantes :

1. pour l'élection présidentielle, la date et l'objet de l'élection, le nom du parti politique de la coalition de partis politiques ou de l'entité regroupant des personnes indépendantes, les prénoms, nom et profession du candidat et éventuellement le symbole et le sigle choisis ;
2. pour les élections législatives, la date et l'objet de l'élection, le nom du parti politique de la coalition de partis politiques ou de l'entité regroupant des personnes indépendantes, les prénoms, nom et profession de l'ensemble des candidats titulaires et suppléants se présentant dans les départements ou au plan national et, éventuellement, le sigle, le symbole et le titre choisis ;
3. pour l'élection des hauts conseillers, la date et l'objet de l'élection, le nom du parti politique, de la coalition de partis politiques ou de l'entité regroupant des personnes indépendantes, les prénoms, nom et profession de l'ensemble des candidats titulaires et suppléants se présentant dans le département et, éventuellement, le sigle, le symbole et le titre choisis ;
4. Pour les élections départementales et municipales, la date et l'objet de l'élection, le nom du département, de la ville ou de la commune, le nom du parti politique de la coalition de partis politiques ou de l'entité

regroupant des personnes indépendantes, les prénoms, nom et profession des candidats et éventuellement, le sigle, le symbole et le titre choisis.

Toutefois, pour les élections présidentielle et législatives, chaque bulletin de vote porte en plus, au recto, dans le format communément utilisé pour les cartes d'identité, l'effigie du candidat ou du candidat occupant le premier rang de sa liste nationale. La photographie à utiliser est fournie dans le format ainsi précisé par les candidats en trois (03) exemplaires en même temps que la déclaration de la candidature.

Le bon à tirer, dûment établi et visé par le candidat ou le mandataire du candidat ou de la liste de candidats, est signé par le Ministre chargé des Élections, après vérification de sa conformité avec la liste des candidats déjà publiée.

Une copie de ce bon à tirer est transmise à la C.E.N.A. La procédure décrivant l'organisation technique de l'impression des bulletins de vote sera déterminée par arrêté du Ministre chargé des Élections.

Le prix du bulletin et des documents électoraux est déterminé après consultation d'une commission composée des imprimeurs retenus, du représentant du Ministre des Finances et du représentant du Ministre chargé des élections.

NOTE : Le principe d'égalité entre les partis ou les coalitions de partis, qui commande qu'ils connaissent le même traitement, s'oppose à ce qu'ils puissent utiliser, au cours d'une compétition électorale à laquelle le Président de la République n'est pas candidat, l'image et les attributs constitutionnels de celui-ci.

Jurisp. : CONSEIL CONSTITUTIONNEL, DÉCISION SUR LES AFFAIRES N° 2, 3 et 4/E/2001 DU 26 MARS 2001

(N° D'ORDRE : 81 – AFFAIRES. N° 2, 3 ET 4/E/2001), *RECUEIL DES DECISIONS DU CONSEIL CONSTITUTIONNEL, JANVIER 1993 MARS 2019, EDITION 2020.*

LE CONSEIL CONSTITUTIONNEL,

Statuant en matière électorale conformément à l'article 88 de la Constitution ;

Maître Abdoulaye BABOU, mandataire de la liste de l'Alliance des Forces de Progrès (A. F. P.) demande au Conseil constitutionnel :

- d'annuler l'arrêté n° 001667 pris par le Ministre de l'Intérieur fixant les couleurs et les symboles des bulletins de vote pour l'élection du 29 avril 2001 des députés à l'Assemblée nationale ce, en tant qu'il admet la liste de la coalition WA.DE fixée sous le numéro 18 dudit arrêté et, en conséquence, de déclarer irrecevable la liste ;

5. Considérant que les requêtes, se référant au préambule et à certains articles de la Constitution, et notamment aux dispositions des articles 6, 38, 42, 60, ainsi qu'à celles du Code électoral, prévues aux articles LO.174, L.165, L.168, L.169, L.171 et R.48, visent à rappeler certains principes généraux du droit constitutionnel et du droit électoral ;

6. Considérant que le Conseil constitutionnel estime que le principe d'égalité entre les partis ou coalitions de partis commande qu'ils connaissent le même traitement ; qu'ainsi, aucun d'eux ne peut, au cours d'une compétition électorale à laquelle le Président de la République n'est pas candidat, utiliser l'image et les attributs constitutionnels de celui-ci ;

7. Considérant, surtout, que l'article R.48 dispose que pour les élections législatives, chaque bulletin de vote porte l'effigie du candidat occupant le premier rang de sa liste ;

8. Considérant, en conséquence, qu'il y a lieu de décider que l'arrêté n° 001667 du 21 mars 2001 du Ministre de l'Intérieur fixant les couleurs et les symboles des bulletins de vote, pour l'élection du 29 avril 2001 des députés à l'Assemblée nationale doit être modifié ;

Que l'appellation « Coalition WA.DE » et la photographie du Président de la République ne doivent pas figurer sur le bulletin de vote de cette coalition de partis politiques,

DÉCIDE :

Le nom « WADE » et la photographie du Président de la République ne doivent pas figurer sur le bulletin de vote de la « Coalition WA.DE » visée sous le n° 18 de l'arrêté n° 001667 du 21 mars 2001 du Ministre de l'Intérieur.

Chapitre V : Vote

Article R.59.-

Le scrutin est ouvert à huit (08) heures et est clos le même jour à dix-huit (18) heures.

Toutefois, pour faciliter aux électeurs l'exercice de leur droit de vote, le Gouverneur, le Préfet ou le Sous-préfet peut prendre un arrêté afin de retarder l'heure de clôture du scrutin dans l'ensemble ou une partie de la circonscription électorale.

Cet arrêté est affiché aussitôt à l'entrée des bureaux de vote concernés.

Jurisp. : CONSEIL CONSTITUTIONNEL, DÉCISION SUR LES AFFAIRES N° 12 à 29/E/98 DU 8 JUIN 1998

(N° D'ORDRE : 42 – AFFAIRES N° 12 À 29/E/98), *RECUEIL DES DECISIONS DU CONSEIL CONSTITUTIONNEL, JANVIER 1993 MARS 2019, EDITION 2020.*

PROROGATION ILLEGALE DE L'HEURE DE CLOTURE DU SCRUTIN

37. Considérant que l'Alliance « Jëf-Jël–USD » poursuit l'annulation des élections dans le département de Rufisque pour cause de prorogation illégale de l'heure de clôture du scrutin ; qu'elle soutient qu'aux termes de l'article R.52 du Code électoral, les présidents des bureaux de vote n'ont pas compétence pour retarder l'heure de clôture du scrutin, une telle initiative relevant du seul pouvoir et de la seule compétence du Gouverneur ou du Préfet de la circonscription électorale ;

38. Considérant que si aux termes du premier alinéa de l'article R.52 précité, le scrutin est ouvert à 8 h et clos le même jour à 18 h, des circonstances de fait dues au dysfonctionnement du processus électoral peuvent entrainer des retards dans le début des opérations de vote, obligeant les autorités administratives à proroger le scrutin pour faciliter aux électeurs l'exercice de leur droit ; que cette circonstance, même si elle est le fait des membres de bureaux de vote, est sans influence sur la régularité de l'élection, surtout lorsqu'elle a pour objet essentiel de compenser le retard pris à la suite de l'ouverture tardive des bureaux de vote ; que dès lors, le moyen doit être écarté.

Article R.60.-

Les membres des corps militaires et paramilitaires votent le même jour et dans les mêmes bureaux que les électeurs civils.

Le vote peut se faire en tenue civile ou en uniforme.

Les agents de sécurité préposés à la surveillance des lieux de vote et régulièrement inscrits sur les listes électorales sont autorisés à voter dans un des bureaux dont ils assurent la sécurité sur présentation des pièces d'identification prévues à l'article L.78 du code électoral ainsi qu'un ordre de mission spécial délivré par le Ministère chargé des Élections dûment visé par le Chef de service ainsi que par l'autorité administrative et le démembrement de la C.E.N.A du lieu de destination.

L'ordre de mission est annexé, après le vote, au procès-verbal des opérations électorales et mention en est faite. Il doit comporter les références de la carte d'électeur ou être accompagné d'une photocopie de celle-ci.

Leurs prénoms, nom, date et lieu de naissance, ainsi que leur numéro sur les listes électorales, l'indication du lieu et du bureau de vote où ils sont régulièrement inscrits doivent être ajoutés sur les listes d'émargements et mentionnés au procès-verbal du bureau afin qu'ils soient retranchés de la liste de leur circonscription pour le décompte des électeurs.

Article R.61.-

Les prénoms, nom, qualité des membres des bureaux de vote et de leurs suppléants sont notifiés aux personnes visées par l'article L.70 au plus tard quinze (15) jours avant la date du scrutin, par le Préfet ou le Sous-préfet.

Article R.62.-

Les superviseurs de la C.E.N.A. prévus par l'article L.19 du titre premier du code électoral, procèdent à tout contrôle et toute vérification utiles. Ils siègent dans le bureau de vote où ils sont désignés et peuvent exiger l'inscription de toutes observations sur les procès-verbaux avant leur transmission.

Les Présidents des bureaux de vote sont tenus de fournir aux superviseurs de la C.E.N.A tous les renseignements et de leur communiquer tous les documents nécessaires à l'exercice de cette mission.

Article R.63.-

Le plénipotentiaire du candidat ou de la liste de candidats auprès des autorités administratives compétentes, prévu par l'article L.68, est habilité à exercer son contrôle dans l'ensemble des bureaux de vote de la circonscription administrative concernée, après présentation de sa carte de plénipotentiaire.

Le mandataire de chaque candidat ou liste de candidats prévu par l'article L.71 est habilité à exercer son contrôle dans plusieurs bureaux de vote, après présentation de sa carte de mandataire.

Les candidats à l'élection présidentielle et leurs mandataires ont accès à tous les bureaux de vote du territoire national.

Les candidats aux élections législatives et leurs suppléants ont accès à l'ensemble des bureaux de vote de la circonscription électorale dans laquelle ils se présentent.

Les candidats à l'élection des hauts conseillers et leurs suppléants ont accès à l'ensemble des bureaux de vote de la circonscription électorale dans laquelle ils se présentent.

Les candidats aux élections départementales et leurs suppléants ont accès à tous les bureaux de vote du département dans lequel ils se présentent.

Les candidats aux élections municipales et leurs suppléants ont accès à tous les bureaux de vote de la commune dans laquelle ils se présentent.

Article R.64.-

Toutes discussions et toutes délibérations des électeurs sont interdites à l'intérieur du bureau de vote.

Article R.65.-

Le président du bureau de vote a seul la police de l'assemblée des électeurs. Nulle force armée ne peut sans son autorisation être placée dans la salle de vote ni aux abords immédiats de celle-ci.

Les autorités civiles et militaires sont tenues de déférer à ses réquisitions.

Article R.66.-

Une réquisition ordonnée par le président du bureau de vote ne peut avoir pour objet d'empêcher les candidats ou délégués d'exercer le contrôle des opérations électorales.

En cas de troubles ou perturbations justifiant l'expulsion du mandataire, un mandataire suppléant le remplace.

En aucun cas, les opérations de vote ne seront, de ce fait, interrompues.

L'autorité civile ou militaire qui a procédé, sur réquisition du président du bureau de vote, à une expulsion, doit, dans les meilleurs délais et par toute voie appropriée, adresser au Procureur de la République, à la C.E.N.A., au Gouverneur, au Préfet ou au Sous-préfet, un procès-verbal rendant compte de sa mission.

Article R.67.-

Aucun vote ne peut être reçu après la déclaration de clôture.

Toutefois, un électeur ayant pénétré dans la salle de vote avant l'heure de clôture du scrutin peut voter.

Article R.68.-

Nul ne peut être admis à voter, s'il n'est pas inscrit sur une liste électorale.

Article R.69.-

Avant d'être admis à voter l'électeur doit présenter au président du bureau de vote, sa carte d'identité biométrique CEDEAO faisant office de carte d'électeur.

Le président annonce à haute voix l'identité de l'électeur, il vérifie que celui-ci est bien le titulaire de la carte présentée. Les autres membres du bureau de vote sont associés, sur leur demande, à cette vérification qui doit porter aussi sur la marque indélébile prouvant que l'électeur a déjà voté.

Jurisp. : CONSEIL CONSTITUTIONNEL, DÉCISION SUR LES AFFAIRES N° 12 à 29/E/98 DU 8 JUIN 1998

(N° D'ORDRE : 42 – AFFAIRES N° 12 À 29/E/98), *RECUEIL DES DECISIONS DU CONSEIL CONSTITUTIONNEL, JANVIER 1993 MARS 2019, EDITION 2020.*

REFUS PAR LES PRESIDENTS DE VERIFIER L'IDENTITE DES ELECTEURS

39. Considérant que l'article R.61 du Code électoral dispose que « avant d'être admis à voter, les électeurs doivent présenter, au Président du bureau de vote, en même temps que la carte d'électeur, l'un des titres énumérés à l'article L.36 » ;

40. Considérant que les conclusions de l'Alliance « Jëf-Jël –USD » tendent à faire annuler le scrutin pour des violations de l'article précité du Code

électoral dans les centres de vote de Diamniadio, de l'école Colobane et du camp Marchand du département de Rufisque pour refus des présidents de bureaux de vote de contrôler l'identité des électeurs ;

41. Considérant qu'à l'examen des procès-verbaux de constat de l'ONEL dans les circonscriptions incriminées, il y a lieu de faire une distinction entre les centres de vote où les présidents de bureaux ont systématiquement refusé de contrôler l'identité des électeurs et ceux où ils ont refusé d'y associer les autres membres du bureau ; qu'ainsi il a été constaté que dans les bureaux de vote 1 et 2 du centre de Colobane, dans les bureaux de vote 4 et 5 du centre de vote Gouye Mouride, dans le bureau 8 du centre de vote de Mérina et le bureau 5 du camp Marchand, les présidents des bureaux de vote ont systématiquement refusé de contrôler l'identité des électeurs; que ce comportement concerté et synchronisé dans la circonscription d'un candidat dont le comportement est à l'origine des perturbations notées dans les bureaux qu'il a visités avec ceux qui l'accompagnent, laisse entrevoir la mise en place d'une entreprise de fraude matérialisée par des faits avérés constatés par l'ONEL et qui entachent la sincérité du vote dans ces bureaux :

Qu'il y a donc lieu de prononcer la nullité du scrutin dans les bureaux suivants du département de Rufisque :

- 1 et 2 du centre de vote de Colobane,
- 4 et 5 du centre de vote de Gouye Mouride,
- 8 du centre de vote de Mérina,
- 5 du camp Marchand.

Article R70.-

Le vote a lieu sous enveloppes règlementaires fournies par l'État. Ces enveloppes sont opaques et non gommées.

Sous réserve des dispositions de l'article L.76, toutes les enveloppes utilisées au cours d'un même scrutin doivent être d'un type uniforme et porter les mentions suivantes :

1. République du Sénégal ;
2. et selon le cas : « Élection présidentielle », « Élections Législatives », « Élection des hauts conseillers », « Élections départementales », « Élection ville » et « Élections municipales ».

Pour chaque élection, le Ministre chargé des Élections fixe le format et la couleur des enveloppes.

Article R.71.-

Après le vote de tout électeur, la liste d'émargements est estampillée du cachet « A VOTE » et d'un timbre portant la date du scrutin.

Jurisp. **: Cour suprême, arrêt n°48 du 27 octobre 2022, Ousseynou Ka**, Mandataire et tête de liste majoritaire de la **coalition AND LIGGEEY SUNU GOKH** dans la commune de Gassane **c/Ministère chargé des élections** pris en la personne de Monsieur l'Agent judiciaire de l'État, en ses bureaux sis au Ministère de l'Économie, des Finances et du Plan, building Peytavin, Avenue de la République x Carde à Dakar ;

La Cour,

Vu la requête reçue le 19 juillet 2022 au greffe central par laquelle Ousseynou Ka, mandataire de la coalition « And Liggey Sunu Gokh », dans la Commune de Gassane, élisant domicile en l'étude de Maître Daouda Ka, avocat à la cour, a formé appel de l'arrêt n°11 du 29 mars 2022 de la Cour d'Appel de Saint-Louis rejetant sa requête en annulation des procès-verbaux de proclamation des résultats des bureaux de vote numéros 1 et 2 de Sangué, aux élections municipales du 23 janvier 2022, dans ladite commune ;

Après en avoir délibéré conformément à la loi

Considérant qu'il ressort des énonciations de l'arrêt attaqué que Ousseynou Ka, mandataire de la coalition « And Liggey Sunu Gokh », dans la Commune de Gassane, a saisi la Cour d'Appel de Saint-Louis d'un recours en annulation des procès-verbaux de proclamation des résultats des bureaux de vote numéros 1 et 2 de Sangué, aux élections municipales du 23 janvier 2022, dans ladite commune ;

Que par arrêt l'arrêt attaqué, ladite cour a rejeté sa requête comme mal fondée ;

Que Ousseynou Ka a formé appel contre ledit arrêt en articulant deux moyens ;

Sur le premier moyen tiré de la violation des articles L.85 alinéa 2 et R72 du Code électoral en ce que l'arrêt attaqué a rejeté son recours au motif que pour entrainer l'annulation des opérations électorales, les griefs invoqués doivent être prouvés, alors que la preuve de certaines allégations comme les manquements notés lors de son passage au bureau n°1 de Sangué, notamment l'interdiction faite au représentant de sa coalition d'accéder au bureau de vote, des incidents perturbant le déroulement des opérations de vote, le bourrage de l'urne faute de couvercle, l'inadéquation entre le nombre de votants (190) et celui de signatures au registre d'émargement (192), le fait pour le représentant de la coalition de Benno Bokk Yakaar d'avoir exhibé le bulletin de sa coalition pour le montrer aux électeurs et pour le président du bureau de vote de n'avoir pas mentionné ces manquements au procès-verbal qui entachent la sincérité du vote, ne peut être rapportée que par un complément d'information auprès de l'autorité administrative (le Sous-préfet) qui détient les documents administratifs à savoir la décharge établie lors de la réception du matériel électoral, dans laquelle le président du bureau de vote reconnait avoir mentionné l'absence de couvercle de l'urne, encore qu'aucun huissier de justice ne peut être requis un dimanche pour constater les manquements ;

Considérant qu'aux termes de l'article L.85 alinéa 2 du Code électoral, « *Tous les membres du bureau de vote doivent obligatoirement signer le procès-verbal avec, le cas échéant, leurs observations, réclamations et contestations* » ;

Que l'article R.72 alinéa 3 du même code dispose que « Le procès-verbal est établi et signé de tous les membres du bureau. En cas de refus de signer d'un membre, la mention et, éventuellement, les raisons invoquées à l'appui de ce refus, sont portées sur le procès-verbal. Il en est délivré une copie aux membres du bureau de vote et aux contrôleurs de la C.E.N.A » ;

Considérant qu'il ressort de l'examen des pièces du dossier, notamment du procès-verbal des opérations électorales du bureau de vote n°1, que la coalition « And Liggey Sunu Gokh » était représentée dans ledit bureau par le nommé Oumar Diagne et les motifs pour lesquels il n'a pas signé le procès-verbal n'y sont pas indiqués ;

Qu'en vertu de l'article R.72 alinéa 4 du Code électoral, cette seule circonstance du défaut de signature du procès-verbal par un représentant de parti ou coalition de partis n'emporte pas en elle-même la nullité dudit procès-verbal mais constitue simplement un des éléments dont l'organe compétent pour le recensement des votes peut tenir compte pour apprécier la sincérité des résultats figurant sur ledit procès-verbal ;

Qu'en outre, les griefs tirés du bourrage de l'urne qui n'était pas fermée faute de couvercle et de l'inadéquation entre le nombre de votants et le nombre de signatures sur le registre d'émergement ne procèdent que des seules affirmations du requérant et ne sont étayés ni par les mentions du procès-verbal ni par aucun autre élément objectif du dossier ;

Qu'ainsi, la cour d'appel qui, pour rejeter le recours, a relevé que « *l'omission de mentions d'incidents survenus à l'intérieur ou à l'extérieur du bureau de vote,[...], ne saurait, à elle seule, entrainer systématiquement l'annulation du procès-verbal des opérations de vote* » et retenu que « *les affirmations du requérant selon lesquelles son représentant s'est vu refuser l'accès au bureau de vote ne sont pas établies, qu'en effet il résulte clairement du procès-verbal qu'elle était représentée par le nommé Oumar Diagne même s'il ne l'a pas signé, les raisons n'y étant pas mentionnées et les griefs relatifs à l'expulsion du mandataire, à l'exhibition du bulletin de la coalition Benno*

Bokk Yakaar, au bourrage de l'urne sans couvercle ne sont étayés par aucun élément de preuve et sur l'écart de deux voix entre le nombre de votants et celui des signatures, le requérant ne précise pas les électeurs dont la signature ferait défaut et la différence alléguée de deux voix n'a aucune conséquence sur la distribution des sièges », n'a pas violé les articles visés au moyen ;

Sur le second moyen tiré de la violation des articles L.81 et R.71 du Code électoral en ce que l'arrêt attaqué a rejeté son recours au motif que le fait pour les responsables de la coalition Benno Bokk Yakaar d'exhiber leur bulletin n'entache pas la sincérité du vote, alors qu'en se comportant ainsi, ils visaient incontestablement à influencer le choix des électeurs, surtout en milieu rural où le corps électoral est essentiellement composé d'analphabètes ;

Considérant que selon l'article L.78 du Code électoral, il est interdit toute exhibition publique en dehors du bureau de vote, avant et pendant le jour du scrutin, d'enveloppes et de bulletin de vote règlementaire identiques aux modèles déposés en faveur de candidat, cette interdiction ne concerne que les documents électoraux servant à la formation qui doivent porter la mention « spécimen » et les contrevenants sont passibles de peines prévues à l'article L.115 ;

Considérant qu'en l'espèce, il ressort des mentions du procès-verbal du bureau n°2 qu'« au cours de la journée, on a constaté qu'un membre de l'APR est sorti avec un bulletin de l'APR pour le montrer aux autres. NB : il est un membre représentant Benno Bokk Yakaar » ;

Que toutefois, pour entrainer l'annulation des opérations électorales, le grief invoqué doit être avéré, contraire à la législation électorale mais aussi et surtout déterminant sur l'expression des suffrages des électeurs ;

Qu'ainsi, la cour d'appel qui, pour rejeter la requête, a relevé que « bien que constatée sur le procès-verbal, l'exhibition par le représentant de l'APR du bulletin de vote de la coalition Benno Bokk Yakaar ne saurait constituer, à elle seule, une cause d'annulation des opérations de vote » et retenu « qu'il n'est pas établi que cette action a influé sur le choix des électeurs et ainsi, porté atteinte à la sincérité du vote », a fait l'exacte application de la loi ;

Par ces motifs

Confirme l'arrêt n°11 du 29 mars 2022 de la Cour d'Appel de Saint-Louis rejetant la requête en annulation des procès-verbaux de proclamation des résultats des bureaux de vote numéros 1 et 2 de Sangué, aux élections municipales du 23 janvier 2022, dans la Commune de Gassane.

Article R.72.-

Immédiatement après la fin du dépouillement, le procès-verbal des opérations électorales est rédigé par le secrétaire, dans la salle de vote, en présence des membres du bureau de vote.

Sont mentionnées au procès-verbal, par le secrétaire du bureau de vote, toutes les observations et réclamations formulées par les membres du bureau de vote, les délégués de la Cour d'Appel de Dakar, les superviseurs et contrôleurs de la C.E.N.A. ou des mandataires des candidats, ainsi que les décisions motivées prises par le bureau sur les différents incidents qui ont pu se produire au cours des opérations.

Le procès-verbal est établi et signé de tous les membres du bureau. En cas de refus de signer d'un membre, la mention et, éventuellement, les raisons invoquées à l'appui de ce refus sont portées sur le procès-verbal. Il en est délivré une copie aux membres du bureau de vote et aux contrôleurs de la C.E.N.A.

Si le procès-verbal n'est pas signé d'un ou plusieurs membres du bureau, cette seule circonstance n'emporte pas en elle-même nullité dudit procès-verbal ; elle constitue simplement un des éléments dont l'organe compétent pour le recensement des votes, doit tenir compte pour apprécier la sincérité des résultats figurant sur le dit procès-verbal.

En cas de destruction, de substitution, de perte, de vol ou de doute sur l'authenticité du procès-verbal, les exemplaires présentés par les deux tiers des représentants des candidats ou liste de candidats feront foi au même titre que celui des délégués de la C.E.N.A.

Article R.73.-

Les affiches suivantes sont placardées à l'entrée de chaque bureau de vote, le jour du scrutin :

- une affiche indiquant le numéro du bureau de vote ;
- une affiche du décret portant convocation du corps électoral ;
- une affiche indiquant la liste des candidats ;
- une affiche contenant les textes des articles L.27 à L.38, L.40, L.74 à L.88 et L.102 du présent code ;
- une affiche indiquant les techniques de vote ;
- une affiche comportant des signes pour aider les électeurs sourds-muets et rappelant l'accès prioritaire de l'électeur handicapé moteur.

Chapitre VI : Dispositions Pénales

Article R.74.-

Tout agent d'une collectivité publique qui se sera livré dans l'exercice de ses fonctions à des actes de propagande électorale sera puni d'une amende de 5.000 à 20.000 F CFA.

Article R.75.-

L'imprimeur qui enfreindra les dispositions de l'article R.53 sera puni d'une amende de 5.000 F CFA par affiche imprimée.

TITRE II

DISPOSITIONS SPECIALES RELATIVES À L'ELECTION DU PRESIDENT DE LA REPUBLIQUE ET AUX ELECTIONS DES DEPUTES

Chapitre Premier : Déclaration de candidature

Article R.76.-

(Décret n° 2023-1935 du 19 septembre 2023)

Les déclarations de candidature pré- vues aux articles L.120 et L.173 sont établies selon les modèles fixés par arrêté du Ministre chargé des Élections. Elles doivent être dactylographiées.

Toute candidature à l'élection présidentielle est astreinte au parrainage par une liste d'électeurs du fichier général ou d'élus (députés, présidents de conseil départemental et maires) selon un pourcentage déterminé par la loi. Pour le parrainage par une liste d'électeurs, la fourchette du pourcentage est déterminée à l'article L.120 du Code électoral. Concernant les chefs d'exécutifs territoriaux, il faut les 20% requis quelle que soit leur origine géographique.

Toute candidature aux élections législatives est astreinte au parrainage par une liste d'électeurs du fichier général selon un pourcentage dont la fourchette est déterminée à l'article L.149 du Code électoral.

Les identités du coordinateur national et des délégués régionaux, cités à l'article L.57 du Code électoral, sont notifiées au Ministre chargé des Élections avant le démarrage des opérations de collecte. Pour l'élection présidentielle, le Ministre chargé des Élections porte cette information à la connaissance du Conseil constitutionnel dès l'ouverture de la période de dépôt des dossiers de déclaration de candidature.

Le nombre d'électeurs représentatif de ces pourcentages est déterminé selon l'état du fichier général au moment de la publication de l'arrêté fixant le montant de la caution dans la perspective du scrutin en vue.

Un arrêté du Ministre chargé des Élections fixe le nombre d'électeurs et d'élus représentant ces pourcentages cent cinquante (150) jours au plus tard avant le scrutin.

La date de cet arrêté marque le point de départ de la collecte des parrainages.

Le contrôle et les vérifications sur les listes de parrainage sont effectués dès le dépôt, selon l'ordre de passage issu du tirage au sort et dans les conditions fixées par la structure chargée de la réception des dossiers de déclaration de candidature. Cet ordre issu du tirage au sort est maintenu durant tout le processus électoral.

Pour les élections législatives, un arrêté du Ministre chargé des Élections déterminera ces conditions.

La régularisation autorisée au mandataire, dont la liste n'atteint pas le minimum requis du fait des parrainages invalidés pour cause de présence de parrains sur plus d'une liste, n'est possible qu'une seule et unique fois.

Les listes de parrainages sont conditionnées par région et par lot de cinq cents (500) feuillets. Les parrainages collectés à l'étranger sont présentés par département conformément à l'article R.146 du Code électoral, dans les mêmes conditions.

Les informations recueillies auprès des électeurs sur les fiches de collecte doivent être exclusivement réservées au parrainage d'une candidature. Tout usage con- traire ou détournement d'objet tendant à porter préjudice aux autres candidats ou listes de candidats, pour quelque motif que ce soit, sera puni conformément aux dispositions de l'article 75 de la loi n° 2008-12 du 25 janvier 2008 portant sur la protection des données à caractère personnel.

Le parrainage accordé volontairement à un candidat est irrévocable.

Tout parrain dont les données personnelles figurent sur une liste de manière frauduleuse peut exiger des tenants de ladite liste la suppression. Toutefois, la demande de suppression ne peut être exercée qu'avant le dépôt de la liste de parrainage auprès de la structure chargée de la réception des dossiers de déclaration de candidature.

Les informations collectées ne portent, exclusivement et rigoureusement, que sur les données énumérées à l'article L.57 du Code électoral.

Article R.77.-

La déclaration que les candidats doivent fournir aux termes de l'article L.170, est établie selon le modèle fixé par arrêté du Ministre Chargé des Sections.

La déclaration doit être signée par les candidats.

Article R.78.-

L'attestation que le candidat doit fournir aux termes des articles LO.116 et L.170, est établie selon les modèles fixés par arrêté du Ministre Chargé des Élections.

Chapitre II : Campagne Électorale

Article R.79.-

Aux lieux habituels d'affichage officiel et notamment à l'entrée des gouvernances, des préfectures, des sous-préfectures, des hôtels de département, des mairies et des locaux dans lesquels siègent des commissions de distribution des cartes d'électeur, l'autorité administrative compétente doit faire placarder, durant la période électorale, des affiches suivantes :

1. texte du décret convoquant les électeurs ;
2. arrêté fixant la liste des commissions -de distribution des cartes d'électeur ;
3. extrait de l'arrêté du Ministre Chargé des Élections prévu par l'article L.66 fixant la liste des bureaux de vote situés dans la circonscription.

Chapitre III : Propagande Électorale

Article R.80.-

(Décret n° 2023-1935 du 19 septembre 2023)

L'arrêté du Ministre chargé des Élections prévu aux articles L.175, L.247 et L.282 est pris après avis consultatif d'une commission comprenant :

1. le Ministre chargé des Élections ou son représentant, président ;
2. le représentant du Ministre chargé des Finances ;
3. le représentant de chacun des partis politiques ou coalitions de partis légalement constitués ;
4. le représentant de chacun des candidats indépendants engagés dans la compétition électorale.

Pour l'élection présidentielle, cet avis n'est plus requis.

En même temps que le montant de la caution, cet arrêté fixe le nombre des documents de propagande pris en charge par l'État pour chaque candidat ou liste de candidats à l'élection présidentielle et aux élections législatives.

Article R.81.-

Le montant de la caution doit être versé par chèque de banque à la Caisse des Dépôts et Consignations antérieurement aux déclarations de candidature.

À la réception du chèque de banque, la Caisse des Dépôts et Consignations délivre une quittance au déposant. L'attestation n'est délivrée qu'après encaissement effectif du chèque par la caisse conformément aux dispositions de la règlementation bancaire en vigueur.

Lorsque le décès du candidat à la présidence de la République entraîne le dépôt de nouvelles candidatures, la caution doit être aussi versée antérieurement à l'enregistrement des candidatures.

La caution est remboursée au candidat ayant obtenu au moins cinq pour cent (5%) de suffrages exprimés, dans les quinze (15) jours qui suivent la proclamation définitive des résultats sur présentation de l'original de la quittance de dépôt et d'une attestation de main levée signée par le Ministre chargé des élections.

Il en est de même en cas d'irrecevabilité de la candidature.

Article R.82.-

L'État prend à sa charge l'impression des affiches et circulaires de propagande des candidats ou listes de candidats dans les conditions fixées aux articles LO.133, LO.185, R.54, R.56 et R.80.

TITRE III

DISPOSITIONS SPECIALES RELATIVES À L'ELECTION DES HAUTS CONSEILLERS

Chapitre Premier : Dispositions Générales

Article R.83.-

Les 5% des conseillers du département dont la signature doit être recueillie par les partis politiques légalement constitués, les coalitions de partis politiques légalement constitués et les entités regroupant des personnes indépendantes, pour pouvoir valablement présenter une liste de candidats, conformément à l'article LO.201 alinéa 4, sont fixés par arrêté du Ministre chargé des Élections.

Chapitre II : Déclaration De Candidature

Article R.84.-

Les déclarations de candidature prévues à l'article L.210 du présent code sont établies selon les modèles fixés par arrêté du Ministre chargé des Élections. Ces modèles comprennent :

- le bordereau de dépôt ;
- la déclaration d'investiture des candidats ;
- la déclaration de candidature ;
- la déclaration individuelle de candidature ;
- le formulaire de présentation des listes de candidats.

La fiche de collecte des signatures des électeurs exigées pour soutenir la liste des entités indépendantes. »

Article R.85.-

La déclaration individuelle de candidature doit être signée par le candidat.

TITRE IV

DISPOSITIONS SPECIALES CONCERNANT LES ELECTIONS DES CONSEILLERS DEPARTEMENTAUX ET MUNICIPAUX

Article R.86.-

Tout parti politique légalement constitué, toute coalition de partis légalement constitués ou toutes entités regroupant des personnes indépendantes désireux de participer aux élections départementales ou municipales doit déposer la liste de ses candidats quatre-vingt (80) jours au moins et quatre-vingt-cinq (85) jours au plus avant celui du scrutin.

Chaque parti politique, coalition ou entité indépendante ne peut présenter qu'une seule liste de candidats.

Le nombre de conseillers à élire est reparti entre les deux modes de scrutin à raison de 45% pour le scrutin majoritaire et 55% pour le scrutin proportionnel. Si le résultat du calcul de ces pourcentages est un nombre décimal, le siège non distribué est attribué au mode de scrutin ayant obtenu la décimale la plus élevée. En cas d'égalité sur la décimale le siège est attribué au scrutin majoritaire.

Ce dépôt a lieu :

1. pour les élections départementales à la Préfecture ;

2. pour les élections municipales :

- à la Préfecture pour les Communes qui sont de la compétence du Préfet ;
- à la Sous-préfecture pour les Communes qui sont de la compétence du Sous-préfet.

La liste de candidats doit comporter un nombre égal d'hommes et de femmes. Elle doit également être composée de manière alternative. Lorsque le nombre de candidats sur la liste est impair, la parité s'applique sur le nombre immédiatement inférieur. Ces dispositions sont prescrites à peine d'irrecevabilité des listes.

Le Préfet ou le Sous-préfet donne récépissé de ce dépôt dûment visé par le superviseur ou le contrôleur de la C.E.N.A pour attester du dépôt dans les formes et délais légaux. Ce récépissé ne préjuge pas de la recevabilité des candidatures.

Les déclarations reçues à la Préfecture ou à la Sous-préfecture ainsi que les pièces qui les accompagnent sont tenues à la disposition de chaque liste de candidats qui peut en vérifier le contenu par un mandataire.

Les modèles de déclaration de candidature cités aux articles L.246 et L.281 sont établis par arrêté du Ministre Chargé des Élections et remis aux mandataires.

Article R.87.-

Les déclarations de candidature doivent comporter :

1. le nom du parti politique, de la coalition de partis politiques ou de l'entité regroupant des personnes indépendantes ayant donné son investiture à la liste, et éventuellement le titre ;
2. La couleur, le symbole et éventuellement le sigle choisis pour l'impression des bulletins de vote accompagnés de la maquette du bulletin sur support papier et électronique pour renseigner sur la nuance des couleurs et leur disposition sur ledit bulletin ;
3. l'indication du département ou de la commune dans le ou laquelle ils se présentent ;
4. les prénoms, nom, profession, adresse, date et lieu de naissance, le sexe des candidats ainsi que l'identité du mandataire de la liste ;
5. pour chaque candidat aux élections départementales le numéro d'inscription sur une liste électorale du département ;
6. pour chaque candidat aux élections municipales le numéro d'inscription sur la liste électorale de la commune.

Article R.88.-

Le dossier de déclaration de candidature comprend :

1. un bordereau de dépôt ;
2. l'original de la quittance et de l'attestation signée par le Directeur général de la Caisse des Dépôts et Consignations confirmant le dépôt de la caution. En ce concerne qui les élections territoriales, si le dépôt se fait au-delà d'une circonscription, une copie de la quittance et celle de l'attestation délivrée par la Caisse des Dépôts et Consignations sont déposées.
3. une déclaration d'investiture par laquelle le parti, la coalition ou l'entité présente ses candidats ;

4. la liste des électeurs soutenant la candidature de la liste dans le département ou la commune, s'il s'agit d'une entité regroupant des personnes indépendantes ;

5. une déclaration de candidature par laquelle le parti, la coalition ou l'entité précise le département où il se présente et le mode de scrutin choisi ;

6. une déclaration individuelle de candidature par laquelle le candidat certifie qu'il pose sa candidature, qu'il n'est candidat que sur cette liste et qu'il ne se trouve dans aucun des cas d'inéligibilité prévus par le présent Code.

La déclaration individuelle de candidature est accompagnée d'un extrait de naissance datant de moins de six (06) mois ou d'une photocopie légalisée de la carte d'identité biométrique CEDEAO faisant office de carte d'électeur.

Les candidatures indépendantes comprennent en plus une déclaration sur l'honneur par laquelle le candidat indépendant atteste qu'il ne milite dans aucun parti politique ou qu'il a cessé toute activité militante depuis au moins douze (12) mois.

En cas de contestation du statut d'indépendant d'un candidat, la Cour d'appel compétente est saisie. La partie qui a soulevé la question devra justifier ses diligences.

Les candidats déclarés élus sont tenus de produire dans les quinze jours suivant leur élection, sous peine de déchéance de leur mandat, un bulletin n°3 du casier judiciaire datant de moins de trois (03) mois.

Au cas où plusieurs partis, plusieurs coalitions de partis ou plusieurs entités regroupant des personnes indépendantes adopteraient le même titre, la même couleur ou le même symbole, les dispositions des articles L.252 et L.287 sont applicables.

Article R.89.-

Dans les quarante-huit (48) heures qui suivent la date limite du dépôt matériel, s'il apparaît qu'une candidature est déposée en faveur d'une personne inéligible ou dont les pièces comportent des erreurs matérielles ou sont périmées, le Préfet ou le Sous-préfet le notifie, par écrit, au mandataire qui dispose de trois (3) jours pour apporter les corrections nécessaires.

Dans les mêmes délais de quarante-huit (48) heures, si une liste est déclarée irrecevable, pour l'un des motifs évoqués aux articles L.250 et L.285 le Préfet ou le Sous-préfet notifie, par écrit, les motifs de sa décision au mandataire de ladite liste. À compter de la date de notification, le mandataire dispose de trois (3) jours pour se pourvoir devant la Cour d'Appel du ressort qui statue dans les trois jours de sa saisine.

Les dispositions des articles L.181, L.256 et L.291 sont applicables aux élections départementales et municipales.

Article R.90.-

Au plus tard soixante-dix (70) jours avant le scrutin, le préfet ou le sous-préfet publie par arrêté les listes de candidats admis à participer aux élections départementales et municipales.

Les déclarations complémentaires sont faites au Préfet et au Sous-préfet conformément aux dispositions des articles L.246 et L.281.

En application des dispositions des articles L.236-3 et L.269-3, un décret fixe la date du scrutin dans la cinquième année du mandat. Les délais de dépôt des dossiers de déclaration de candidature sont fixés par décret.

Les conseillers départementaux ou municipaux restent en fonction jusqu'à l'installation des conseils nouvellement élus.

Article R.91.-

La campagne électorale est ouverte à partir du quinzième jour précédant la date du scrutin.

Elle est close la veille des élections à zéro heure

Article R.92.-

L'impression des bulletins de vote et des documents de propagande est à la charge de l'État.

L'acheminement et la mise en place des bulletins de vote sont également à la charge de l'État.

TITRE V

DISPOSITIONS SPECIALES RELATIVES À LA PARTICIPATION DES SENEGALAIS ETABLIS OU RESIDANT HORS DU SENEGAL A L'ELECTION DU PRESIDENT DE LA REPUBLIQUE ET AUX ELECTIONS DES DEPUTES

Chapitre Préliminaire : Dispositions Générales

Article R.93.-

Lorsque le premier ou le dernier jour des délais prescrits dans le présent code est un dimanche ou un autre jour non ouvrable compte tenu notamment des pratiques locales, le délai expire le premier jour ouvrable suivant.

Tous les délais prescrits sont des délais francs.

Les départements cités à l'article L.150, alinéa 3 sont ainsi composés :

- Département « Afrique du nord » : la Mauritanie, le Maroc, la Tunisie et l'Égypte ;
- Département « Afrique de l'Ouest » : le Burkina Faso, le Bénin, le Nigéria, le Cap-Vert, la Côte d'ivoire, le Niger, la Gambie, le Ghana, la Guinée, la Guinée Bissau, le Mali et le Togo ;
- Département « Afrique du Centre » : le Cameroun, le Tchad, l'Angola, le Gabon, la Guinée Équatoriale, la République du Congo et la République Démocratique du Congo ;
- Département « Afrique Australe » : l'Afrique du Sud, le Mozambique et la Zambie ;
- Département « Europe de l'Ouest, du Centre et du Nord » : l'Allemagne, l'Angleterre, la France, la Belgique, le Luxembourg, la Suisse, les Pays-Bas, la Norvège, le Danemark, la Finlande et la Suède ;
- Département « Europe du Sud » : l'Espagne, l'Italie, le Portugal et la Turquie ;
- Département « Amériques-Océanie » : le Canada, les États-Unis, le Brésil et l'Argentine ;
- Département « Asie et Moyen-Orient » : l'Arabie Saoudite, le Liban, le Koweït, Japon, les Émirats Arabes Unis et la Chine.

Chapitre Premier : Les Listes électorales

Section Première : Établissement et révision des listes électorales

Article R.94.-

La révision exceptionnelle des listes électorales prévue par l'article L.312, alinéa premier a lieu avant chaque élection nationale. Elle est instituée par décret qui fixe la période et les délais. Les conditions et modalités sont déterminées par les articles suivants à moins que ledit décret qui l'institue n'en dispose autrement.

En cas de référendum, une révision exceptionnelle peut être instituée.

Article R.95.-

La commission administrative prévue à l'article 1.313 reçoit les demandes d'inscription, de modification et de radiation qui lui sont présentées.

Les militaires et les paramilitaires en poste dans les Ambassades, Consulats et Organismes internationaux s'inscrivent au même titre que les civils.

Les membres des corps militaires et paramilitaires en mission à l'étranger et qui échappent à la juridiction sénégalaise ne sont pas admis à s'inscrire sur les listes électorales.

Article R.96.-

La commission ajoute à la liste électorale les personnes :

1. qu'elle reconnaît avoir les qualités exigées par la loi pour être électeurs de la juridiction de la représentation diplomatique ou consulaire ;
2. qui auront acquis les conditions d'âge et de résidence au plus tard le jour du scrutin ;
3. qu'elle reconnaît avoir indûment omises.

Article R.97.-

La commission retranche, de la liste électorale, les électeurs :

1. décédés ;
2. dont la radiation a été ordonnée par l'autorité compétente ou qui ont perdu les qualités requises par la loi ;

3. qu'elle reconnaît avoir indûment inscrits, bien que leur inscription n'ait été attaquée.

Article R.98.-

La commission apporte, à la liste, toutes les modifications nécessaires dues au changement de pays d'établissement ou de résidence de l'électeur ou à des erreurs constatées sur ses prénoms, nom, filiation, profession ou domicile.

Les inscriptions, modifications et radiations prévues aux articles R.96, R.97 et R.98 sont effectuées sur des carnets ou formulaires confectionnés et mis à disposition par le Ministère chargé des Élections.

Les carnets ainsi que les feuillets qu'ils contiennent sont numérotés. Il en est de même pour les formulaires qui peuvent éventuellement porter un code barre.

Les carnets et les formulaires sont visés par le Chef de la représentation diplomatique ou consulaire, le président de la commission administrative et le contrôleur de la CENA, avant la transmission, pour exploitation, à l'organe en charge de l'organisation des élections.

Article R.99.-

Les inscriptions, modifications et radiations prévues aux articles R.96, R.97 et R.98 sont effectuées sur des carnets confectionnés et mis à disposition par le Ministère chargé des Élections.

Les carnets ainsi que les feuillets qu'ils contiennent sont numérotés.

Les carnets sont également visés par le Chef de la Mission Diplomatique ou Consulaire, par le président de la commission et le contrôleur de la CENA.

Article R. 100.-

Les décisions de la commission sont prises au moment de la demande d'inscription, de modification ou de radiation, en présence du demandeur.

Lorsque la commission refuse d'inscrire un électeur, cette décision lui est notifiée. Il est délivré un avis de rejet motivé. L'intéressé est informé qu'il dispose de la possibilité d'exercer un recours gracieux en application des articles L.317 et L.318.

Lorsque la commission radie d'office un électeur pour d'autres causes que le décès, ou lorsqu'elle prend une décision à l'égard d'une inscription qui a été contestée devant elle, il est délivré au plus tard à la date fixée par le décret instituant la révision exceptionnelle, un avis motivé de radiation d'office, destiné à l'électeur radié.

La liste des électeurs radiés d'office est conservée à la représentation diplomatique ou consulaire et peut être consultée par tout électeur. Elle est communiquée à la C.E.N.A.

Article R.101.-

La commission prévue à l'article L.318, saisie en vertu dudit article, notifie sa décision dans les deux (02) jours qui suivent à l'intéressé.

Article R.102.-

Le Chef de la Représentation diplomatique ou consulaire transmet les décisions de la commission prévue à l'article L.320 à la commission administrative, à partir de la date fixée par le décret instituant la révision exceptionnelle. Celle-ci modifie ou rédige, en conséquence, les feuillets d'inscription, de modification, de radiation ou, éventuellement, les formulaires.

Article R.103.-

Les carnets ou les formulaires d'inscription, de modification ou de radiation sont transmis sans délai par le Chef de la Représentation diplomatique ou consulaire au Ministère chargé des Élections par l'entremise du Ministre chargé des Affaires Étrangères par valise diplomatique.

Article R.104.-

Au vu des carnets ou des formulaires d'inscription, de modification et de radiation, le Ministère chargé des Élections procède, sous la supervision et le contrôle de la CENA, à l'établissement ou à la révision des listes électorales.

Une fois cet établissement ou cette révision effectuée, toutes les listes électorales sont déposées dans les représentations diplomatiques ou consulaires concernées. Elles sont communiquées à la CENA et aux partis politiques légalement constitués qui le demandent. Le Chef de la Représentation diplomatique ou consulaire dresse un procès-verbal de réception des listes électorales.

Ce document est affiché sur un panneau des annonces officielles ou sur tout autre panneau prévu à cet effet dans les locaux de la représentation diplomatique ou consulaire ou tout autre local en tenant lieu en application de l'article L.318 du présent Code.

Cette formalité vaut publication de la liste électorale. Elle fait courir le délai du contentieux prévu par le décret organisant la révision.

Article R .105.-

A l'issue de l'établissement ou de la révision des listes électorales, le Ministre chargé des Élections transmet la liste de tous les mouvements au Ministère chargé des Affaires étrangères pour envoi par valise diplomatique, ou par courriel aux missions diplomatiques ou consulaires concernées par les services centraux du ministère chargé des élections.

Aux termes du contentieux ouvert à la suite de la publication des listes électorales provisoires, un décret fixant la liste des juridictions où le vote est organisé est pris sur proposition du Ministre chargé des Élections, après avis du Ministre chargé des Affaires Étrangères.

Section 2 : Contrôle Des Inscriptions sur les listes Électorales

Article R .106.-

Lorsqu'un électeur est décédé, son nom est rayé de la liste électorale. Tout électeur résidant dans le pays de juridiction de la représentation diplomatique ou consulaire a le droit d'exiger sa radiation. Une fiche de contrôle de radiation est transmise au Ministre Chargé des Élections par valise diplomatique et sous le couvert du Ministère chargé des Affaires Étrangères et notifiée à la C.E.N.A.

Article R.107.-

Tout électeur qui, en application de l'article L.320, prend communication d'une liste électorale doit s'engager au préalable et par écrit à ne pas en faire un usage commercial.

Section 3 : Carte d'électeur

Article R.108.-

Il est fait application des dispositions de l'article R.47.

Toutefois, l'attestation de déclaration de perte prévue par l'article L.325 établie par le président de la commission doit comporter des indications précises sur l'identité de l'électeur ainsi que les circonstances de la perte. Elle comporte également 'Identité du président de la commission qui doit l'authentifier et la faire viser par le contrôleur de la CENA.

Article R.109.-

Quarante-cinq (45) jours avant le scrutin, le chef de la représentation diplomatique ou consulaire, institue par décision, une commission de distribution des cartes et précise les locaux dans lesquels elle doit fonctionner. Cette commission est constituée en application de l'article L.326.

Les prénoms, nom, profession, adresse ainsi que le numéro d'inscription sur la liste électorale des représentants des partis ou coalitions de partis politiques légalement constitués au Sénégal doivent être notifiés au chef de la représentation diplomatique ou consulaire cinquante-cinq (55) jours au moins, avant l'ouverture du scrutin. Le chef de ladite représentation délivre un récépissé de cette déclaration dans les trois (03) jours qui suivent.

Lorsqu'aucun parti politique ou coalition de partis politiques ne notifie les prénoms et nom de ses représentants, le chef de la représentation diplomatique ou consulaire ou son représentant procède à la distribution des cartes d'électeur sous la supervision et le contrôle de la C.E.N.A.

Article R.110.-

La distribution des cartes d'électeur est permanente.

Elle est effectuée par une commission administrative pendant la période de révision des listes électorales et durant les 45 jours avant la date du scrutin ; ce, jusqu'à la clôture des opérations de vote.

En dehors des périodes sus mentionnées, la distribution est assurée par le Chef de la représentation diplomatique ou consulaire, sous la supervision de la C.E.N.A. Le Chef de la représentation diplomatique ou consulaire ou bien le président de la commission de distribution des cartes d'électeur assure la conservation et la garde desdites cartes pendant toute la période de distribution qui lui est impartie.

Les cartes d'électeurs à retirer doivent se trouver dans des lieux sécurisés ; des malles munies de cadenas de sécurité doivent leur servir de réceptacle. Elles doivent y être classées et n'être ouvertes ou fermées qu'avec la présence obligatoire de la C.E.N.A. Les locaux dans lesquels ces cartes sont conservées doivent répondre à toutes les conditions de sécurité requises.

À la fin de chaque période de distribution, le Chef de la représentation diplomatique ou consulaire ou le président et les membres de chaque commission dressent un procès-verbal des opérations visées par la C.E.N.A.

La C.E.N.A, le Chef de la représentation diplomatique ou consulaire ainsi que chaque membre de la commission reçoivent copie du procès-verbal.

Ce procès-verbal, les cartes non distribuées, la liste d'émargements des électeurs ainsi que le registre des opérations dans lequel figurent les mentions de contestations éventuelles constituent le dossier de passation d'activités pour les besoins de la permanence de la distribution.

Chapitre II : Bulletins de vote

Article R.111.-

Il est fait application des dispositions des articles R.57 et R.58 en ce qu'elles concernent les élections présidentielles ou législatives.

Les bulletins de vote sont mis, en nombre suffisant, à la disposition du Ministre chargé des Affaires Étrangères par le Ministre chargé des Élections. Ils sont envoyés impérativement quinze (15) jours au moins avant le scrutin aux représentants diplomatiques ou consulaires concernées, par valise diplomatique.

Chapitre III : Operations Électorales

Article R. 112.-

Le scrutin est ouvert à huit (08) heures et clos le même jour à dix-huit (18) heures lorsque le pays d'organisation des opérations électorales se trouve sur le même fuseau horaire que le Sénégal. Dans le cas contraire, les heures d'ouverture et de clôture du scrutin font l'objet d'une décision du chef de la représentation diplomatique ou consulaire qui doit tenir compte des particularités et usages locaux. Cette décision est notifiée à la C.E.N.A, aux représentants des partis ou coalitions de partis politiques légalement constitués au Sénégal. Elle est affichée dans les locaux de la représentation diplomatique ou consulaire au panneau des annonces officielles ou à défaut au panneau qui en tient lieu quinze jours (15) jours au moins avant le scrutin.

Toutefois, pour faciliter aux électeurs, l'exercice de leur droit de vote, le chef de la représentation diplomatique ou consulaire peut prendre une décision afin d'avancer l'heure d'ouverture ou de retarder l'heure de clôture du scrutin. Cette décision est aussitôt affichée à l'entrée du bureau de vote.

Article R.113.-

Les prénoms, nom, qualité des superviseurs et contrôleurs de la C.E.N.A, des membres des bureaux de vote, des représentants et de leurs suppléants des candidats ou listes des candidats sont notifiés au Chef de la Représentation diplomatique ou consulaire trente (30) jours au moins avant le début du scrutin.

Article R.114.-

Toutes discussions et toutes délibérations des électeurs sont interdites à l'intérieur du bureau de vote.

Le président du bureau de vote a, seul, la police de l'assemblée des électeurs. Nulle force armée ne peut sans son autorisation être placée dans la salle de vote ni aux abords immédiats de celle-ci.

Article R.115.-

Le Président du bureau de vote peut demander au chef de la représentation diplomatique ou consulaire de faire appel aux forces de police ou assimilées du pays de sa juridiction pour mettre fin à un trouble grave compromettant le bon déroulement des opérations électorales ou à un scandale. Si les personnes concernées sont membres du bureau de vote, et si elles sont coupables de scandale caractérisé dûment constaté par le président du bureau de vote et les autres membres, elles sont immédiatement remplacées par leurs suppléants. Mention de ces incidents doit être faite obligatoirement dans les procès-verbaux.

Article R.116.-

Nul ne peut être admis à voter, s'il n'est inscrit sur la liste électorale de la Juridiction.

Article R.117.-

Sont applicables les dispositions des articles L.72 à L.85, R.63, R.66, alinéas 1 à 3, R.67, R.69, R.70, R.71, et R.73.

Article R.118.-

Le décret n° 2017-170 du 27 janvier 2017 portant partie réglementaire du Code électoral est abrogé.

Article R.119.-

Le Ministre des Finances et du Budget, le Garde des Sceaux, Ministre de la Justice, Le Ministre des Affaires étrangères et des Sénégalais de l'Extérieur et le Ministre de l'Intérieur sont chargés, chacun en ce qui le concerne, de l'exécution du présent décret qui sera publié au Journal officiel.

Fait à Dakar, le 20 septembre 2021

ANNEXES

LES INSTRUMENTS INTERNATIONAUX RELATIFS AU DROIT ELECTORAL

Les Instruments internationaux qui font autorité dans le domaine électoral sont, notamment :

1°) Déclaration universelle des Droits de l'Homme du 10 décembre 1948 (Extrait) ;

2°) Pacte international relatif aux droits civils et politiques de 1966 (Extrait) ;

3°) Charte africaine des Droits de l'Homme et des Peuples du 27 juin 1981 (Extrait) ;

4°) Protocole de la CEDEAO/A/SP1/12/01 sur la démocratie et la bonne gouvernance additionnel au Protocole de Lomé du 10 décembre 1999 relatif au mécanisme de prévention, de gestion, de règlement des conflits, de maintien de la paix et de la sécurité (Extrait) ;

5°) Charte Africaine de la Démocratie, des Élections et de la Gouvernance du 30 janvier 2007 (Protocole de la CEDEAO) (Extrait).

LES INSTRUMENTS INTERNES RELATIFS AU DROIT ELECTORAL

1°) Constitution (Extrait) ;

2°) Loi organique n°2016-23 du 14 juillet 2016 relative au Conseil constitutionnel ;

3°) Loi organique n° 2017-09 du 17 janvier 2017 abrogeant et remplaçant l'organique n° 2008-35 du 08 août 2008 sur la Cour suprême, modifiée par la loi n° 2022-16 du 23 mai (Extrait) ;

4°) Loi n° 81-17 du 6 mai 1981 relative aux partis politiques, modifiée par la loi n° 89-36 du 12 octobre 1989 ;

5°) Loi n° 78-02 du 29 janvier 1978 relative aux réunions ;

6°) Loi n° 2010-11 du 28 mai 2010 instituant la parité absolue Homme-Femme ;

7°) Décret n° 2011-819 du 16 juin 2011 portant application de la loi n° 2010-11 du 28 mai 2010 instituant la parité absolue Homme-Femme ;

8°) Loi n° 86-16 du 14 avril 1986 relative à la réalisation, à la publication et à la diffusion des sondages d'opinion ;

9°) Décret n° 86-616 du 22 mai 1986 portant application de la loi n° 86-16 du 14 avril 1986 relative à la réalisation, à la publication et à la diffusion des sondages d'opinion ;

10°) Loi n° 2016-09 du 14 mars 2016 instituant une carte d'identité biométrique CEDEAO ;

11°) Décret n° 2016-1536 du 29 septembre 2016 portant application de la loi n° 2016-09 du 14 mars 2016 instituant une carte d'identité biométrique CEDEAO ;

12°) Loi n° 2006-04 du 4 janvier 2006 portant création du Conseil national de la Régulation de l'Audiovisuel (CNRA).

Annexe 1

Déclaration universelle des Droits de l'Homme du 10 décembre 1948

Article 21

1. Toute personne a le droit de prendre part à la direction des affaires publiques de son pays, soit directement, soit par l'intermédiaire de représentants librement choisis.

2. Toute personne a droit à accéder, dans des conditions d'égalité, aux fonctions publiques de son pays.

3. La volonté du peuple est le fondement de l'autorité des pouvoirs publics ; cette volonté doit s'exprimer par des élections honnêtes qui doivent avoir lieu périodiquement, au suffrage universel égal et au vote secret ou suivant une procédure équivalente assurant la liberté du vote.

Annexe 2

Pacte international relatif aux Droits civils et politiques du 16 décembre 1966

Article 25/b

Tout citoyen a le droit et la possibilité, sans aucune des discriminations visées à l'article 2 et sans restrictions déraisonnables :

a) De prendre part à la direction des affaires publiques, soit directement, soit par l'intermédiaire de représentants librement choisis ;

b) De voter et d'être élu, au cours d'élections périodiques, honnêtes, au suffrage universel et égal et au scrutin secret, assurant l'expression libre de la volonté des électeurs ;

c) D'accéder, dans des conditions générales d'égalité, aux fonctions publiques de son pays.

Annexe 3

Charte africaine des Droits de l'Homme et des Peuples du 27 juin 1981

La Charte africaine des droits de l'homme et des peuples, adoptée en 1981 à Nairobi (encore appelée Charte de Banjul), entrée en vigueur le 28 octobre 1986, se fait l'écho des principes énoncés supra par la Déclaration universelle des Droits de l'Homme.

Article 13

1. Tous les citoyens ont le droit de participer librement à la direction des affaires publiques de leur pays, soit directement, soit par l'intermédiaire de représentants librement choisis, ce, conformément aux règles édictées par la loi.
2. Tous les citoyens ont également le droit d'accéder aux fonctions publiques de leurs pays.
3. Toute personne a le droit d'user des biens et services publics dans la stricte égalité de tous devant la loi.

Annexe 4

Protocole de la CEDEAO/A/SP1/12/01 sur la démocratie et la bonne gouvernance (additionnel au protocole de Lomé du 10 décembre 1999 relatif au mécanisme de prévention, de gestion, de règlement des conflits, de maintien de la paix et de la sécurité)

En ce qui concerne le Protocole de la CEDEAO/A/SP1/12/01 sur la démocratie et la bonne gouvernance additionnel au Protocole de Lomé du 10 décembre 1999 relatif au mécanisme de prévention, de gestion, de règlement des conflits, de maintien de la paix et de la sécurité, il traduit la prise de conscience des Chefs d'État et de Gouvernement de la CEDEAO de la nécessité de prévenir les crises intérieures en veillant à garantir la bonne gouvernance des affaires publiques, la transmission démocratique du pouvoir, la promotion de l'État de droit ainsi que la sauvegarde des droits de la personne.

Article premier

b « Toute accession au pouvoir doit se faire à travers des élections libres, honnêtes, et transparentes. »

Article 2

1. Aucune réforme substantielle de la loi électorale ne doit intervenir dans les six (6) mois précédant les élections, sans le consentement d'une large majorité des acteurs politiques.
2. Les élections à tous les niveaux doivent avoir lieu aux dates ou périodes fixées par la Constitution ou les lois électorales.
3. Les États membres prendront les mesures appropriées pour que les femmes aient, comme les hommes, le droit de voter et d'être élues lors des élections, de participer à la formulation et à la mise en œuvre des politiques gouvernementales et d'occuper et de remplir des fonctions publiques à tous les niveaux de l'État.

Article 3

Les organes chargés des élections doivent être indépendants et/ou neutres et avoir la confiance des acteurs et protagonistes de la vie politique. En cas de nécessité, une concertation nationale appropriée doit déterminer la nature et la forme desdits Organes.

Article 5

Les listes électorales seront établies de manière transparente et fiable avec la participation des partis politiques et des électeurs qui peuvent les consulter en tant que de besoin.

Article 6

L'organisation, le déroulement des élections et la proclamation des résultats s'effectueront de manière transparente.

Article 7

Un contentieux électoral crédible relatif à l'organisation, au déroulement des élections et à la proclamation des résultats doit être institué.

Annexe 5

CHARTE AFRICAINE DE LA DEMOCRATIE, DES ÉLECTIONS ET DE LA GOUVERNANCE DU 30 JANVIER 2007

Par le biais de la Charte Africaine de la Démocratie, des Élections et de la Gouvernance du 30 janvier 2007, le Sénégal érige aussi au rang de principe *« la participation effective des citoyens aux processus démocratiques et de développement et à la gestion des affaires publiques »*.

Il s'engage à cet égard à organiser des élections démocratiques conformément aux dispositions de l'article 17 de cette Charte qui lient les États membres de l'Union.

Article 17

Les États parties réaffirment leur engagement à tenir régulièrement des élections transparentes, libres et justes conformément à la Déclaration de l'Union sur les Principes régissant les Élections démocratiques en Afrique.

À ces fins, tout État partie doit :

1. Créer et renforcer les organes électoraux nationaux indépendants et impartiaux, chargés de la gestion des élections.
2. Créer et renforcer les mécanismes nationaux pour régler, dans les meilleurs délais, le contentieux électoral.
3. Faire en sorte que les partis et les candidats qui participent aux élections aient un accès équitable aux médias d'État, pendant les élections.
4. Adopter un code de conduite qui lie les partis politiques légalement reconnus, le gouvernement et les autres acteurs politiques avant, pendant et après les élections. Ce code contient un engagement des acteurs politiques à accepter les résultats des élections ou de les contester par des voies exclusivement légales.

Annexe 6

Loi n° 2001- 03 du 22 janvier 2001 portant Constitution de la République du Sénégal, (Journal officiel n° 5963 du 22 janvier 2001 p. 27 & ss.), modifiée (Extrait)

TITRE PREMIER
DE L'ÉTAT ET DE LA SOUVERAINETÉ

Article 3

La souveraineté nationale appartient au peuple sénégalais qui l'exerce par ses représentants ou par la voie du référendum.

Aucune section du peuple, ni aucun individu, ne peut s'attribuer l'exercice de la souveraineté.

Le suffrage peut être direct ou indirect. Il est toujours universel, égal et secret.

Tous les nationaux sénégalais des deux sexes, âgés de 18 ans accomplis, jouissant de leurs droits civils et politiques, sont électeurs dans les conditions déterminées par la loi.

Article 4

Les partis politiques et coalitions de partis politiques concourent à l'expression du suffrage dans les conditions fixées par la Constitution et par la loi. Ils œuvrent à la formation des citoyens, à la promotion de leur participation à la vie nationale et à la gestion des affaires publiques.

La Constitution garantit aux candidats indépendants la participation à tous les types d'élection dans les conditions définies par la loi.

Les partis politiques et coalitions de partis politiques, de même que les candidats indépendants, sont tenus de respecter la Constitution ainsi que les principes de la souveraineté nationale et de la démocratie. Il leur est interdit de s'identifier à une race, à une ethnie, à un sexe, à une religion, à une secte, à une langue ou à une partie du territoire.

Les partis politiques sont également tenus de respecter strictement les règles de bonne gouvernance associative sous peine de sanctions susceptibles de conduire à la suspension et à la dissolution.

La Constitution garantit des droits égaux aux partis politiques, y compris ceux qui s'opposent à la politique du Gouvernement en place.

Les règles de constitution, de suspension et de dissolution des partis politiques, les conditions dans lesquelles ceux-ci exercent leurs activités et bénéficient d'un financement public sont déterminées par la loi.

TITRE III.- DU PRESIDENT DE LA REPUBLIQUE

Article 26

Le Président de la République est élu au suffrage universel direct et à la majorité absolue des suffrages exprimés.

Article 27

La durée du mandat du Président de la République est de cinq ans.

Nul ne peut exercer plus de deux mandats consécutifs.

Article 28

Tout candidat à la Présidence de la République doit être exclusivement de nationalité sénégalaise, jouir de ses droits civils et politiques, être âgé de trente-cinq (35) ans au moins et de soixante-quinze (75) ans au plus le jour du scrutin. Il doit savoir écrire, lire et parler couramment la langue officielle.

Article 29

Les candidatures sont déposées au greffe du Conseil constitutionnel, soixante jours (60) francs au moins et soixante-quinze (75) jours francs au plus avant le premier tour du scrutin.

Toutefois, en cas de décès d'un candidat, le dépôt de nouvelles candidatures est possible à tout moment et jusqu'à la veille du scrutin.

Dans ce cas, les élections sont reportées à une nouvelle date par le Conseil constitutionnel.

Les candidatures sont présentées par un parti politique ou une coalition de partis politiques légalement constitué ou par une personne indépendante.

Pour être recevable, toute candidature doit être accompagnée :

- soit de la signature d'électeurs représentant, au minimum, 0,6% et, au maximum, 0,8%du Fichier électoral général et étant domiciliés dans au moins sept (07) régions à raison de deux mille (2 000) au moins par région ;

- soit de la signature d'élus représentant 0,8% des membres de l'Assemblée nationale ou 20% des chefs d'exécutif territorial.

Un électeur ne peut parrainer qu'un candidat.

Les modalités du contrôle des listes de parrainage sont fixées par la loi.

Les candidats indépendants, comme les partis politiques, sont tenus de se conformer à l'article 4 de la présente Constitution. Chaque parti politique ou coalition de partis politiques ne peut présenter qu'une seule candidature.

Article 30

Trente-cinq jours francs avant le premier tour du scrutin, le Conseil constitutionnel arrête et publie la liste des candidats.

Les électeurs sont convoqués par décret.

Article 31

Le scrutin pour l'élection du Président de la République a lieu quarante-cinq jours francs au plus et trente jours francs au moins avant la date de l'expiration du mandat du Président de la République en fonction.

Si la Présidence est vacante, par démission, empêchement définitif ou décès, le scrutin aura lieu dans les soixante jours au moins et quatre-vingt-dix jours au plus, après la constatation de la vacance par le Conseil constitutionnel.

Article 32

Les Cours et Tribunaux veillent à la régularité de la campagne électorale et à l'égalité des candidats pour l'utilisation des moyens de propagande, dans les conditions déterminées par une loi organique.

Article 33

Le scrutin a lieu un dimanche dans les conditions fixées par la loi.

Nul n'est élu au premier tour s'il n'a obtenu la majorité absolue des suffrages exprimés. Si aucun candidat n'a obtenu la majorité requise, il est procédé à un second tour de scrutin le deuxième dimanche qui suit la décision du Conseil constitutionnel.

Sont admis à se présenter à ce second tour, les deux candidats arrivés en tête au premier tour.

En cas de contestation, le second tour a lieu le deuxième dimanche suivant le jour du prononcé de la décision du Conseil constitutionnel.

Au second tour, la majorité relative suffit pour être élu.

Article 34

En cas d'empêchement définitif ou de retrait d'un des candidats entre l'arrêt de publication de la liste des candidats et le premier tour, l'élection est poursuivie avec les autres candidats en lice. Le Conseil Constitutionnel modifie en conséquence la liste des candidats. La date du scrutin est maintenue.

En cas de décès, d'empêchement définitif ou de retrait d'un des deux candidats arrivés en tête entre le scrutin du premier tour et la proclamation provisoire des résultats, ou entre cette proclamation provisoire et la proclamation définitive des résultats du premier tour par le Conseil constitutionnel, le candidat suivant dans l'ordre des suffrages est admis à se présenter au second tour.

En cas de décès, d'empêchement définitif ou de retrait d'un des deux candidats arrivés en tête entre la proclamation des résultats définitifs du premier tour et le scrutin du deuxième tour, le candidat suivant sur la liste des résultats du premier tour est admis au deuxième tour.

Dans les cas précédents, le Conseil constitutionnel constate le décès, l'empêchement définitif ou le retrait et fixe une nouvelle date du scrutin.

En cas de décès, d'empêchement définitif ou de retrait d'un des deux candidats arrivés en tête selon les résultats provisoires du deuxième tour, et avant la proclamation des résultats définitifs du deuxième tour par le Conseil constitutionnel, le seul candidat restant est déclaré élu.

Article 35

Les Cours et Tribunaux veillent à la régularité du scrutin dans les conditions déterminées par une loi organique.

La régularité des opérations électorales peut être contestée par l'un des candidats devant le Conseil constitutionnel dans les soixante-douze heures qui suivent la proclamation provisoire des résultats par une commission nationale de recensement des votes instituée par une loi organique.

Si aucune contestation n'a été déposée dans les délais au greffe du Conseil constitutionnel, le Conseil proclame immédiatement les résultats définitifs du scrutin.

En cas de contestation, le Conseil statue sur la réclamation dans les cinq jours francs du dépôt de celle-ci. Sa décision emporte proclamation définitive du scrutin ou annulation de l'élection.

En cas d'annulation, il est procédé à un nouveau tour du scrutin dans les vingt et un jours francs qui suivent.

TITRE VI. - DE L'ASSEMBLÉE NATIONALE

Article 59

L'Assemblée représentative de la République du Sénégal porte le nom d'Assemblée nationale. Elle exerce le pouvoir législatif. Elle vote, seule, la loi, contrôle l'action du Gouvernement et évalue les politiques publiques.

Les membres de l'Assemblée nationale portent le titre de député.

Les députés sont élus au suffrage universel direct. Leur mandat est de cinq ans. Il ne peut être abrégé que par dissolution de l'Assemblée nationale.

Les Sénégalais de l'extérieur élisent des députés.

Les cours et tribunaux veillent à la régularité de la campagne électorale et du scrutin dans les conditions déterminées par une loi organique.

Une loi organique fixe le nombre des membres de l'Assemblée nationale, leurs indemnités, les conditions d'éligibilité, le régime des inéligibilités et des incompatibilités.

TITRE VI *bis*. - DU HAUT CONSEIL DES COLLECTIVITÉS TERRITORIALES

Article 66-1

Le Haut Conseil des Collectivités territoriales est une assemblée consultative. Il donne un avis motivé sur les politiques de décentralisation et d'aménagement du territoire.

Une loi organique détermine le mode de désignation, la durée du mandat, le nombre et le titre des membres, ainsi que les conditions d'organisation et de fonctionnement de l'institution.

Annexe 7

Loi organique n°2016-23 du 14 juillet 2016 relative au Conseil constitutionnel (publiée au JORS n° 6946, NS du 15 juillet 2016, pp. 928 à 930)

L'Assemblée nationale a adopté, à la majorité absolue des membres la composant en sa séance du mardi 28 juin 2016,

Le Conseil constitutionnel, saisi par le Président de la République a déclaré conforme à la Constitution, en sa séance du 8 juillet 2016.

Le Président de la République promulgue la loi dont la teneur suit :

TITRE I. – *DES COMPETENCES DU CONSEIL CONSTITUTIONNEL*

Article premier

Conformément aux dispositions des articles 74, 76, 78, 83, 92 et 97 de la Constitution, le Conseil constitutionnel se prononce sur la constitutionnalité des lois, sur le caractère réglementaire des dispositions de forme législative, sur la recevabilité des propositions de loi et amendements d'origine parlementaire, sur la constitutionnalité des engagements internationaux, sur les exceptions d'inconstitutionnalité soulevées devant la Cour d'Appel ou la Cour suprême, sur les conflits de compétence entre le pouvoir exécutif et le pouvoir législatif.

Article 2

Conformément aux dispositions des articles 29, 30, 33, 34, 35, 36, 37, 41 de la Constitution, le Conseil constitutionnel reçoit les candidatures à la Présidence de la République, arrête la liste des candidats, statue sur les contestations relatives aux élections du Président de la République, des députés à l'Assemblée nationale et des hauts conseillers et en proclame les résultats. Il reçoit le serment du Président de la République et constate sa démission, son empêchement ou son décès ainsi que la démission, l'empêchement ou le décès des personnes appelées à le suppléer dans ces cas.

Il exerce les compétences qui lui sont dévolues par les articles 51 et 52 de la Constitution lorsque le Président de la République décide de soumettre un projet de loi au référendum ou prononce la dissolution de l'Assemblée nationale.

Il se prononce sur les questions qui lui sont soumises par le Président de la République en application de l'article 92, alinéa 2 de la Constitution.

TITRE II. – *DE L'ORGANISATION DU CONSEIL CONSTITUTIONNEL*

Chapitre 1. - *Des membres du conseil constitutionnel*

Article 3

Le Conseil constitutionnel comprend sept membres nommés par décret pour six ans non renouvelables, dont un président et un vice-président.

Article 4

Les membres du Conseil constitutionnel sont choisis parmi :

- les magistrats ayant exercé les fonctions de Premier président de la Cour suprême, de procureur général près la Cour suprême, de président de chambre à la Cour suprême, de premier avocat général près la Cour suprême, de président de Cour d'appel et de procureur général près une Cour d'appel ;
- les professeurs titulaires de droit ;
- les inspecteurs généraux d'État ;
- les avocats.

Les personnalités visées, en activité ou à la retraite, doivent avoir au moins vingt ans d'ancienneté dans la fonction publique ou vingt ans d'exercice de leur profession.

Article 5

II ne peut être mis fin, avant l'expiration de leur mandat, aux fonctions des membres du Conseil constitutionnel que sur leur demande, ou pour incapacité physique, et sur l'avis conforme du Conseil.

Dans tous les cas, l'intéressé est entendu par le Conseil et reçoit communication de son dossier.

L'empêchement temporaire d'un membre du Conseil est constaté par le Conseil. Si cet empêchement se prolonge au-delà d'une durée de soixante jours, il est mis fin aux fonctions de l'intéressé dans les conditions prévues au premier alinéa.

Le membre du Conseil nommé pour remplacer un membre du Conseil dont le poste est devenu vacant achève le mandat de celui-ci. À l'expiration de ce mandat, il peut être nommé pour accomplir un mandat de six ans.

Article 6

Les fonctions de membre du Conseil constitutionnel sont incompatibles avec la qualité de membre du Gouvernement ou d'un cabinet ministériel, avec l'exercice d'un mandat électif, avec l'exercice des professions d'avocat, d'officier ministériel, d'auxiliaire de justice et toute activité professionnelle privée. L'exercice de toute autre activité publique doit être autorisé par le Conseil.

Article 7

Avant d'entrer en fonction, tout membre du Conseil constitutionnel prête serment en audience solennelle publique. Il jure de bien et fidèlement remplir ses fonctions, de les exercer en toute impartialité dans le respect de la Constitution, de garder le secret des délibérations et des votes, de ne prendre aucune position publique et de ne donner aucune consultation à titre privé sur les questions relevant de la compétence du Conseil constitutionnel et de se conduire en tout comme un digne et loyal magistrat.

Acte est donné de la prestation de serment.

Article 8

Le traitement et les avantages des membres du Conseil constitutionnel sont fixés par décret.

Article 9

Trois (3) magistrats des Cours et Tribunaux choisis par le président du Conseil peuvent, en tant que de besoin, être désignés pour assister temporairement les membres du Conseil constitutionnel. Ils sont affectés au Conseil, dans les formes prévues par le statut des magistrats, pour une durée totale qui ne peut excéder trois ans.

Sur proposition du Président du Conseil constitutionnel, peuvent être nommés par décret pour une durée de deux (2) ans renouvelable, sans que leur nombre puisse dépasser trois (3), des enseignants des facultés de droit reconnus pour leur compétence en matière constitutionnelle et totalisant une expérience professionnelle d'au moins cinq (5) ans.

Avant d'entrer en fonction, les magistrats et enseignants visés aux deux premiers alinéas du présent article prêtent le serment prévu à l'article 7 de la présente loi. Ils ne prennent pas part aux délibérations du Conseil.

Chapitre II - *De l'administration du Conseil constitutionnel*

Article 10

Le président est chargé de l'administration du Conseil constitutionnel.

Il est ordonnateur du budget du Conseil. Il administre le personnel mis à la disposition du Conseil.

Article 11

Le Conseil constitutionnel jouit de l'autonomie financière.

Le budget du Conseil constitutionnel est inscrit dans un chapitre spécial et fait l'objet d'un compte de dépôt au Trésor.

Le règlement financier applicable au Conseil constitutionnel est déterminé par décret.

Article 12

Le Conseil constitutionnel dispose d'un règlement intérieur approuvé par décret.

Article 13

Le Conseil constitutionnel comprend :

- un secrétariat dirigé par un greffier en chef nommé par décret ;
- un service d'études et de documentation dirigé par un membre du Conseil nommé par ordonnance du Président du Conseil ;
- un service administratif et financier dirigé par un membre du personnel nommé par ordonnance du Président du Conseil.

La composition, le fonctionnement et les attributions des différents services prévus par le présent article sont fixés par le Règlement intérieur prévu à l'article 12 de la présente loi organique.

TITRE III. - *DE LA PROCEDURE DEVANT LE CONSEIL CONSTITUTIONNEL*

Article 14

La procédure devant le Conseil constitutionnel n'est pas contradictoire.

Toutefois, le Conseil constitutionnel, saisi conformément à l'article 74 de la Constitution et en cas d'exception d'inconstitutionnalité, transmet pour information les recours au Président de la République, au Premier ministre, au Président de l'Assemblée nationale. Ces derniers peuvent produire, par un mémoire écrit, leurs observations devant le Conseil constitutionnel.

Tout document produit après le dépôt de la requête n'a pour le Conseil constitutionnel qu'une valeur de simple renseignement.

En matière électorale et en matière référendaire, le recours ayant pour objet de contester la régularité des opérations est, selon le cas, communiqué, par le greffier en chef, aux autres candidats ou à l'autre courant qui ont quarante-huit heures pour déposer leur mémoire en réponse.

Le président désigne un rapporteur.

Le Conseil constitutionnel prescrit toutes les mesures d'instruction qui lui paraissent utiles et fixe les délais dans lesquels ces mesures devront être exécutées.

Article 15

Sous réserve des dispositions de l'article 37 de la Constitution et 7 de la présente loi, les séances du Conseil constitutionnel ne sont pas publiques. Les intéressés ne peuvent demander à être entendus.

Le Conseil constitutionnel entend le rapport de son rapporteur et statue par une décision signée du président, du vice-président, des autres membres et du greffier en chef du Conseil constitutionnel.

Elle est notifiée au Président de la République, au Président de l'Assemblée nationale et aux auteurs du recours.

Article 16

Le recours tendant à faire constater la non-conformité à la Constitution d'une loi ou d'un engagement international est présenté dans les conditions déterminées par les articles 74 et 97 de la Constitution, sous forme d'une requête adressée au président du Conseil constitutionnel.

La requête doit, à peine d'irrecevabilité :

1) être signée par le Président de la République ou par chacun des députés ;

2) contenir l'exposé des moyens invoqués.

Elle est accompagnée de deux copies du texte de loi attaqué.

Article 17

Le recours visé à l'article 14, présenté sous forme de requête, est déposé au Greffe du Conseil constitutionnel contre récépissé.

Lorsque le recours est exercé par le Président de la République, le greffier en chef du Conseil constitutionnel en donne avis sans délai au Président de l'Assemblée nationale.

Si le Conseil constitutionnel relève dans la loi contestée ou dans l'engagement international soumis à son examen, une violation de la Constitution, qui n'a pas été invoquée, il doit la soulever d'office.

Le Conseil constitutionnel se prononce dans le délai d'un mois à compter du dépôt du recours.

Ce délai est ramené à huit jours francs quand le Gouvernement en déclare l'urgence.

Article 18

La publication de la décision du Conseil constitutionnel constatant qu'une disposition n'est pas contraire à la Constitution met fin à la suspension du délai de promulgation de la loi et permet la ratification ou l'approbation de l'engagement international, le cas échéant après autorisation de l'Assemblée nationale, dans les conditions prévues par l'article 96 de la Constitution.

Article 19

Dans le cas où le Conseil constitutionnel déclare que la loi dont il est saisi contient une disposition contraire à la Constitution inséparable de l'ensemble de cette loi, celle-ci ne peut être promulguée.

Article 20

Dans le cas où le Conseil constitutionnel déclare que la loi dont il est saisi contient une disposition contraire à la Constitution sans constater en même temps qu'elle est inséparable de l'ensemble de cette loi, la loi peut être promulguée à l'exception de cette disposition, à moins qu'une nouvelle lecture n'en soit demandée.

Article 21

Dans les cas prévus à l'article 76, alinéa 2 de la Constitution, le Conseil constitutionnel, saisi par le Président de la République, se prononce dans le délai d'un mois. Ce délai est réduit à huit jours francs quand le Gouvernement déclare l'urgence.

Article 22

Lorsque la solution d'un litige porté devant la Cour d'Appel ou la Cour suprême est subordonnée à l'appréciation de la conformité des dispositions d'une loi ou des stipulations d'un accord international à la Constitution, la juridiction saisit obligatoirement le Conseil constitutionnel de l'exception d'inconstitutionnalité ainsi soulevée et sursoit à statuer jusqu'à ce que le Conseil constitutionnel se soit prononcé.

Le Conseil se prononce dans le délai d'un mois à compter de la date de sa saisine.

Si le Conseil estime que la disposition dont il a été saisi n'est pas conforme à la Constitution, il ne peut plus en être fait application.

Article 23

Le Conseil constitutionnel ne peut délibérer qu'en présence de tous ses membres, sauf empêchement temporaire de trois d'entre eux au plus, dûment constaté par les autres membres. Si l'un des membres du Conseil, temporairement empêché, est le président, le vice-président assure son intérim.

En cas de partage des voix, celle du président est prépondérante.

Article 24

Le Conseil constitutionnel rend, en toute matière, des décisions motivées.

Article 25

Les décisions du Conseil constitutionnel sont publiées au *Journal officiel*.

Article 26

Les contestations en matière électorale sont dispensées du ministère d'avocat et le Conseil constitutionnel statue sans frais.

TITRE IV. - *DISPOSITIONS FINALES*

Article 27

Sont abrogées toutes dispositions contraires, notamment la loi organique n°92-23 du 30 mai 1992 sur le Conseil constitutionnel.

La présente loi organique sera exécutée comme loi de l'État.

Fait à Dakar, le 14 juillet 2016.

Par le Président de la République :
Macky SALL.

Le Premier Ministre,
Mahammed Boun Abdallah DIONNE

Annexe 8

Loi organique n° 2017-09 du 17 janvier 2017 abrogeant et remplaçant l'organique n° 2008-35 du 08 août 2008 sur la Cour suprême (JORS n° 6986 du mercredi 18 janvier 2017), modifiée par la loi n° 2022-16 du 23 mai 2022 (JORS n° 7531 du mardi 23 mai 2022, p. 571) (Extrait)

Article premier

Sous réserve des matières relevant de la compétence d'attribution d'autres juridictions, la Cour suprême se prononce sur les pourvois en cassation dirigés contre :

- les jugements et arrêts rendus en dernier ressort par toutes les juridictions ;
- les décisions définitives des organismes administratifs à caractère juridictionnel ;
- les décisions émanant des conseils d'arbitrage des conflits du travail;
- les décisions du président du tribunal d'instance relatives au contentieux des inscriptions sur les listes électorales ;
- les décisions de la Cour des Comptes.

La Cour suprême est juge, en premier et dernier ressort, de l'excès de pouvoir des autorités administratives ainsi que de la légalité des actes des collectivités territoriales.

Elle est compétente, en appel, dans le contentieux de l'élection des membres des assemblées autres que l'Assemblée nationale.

La Cour suprême, statuant sur les pourvois en cassation, ne connaît pas du fond des affaires.

Article 8

(Loi organique n° 2022-16 du 23 mai 2022)

La Cour suprême comprend huit (08) chambres fixées ainsi qu'il suit :
- deux chambres pénales ;
- deux chambres civiles et commerciales ;
- deux chambres sociales ;
- deux chambres administratives.

Le premier Président répartit les affaires entre les chambres.

Chaque chambre instruit et juge les affaires qui lui sont attribuées par le premier Président.

Nul n'est recevable à contester la saisine de telle ou telle chambre.

Article 74-2

(Loi organique n° 2022-16 du 23 mai 2022)

Le délai de recours et le recours sont suspensifs en cas :

- de déclaration d'utilité publique ;
- d'expulsion d'étranger ;
- d'extradition ;
- de litiges relatifs à l'élection aux conseils des collectivités territoriales.

En matière d'expulsion ou d'extradition, si l'étranger est retenu par l'autorité administrative, il appartient à celle-ci de faire parvenir la requête à la Cour suprême.

La requête des personnes extradées ou expulsées est communiquée par le chef du greffe de la Cour suprême à l'autorité administrative dans les quarante-huit heures.

La Cour suprême statue dans les huit jours à compter de l'enregistrement de la requête, en présence de l'intéressé, sauf si celui-ci, dûment convoqué à la diligence du premier avocat général, ne se présente pas.

Article 76

Dans les affaires relevant de la compétence du tribunal d'instance et relatives au contentieux des inscriptions sur les listes électorales, le délai pour former un recours devant la Cour suprême est, à peine d'irrecevabilité, de dix jours à compter de la notification de la décision attaquée.

Article 76-1

Le recours est formé par simple requête enregistrée au greffe du tribunal départemental qui a rendu la décision attaquée. Il est notifié, dans les deux jours qui suivent, par le greffier à la partie adverse, par lettre recommandée avec avis de réception ou par tout moyen laissant trace écrite.

Le demandeur est dispensé du ministère d'avocat.

Article 76-2

La partie adverse aura un délai de huit jours à compter de la notification pour produire sa défense au greffe du tribunal d'instance.

Passé ce délai, le greffier adresse sans frais la requête accompagnée de toutes les autres pièces fournies par les parties, au greffe de la Cour suprême qui la transcrit sur son registre.

La Cour suprême porte aussitôt l'affaire à l'audience et statue sans frais, le procureur général entendu.

Article 77

Dans les affaires relevant de la compétence de la cour d'appel et relatives au contentieux des déclarations de candidature aux élections locales, le délai pour saisir la Cour suprême est, à peine d'irrecevabilité, de dix jours à compter de la notification de la décision attaquée.

Article 77-1

Le recours est formé par simple requête enregistrée au greffe de la Cour suprême. Il est notifié, dans les deux jours qui suivent, par le greffier à la partie adverse, par lettre recommandée avec avis de réception ou par tout moyen laissant trace écrite.

Le demandeur est dispensé du ministère d'avocat.

Article 77-2

La partie adverse aura un délai de huit jours, à compter de la notification, pour produire sa défense au greffe de la Cour suprême. Passé ce délai, la Cour suprême porte aussitôt l'affaire à l'audience et statue sans frais, le procureur général entendu.

La Cour suprême doit rendre sa décision cinq jours au moins avant le début de la campagne électorale.

Article 78

Le ministre chargé des élections et les parties intéressées ont un délai d'un mois pour se pourvoir contre les décisions de la cour d'appel statuant sur le contentieux des élections départementales et municipales.

Les décisions de la cour d'appel rendues en application de l'article 769 du Code de procédure civile peuvent faire l'objet d'un recours dans le délai d'un mois à compter de la date de leur notification.

Ces délais courent à peine d'irrecevabilité, soit à compter de la date de la notification de la décision attaquée, soit à l'expiration du délai imparti à la cour d'appel pour statuer.

Article 78-1

Le recours est formé par simple requête enregistrée au greffe de la Cour suprême. Il est notifié, dans les deux jours qui suivent, par le greffier, à la partie adverse par lettre recommandée avec avis de réception ou par tout moyen laissant trace écrite.

Le demandeur est dispensé du ministère d'avocat.

Article 78-2

La partie adverse aura, à compter de la date de la notification, un délai de quinze jours pour produire sa défense au greffe de la Cour suprême. Passé ce délai, la Cour porte aussitôt l'affaire à l'audience et statue sans frais, le procureur général entendu.

Annexe 9

Loi n° 81-17 du 6 mai 1981 relative aux partis politiques (JORS n° 4834 du 15 mai 1981, pp. 520 à 521), modifiée par la loi n° 89-36 du 12 octobre 1989 (JORS n° 5315 du 28 octobre 1989, pp. 418 à 419)

L'Assemblée nationale a délibéré et adopté en sa séance du vendredi 24 avril 1981 ;

Le Président de la République promulgue la loi dont la teneur suit :

Article premier

Les partis politiques sont obligatoirement constitués sous forme d'associations sénégalaises, selon les dispositions des articles 812 à 814 du Code des Obligations civiles et commerciales. Ils sont soumis, en outre, aux dispositions de la présente loi.

Article 2

Conformément à l'article 3 de la Constitution, les statuts d'un parti politique doivent obligatoirement comporter l'engagement de respecter la Constitution ainsi que les principes de la souveraineté nationale et de la démocratie.

Les partis politiques ne peuvent s'identifier à une race, une ethnie, un sexe, une religion, une secte, une langue ou une région.

Un parti politique ne peut adopter l'appellation d'un autre parti ayant déjà reçu le récépissé de la déclaration. Il ne peut non plus se servir, pour sa propagande, des titres ou appellations déjà utilisés par un autre parti politique.

Le récépissé de déclaration remis à chaque parti politique par le Ministre de l'Intérieur comporte la citation des dispositions de l'article9, alinéa 3 de la Constitution, de l'alinéa 1er du présent article, et de l'alinéa 2 de l'article 812 du Code des Obligations civiles et commerciales.

Article 3

Outre les formalités relatives au fonctionnement des associations, prévues par le Code des Obligations civiles et commerciales, chaque parti politique doit :

1° déclarer sans délai toute modification apportée à ses statuts. Le Ministre de l'Intérieur refuse toute modification non conforme aux obligations prescrites par la présente loi :

2° déclarer chaque année, au plus tard dans les huit jours qui suivent la date anniversaire du récépissé de ses statuts, les prénoms, noms, professions et domiciles de ceux qui, à un titre quelconque, sont chargés de son administration ;

3° déposer chaque année, au plus tard le 31 janvier, le compte financier de l'exercice écoulé ; ce compte doit faire apparaître que le parti politique ne bénéficie d'autres ressources que celles provenant des cotisations, dons et legs de ses adhérents et sympathisants nationaux et des bénéfices réalisés à l'occasion de manifestations.

Un décret précise les pièces comptables que les partis politiques doivent fournir en application des dispositions du présent article.

Article 4

(Modifié par la loi n° 89-36 du 12 octobre 1989)

Les déclarations et dépôts prévus aux articles 2 et 3 sont effectués sous peine de dissolution, auprès du Ministre de l'Intérieur qui est tenu d'en délivrer récépissé.

La dissolution intervient également ;

1° Dans le cas où un parti a reçu directement ou indirectement des subsides de l'étranger ou d'étrangers établis au Sénégal.

2° Dans le cas où un parti applique une modification statutaire refusée par le Ministre de l'Intérieur.

3° Dans le cas où, par son activité générale ou ses prises de positions publiques, un parti a gravement méconnu les obligations qui lui incombent en vertu de l'article 3 de la Constitution et rappelées dans les engagements prévus à l'article 2 ci-dessus, notamment en ce qui concerne le respect :

- des caractères de l'État : républicain, laïc et démocratique ;
- des institutions de la République : de leur statut, de leurs pouvoirs et de leurs compétences ;
- de l'indépendance nationale, de l'intégrité du territoire et de l'unité de l'État ;
- de l'ordre public et des libertés publiques.

La dissolution est prononcée par décret pris sur le rapport du Ministre de l'Intérieur.

Les biens du parti dissous sont liquidés conformément aux dispositions de ses statuts ou, à défaut, conformément aux dispositions de l'alinéa 2 de l'article 817 du Code des Obligations civiles et commerciales.

Article 5

(Modifié par la loi n° 89-36 du 12 octobre 1989)

Les partis régulièrement constitués ont accès aux antennes de l'Office de Radiodiffusion Télévision du Sénégal pour la diffusion de leurs communiqués de presse, la couverture de leurs manifestations statutaires, et dans le cadre de la retransmission des débats à l'Assemblée nationale. En outre, ils peuvent être invités à participer à des émissions à caractère politique, notamment sous la forme de débats ou de tables rondes.

Les conditions d'application du présent article sont fixées par décret.

Article 6

Sont abrogées toutes dispositions contraires à la présente loi, notamment la loi n° 75-68 du 9 juillet 1975.

La présente loi sera exécutée comme loi de l'État.

Fait à Dakar, le 6 mai 1981

Par le Président de la République :
Abdou DIOUF

Le Premier Ministre :
Habib THIAM

Annexe 10

Loi n° 78-02 du 29 janvier 1978 relative aux réunions (Publiée au JORS n° 4618 du 25 février 1978, pp. 255 à 256)

Article premier. - Les réunions privées sont celles tenues en lieu privé, clos ou ouvert, ou en un lieu public loué et dont l'accès est réservé aux seules personnes invitées à titre personnel ou aux seuls membres permanents de l'association organisatrice.

Art. 2.- Sont notamment considérées comme des réunions privées celles qui comportent l'exercice d'un culte, ainsi que celles tenues par un syndicat professionnel, une union ou une fédération de syndicats, une association, une association d'étudiants, une association à caractère d'éducation sportive ou culturelle légalement déclarés ou autorisés, lorsqu'elles sont tenues dans les locaux normalement prévus pour l'exercice de leurs activités tels que siège social : bourse du travail, chambre de commerce et d'industrie, chambre de métiers, ou tout autre local mis à leur disposition pour la réunion.

Art. 3.- Sont également considérées comme des réunions privées, alors même qu'elles ont lieu sur la voie publique, celles qui sont conformes à la coutume ou à la religion telles que les assemblées des communautés villageoises, les chants religieux, les rassemblements ordonnés par l'administration compétente.

Art. 4.- Sont considérées comme des réunions publiques :

- les réunions tenues en un lieu public ou accessible au public, à l'exception de celles prévues à l'article 3 ;
- les réunions tenues dans un lieu privé et dont l'accès est ouvert à toutes les personnes convoquées par tous les moyens, et notamment par des cartes d'invitation distribuées avec grande facilité.

Art. 5.- Sont notamment considérées comme des réunions publiques, celles qui sont organisées par des partis politiques légalement constitués, dans un lieu privé, lorsqu'il y est admis un nombre indéterminé d'adhérents ou de responsables, ou que l'accès en est ouvert à tous les citoyens.

Art. 6.- Sont considérées comme des réunions électorales, celles qui, tenues en un lieu public ou privé, ont pour objet l'audition de candidats à des fonctions électives et dont l'accès est ouvert à tous les électeurs de la circonscription électorale.

Art. 7.- Sauf en ce qui concerne les dispositions de l'article 3 de la présente loi, les réunions sur la voie publique continuent d'être soumises aux dispositions légales et réglementaires actuelles et notamment aux articles 92 à 100 du Code pénal.

Art. 8.- La présente loi ne s'applique pas aux spectacles publics ni aux compétitions sportives.

TITRE II.- Régime des réunions

Art. 9.- Les réunions privées sont libres, sous réserve de l'application des dispositions de l'article 15.

Toutefois, les réunions privées prévues à l'article 3 de la présente loi sont soumises aux dispositions de l'article 10, à l'exception des rassemblements ordonnés par l'administration compétente.

Art. 10.- Les réunions publiques sont libres.

Toutefois, l'autorité responsable de l'ordre public doit être informée par écrit de leur tenue, au moins trois jours francs avant le moment où elles débutent. Il lui est indiqué la nature, la date, l'heure et le lieu de ladite réunion ainsi que les prénoms, nom, domicile de l'un des organisateurs domicilié dans la circonscription administrative.

Art. 11- Sauf autorisation spéciale de l'autorité responsable de l'ordre public, les réunions publiques ne peuvent se prolonger au-delà de 23 heures.

Art. 12.- Chaque réunion publique doit avoir un bureau composé de trois personnes au moins, élu par l'assemblée. Le bureau est chargé de maintenir l'ordre, d'empêcher toute infraction aux lois et règlements, d'interdire tout discours contraire à l'ordre public et aux bonnes mœurs ou contenant provocation à un acte qualifié crime ou délit.

Si son autorité est méconnue, le bureau lève la séance et fait appel au fonctionnaire délégué par l'autorité administrative.

Les membres du bureau sont responsables des infractions aux dispositions du présent article et à celles des articles 11 et 15.

Art. 13.- Dans chaque réunion publique, un fonctionnaire ou un officier de police judiciaire peut être délégué par l'autorité responsable de l'ordre public. Le délégué choisit sa place. Il intervient sur réquisition du bureau ou d'office s'il se produit des voies de fait. Il peut alors faire sommation aux assistants d'avoir à se disperser. S'il y a résistance, la réunion, devenue séditieuse, peut être dissoute par la force publique sur ordre du délégué.

Art. 14.- L'autorité administrative responsable de l'ordre public peut interdire toute réunion publique s'il existe une menace réelle de troubles à l'ordre public telle que la surexcitation des esprits à la suite d'événements politiques ou sociaux récents, la prévision de manifestations simultanées organisées par des groupements opposés, et si elle ne dispose pas des forces de sécurité nécessaires pour s'y opposer.

L'arrêté d'interdiction d'une réunion publique doit être motivé.

Art. 15.- Lorsqu'elles se déroulent en plein air, les réunions privées, publiques ou électorales ne peuvent être sonorisées sans autorisation spéciale de l'autorité responsable de l'ordre public. Au-delà de 23 heures, l'autorisation spéciale ne peut être donnée que de façon très exceptionnelle.

Art 16.- Les réunions électorales sont soumises aux dispositions des articles 10 à 15 de la présente loi et à celles des articles 97 à 100 du Code pénal.

TITRE III.- Dispositions pénales

Art. 17.- Les infractions aux dispositions des articles 10, 11, 12, 13 et 15 sont punies d’un emprisonnement de dix jours à trente jours et d’une amende de 10.000 à 20.000 francs ou de l’une de ces deux peines seulement.

Les dispositions de l’article 100 du Code pénal sont applicables aux réunions publiques ou électorales.

TITRE IV.- Dispositions finales

Art. 18.- Sont abrogées toutes dispositions contraires à la présente loi et notamment la loi du 30 juin 1881 sur la liberté de réunion et la loi du 28 mars 1907 relative aux réunions publiques.

La présente loi sera exécutée comme loi de l'État.

Fait à Dakar, le 29 janvier 1978

Par le Président de la République :
Léopold Sédar SENGHOR

Le Premier Ministre :
Abdou DIOUF

Annexe 11

Loi n° 2010-11 du 28 mai 2010 instituant la parité absolue Homme-Femme (Publiée au JORS n° 6544 du 4 septembre 2010, p. 958)

L'Assemblée nationale a adopté, en sa séance du vendredi 14 mai 2010 ;

Le Sénat a adopté, en sa séance du mercredi 19 mai 2010 ;

Le Président de la République promulgue la loi dont la teneur suit :

Article premier. - La parité absolue homme-femme est instituée au Sénégal dans toutes les institutions totalement ou partiellement électives.

Art. 2.- Les listes de candidatures sont alternativement composées de personnes des deux sexes.

Lorsque le nombre de membres est impair, la parité s'applique au nombre pair immédiatement inférieur.

Les listes de candidatures doivent être conformes aux dispositions ci-dessus sous peine d'irrecevabilité.

Art. 3.- Les conditions d'application de la présente loi seront définies et précisées par décrets.

Art. 4.- La présente loi et ses décrets d'application seront insérés au Code électoral.

La présente loi abroge toutes dispositions contraires.

La présente loi sera exécutée comme loi de l'État.

Fait à Dakar, le 28 mai 2010.

Par le Président de la République :
Abdoulaye WADE.

Le Premier Ministre,
Souleymane Ndéné NDIAYE.

Annexe 12

Décret n° 2011-819 du 16 juin 2011 portant application de la Loi instituant la Parité absolue Homme-Femme

(Publiée au JORS n° 4618 du 25 février 1978, pp. 2098 à 2099)

Le Président de la République,

Vu la Constitution, notamment en ses articles 43 et 67 ;

Vu la loi n° 2010-11 du 28 mai 2010 instituant la parité absolue Homme-Femme ;

Vu le décret n° 2011-634 du 17 mai 2011 portant répartition des services de l'État et du contrôle des établissements publics, des sociétés nationales et des sociétés à participation publique entre la Présidence de la République, la Primature et les ministères ;

Sur le rapport du Ministre d'État, Ministre de la Culture, du Genre et du Cadre de Vie ;

DECRETE :

Article premier. - Conformément à la loi n° 2010-11 du 28 mai 2010 instituant la parité absolue Homme-Femme dans toutes les institutions totalement ou partiellement électives, les listes de candidature à l'élection dans lesdites institutions sont, alternativement, composées de personnes des deux sexes, sous peine d'irrecevabilité.

Art. 2.- Les institutions totalement ou partiellement électives concernées sont :

- les Conseils régionaux, municipaux et ruraux ainsi que leurs Bureaux et Commissions ;
- le Sénat, son Bureau et ses Commissions ;
- l'Assemblée nationale, son Bureau et ses Commissions,
- le Bureau du Congrès du Parlement ;
- le Bureau du Conseil Économique et Social et ses Commissions.

Pour tout poste de sénateur, député, ou conseiller vacant, le remplaçant doit être du même sexe.

Sur les listes de candidatures, la mention du sexe de chaque candidat doit être précisée, à la suite de son nom.

Art. 3.- La loi instituant la parité s'applique à tout parti politique légalement constitué, toute coalition de partis politiques et à toutes les listes de candidatures indépendantes.

La totalité des listes présentées par chaque parti, coalition de parti ou candidature indépendante est déclinée au prorata du nombre d'hommes et de femmes potentiellement éligibles.

Lorsque le nombre de candidats sur les listes est impair, la parité s'applique au nombre pair immédiatement inférieur.

Pour chaque élection, les partis politiques, les coalitions de partis politiques et les listes de candidatures indépendantes ont l'obligation d'investir un nombre égal d'hommes et de femmes, toutes listes confondues.

Art. 4.- Le présent décret abroge toutes dispositions contraires.

Art. 5.- Le Ministre d'État, Ministre de l'Intérieur, le Ministre d'État, Garde des Sceaux, Ministre de la justice, le Ministre d'État, Ministre de la Culture, du Genre et du Cadre de Vie, le Ministre de la Décentralisation et des Collectivités locales et le Ministre chargé des Relations avec les Institutions sont chargés, chacun en ce qui le concerne, de l'exécution du présent décret qui sera publié au *Journal officiel*.

Fait à Dakar, le 16 juin 2011

Par le Président de la République :
Abdoulaye WADE

Le Premier Ministre,
Souleymane Ndéné NDIAYE.

Annexe 13

Loi n° 86-16 du 14 avril 1986 relative à la réalisation, à la publication et à la diffusion des sondages d'opinion (publiée au JORS n° 5115 du 26 avril 1986, pp. 178 à 179).

L'Assemblée nationale a délibéré et adopté en sa séance du jeudi 27 mars 1986,

Le Président de la République promulgue la loi dont la teneur suit :

Article premier. - Sont régies par les dispositions de de la présente loi, la réalisation, la publication et la diffusion des · sondages d'opinion quel qu'en soit le but ou l'objet.

Les opérations de simulation de vote réalisées à partir des sondages d'opinions sont assimilées à des sondages d'opinion pour l'application de la présente loi.

CHAPITRE PREMIER. - CONDITIONS DE REALISATION DES SONDAGES D'OPINION

Art. 2.- Les opérations concourant à la réalisation, à la publication et à la diffusion des sondages d'opinion doivent être effectuées de manière à en assurer la qualité et l'objectivité.

Art. 3.- L'échantillon des personnes interrogées doit être représentatif de l'ensemble des catégories sur lesquelles porte l'enquête.

Art. 4.- Les questions posées ne doivent pas être de nature à induire en erreur les personnes interrogées ou à orienter leurs réponses.

Le choix des enquêteurs et les instructions données à ceux-ci ne doivent pas être de nature à fausser les résultats de l'enquête.

Art. 5.- La durée de l'enquête ne doit pas excéder un délai tel que ses résultats ne puissent plus être regardés comme homogènes.

Art. 6.- Les redressements des résultats bruts de l'enquête éventuellement opérés ne doivent pas avoir pour effet d'affecter la sincérité des résultats du sondage.

Art. 7.- Le travail des enquêteurs doit être régulièrement contrôlé par l'organisme de sondage. Celui-ci doit s'assurer que l'enquête est exécutée conformément aux instructions qu'il a données et aux dispositions de la présente loi.

Art. 8.- La personne interrogée doit être informée du nom de l'organisme qui réalise le sondage. L'enquêteur doit rappeler à cette personne qu'elle est en droit de ne pas répondre et de mettre fin à tout moment à l'entretien.

Art. 9.- Les documents mentionnant l'identité des personnes interrogées ne peuvent être communiqués qu'aux personnes à qui est confié le contrôle du travail exigeant l'usage de documents nominatifs.

La Commission nationale des Sondages peut exiger la communication de ces documents.

CHAPITRE II.- COMMISSION NATOINALE DES SONDAGES

Art. 10.- Il est institué une Commission nationale des Sondages chargée de veiller à l'objectivité et à la qualité des sondages destinés à être publiés ou diffusés.

Section 1.- Composition de la Commission nationale des sondages

Art. 11.- Placée sous la présidence d'un conseiller à la Cour suprême, la Commission nationale des Sondages comprend :

- trois magistrats de la Cour d'Appel ;
- un représentant du Garde des Sceaux, Ministre de la Justice ;
- un représentant du Ministre de l'Intérieur ;
- un représentant du Ministre chargé de l'Information ;

Le Directeur de la Statistique assiste de plein droit aux séances de la Commission des Sondages avec voix consultative.

Art. 12.- Des membres suppléants désignés dans les mêmes conditions que les titulaires peuvent être appelés à suppléer ceux-ci en cas d'absence.

Art. 13.- La Commission nationale des Sondages établit son règlement intérieur.

Le représentant du Ministre chargé de l'Information est de droit secrétaire de la commission.

Art. 14.- La Commission nationale des Sondages peut désigner en qualité de rapporteur ou d'expert des fonctionnaires, des magistrats ou des personnalités particulièrement qualifiés en matière de sondage d'opinion ou de presse écrite, parlée ou télévisée.

Art. 15.- Il est interdit aux membres de la Commission nationale des Sondages et aux rapporteurs ou experts qu'elle désigne de révéler à des tiers les informations dont ils ont connaissance à l'occasion de l'accomplissement de leur mission.

Section 2.- Attribution de la Commission nationale des Sondages

Paragraphe premier. - Agrément des organismes ou des personnes réalisant des sondages

Art. 16.- Aucun organisme, aucune personne ne peut réaliser des sondages d'opinion destinés à être publiés, ou diffusés sans avoir reçu l'agrément de la Commission nationale des Sondages délivré dans les conditions fixées par décret. Cet agrément est valable pour trois ans.

La Commission nationale des Sondages dispose d'un délai de quarante-cinq jours à compter de la date de dépôt du dossier de demande d'agrément pour notifier au responsable l'octroi ou le refus de l'agrément sollicité. Passé ce délai, l'agrément est réputé accordé.

Paragraphe 2.- Accord préalable à la publication ou à la diffusion des sondages

Art. 17.- Aucun sondage d'opinion ne peut être publié ou diffusé sans avoir reçu l'accord préalable de la Commission nationale des Sondages après examen d'un nombre d'éléments concernant ce sondage.

La liste des pièces devant être présentées à la Commission nationale des Sondages est fixée par décret.

Art. 18.- La Commission nationale dispose d'un délai de dix jours à compter du dépôt de la demande d'accord préalable pour se prononcer. L'absence de décision intervenant dans ce délai vaut autorisation de publication ou de diffusion. Le refus d'autorisation doit être motivée.

Art. 19.- La publication ou la diffusion de tout sondage doit être accompagnée des indications suivantes :

- nom de l'organisme ou de la personne ayant réalisé le sondage et date d'agrément ;
- nom et qualité de l'acheteur ou du demandeur du sondage ;
- période pendant laquelle le sondage a été effectué ;
- zone géographique ou catégorie socio-professionnelle sur laquelle a porté le sondage ;
- objet du sondage ;
- texte intégral des questions posées ;
- nombre de personnes interrogées ;
- proportion des personnes n'ayant pas répondu à chacune des questions ;
- date de l'autorisation de publication ou de diffusion délivrée par la Commission nationale des Sondages.

CHAPITRE III.- DISPOSITIONS SPECIALES APPLICABLES EN PERIODE ELECTORALE

Art. 20.- La publication ou la diffusion de tout sondage d'opinion ayant un rapport direct ou indirect avec un référendum ou une élection réglementée par le Code électoral est interdite à compter de la date de publication au *Journal officiel* du décret portant convocation du corps électoral jusqu'à la publication définitive des résultats du scrutin.

Cette interdiction s'applique également aux simulations de vote réalisées à partir de sondages d'opinion.

CHAPITRE IV.- DISPOSITIONS PENALES

Art. 21.- Quiconque procédera ou tentera de procéder à un sondage d'opinion destiné à être publié ou diffusé sans avoir été préalablement agréé par la Commission, sera puni d'un emprisonnement d'un à trois ans et d'une amende de 100.000 à 1.500.000 francs.

Art. 22.- Sans préjudice de l'application des articles 270 à 279 du Code pénal, la publication ou la diffusion d'un sondage d'opinion non autorisée par la Commission nationale des Sondages sera punie des mêmes peines que celles prévues à l'article 21 ci-dessus.

La tentative du délit sera punie comme le délit consommé, elle est constituée notamment par le dépôt légal au parquet du Procureur de la République des exemplaires du journal ou de là l'écrit périodique contenant le sondage d'opinion non autorisé ou par l'annonce publique de la prochaine publication ou diffusion d'un sondage non encore autorisé.

Les mêmes peines s'appliquent en cas d'infraction à l'interdiction de publication ou de diffusion prévue à l'article 21 ci-dessus.

Art. 23.- Lorsque les faits constitutifs de l'infraction auront été commis par une personne morale, les poursuites seront engagées et les peines appliquées contre les représentants légaux, administrateurs et directeurs de ladite personne morale qui sera solidairement tenue du paiement des amandes et frais avec les condamnés.

Art. 24.- La décision de justice sera diffusée ou publiée par les mêmes moyens que ceux par lesquels il a été fait état du sondage publié ou diffusé en violation des dispositions de la présente loi.

La présente loi sera exécutée comme loi de l'État.

Fait à Dakar, le 14 avril 1986

Abdou DIOUF

Annexe 14

Décret n° 86-616 du 22 mai 1986 portant application de la loi n° 86-16 du 14 avril 1986 sur les sondages d'opinion

(Publié au JORS n° 5122 du 14 juin 1986, pp. 266 à 267)

LE PRESIDENT DE LA REPUBLIQUE,

Vu la Constitution, notamment en ses articles 37 et 65 ;

Vu la loi n° 86-16 du 14 avril 1986 relative à la réalisation, à la publication et à la diffusion des sondages d'opinion ;

Sur le rapport du Ministre de l'Intérieur,

DÉCRÈTE :

Article premier. - La demande d'agrément prévue à l'article 16 de la loi n° 86-16 du 14 avril 1986 doit être déposée en double exemplaire au Secrétariat de la Commission nationale des Sondages.

Elle doit être accompagnée d'un dossier justificatif détaillant la nature des sondages envisagés, la localisation, le montant et la décomposition des investissements, le nombre et la qualification des emplois prévus, les titres universitaires et l'expérience professionnelle de la personne chargée de la Direction technique des Sondages.

Art. 2.- La demande d'accord préalable à la publication ou à la diffusion d'un sondage prévue à l'article 17 de la loi n° 86-16 du 14 avril 1986 doit comprendre notamment :

- la référence de l'agrément de l'organisme ou de la personne ayant réalisé le sondage ;
- l'objet du sondage ;
- les détails du plan d'échantillonnage et de l'échantillon réel ;
- la liste et le niveau de qualification des enquêteurs, les instructions qui leur ont été données et les contrôles effectués ;
- le texte intégral des questions posées par l'enquêteur ;
- les réponses recueillies et les documents établis au cours de l'enquête ;
- les documents relatifs au traitement des réponses ;
- les résultats bruts du sondage et, le cas échéant, les redressements effectués ;
- les contrats de vente concernant le sondage.

Art. 3.- Le Garde des Sceaux, Ministre de la Justice, le Ministre de l'Intérieur, le Ministre de l'Économie et des Finances et le Ministre de la Communication sont chargés, chacun en ce qui le concerne, de l'exécution du présent décret qui sera publié au *Journal officiel.*

Fait à Dakar, le 22 mai 1986.

Abdou DIOUF

Annexe 15

Loi n° 2016-09 du 14 mars 2016 instituant une carte d'identité biométrique CEDEAO (Publiée au JORS n° 6929 du 23 avril 2016, pp. 574 à 575)

L'Assemblée nationale a adopté, en sa séance du vendredi 04 mars 2016,

Le Président de la République promulgue la loi dont la teneur suit :

Article premier. - Il est institué une carte d'identité biométrique CEDEAO réalisée à partir de données biométriques.

Art.2.- Cette carte d'identité est délivrée aux citoyens sénégalais.

Elle est obligatoire pour tous les citoyens âgés d'au moins quinze (15) ans et peut être délivrée à tout citoyen âgé de cinq (05) ans révolus.

Art. 3.- Cette carte est valable pour une période de dix (10) ans. À la fin de cette période, elle doit être renouvelée.

Art. 4.- La carte d'identité précitée est une carte à puce électronique multi application.

Elle peut en outre servir à d'autres usages, suivant les modalités fixées par décret.

Art. 5.- Les conditions de délivrance et de renouvellement de ladite carte de même que les éléments concernés par la biométrie et sa date de prise d'effet, ainsi que la date limite de validité de l'ancienne carte d'identité sont fixés par décret.

Art. 6.- Sont abrogées les dispositions contraires à la présente loi et notamment celles contenues dans la loi n° 2005-28 du 06 septembre 2005 instituant la carte nationale d'identité sénégalaise numérisée.

La présente loi sera exécutée comme loi de l'État.
Fait à Dakar, le 14 mars 2016
Le Président de la République :
Macky SALL
Le Premier Ministre,
Mahammed Boun Abdallah DIONNE

Annexe 16

Décret n° 2016-1536 du 29 septembre 2016 portant application de la loi n° 2016-09 du 14 mars 2016 instituant une carte d'identité biométrique CEDEAO (Publié au JORS n° 6965 du 5 octobre 2016, pp. 1422 à 1423)

Le Président de la République,

VU la Constitution ;

VU la loi n° 2016-09 du 14 mars 2016 instituant une carte d'identité biométrique CEDEAO ;

VU la loi n° 2016-27 du 19 août 2016 portant refonte partielle des listes électorales ;

VU le décret n° 2014-845 du 06 juillet 2014 portant nomination du Premier Ministre ;

VU le décret n° 2014-853 du 09 juillet 2014 portant répartition des services de l'État et du contrôle des établissements publics, des sociétés nationales et des sociétés à participation publiques entre la Présidence de la République, la Primature et les ministres, modifié ;

VU le décret n° 2014-869 du 22 juillet 2014 relatif aux attributions du Ministre de l'Intérieur et de la Sécurité publique ;

VU le décret n° 2015-855 du 22 juin 2015 relatif à la composition du Gouvernement ;

Sur le rapport du Ministre de l'Intérieur et de la Sécurité publique,

DECRETE

Article premier. - La carte d'identité biométrique CEDEAO comporte :

* **au recto** : Outre le logo de la CEDEAO, le drapeau du Sénégal et les deux photographies dont l'une plus petite dite fantôme se trouve à la droite de la carte, les mentions suivantes :

- République du Sénégal ;
- Carte CEDEAO ;
- ECOWAS IDENTITY CARD/BILHETE DE IDENTIDADE CEDEAO;

-N° de la carte d'identité ;
- Prénoms ;
- Nom ;
- Date de naissance ;
- Lieu de naissance ;
- Sexe ;
- Date de délivrance ;
- Date d'expiration ;
- Adresse du domicile ;
- Taille (en cm) ;
- Centre d'enregistrement ;
- Signature du titulaire.

Le numéro de la carte d'identité contient dix-sept (17) chiffres ;

* 1 chiffre pour la codification du sexe :
- 1 pour le sexe masculin ;
- 2 pour le sexe féminin.

* 2 chiffres pour la codification de la région ;
* 8 chiffres pour indiquer la date de naissance du requérant, sous le format année/mois/jour de naissance ;
* 5 chiffres générés automatiquement par l'ordinateur ;
* 1 dernier chiffre de contrôle calculé par l'ordinateur

* **au verso** : Outre les mentions « République du Sénégal » « Informations électorales », « Code pays », le dessin d'une urne, des éléments de sécurité ;

a. *Pour les électeurs* :
- Numéro d'électeur ;
- Région ;
- Département ;
- Arrondissement ;
- Commune ;
- Lieu de vote ;
- Bureau de vote ;
- Numéro d'identification national (NIN).

b. *Pour les non électeurs :*
- la mention « personne non inscrite sur le fichier électoral » ;
- Numéro d'identification national (NIN)

Le relevé des empreintes digitales est fait pour tous les dix (10) doigts du requérant.

Si un doigt n'est pas disponible, mention en est faite sur le dossier d'instruction.

L'indisponibilité doit être le fait d'une infirmité permanente.

Le prénom du père ainsi que les prénoms et nom de la mère sont enregistrés dans la puce électronique.

Pour les enfants naturels non reconnus, un astérisque remplace le prénom du père.

Art. 2. - Cette carte fait office de carte d'électeur pour les citoyens inscrits sur les listes électorales.

Art. 3. - La carte est délivrée ou renouvelée sur production des pièces suivantes :

a) l'ancienne carte nationale d'identité numérisée ou la carte d'électeur numérisée accompagnée de photocopie.

b) Pour les citoyens qui ne produisent pas les pièces précitées :

- un extrait de naissance datant d'au moins un an ;
- un certificat de résidence ou tout autre document en tenant lieu.

Pour les demandes de duplicata en cas de perte, il est exigé aussi un certificat de perte et un timbre fiscal de 10.000 francs CFA.

En cas de duplicata, l'ancienne date de péremption est reconduite.

Art. 4. - La demande est déposée, auprès des Préfets, Sous-préfets, des Commissaires de police ou des Commandants de brigade de gendarmerie, dans le ressort territorial des circonscriptions administratives concernées. Ces autorités sont chargées de la remise des cartes produites à leur titulaire.

La demande peut être aussi instruite par des commissions administratives instituées à cet effet par arrêté des Préfets et Sous-préfets.

Art. 5. - La nouvelle carte d'identité biométrique CEDEAO entre en vigueur dès son établissement.

La date limite de validité de l'ancienne carte nationale d'identité numérisée sera fixée par décret.

Art. 6. - Le Ministre de l'Intérieur et de la Sécurité publique, le Garde des Sceaux, Ministre de la Justice, Le Ministre des Affaires Étrangères et des Sénégalais de l'Extérieur, le Ministre de l'Économie, des Finances et du Plan, Le Ministre de l'Intégration africaine, du

NEPAD et de la Promotion de la bonne gouvernance sont chargés, chacun en ce qui le concerne, de l'exécution du présent décret qui sera diffusé partout où besoin sera et publié au *Journal officiel.*

Fait à Dakar, le 29 septembre 2016

Le Président de la République :
Macky SALL

Le Premier Ministre,
Mahammed Boun Abdallah DIONNE

Annexe 17

Loi n° 2006-04 du 4 janvier 2006 portant création du Conseil national de la Régulation de l'Audiovisuel (CNRA)

(Publié au JORS n° 6269 du 18 mars 2006, pp. 246 à 249)

L'Assemblée nationale a adopté, en sa séance du mercredi 21 décembre 2005 ;

Le Président de la République promulgue la loi dont la teneur suit :

Chapitre premier. - Dispositions générales

Article premier. - Il est créé une autorité indépendante de régulation de l'audiovisuel dénommée Conseil national de Régulation de l'Audiovisuel (CNRA).

Elle a pour mission essentielle :

- d'assurer le contrôle de l'application de la réglementation sur l'audiovisuel ;
- de veiller au respect des dispositions de la présente loi et de celles des cahiers de charges et conventions régissent le secteur.

Art. 2.- Tous les médias audiovisuels entrent dans son champ d'application quel que soit leur statut juridique.

Art. 3.- Le Conseil national de Régulation de l'Audiovisuel comprend neuf membres nommés par le Président de la République :

- le Président de l'Institution ;
- un membre issu des mouvements des associations féminines ;
- un membre issu du milieu des professionnels de la communication audiovisuelle ;
- une personnalité qualifiée du milieu des arts ;
- une personnalité qualifiée du milieu des lettres ;
- un membre issu de la communauté universitaire ;
- un membre issu des mouvements des droits de l'homme ;
- un membre issu du Conseil national de la Jeunesse ;
- un membre issu des associations de personnes du troisième âge

Art. 4.- La durée du mandat des membres du Conseil national de Régulation de l'Audiovisuel est de six ans. Ce mandat n'est ni renouvelable, ni révocable.

Les membres du Conseil national de Régulation de l'Audiovisuel ne peuvent être poursuivis, recherchés, arrêtés ou jugés à l'occasion des actes accomplis ou des opinions émises dans l'exercice de leurs fonctions.

Les indemnités du Président et des membres du Conseil national de Régulation de l'Audiovisuel sont fixées par décret.

Art. 5.- Les fonctions de membre du Conseil national de Régulation de l'Audiovisuel sont incompatibles avec mandat électif.

Les membres du Conseil national de Régulation de l'Audiovisuel ne peuvent, directement ou indirectement, détenir, d'intérêts dans une entreprise de l'audiovisuel du cinéma, de l'édition, de la presse, de la publicité ou des télécommunications. Toutefois, si un membre du conseil détient des intérêts dans une telle entreprise avant sa nomination, il dispose d'un délai de trois mois pour se mettre en conformité avec la loi.

Art. 6.- Le membre du Conseil national de Régulation de l'Audiovisuel qui a accepté un emploi ou un mandat électif incompatible avec sa qualité de membre ou manqué aux obligations définies par l'article 5 et au deuxième alinéa du présent article est déclaré démissionnaire d'office par le Conseil national de Régulation de l'Audiovisuel.

Pendant la durée de leurs fonctions les membres du Conseil national de Régulation de l'Audiovisuel sont tenus de s'abstenir de toute prise de position publique sur les questions dont le Conseil national de Régulation de l'Audiovisuel a eu à connaître ou qui sont susceptibles de lui être soumises.

Chapitre II.- Attributions du Conseil national de Régulation de l'Audiovisuel

Art. 7.- Le Conseil national de Régulation de l'Audiovisuel veille :

- à l'indépendance et à la liberté de l'information et de la communication dans le secteur de l'audiovisuel ;

- au respect de la loi et à la préservation des identités culturelles, à l'objectivité et au respect de l'équilibre dans le traitement de l'information véhiculée par les médias audiovisuels ;

- la sauvegarde de l'enfance et de l'adolescence dans les contenus des programmes ;

- au respect de l'accès équitable des partis politiques, des syndicats et des organisations reconnues de la société civile aux médias audiovisuels dans les conditions fixées par les lois et règlements en vigueurs ;

- au respect des cahiers de charges applicables aux titulaires de concession portant autorisation d'exploitation d'un service de communication audiovisuelle ;

- à la libre et saine concurrence entre les entreprises de communication audiovisuelle.

Art. 8.- Le Conseil national de Régulation de l'Audiovisuel fixe les règles concernant les conditions de productions, de programmation et de diffusion des émissions réglementées des médias audiovisuels pendant les campagnes électorales.

Art. 9.- Le Conseil national de Régulation de l'Audiovisuel vieille :

- au respect des règles d'éthique et de déontologie dans le traitement de l'information et dans la programmation des différents médias audiovisuels, notamment en assurant le respect des institutions de la République, de la vie privée, de l'honneur et de l'intégrité de la personne humaine ;

- au respect de l'unité nationale, de l'intégrité territoriale et du caractère laïc de la République dans les contenus des messages audiovisuels ;

- au respect de l'application stricte des dispositions des cahiers de charges relatives à la diffusion d'émissions interactives.

Art. 10.- Le Conseil national de Régulation de l'Audiovisuel veille à ce que toute station de radiodiffusion dispose, obligatoirement, d'un système de retardement de la voix d'au moins trois secondes pour ses émissions interactives.

Art. 11.- Le Conseil national de Régulation de l'Audiovisuel peut être saisi pour avis au sujet de propositions ou de projet de textes législatifs ou réglementaires concernant la communication sur des questions relevant de sa compétence.

Art. 12.- En vertu de la présente loi, le Conseil national de Régulation de l'Audiovisuel exerce un contrôle, par tous moyens appropriés, sur le contenu et les modalités de programmation des émissions publicitaires diffusées par les sociétés nationales de programmes et par les titulaires des autorisations délivrées pour des services de communication audiovisuelles privés.

Art. 13.- Au plus tard le 31 mars de chaque année, le Conseil national de Régulation de l'Audiovisuel établit un rapport sur ses activités au cours de l'année écoulée. Il expose également dans ce rapport, la situation d'ensemble du secteur de la communication audiovisuelle du point de vue de l'application des lois et règlements régissant ledit secteur.

Ce rapport est remis par le Président du Conseil national de Régulation de l'Audiovisuel au Président de la République. Il est rendu public dès après sa remise au Chef de l'État.

Art. 14.- Le Conseil national de Régulation de l'Audiovisuel publie à la fin de chaque trimestre un avis donnant des indications sur les déséquilibres et/ou sur le non-respect du pluralisme dans le secteur de l'audiovisuel sur la période écoulée. Il propose, le cas échéant, les mesures et actions requises pour corriger les dysfonctionnements constatés.

Art. 15.- Le Conseil national de Régulation de l'Audiovisuel supervise une émission programmée toutes les deux semaines, séparément à la Radio et à la Télévision publique. Cette émission est réservée aux partis politiques légalement constitués pour leur permettre d'évoquer les questions d'actualité nationale et internationale sous forme de débats contradictoires.

Le Conseil national de Régulation de l'Audiovisuel veille au respect des principes d'équité, et d'équilibre entre tous les partis en tenant compte des contraintes du service public de la radio-télévision.

Art. 16.- Le Conseil national de Régulation de l'Audiovisuel veille au respect des dispositions de la loi n° 92-57 du 3 septembre 1992 relative au pluralisme à la Radio Télévision, notamment des articles 14 à 18 sur la propagande des partis politiques, la retransmission des débats parlementaires et le pluralisme de l'information.

Chapitre III.- De la procédure devant le Conseil national de Régulation de l'Audiovisuel

Art. 17.- Le Conseil national de Régulation de l'Audiovisuel peut être saisi de toute violation des dispositions législatives et réglementaires régissant les médias audiovisuels ainsi que l'accès équitable des partis politiques, des syndicats et des organisations reconnues de la société civile aux médias d'État.

Il peut également se saisir de toute question relevant de sa compétence et en délibérer.

Art. 18.- Le Conseil national de Régulation de l'Audiovisuel est saisi en la personne de son Président par toute personne physique ou morale. La requête ou réclamation est formulée par écrit, datée et signée par une personne ayant qualité à agir dans ce sens.

Elle doit sous peine d'irrecevabilité énoncer avec suffisamment de précision les griefs articulés.

Chapitre IV.- Organisation et fonctionnement du Conseil national de Régulation de l'Audiovisuel

Art. 19.- Le Conseil national de Régulation de l'Audiovisuel se réunit au moins deux fois par mois, sur convocation de son président, à l'effet de délibérer sur les questions relevant de sa compétence.

Pour pouvoir valablement délibérer, la présence d'au moins la moitié de ses membres est nécessaire. Si ce quorum n'est pas atteint, la réunion suivante pourra délibérer valablement quel que soit le nombre des membres présents.

Les décisions du Conseil national de Régulation de l'Audiovisuel sont prises de manière consensuelle ou à la majorité simple des membres présents. En cas de partage égal des voix, celle-ci du Président est prépondérante.

Le Conseil national de Régulation de l'Audiovisuel peut inviter à ses réunions, à titre consultatif, toute personne dont il juge utile d'entendre les avis motivés sur les questions dont il est saisi.

Art. 20.- Les délibérations du Conseil national de Régulation de l'Audiovisuel sont constatées et consignées dans un procès-verbal signé par son Président.

Art. 21.- Le Conseil national de Régulation de l'Audiovisuel dispose de services qui sont placés sous l'autorité de son président.

Le personnel de ces services est constitué :

- de personnes titulaires de la Fonction publique mises à la disposition du Conseil national de Régulation de l'Audiovisuel par voie de détachement ;

- des personnes recrutées directement par le Conseil national de Régulation de l'Audiovisuel selon ses propres procédures en la matière.

Ce personnel est régi par le Code du Travail.

Les salaires ainsi que les avantages d'ordre financier et matériel du personnel du Conseil national de Régulation de l'Audiovisuel sont fixés par le Président du Conseil national de Régulation de l'Audiovisuel dans le cadre des hiérarchies professionnelles définies dans le statut du personnel ou l'accord collectif d'établissement adopté par le Conseil national de Régulation de l'Audiovisuel.

Art. 22.- Les personnels du Conseil national de Régulation de l'Audiovisuel ne peuvent être membres des conseils d'administration des entreprises du secteur de l'audiovisuel, ni bénéficier d'une licence relative à un service de communication audiovisuelle, ni exercer de fonctions ou détenir d'intérêts dans ledit secteur.

Art. 23.- Le Président du Conseil national de Régulation de l'Audiovisuel est ordonnateur des dépenses du budget de l'institution.

Art. 24.- Les services du Conseil national de Régulations de l'Audiovisuel sont coordonnés par un Secrétaire exécutif choisi parmi les agents de la hiérarchie A ou assimilée, nommé par décret sur proposition du Président du Conseil national de Régulation de l'Audiovisuel.

Le Secrétaire exécutif assiste aux réunions du Conseil national de Régulation de l'Audiovisuel sans voix délibérative et en assure le secrétariat.

Une instruction du Président du Conseil national de Régulation de l'Audiovisuel fixera les autres attributions confiées au Secrétaire exécutif.

Le Président du Conseil national de Régulation de l'Audiovisuel fixe l'organisation interne des services.

Art. 25.- Les membres et le personnel du Conseil national de Régulation de l'Audiovisuel sont astreints au secret professionnel pour les faits, actes et renseignements dont ils ont pu avoir connaissance en raison de leurs fonctions, à l'occasion de l'exercice de leur mission.

Sous la responsabilité de son Président, le Conseil national de Régulation de l'Audiovisuel élabore un code d'éthique applicable aux membres et au personnel de l'institution.

Chapitre V.- Dispositions relatives aux contrôles et aux sanctions

Art. 26.-

En cas de manquement aux obligations prévues par la présente loi, ainsi que par les conventions et cahiers de charges, le Conseil national de Régulations de l'Audiovisuel fait des observations ou une mise en demeure publique aux contrevenants.

En cas d'inobservation de la mise en demeure, le Conseil national de Régulation de l'Audiovisuel peut prendre une sanction qui peut consister en la suspension totale ou partielle d'un programme.

Il est tenu, en fonction de la gravité des griefs, de procéder aux sanctions suivantes :

- suspension d'un à trois mois de tout ou parties des émissions ;
- sanction pécuniaire de deux à dix millions de francs ;
- pénalité quotidienne de retard de cent mille francs à cinq cent mille francs CFA en cas d'inexécution d'une décision du Conseil national de Régulation de l'Audiovisuel.

Le Conseil national de Régulation de l'Audiovisuel peut également proposer à l'autorité avant délivré l'autorisation une réduction de six mois à un an de sa durée ou un retrait définitif de ladite autorisation.

Les sanctions pécuniaires bénéficient au Trésor public qui procède à leur recouvrement.

Les sanctions se prennent dans le respect des droits de la défense après notification des faits qui ne peuvent remonter à plus de trois mois. L'intéressé dispose, pour répondre, d'un délai maximum de quinze jours, et en cas d'urgence décidée par le Conseil, de sept jours. Le Conseil national de Régulation de l'Audiovisuel dispose d'un délai maximum d'un mois pour rendre une décision motivée et la notifier à l'intéressé.

Les décisions du Conseil national de Régulation de l'Audiovisuel portant sanction peuvent faire l'objet d'un recours en annulation ou d'une demande de sursis à exécution devant le Conseil d'État. Ce recours n'est pas toutefois suspensif.

Art. 27.- Les sanctions prononcées par le Conseil national de Régulation l'Audiovisuel ne donnent droit à aucun dédommagement.

Art. 28.- Les agents du Conseil national de Régulation de l'Audiovisuel, chargés d'effectuer des opérations de contrôle et de constatation par procès-verbal, des infractions commises au regard des dispositions de la présente loi, des cahiers de charges et des conventions, sont assermentés. Ils prêtent serment devant le Tribunal régional de Dakar selon la formule suivante : « Je jure d'exercer mes fonctions avec probité, dans le strict respect des lois et règlements ».

Art. 29.- Les agents du Conseil national de Régulations de l'Audiovisuel peuvent accéder aux locaux des entreprises de Communication audiovisuelle, demander la communication de tout document professionnel et en prendre copie, recueillir, sur convocation ou sur place, tous renseignements et justifications.

Les agents du CNRA peuvent également procéder au contrôle des équipements et à la fermeture des locaux en cas de non-respect des dispositions de la présente loi, des cahiers de charges et des conventions relatifs aux entreprises de communication audiovisuelle. Ils bénéficient du concours des forces de l'ordre dans l'exercice de leur mission.

Chapitre VI. - Ressources du Conseil national de Régulation de l'Audiovisuel

Art. 30.- Le Conseil national de Régulation dispose, comme ressources, d'une dotation budgétaire couvrant entièrement les dépenses prévues.

Dans ce sens, le Conseil national de Régulation de l'Audiovisuel propose le vote, lors de l'élaboration du projet de loi de finances, des crédits nécessaires à son fonctionnement.

Art. 31.-

Sont abrogés toutes les dispositions contraires à la présente loi, notamment la loi n° 98-09 du 2 mars 1998 portant création du Haut Conseil de l'Audiovisuel, ainsi que les articles 3 à 13 et les articles 19 et 20 de la loi n° 92-57 du 3 septembre 1992 relative au pluralisme à la Radiotélévision.

La présente loi sera exécutée comme loi de l'État.

Fait à Dakar, le 4 janvier 2006

Par le Président de la République
Abdoulaye WADE

Le Premier Ministre
Macky SALL

Table des matières

LISTE DES ABREVIATIONS 11

Le Code électoral : de 1976 à 2021 13

Première partie

PARTIE LEGISLATIVE DU CODE ELECTORAL 17

TITRE PREMIER

DISPOSITIONS COMMUNES A L'ELECTION DU PRESIDENT DE LA REPUBLIQUE, AUX ELECTIONS DES DEPUTES, DES HAUTS CONSEILLERS, DES CONSEILLERS DEPARTEMENTAUX ET MUNICIPAUX 19

Chapitre préliminaire : De la gestion et du contrôle du processus électoral 21

Section premier : L'Administration électorale 21

Section 2 : La Commission électorale nationale autonome *(C.E.NA)* 27

Section 3 : Des cours d'appel 39

Section 4. - De l'Observation électorale 45

Chapitre premier : Le Corps électoral 49

Chapitre II : Les listes électorales 51

Section premier : Conditions d'inscription sur les listes électorales 51

Section 2 : Établissement et révision des listes électorales 55

Section 3 : Contrôle des inscriptions sur les listes électorales 61

Section 4 : Cartes d'électeur 63

Chapitre III : Conditions d'éligibilité, d'inéligibilité 69

et d'incompatibilité 69

Chapitre IV : Propagande électorale 77

Chapitre V : Vote 83

Section 1 : Organisation du bureau et déroulement du vote 83

Section 2 : Dépouillement et proclamation des résultats du bureau 110

de vote 110

Section 3 : Transmission des procès-verbaux et proclamation 115

des résultats provisoires 115

Chapitre VI. - Dispositions pénales 123

Section 1 : Délits en matière électorale 123

Section 2 : Immunité et prescription en matière électorale 130

TITRE II - *DISPOSITIONS RELATIVES À L'ELECTION DU PRESIDENT DE LA REPUBLIQUE* **131**

Chapitre premier : Dépôt de candidature 133

Chapitre II : Campagne électorale 161

Chapitre III : Opérations électorales 167

Chapitre IV : Recensement des votes 171

et proclamation des résultats 171

Chapitre V : Contentieux 177

TITRE III. - *DISPOSITIONS RELATIVES AUX ELECTIONS DES DEPUTES A L'ASSEMBLEE NATIONALE* **183**

Chapitre premier : Composition, mode d'élection et durée du mandat des députés 185

Chapitre II : Conditions d'éligibilité et d'inéligibilité 189

Chapitre III : Incompatibilités 193

Chapitre IV : Déclaration de candidature 197

Chapitre V : Campagne électorale 215

Chapitre VI. - Opérations électorales, recensement des votes et proclamation des résultats 219

Chapitre VII : Contentieux 221

TITRE IV

DE L'ELECTION DES HAUTS CONSEILLERS **225**

Chapitre premier : Composition, mode de désignation et durée du mandat des hauts conseillers 227

Chapitre II : Conditions d'éligibilité et inéligibilités 231

Chapitre III : Incompatibilités 233

Chapitre IV : Déclaration de candidature 235

Chapitre V : Campagne électorale 239

Chapitre VI : Opérations électorales - 241

Recensement des votes et proclamation des résultats 241

Chapitre VII : Contentieux 245

Chapitre VIII : Dispositions pénales 247

TITRE V

DISPOSITIONS RELATIVES AUX ELECTIONS DES CONSEILLERS DEPARTEMENTAUX **249**

Chapitre premier : Composition, mode de désignation et durée du mandat des Conseillers départementaux 251

Chapitre II : Conditions d'éligibilité, d'inéligibilité et d'incompatibilité 261

Chapitre III : Déclaration de candidature 265

Chapitre IV : Campagne électorale 277

Chapitre V : Opérations électorales, Recensement et proclamation des Résultats 279

Chapitre VI : Le Contentieux des élections départementales 283

TITRE VI

DISPOSITIONS RELATIVES AUX ELECTIONS DES CONSEILLERS MUNICIPAUX 287

Chapitre premier : Composition des conseils municipaux, mode de scrutin et mandat des conseillers 289

Chapitre II : Conditions d'éligibilité, d'inéligibilité et d'incompatibilité 301

Chapitre III : Déclaration de candidature 307

Chapitre IV : Campagne électorale 321

Chapitre V : Vote, recensement et proclamation des résultats 323

Chapitre VI : Dispositions spéciales relatives à l'élection des conseillers municipaux des villes 325

Chapitre VII : Contentieux des élections municipales 327

TITRE VII

DISPOSITIONS SPECIALES RELATIVES AU VOTE DES SENEGALAIS ETABLIS OU RESIDANT HORS DU SENEGAL A L'ELECTION DU PRESIDENT DE LA REPUBLIQUE ET AUX ELECTIONS DES DEPUTES 329

Chapitre premier : Conditions d'organisation des opérations électorales hors du Sénégal 331

Chapitre II : Le Corps électoral 333

Chapitre III : Les listes électorales 335

Section premier : Conditions d'inscription sur les listes électorales 335

Section 2. - Établissement et révision des listes électorales 336

Section 3 : Contrôle des inscriptions sur les listes électorales 337

Section 4 : Les cartes d'électeur 341

Chapitre IV : Opérations électorales, recensement et proclamation des résultats 343

Chapitre V : Dispositions pénales 349

TITRE VIII

DU REFERENDUM 351

TITRE IX

DISPOSITIONS PARTICULIERES 353

TITRE X

DISPOSITIONS TRANSITOIRES ET FINALES 355

Seconde partie

PARTIE REGLEMENTAIRE DU CODE ELECTORAL

TITRE PREMIER

DISPOSITIONS COMMUNES A L'ELECTION DU PRESIDENT DE LA REPUBLIQUE ET AUX ELECTIONS DES DEPUTES, DES HAUTS CONSEILLERS, DES CONSEILLERS DEPARTEMENTAUX ET MUNICIPAUX 359

Chapitre Préliminaire : De La Gestion et du contrôle du processus 361

Section première : L'administration Électorale 361

Section 2 : La Commission Électorale Nationale Autonome (C.E.N.A) 362

Section 3 : L'observation Électorale 365

Section 4 : Dispositions Générales 369

Chapitre Premier : Le Corps Électoral 373

Chapitre II : Les Listes Électorales 375

Section première : Établissement et révision des listes Électorales 375

Section 2 : Contrôle Des Inscriptions Sur Les Listes Électorales 381

Section 3 : Cartes d'électeur 381

Chapitre III : Propagande Électorale 385

Chapitre IV : Bulletins De Vote 387

Chapitre V : Vote 391

Chapitre VI : Dispositions Pénales 401

TITRE II

DISPOSITIONS SPECIALES RELATIVES À L'ELECTION DU PRESIDENT DE LA REPUBLIQUE ET AUX ELECTIONS DES DEPUTES 403

Chapitre Premier : Déclaration de candidature 405

TITRE III

DISPOSITIONS SPECIALES RELATIVES À L'ELECTION

DES HAUTS CONSEILLERS 411

Chapitre Premier : Dispositions Générales 413

Chapitre II : Déclaration De Candidature 415

TITRE IV

DISPOSITIONS SPECIALES CONCERNANT LES ELECTIONS DES CONSEILLERS DEPARTEMENTAUX ET MUNICIPAUX . 417

TITRE V

DISPOSITIONS SPECIALES RELATIVES À LA PARTICIPATION DES SENEGALAIS ETABLIS OU RESIDANT HORS DU SENEGAL A L'ELECTION DU PRESIDENT DE LA REPUBLIQUE ET AUX ELECTIONS DES DEPUTES 421

Chapitre Préliminaire : Dispositions Générales 423

Chapitre Premier : Les Listes électorales 425

Section Première : Établissement et révision des listes électorales 425

Section 2 : Contrôle Des Inscriptions sur les listes Électorales 428

Section 3 : Carte d'électeur 428

Chapitre II : Bulletins de vote 431

Chapitre III : Operations Électorales 433

ANNEXES 435

Annexe 1 Déclaration universelle des Droits de l'Homme du 10 décembre 1948 437

Annexe 2 Pacte international relatif aux Droits civils et politiques du 16 décembre 1966 439

Annexe 3 Charte africaine des Droits de l'Homme et des Peuples du 27 juin 1981 441

Annexe 4 Protocole de la CEDEAO/A/SP1/12/01 sur la démocratie et la bonne gouvernance (additionnel au protocole de Lomé du 10 décembre 1999 relatif au mécanisme de prévention, de gestion, de règlement des conflits, de maintien de la paix et de la sécurité) 443

Annexe 5 CHARTE AFRICAINE DE LA DEMOCRATIE, DES ÉLECTIONS ET DE LA GOUVERNANCE DU 30 JANVIER 2007 445

Annexe 6 Loi n° 2001- 03 du 22 janvier 2001 portant Constitution de la République du Sénégal, (Journal officiel n° 5963 du 22 janvier 2001 p. 27 & ss.), modifiée (Extrait) 447

Annexe 7 Loi organique n°2016-23 du 14 juillet 2016 relative au Conseil constitutionnel (publiée au JORS n° 6946, NS du 15 juillet 2016, pp. 928 à 930) 453

Annexe 8 Loi organique n° 2017-09 du 17 janvier 2017 abrogeant et remplaçant l'organique n° 2008-35 du 08 août 2008 sur la Cour suprême (JORS n° 6986 du mercredi 18 janvier 2017), modifiée par la loi n° 2022-16 du 23 mai 2022 (JORS n° 7531 du mardi 23 mai 2022, p. 571) (Extrait) 461

Annexe 9 Loi n° 81-17 du 6 mai 1981 relative aux partis politiques (JORS n° 4834 du 15 mai 1981, pp. 520 à 521), modifiée par la loi n° 89-36 du 12 octobre 1989 (JORS n° 5315 du 28 octobre 1989, pp. 418 à 419) 465

Annexe 10 Loi n° 78-02 du 29 janvier 1978 relative aux réunions (Publiée au JORS n° 4618 du 25 février 1978, pp. 255 à 256) 469

Annexe 11 Loi n° 2010-11 du 28 mai 2010 instituant la parité absolue Homme-Femme (Publiée au JORS n° 6544 du 4 septembre 2010, p. 958) 473

Annexe 12 Décret n° 2011-819 du 16 juin 2011 portant application de la Loi instituant la Parité absolue Homme-Femme (Publiée au JORS n° 4618 du 25 février 1978, pp. 2098 à 2099) 475

Annexe 13 Loi n° 86-16 du 14 avril 1986 relative à la réalisation, à la publication et à la diffusion des sondages d'opinion (publiée au JORS n° 5115 du 26 avril 1986, pp. 178 à 179) L'Assemblée nationale a délibéré et adopté en sa séance du jeudi 27 mars 1986, ... 477

Annexe 14 Décret n° 86-616 du 22 mai 1986 portant application de la loi n° 86-16 du 14 avril 1986 sur les sondages d'opinion (Publié au JORS n° 5122 du 14 juin 1986, pp. 266 à 267) 483

Annexe 15 Loi n° 2016-09 du 14 mars 2016 instituant une carte d'identité biométrique CEDEAO (Publiée au JORS n° 6929 du 23 avril 2016, pp. 574 à 575) 485

Annexe 16 Décret n° 2016-1536 du 29 septembre 2016 portant application de la loi n° 2016-09 du 14 mars 2016 instituant une carte d'identité biométrique CEDEAO (Publié au JORS n° 6965 du 5 octobre 2016, pp. 1422 à 1423) 487

Annexe 17 Loi n° 2006-04 du 4 janvier 2006 portant création du Conseil national de la Régulation de l'Audiovisuel (CNRA) (Publié au JORS n° 6269 du 18 mars 2006, pp. 246 à 249) 491

Table des matières 499

INDEX ALPHABETIQUE 505

INDEX ALPHABETIQUE

A

Abus de confiance **(art.L.29)**

Accréditation **(art. L.25, R.16, R.18, R.21, R.22, R.23, R.24)**

Action

- publique **(art.L.118)**

- civile **(art.L.118)**

Administration électorale **(art. L. premier à L.3, R.18, R.22)**

Affichage **(art.L.60 L.66, L.71, L.109, L.127, LO.129, LO.131, LO.185, L.216, L.256, L.258, L.291, L.293, L.332, L.339, R.43, R.54, R.79)**

Agents publics **(art.L.18, L.29, L.54, R.8)**

Ambassades **(art.L.3, L.8, L18, L.19, R.11, R.95)** Altération **(art.L.53, L.327)**

Arrondissement **(art.L.53, R.47)**

Arme (s) **(art.L.77, L97, L.101, L.103, L.118)**

Assemblée nationale **(art.LO.148, L.150, L.155, LO.157, LO.158, LO.164, LO.168, LO.172, L.175, LO.186, LO.191, LO.192, LO.198)**

Audiovisuel **(art. L.61, LO.130, LO.132, LO.134, LO.135, LO.136, LO.188, LO.189)**

Avis

- conforme de la C.E.N.A **(art.L.9)**

- de réception (**L.46**)

- au Ministre en charge des élections (**L.52, R.105**)

- consultatif (**R.80**)

- consultatif du comité électoral (**L.66**)

- consultatif des partis politiques légalement constitués (**L.306**)

- des partis politiques légalement constitués (**L.122, L.247, L.282**)

- de l'organe en charge de la régulation des médias (**LO.188**)

- de la C.E.N.A, (**LO.134**)

- des organes de la presse, (**LO.134**)

- de l'audiovisuel public (**LO.134**)

- des candidats ou de leur mandataire(**LO.134**)

- de rejet motivé (**R.39, R.100**)

- motivé de radiation d'office (**R.39, R.100**)

B

Bordereau

- de dépôt **(art. L.174, L.246, L.248, L.181, L.283, L.297, R.84)**

- d'envoi **(L.211)**

Bracelets de scellement **(art. L.79)**

Bulletins

- de vote **(art. L.11, L.62, L.74, L.78, L.79, L.80, L.150, L.298, L.347, R.58)**

- blancs (**art. L.75, L.84**)

- nuls **(art. L.84)**

- non réglementaires **(art. L.84)**

- multiples **(art. L.83)**

C

Campagne électorale **(art. L.59, L.61, L.117, LO.130, LO.134, LO.186, LO.217, LO.219, LO.258, L.293, R.55, R.56, R.91)**

Candidats indépendants **(art. L.57, L.174, R.88)**

Candidature

- déclaration/dépôt **(art.L.57 ; L.120à L.128, LO.201, LO.209 à L.216, L.232, L.243 à L.256, L278 à L.29, R.26, R.58, R.76, R.81, R.84, R.86, R.88)**

- dossier de déclaration **(art. L.174, L.177, L.211, L.246, L.249, L.281, L.284, R.88)**

Carte d'électeur

- impression **(L.11, L.53)**

- distribution **(L.11, L.12, L.17, L.54, L.65, L.328, L.329, L.353, R.2, R.48, R.49, R.50, R.51, R.52, R.79, R.109, R.110)**

- décompte **(L.11)**

- conservation **(L.11, R.51, R.110)**

- altération **(art.L.53, L.327)**

- perte **(art.L.53, L.327, R.47, R.108)**

Carte électorale **(art. L.11, L.65, L.66, L.331, R.2, R.44)**

Carte d'identité biométrique CEDEAO **(art. L.38, L.53, L.55, L.121, L.174, LO.203,**

L.210L.327, L.329, L.352, R.47, R.51, R.69, R.88)

Casier judiciaire **(art.L.121, L.174, L.210, L.246, L.281, R.88)**

Caisse des Dépôts et Consignation **(art.L.121, L.122, L.173, L.174, L.175, L.178, L.246, L.247, L.250, L.281, L.282, L.285, R.81, R.88)**

Cantonnements militaires **(art.L.57)**

Cas de force majeure **(art.L.37, L.76)**

Caution **(art. L.57, L.121, L.122, L.173, L.174, L.175, L.178, L.246, L.247, L.250, L.281, L.282, L.285, R. 76, R. 80, R.81, R.88)**

Cautionnement **(art. L.121, L.121, L.122, L.174, L.246, L.250)**

Certificat

- de résidence **(art. L.38, R.32)**

- de nationalité **(art.L.121)**

- de décès **(art. L.40)**

- de perte **(art.L.55)**

- d'inscription **(art. L.92)**

Chef de la Représentation diplomatique ou consulaire **(art. L.314, L.315, L.319, L.320, L.323, L.326, L.328, L.331, L.332, L.333, L.334, L.339, R.102, R.103, R.104, R.109, R.110, R.112, R.113, R.115)**

Chef de mission diplomatique ou consulaire **(art.R.14)**

Circonscription administrative **(art.L.68, L.71, R.63)**

Circonscription électorale **(art.L.57, L.70, L.71, L.76, L.335, R.45, R.63)**

Citation directe **(art.L.13)**

Coalition de partis politiques **(art.L.57, L.61, L.120, L.121, L.123, L.149, L.173,**

L.175, L.176, L.180, LO.201, L.209, L.210, L.232, L.237, L.243, L.245, L.247, L.248, L.252, L.278, L.280, L.282, L.283, L.287, R.58, R.87, R.109)

Collecteur **(art.L57)**

Collectivités territoriale **(art.L.34, LO.163, LO.170, LO.205, LO.206, LO.207, LO.228, L.272, L.276, L.354)**

Comité électoral **(art.L.54, L.65, L.66, R.50)**

Commission administrative **(art.L.11, L.37, L.38, L.39, L.53, L.54, L.115, L.315, L.316, L.317, L.320, L.321, L.323, L.326, L.327, R.31, R.32, R.41, R.95, R.102, R.110)**

Commission départementale de Recensement des Votes **(art.L.86 L.87 L.88 LO.139, LO.142, LO.143, L.260, L.337, L.338, L.339, L.342)**

Commission électorale départementale autonome (C.E.D.A) **(R.10)**

Commission électorale nationale autonome (C.E.N.A) **(art. L.4, L.11, R.9, R.19, R.23, R.36, R.47, R.50, R.99, R.108)**

Commission de Contrôle des Parrainages **(art.L.123 et R.76)**

Commission nationale de Recensement des Votes **(art.L.88, L.89, LO.142, LO.143, LO.193, LO.195, LO.225, LO.226, R.21)**

Commission de réception **(art.L.146, L.176, L.177, L.179, L.211, L.249, L.284)**

Commune **(art.L.32, L.33, L.34, L.35, L.36, L.37, L.38, L.43, L.53, L.54, L.57, L.60, L.66, L.67, L.69, L.71, L.113, LO.207, L.209, LO.222, L.231, L.243, L.265, L.270, L.271, L.274, L.278, L.279, L.280, L.281, L.282, L.283, L.296, L.297, L.298, L.353, R.25, R.30, R.33, R.39, R.43, R.47, R.57, R.58, R.63, R.86, R.87)**

Commune de rattachement **(art.L.353)**

Comptable public **(art.L.21)**

Condamnés **(art.L.29, L.30, LO.160, L.238)**

Collège électoral **(art.L.99, L.105, L.113, LO.203, LO.204, LO.221)**

Conseil

- départemental **(art.L.17, LO.169, L.230, L.235, L.236, L.237, R.43)**

- municipal **(art.L.268, L.269, L.270, L.271, L.276, L.297, L.298)**

- constitutionnel **(art.L.19, L.89, L.123, L.125, L.126, L.127, L.128, L.129, LO.131, LO.134, LO.141, LO.142, LO.143, LO.144, LO.145, LO.146, LO.147, LO.174, LO.182, LO.184, LO.193, LO.194, LO.196, LO.197, LO.198, L.215, LO.227, L.239, L.273, R.4, R.88)**

- de ville **(art. L.297, L.298)**

Conseillers

- départementaux **(art.LO.203, L.229, L.230, L.231, L.233, L.234, L.236, L.238 L.241, L.257, L.263)**

- municipaux **(art. LO.203, L.264, L.265, L.266, L.267, L.269, L.272, L.275, L.282, L.292, L.295, L.297, L.298, L.301, L.303)**

Consulats **(art.L.3, L.8, L.19, L.36, R.11, R.95)**

Contestations **(art.L.40, L.71, L.85, L.124, LO.164, L.174, L.180, LO.184, LO.194, L.215, LO.227, L.246, L.252, L.255, L.281, L.287, L.290, L.319, L.332, L.338, R.51, R.88, R.110)**

Contrefaçon **(art.L.29)**

Contrôleur **(art.L.11, L.18, L.37, L.39, L.69, L.81, L.332, L.339, R.8, R.14, R.36, R.47, R.72, R.86, R.99, R.108, R.113)**

Contentieux des élections **(art.L.261, L.299)**

Contentieux de l'inscription sur les listes électorales **(art.L.45)**

Contumace **(art.L.29)**

Constitution **(art.L.67, L.89, L.121, L.123, LO.134, LO.143, LO.144, LO.147, L.149)**

Corruption **(art.L.29)**

Couleur **(art.L.120, L.124, L.173, L.180, L.209, L.232, L.245, L.252, L.280, L.287, L.347, R.22, R.53, R.70, R.87, R.88)**

Corps électoral **(art. L.304, L.308, L.309, L.343, R.73)** Cour d'appel **(art.L.26, L.138)**

Cours et tribunaux **(art. LO.142, LO.161, L.239)**

Cour suprême **(art.L.45, L.47, LO.134, L.63, L.301, L.321)**

Cour des Comptes **(art.L.239, L.273)**

Crime **(art.L.29, LO.170)**

D

Décès (**art. L.40, L.41, LO.137, LO.185, L.216, L.256, L.291, R.17, R.39)**

Déchéance **(art L.92, LO.198, L.246, L.281, R.88)**

Déclaration

- de candidature **(art L.11, L.57, L.71, L.120, L.121, L.123, L.128, L.149, L.173, L.174, L.175, L.176, L.177, LO.182, LO.185, LO.201, L.209, L.210, L.211, L.212, L.213, L.214, L.216, L.232, L.243, L.246, L.248, L.249, L.251, L.253, L.254, L.256, L.266, L.278, L.281, L.283, L.284, L.286, L.288, L.289, L.291, L.297, R.76, R.81, R.84, R.85, R.86, R.87, R.88)**

- d'investiture des candidats **(art R.84)**

- la déclaration individuelle de candidature **(art L.174, L.246, L.281, R.84, R.85, R.88)**

- sur l'honneur **(art L.55, L.121, L.210, L.246, L.281, R.88)**

- de perte **(R.108)**

Décision **(art L.6, L.20, L.39, L.40, L.43, L.44, L.45, L.46, L.47, L.51, L.81, LO.134,**

LO.142, LO.143, LO.160, LO.164, L.179, LO.184, LO.196, L.213, L.215, L.251, L.255, L.260, L.263, L.264, L.286, L.290, L.301, L.302, L.319, L.320, L.321, L.323, L.334, R.7,

R.12, R.22, R.39, R.40, R.41, R.72, R.89, R.100, R.101, R.102, R.109, R.112)

Décret **(art L.7, L.8, L.9, L.15, L.23, L.25, L.26, L.37, L.38, L.39, L.40, L.41, L.43, L.49, L.54, L.56, L.63, L.73, L.115, LO.137, L.150, L.151, LO.159, LO.188, LO.200, LO.220, LO.221, LO.222, L.230, L.236, L.238, L.259, L.265, L.269, L.294, L.297, L.305, L.306, L.314, L.318, L.319, L.320, L.323, L.324, L.334, L.343, L.344, L.348, L.354, R.5, R.6, R.13, R.47, R.79, R.94, R.100, R.102, R.104.)**

Département **(art L.8, L.11, L.17, L.19, L.24, L.25, L.53, L.57, L.67, L.68, L.69, L.70, L.86, L.87, L.88, L.89, LO.139, LO.142, LO.143, L.149, L.150, L.151, L.152, L.154, LO.169, L.173, L.174, LO.199, LO.200, LO.201, LO.202, LO.203, LO.205, LO.207, L.209, LO.222, LO.224, LO.225, L.230, L.231, L.233, L.234, L.235, L.236, L.237, L.238, L.239, L.240, L.241, L.242, L.243, L.244, L.245, L.246, L.247, L.257, L.260, L.261, L.263, L.274, L.305, L.337, L.338, L.339, L.342, L.350, R.9, R.10, R.16, R.25, R.43, R.47, R.57, R.58, R.63, R.70, R.79, R.83, R.86, R.87, R.88, R.89, R.90, R.93.)**

Délais francs **(art R.26, R.93)**

Délégations Extérieures de la Commission électorale nationale autonome D.E.C.E.N.A (**art. R.11)**

Délégué de la cour d'appel **(art LO.139)**

Délibération **(art L.73, LO.142, L.260, R.4, R.12, R.64, R.114)**

Délits **(art. L.29, L.91, LO.170)**

- abus de confiance **(art. L.29)**

- escroquerie **(art. L.29)**

- corruption **(art. L.29)**

- détournements **(art. L.29)**

- faux nom **(art L.91.)**

- faux certificat d'inscription **(art L.92.)**

- fausse qualité **(art L.91.)**

- irruption dans un bureau de vote **(art L.100.)**

- trafic de stupéfiants **(art. L.29)**

- trafic d'influence **(art. L.29)**

- vol **(art. L.29)**

Demandes

- d'inscription **(art L.38, L.323, L.325, L.326, R.39, R100)**

- de modification **(art L.53, L.327)**

- de changement de statut **(art L.37, R.32, R.39, R.41, R.42, R.43)**

- de radiation **(art L.12, L.37, L.92, L.319, L.324, R32, R.39, R.41, R.42, R.43, R.45, R.95, R.100, R.102, R.103, R.104, R.106)**

Demandeur **(art L.46, R.39, R.100)**

Démission **(art L.9, LO.137, L.172, L.235, L.238, L.242, L.268, L.272, L.277, R.5, R.12)**

Dépouillement **(art. L.64, L83, L84, LO.139, l.338, R.22, R.72)**

Députés **(art. LO.148, LO.150, L.51, L.153, L.155, LO.165, LO.166, LO.169, LO.186, LO.191, LO.192, LO.194, LO.198, L.305, L.350)**

Dépôt de candidature **(art. L.120, L.123, R.81, R.88)**

Détenus **(art. L.14, LO.143)**

Détournements **(art. L.29)**

Domicile **(art L.34, L.36, L.38, L.173, L.245, L.280, L.312, R.35, R.98)**

Données électorales **(art L.53, L.327, L.352, R.47)**

Documents électoraux **(art L.11, L.12, L.78, R.21, R.58)**

Droits civils et politiques **(art L.26, L.28, L.310)**

E

Effigie **(art. L124, L.180, R.58)**

Égalité

- entre les candidats **(art. L.61, L.130, L.136, L.O.189, L.258, L.293)**

- des suffrages **(art L.230, L.265)**

Électeur **(art L270, L.271, L.277, L.278, L.281, L.293, L.294, L.296, L.299, L.308, L.312, L.315, L.316, L.317, l.319, L.322, L.323, L.325, L.326, L.327, L.328, L.329, L.331, L.333, L.334, l.347, L.348, L.352, L.353, R.2, R.31, R.32, R.33, R.34, R.35, R.37, R.39, R43, R.44, R.45, R.46, R.47, R.48, R.49, R.50, R.51, R.52, R.54, R.57, R.59, R.60, R.64, R.65, R.67, R.69, R.71, R.79, R.88, R.96, R.97, R.98, R.100, R.106, R.107, R.108, R.109, R.110, R.112, R.114)**

Élection (s)

- départementales **(art LO.24, L.25, L.69, L.236, L.238, L.243, L.260, L.261, R.16, R.57, R.58, R.63, R.86, R.87, R.88, R.90)**

- des députés **(art LO.186, LO.191, LO.192)**

- des hauts conseillers **(art L.354)**

- municipales **(art L.69, L.269, L.272, L.278, L.295, L.299, L.350, R.58, R.63, R.86, R.87)**

- présidentielle **(art L.25, L.68, L.70, LO.142, LO.143, L.305, L.306, L.307, R.16, R.47, R.57, R.58, R.63)**

Éligibilité **(art L.57, L.102, LO.160, L.181, LO.207, L.271)**

Emblème **(art L.124, L.180, L.252, L.287)**

Empêchement **(art L.9, LO.142)**

- temporaire **(art L.9)**

- définitif **(art L.9, L.72, LO.137)**

Entités regroupant des personnes indépendantes **(art L.57, L.120, L.121, L.149, L.173, L.175, L.176, L.180, LO.201, L.210, L.232, L.237, L.243, L.245, L.247, L.248, L.252, L.278, L.280, L.282, L.283, L.287, R.58, R.87)**

Établissement de santé **(art.L.57)**

Encre indélébile **(art L.76, L.78, L.81)**

Enveloppes **(art L.76, L.78, L.83, L.84, L.90, L.260, R.70)**

Erreur purement matérielle **(art L.43, L.323)**

Escroquerie **(art. L.29)**

Étrangers **(art L.1, L.316.)**

État **(art L.21, L.34, L.53, L.58, L.61, L.67, L.90, L.114, LO.134, LO.161, LO.164, LO.166, LO.167, LO.170, L.173, L.209, LO.218, LO.222, L.238, L.239, L.240, L.242, L.245, L.273, L.277, L.280, L.312, L.355, R.6, R.17, R.22, R.52, R.70, R.80, R.82, R.92, R.93)**

Experts indépendants **(art L.7)**

Extrait d'acte de naissance **(art L.121, L.174, L.210, L.246, L.281, R.88)**

F

Facture

- d'eau **(art. R.32)**

- d'électricité **(art. R.32)**

- de téléphone **(art. R.32)**

Faillite **(art. L.29, L.92)**

Faux nom **(art L.91)**

Faux certificat d'inscription **(art L.92)**

Fausse qualité **(art L.91)**

Fichier

- électoral **(art L.11, L.12, L.47, L.121, L.271)**

- électronique **(art L.221)**

- général **(art L.2, L.40, L.49, L.52, L.121, L.149, L.319, L.326, R.2, R.36, R.42, R.43, R.76)**

- spécial **(art L.324)**

Fonctionnaires **(art. L.18, L.27, L.34, L.58, L.67, LO.222, L.274, R.8, R.27)**

Formulaires (d'inscription, de modification et de radiation) **(art. L.324, R.32, R.36, R.37, R, 38, R.38, R.42, R.43, R.44, R.89, R.103, R.104)**

Fraudes sur le parrainage **(art.L.57)**

G

Gestion du fichier **(art. L.51, L.323)**

Gouvernement **(art L.10, L.25, L.26, L.61, L.67, L.115, LO.163, LO.208, R.16, R.22, R.24)**

Gouverneur **(art L.10, L.17, L.50, L.52, L.69, LO.161, L.239, L.273, R.45, R.59, R.66)**

Greffe **(art L.39, L.46, L.47, L.123, LO.123, LO.145, LO.194, LO.227, L.261, L.263, L.299, L.301)**

Greffier en chef **(art. L.123, LO.145, LO.146, LO.196, L.260, L.261, L.262, L.299, L.300)**

H

Handicap **(art. L.38, L.69, L.80)**

Hauts conseillers **(art. L.premier L.25, L.68, L.70, LO.199, LO.200, LO.202, LO.203, L.206, L.209, LO.217, LO.219, LO.227, L.354, R.premier, R.47, R.57, R.58, R.63, R.70, R.83)**

Haut conseil des Collectivités territoriales **(art. LO.207, LO.208)**

Horaire des émissions **(art. LO.134, LO.188)**

I

Incapacité

- électorale/juridique **(art.L.26, L.28, L.29. L.30, L.40, L.57, L.91, L.270, L.308, L.310)**

- physique ou mentale (**art. L.9**)

Incapable majeur (**art. L.29**)

Immunité (s) (**art. L.18, L.117**)

Impôt général sur le revenu (**art. L.34)**

Imprimeurs (**art. R.58, R.75)**

Incompatibilité (**art. L.57, LO.163, LO.166, LO.172, LO.208, L.237, L.242, L.271, L.277)**

Inéligibilité (**art. L.57, LO.157, LO.161, LO.162, LO.172, L.174, LO.185, LO.207, L.210, L.216, L.237, L.238, L.239, L.242, L.246, L.256, L.271, L.273, L.277, L.281, L.291, R.88)**

Injonctions (**art. L.6, LO.130, L.258, L.293, R.22)**

Inscription sur les listes électorales (**art. L.6, L.11, L.28, L.31, L.310)**

Institution (**art. L.7, L.9, LO.134, R.5, R.24)**

Interdiction (**art. L.29, L.61, L.78, L.95, L.99, LO.168, L.341)**

Irruption dans un bureau de vote (**art. L.100)**

Irrecevabilité (**art. L.45, L.121, LO.145, L.261, L.299, R.81, R.86)**

Investiture (**art. L.120, L.123, L.174, L.179, L.211, L.246, L.251, L.281, L.286, R.84, R.87, R.88)**

Isoloirs (**art. L.76, L.78, L.90)**

J

Juge **(art L.29, L.30, L.42, L.125, L.177, L.211, L.249, L.263, L.264, L.284, L.301, L.302, L.319, L.320, R.86)**

Jugement **(art. L.29, L.30, L.263, L.301)**

Juridiction **(art. L.6, L.13, L.19, L.29, L.36, L.47, L.121, LO.139, LO.170, L.305, L.306, L.309, L.312, L.315, L.319, L.325, L.326, L.332, L.333, L.340, R.95, R.96, R.105, R.106, R.115, R.116)**

Juridiction sénégalaise **(art. L.309, R.95)**

Justice **(art. L.40, L.47, LO.160, LO.170, L.238, R.4)**

L

Liste

- d'électeurs **(art. L.57, L.243, L.246, L.278, L.296, R.88)**

- d'émargement **(art. L.69, L.81, R.51, R.71, R.110)**

Loi électorale **(art. L.5, L.13, L.54, L.96, R.24)**

M

Magistrats **(art. L.10, LO.142, LO.161, L.239, L.260, L.273)**

Maire **(art. L.17, L.37, L.54, L.60, L.65, L.66, L.177, L.211, L.249, L.265, L.284, L.297, L.298, R.43, R.55)**

Majeur incapable **(art. L.2)**

Majorité **(art. LO.142, L.319, L.320, L.343, R.7)**

Mandataire **(art L.11, L.57, L.71, L.123, L.126, LO.134, LO.139, L.149, L.175, L.176, L.177, L.179, LO.183, LO.184, LO.185, LO.196, LO.201, L.211, L.213, L.214, L.215, L.216, LO.227, L.247, L.248, L.249, L.251, L.254, L.255, L.256, L.282, L.283, L.284, L.286, L289, L.290, L.291, L.319, L.320, L.332, L.348, R.58, R.63, R.66, R.72, R.86, R.87, R.89.)**

Mandat **(art L.7, L.9 à L.11, L.57, L.65, L.71, L.123, L.126, LO.134, LO.139, L.149, L.155, L.156, LO.156, LO.162 à LO.168, LO.170, LO.172, L.175 à L.177, L.179, LO.183 à LO.185, LO.196, LO.201, LO.203, LO.205, L.206, LO.208, L.211, L.213 à L.216, LO.227, L.230, L.236, L.241, L.246 à L.249, L.251, L.254, L.255, L.256, L.265, L.269, L.275, L.281 à L.284, L.286, L.289, L.290, L.291, L.297, L.319, L.320, L.332, L.348, L.354, R.6, R.9, R.13, R.58, R.63, R.66, R.72, R.87, R.88, R.89)**

Mariage **(art. L.26, L.28, LO.159, L.276, L.310)**

Médias publics **(art. L.17, L.61)**

Ministre

- en charge des élections **(art. L.3, L.52, L.57, L.66, L.122, L.124, LO.142, L.149, L.174, L.175, L.176, L.179, L.180, LO.182 à LO.185, LO.201, LO.203, L.210, L.213, à L.215, L.244, L.247, L.252, L.261, L.262, L.278, L.281, L.282, L.287, L.296, L.299, L.306, R. premier, R.2, R.3, R.17, R.18, R.19, R.20, R.42, R.44, R.45, R.58, R.70, R.76 à R.80, R.81, R.83, R.84, R.86, R.103, R.105, R.106, R.111)**

- des affaires étrangères et des sénégalais de l'extérieur **(art L.306, L.349, R.17, R.103, R.105, R.111)**

- des finances **(art. L.21, R.58, R.80.)**

Militaires **(art. L.27, L.38, L.49, L.57, L.58, L.69, L.309, R.27, R.37, R.53, R.60, R.65, R.95)**

Mode de scrutin **(art. L.174, L.246, R.88)**

N

Nationalité **(art. L.7, L.26, L.28, L.40, L.120, L.121, LO.159, L.238, L.310, L.319, L.320, R.10)**

Naturalisation **(art. L.28, LO.159, L.238, L.310)**

O

Obligation de réserve et de discrétion **(art. R.4, R.15)**

Observation électorale **(art. R.17, R.18, R.23, R.24)**

Observateurs internationaux **(art. R.17).**

Opérations électorales **(art. L.1, L.5, L.6, L.13, L.69, L.71, L.72, L.76, L.81, L.105, LO.138, LO.139, LO.141, LO.144, LO.189, LO.194, LO.195, LO.224, LO.227, L.235, L.261, L.263, L.299, L.301, L.305, L.309, L.312, L.332, L.339, R.3, R.9, R.10, R.11, R.12, R.60, R.66, R.72, R.112, R.115)**

Opposition **(art. L.26, LO.159)**

Ordonnance du Premier Président de la Cour d'Appel **(art.LO.138)**

Organisation

- nationale **(art. L.25, R.16)**
- internationale **(art. LO.164, R.16.)**
- gouvernementales **(art. L.61, L.67, R.16)**
- non gouvernementales **(art. R.16)**

Organe de régulation des médias **(art. L.61, LO.134, LO.135, LO.136, LO.189)**

Ouverture officielle de la campagne électorale **(art. L.61, L.117)**

P

Panneau des annonces officielles **(art.R.43, R.104, R.112)**

Parrains **(art.L.57, L.120, L.121, L.123, L.126, L.149, L.176, L.179)**

Parrainage **(art.L.57, L.123, L.126, L.149, L.176, L.177, L.179, R.76)**

Paramilitaire **(art.L.27, L.38, L.49, L.57, L.58, L.69, L.309, R.27, R.32, R.37, R.53, R.60, R.95)**

Parenté **(art.L.97, L.118)**

Parité **(art.149, LO.201, L.232, L.266, R.86)**

Parti politique **(art. L.37, L.54, L.57, L.61, L.120, L.121, L.123, L.149, L.173, L.174, L.175, L.176, L.180, LO.201, L.209, L.210,**

L.232, L.237, L.243, L.245, L.246, L.247, L.248, L.252, L.278, L.280, L.281, L.282, L.283, L.287, L.315, L.322, L.323, L.328, R.58, R.86, R.87, R.88, R.109)

Peine d'emprisonnement **(art. L.29, L.30)**

Perte de la carte d'identité (art.L.53, L.55, L.327)

Photo **(art.L.120, L.173)**

Plénipotentiaires **(art.L.11, L.68, L.70, L.71, LO.222, L.346, R.63)**

Préfecture **(art. L.43, L.48, L.115, L.248, L.249, L.261, L.283 L.284 L.297 L.299 R.39, R.43 R.79 R. 86)**

Prescription **(art. L.116)**

Président du bureau de vote **(art. L.76, L.79, L.81, L.101, R.65, R.66, R.67, R.69, R.115)**

Président du Conseil départemental **(art. L.230)**

Président de la Commission nationale de Recensement des Votes **(art.L.88, L.89, LO.142, LO.225, R.21)**

Président de la République **(art.L.22, L.86, L.88, L.89, LO.129, LO.138, L.139, LO.142, LO.172, LO.198, LO.199, LO.228)**

Président du Tribunal d'instance **(art.L.39, L.41, L.42, L.43, L.44, L.51, LO.225, R.41, R.40, R.41)**

Presse **(art.L.20, L.61, L.69, LO.130, LO.134, LO.170)**

Procès-verbal **(art. L.64, L.66, L.69, L.71, L.73, L.76, L.81, L.82, L.83, L.84, L.85, L.86, L.88, L.89, LO.139, LO.140, LO.142, LO.143, LO.224, LO.225, L.260, L.332, L.338, L.339, R.43, R.51, R.60, R.66, R.72, R.104, R.110)**

Processus électoral **(art. L.11, L.12, L.17, L.65, L.87, L.96, R.2, R.16, R.21, R.22)**

Proclamation des résultats **(art. L.82 L.85 L.117 LO.141 LO.162 LO.189 LO.219, LO.225 LO.226 L.247 L.257 L.260 L.261 L.282 L.293 L.295 L.299 L.329)**

- provisoires **(art. L.6 L.40 L.80 L.85 L.89 LO.142 LO.143 LO.193 LO.194 LO.195, LO.225 LO.226 LO.227 R.24)**

- définitifs **(art. LO.143, LO.194, LO.227, L.260, L.295)**

Profession de foi **(art. L.60)**

Propagande électorale **(art. L.61, L.62, LO.130, LO.133, LO.132, L.258, L.293, R.2, R.53, R.56, R.74, R.80, R.82, R.92)**

Procureur de la République **(art. L.13, R.66)**

Publicité **(art. L.61, LO.171)**

Q

Question d'état **(art.L.42, L.264, L.302, L.320)**

Question préjudicielle **(art. L.42, L.263, L.301, L.320)**

Quittance **(art. L.121 L.122 L.173 L.174 L.178 L.246 L.247 L.250 L.281 L.282 L.285, R.81 R.82 R.88)**

Quitus fiscal **(art. R.32)**

R

Radiation de la liste électorale **(art. L.12, L.36, L.37, L.40, L.41, L.43, L.92, L.319, L.323, L.324, R.32, R.34, R.36, R.39, R.41, R.42 R.43 R.45 R.95 R.97 R.99 R.100 R.102 R.103 R.104 R.106)**

Radiation d'office **(art. L.40, L.41, L.52, L.319, L.326, R.39)**

Recensement **(art. L.11, L.86, L.87, L.88, L.89, LO.139, LO.141, LO.142, LO143, LO.183, LO193, LO.195, LO.203, LO.219, LO.225, LO.226, L.258, L.260, L.293, L.295, L.329, L.337, L.338, L.339, L.342, R.21, R.72)**

Réclamations **(art. L.81, L.85, L. 127, L.303, L.338, R.72)**

Récépissé **(art. L.11, L.39, L.43, L.55, L.68, L.71, LO.146, L.177, LO.196, L.211, L.249, L.284, L.317, L.323, L.329, L.332, R.86, R.109)**

Recours **(art. L.39 L.41 L.43 L.45 L.54 L.127 L.138 LO.134 LO.162 L.242 L.258, L.277 L.293 L.319 L.320 L.323 R.100)**

Recours gracieux **(art. L.319, L.323, R.100)**

Rectifications **(art. L.11, L.50, L.51)**

Référendum **(art. L.6, L.13, L.22, L.37, L.305, L.306, L.307, L.343, L.344, R.2, R.16, R.94)**

Région **(art. L.53, L.57, L.67, L.120, L.121, L.126, L.149, LO.161, LO.169, L.239, L.240, L.274, R.47)**

Règlement intérieur **(art. L.16, LO.198)**

Registre **(art. L.12, L.47, R.31, R.38, R.51, R.55, R.110)**

Registre côté et paraphé **(art. L.31)**

Régularité des opérations électorales **(art. LO.138, LO.144, LO.194, LO.195, LO.227)**

Réhabilitation **(art. L.28, L.92, L.310)**

Remboursement de la caution **(art. L.247, L.282)**

Représentation diplomatique ou consulaire **(art. L.33, L.36, L.52, L.306, L.309, L.312, L.314, L.315, L.319, L.320, L.322, L.323, L.324, L.326, L.328, L.331, L.332, L.333, L.334, L.335, L.339, L.349, R.96, R.100, R.102, R.103, R.104, R.106, R.109, R.110, R.112, R.113, R.115)**

Requête **(art. L.46, L.47, LO144, LO.145, LO.146, LO.147, LO.184, LO.196, LO.197, LO.198, L.215, LO.228, L.255, L.261, L.262, L.263, L.290, L.299, L.300, L.301, L.322, L.323, R.11, R.21, R.34, R.51)**

Réquisition de la force publique **(art. L.77, L.101, R.66)**

Résidence **(art. L.34, L.35 L.36, L.38, L.41, L.120, LO.134, L.312, L.313, L.316, L.328, R.32, R.33, R.81, R.96, R.98)**

Retrait de candidature **(art. L.211, L.249, L.284)**

Réunions électorales **(art. L.59, LO.132, LO.218, L.293)**

Révision

- ordinaire **(art. L37, L.53)**

- exceptionnelles **(art. L37, L.53, L.314, L.323, L.345, R.28, R.44, R.94, R.100, R.102)**

S

Saisine **(art. L6, L.13, L.16, L.61, LO.134, LO.139, LO.182, L.253, L.288, R.89)** Service public **(art. LO.88, L.89, L.260)**

Scellés **(art. L.88, L.89, L.260)**

Scrutin

- majoritaire **(art. L150, L.154, L.173, LO.202, L.230, L.244, L. 265, L.267, L.279, L.297, L.305)**

- proportionnel **(art. L.150, L.153, L.173, L.231, L.233, L.234, L.244, L.266, L.267, L.279, L.297, L.298)**

Second tour **(art. L128, LO.134)**

Secret du vote **(art. L76)**

Secrétaire général **(art. L.7, L.15, R.6, R.11, R.15)**

Serment **(art. LL.19, L.87, LO.225, R.4, R.14)**

Siège **(art. L.4, L.54, L.69, L.70, LO.142, L.151, L.154, LO.201, LO.202, LO.205, L.230, L.233, L.234, L.265, L.266, L.267, L.297, L.298, L.333, L.337, R.18, R.62, R.79)**

Signature **(art. L.57, L.81, L.85, L.120, LO.140, L.149, LO.185, LO.201, L.256, L.291, L.338, R.18, R.47, R.83, R.84.)**

Sigle **(art. L.120, L.124, L.173, L.180, L.209, L.245, L.252, L.280, L.287, R.58, R.87)**

Souveraineté nationale **(art. R.22)**

Sous-préfet **(art. L.10, L.17, L.37, L.50, L.52, L.54, L. 65, L.67, L.69, L.70, L.71,**

LO.161, LO.203, L.239, L.273, L.286, L.288, L.290, L.291, R.25, R.36, R.40, R.41, R.42, R.43, R.45, R.51, R.55, R.59, R.61, R.66, R.86, R.89, R.90)

Sous-préfecture **(art. L.42, L.48, L.115, L.283, L.284, R.39, R.43, R.79, R.86)** Substitution d'action **(art. L.6, L.13, LO.139)**

Suffrage universel direct **(art. L.230, L.265.)**

Suffrages exprimés **(art. L.84, L.122, L.343, R.81)**

Superviseur **(art. L.18, L.69, L.177, L.211, L.249, L.284, L.332, R.8, R.14, R.62, R.72, R.113.)**

Support

- papier **(art. L.121, L.173, L.209, L.245, L.280, R.87)**

- électronique **(art. L.11, L.348)**

Suppléants **(L.57, L.70, L.149, L.151, L.154, LO.205, L.209, LO.222, L.231, L.232, L.234, L.266, L.267, L.298, L.333, R.58, R.61, R.63, R.113, R.115)**

Sursis **(art. L.29, L.30)**

Symbole **(art. L.120, L.124, L.173, L.180, L.209, L.232, L.245, L.252, L.280, L.287, R.22, R.58, R.87, R.88)**

T

Télex **(art. L.339, L.342)**

Téléfax **(art.L.339, L.342)**

Temps d'antenne **(art.LO.130, LO.188, LO.218)**

Territoire national **(art.L.49, L.59, L.61, L.66, L.69, R.9, R.17, R.21, R.23, R.69)**

Titulaire **(art. L.149, L.151, LO.172, L.209, L.210, L.231, L.232, L.239, L.273, L.353, R.58, R.69)**

Tirage au sort **(art.L.57et R.76)**

Trafic de stupéfiants **(art.L.29)**

Trafic d'influence **(art. L.29)**

Tribunal d'instance **(art. L.43, L.45, L.46, L.260)**

U

Utilisation des biens ou moyens publics **(art.L.61)**

Urne **(art. L.78, L.79, L.80, L.83, L.84, L.106)**

V

Vacance **(art. LO.137, L.154, LO.205, L.234, L.235, L.267, L.268, L.298)**

Violence **(art.L.100, L.105, L.106, L.112)**

Vol (**art. L.29)**

Structures éditoriales du groupe L'Harmattan

L'Harmattan Italie
Via degli Artisti, 15
10124 Torino
harmattan.italia@gmail.com

L'Harmattan Hongrie
Kossuth l. u. 14-16.
1053 Budapest
harmattan@harmattan.hu

L'Harmattan Sénégal
10 VDN en face Mermoz
BP 45034 Dakar-Fann
senharmattan@gmail.com

L'Harmattan Cameroun
TSINGA/FECAFOOT
BP 11486 Yaoundé
inkoukam@gmail.com

L'Harmattan Burkina Faso
Achille Somé – tengnule@hotmail.fr

L'Harmattan Guinée
Almamya, rue KA 028 OKB Agency
BP 3470 Conakry
harmattanguinee@yahoo.fr

L'Harmattan RDC
185, avenue Nyangwe
Commune de Lingwala – Kinshasa
matangilamusadila@yahoo.fr

L'Harmattan Congo
219, avenue Nelson Mandela
BP 2874 Brazzaville
harmattan.congo@yahoo.fr

L'Harmattan Mali
ACI 2000 - Immeuble Mgr Jean Marie Cisse
Bureau 10
BP 145 Bamako-Mali
mali@harmattan.fr

L'Harmattan Togo
Djidjole – Lomé
Maison Amela
face EPP BATOME
ddamela@aol.com

L'Harmattan Côte d'Ivoire
Résidence Karl – Cité des Arts
Abidjan-Cocody
03 BP 1588 Abidjan
espace_harmattan.ci@hotmail.fr

Nos librairies en France

Librairie internationale
16, rue des Écoles
75005 Paris
librairie.internationale@harmattan.fr
01 40 46 79 11
www.librairieharmattan.com

Librairie des savoirs
21, rue des Écoles
75005 Paris
librairie.sh@harmattan.fr
01 46 34 13 71
www.librairieharmattansh.com

Librairie Le Lucernaire
53, rue Notre-Dame-des-Champs
75006 Paris
librairie@lucernaire.fr
01 42 22 67 13

www.ingramcontent.com/pod-product-compliance
Lightning Source LLC
LaVergne TN
LVHW021131061026
849535LV00002B/205
* 9 7 8 2 3 3 6 4 2 9 4 1 0 *